本课题研究受2013年度国家社会科学基金青年项目

（“出国留学”语境下中国大学生英语产出型技能发展的规律与特点研究，13CYY029）资助

本书出版受北京第二外国语学院校级出版基金项目（2020年度）资助

吴建设 等 著

SECOND LANGUAGE ACQUISITION
IN A STUDY-ABROAD CONTEXT

出国留学语境下的二语习得研究

社会科学文献出版社
SSAP
SOCIAL SCIENCES ACADEMIC PRESS (CHINA)

前　言

本书在国家社科基金的资助下历时六年方得以完成。除了个人的局限之外，出国留学数据的收集之难也是耗时如此之长的一个主要原因。如果没有国家社科基金所建立的弹性、合理的结项机制，让项目承担人有宽裕的时间来完成研究，本课题的研究就难以为继。

当然，这绝不表明本书仅仅是一部“应景之作”。在本书中，笔者主要考察、对比了中国外语学习者在出国留学语境与国内学习语境下二语产出型技能上的发展情况，并初步探索了中国外语学习者在那些与出国留学语境较为相关的社会心理认知因素上的可能变化。虽然如结项评审专家所指出的那样，被试流失造成研究样本的数量不够令人满意，但本书借助较为全面的数据指标体系、基于纵向研究的对比设计、对两项产出型技能以及其他相关二语学习者个体因素的兼顾，试图向研究者初步呈现一个较为立体的出国留学语境下二语学习的“画面”。在本书中，作者既竭力描述，亦有所反思，由此集中反映了作者对出国留学语境下二语习得的总体思考。当然，由于能力与时间有限，若这幅画面的“质感”不佳，作者也期待同行的批评与指正。

需要特别申明的是，本书完全是团队合作的结果。除第一作者外，课题组的主要成员为我的四名研究生，她们分别是：罗小娜、娄婷、刘青与薛莉敏。此外，刘玉笛、王晓宇、王一帆、张娟、徐焕、王垭楠等研究生与本科生也不同程度地参与了相关数据的收集或整理工作，并且所有参加本课题研究的被试也都自愿在繁忙的学业中牺牲时间参与了各项实验。没有上述各位同学的热情与奉献，本课题研究的完成同样无法想象。

本书共五部分内容，基于六项实验综合而成。本书的五名作者的具体分工如下：

引言：吴建设

第一章　第一节：罗小娜　吴建设

第一章　第二节：娄　婷　吴建设

第二章　第一节、第三节：刘　青　吴建设

第二章　第二节：薛莉敏　吴建设

第二章　第四节：吴建设

第三章、第四章：吴建设

此外，吴建设还负责本课题的整体设计以及本书的统筹与编排。

在此，本课题组特别感谢在本课题结项报告中提出宝贵建议的五位匿名评审专家、为本书出版而付出诸多辛劳的学校同事们和出版社的各位编辑以及那些与本课题组同甘共苦的同事与同学。没有你们的帮助，这本书就无法如期付梓。

借此，本课题组对中国外语研究的前辈致以崇高的敬意！没有您的披荆斩棘，没有您对后学默默无私的提携、指导与帮助，中国外语研究仍将处于混沌中，中国外语研究将无法如现在这样可以砥砺前行！

最后，我代表所有作者感谢本课题组的家人，感谢你们的无私支持。

吴建设

2020年6月于北京

目录

图表目录

主要英文缩略词对照表

* AR：Pruned Articulation Rate

* MLR：Pruned Mean Length of Runs

* SR：Pruned Speech Rate

AC/DC：The Percentage of Advanced Dependent Clause

Act/DCt：The Percentage of Advanced Clauses Types

ACTFL：American Council on the Teaching of Foreign Languages

Ad/DC：The Percentage of Adverbial Clauses

AG1K：Advanced Guiraud 1000

AH：At Home context

AR：Articulation Rate

C：Clauses

C/T：Clause per T-unit

CAF：Complexity（lexical and syntactic），Accuracy，and Fluency

CdCxSR：The Compound Complex Sentence Ratio

CdSR：The Compound Sentence Ratio

CN/C：Complex Noun Phrases per Clause

CP/C：Coordinate Phrases per Clause

CxSR：The Complex Sentence Ratio

DC/C：Dependent Clauses per Clauses

DRNP：The Incidence of Noun Phrase Density

Dysfluency：The Total Number of Dysfluency Words per Words. It refers to the total number of words a participant reformulated, i. e. crossed out and changed, divided by the total number of words produced

DysN: Dysfluency/Words

DysR: Dysfluency/Minutes

E/C: Errors per Clause

E/T: Errors per T-unit

EFC: Error-free Clauses

EFC/C: Error-Free Clauses per Clauses

EFT: Error-free T-units

EFT/T: Error-Free T-units per T-units

FPPM: Filled Pauses per Minute

GI: Guiraud's Index of lexical richness

LCP: Language Contact Profile

LDVOCD: D value, Index 49 of Coh-Metrix

LSAGN: LSA given/new, Index 46 of Coh-Metrix

MLFP: Mean Length of Filled Pauses

MLR: Mean Length of Runs

MLS: Mean Length of Sentences

MLSP: Mean Length of Silent Pauses

MLT: Mean length of T-units

NSLPF: Non-syntactic Long Pause Frequency

NSLPR: Non-syntactic Long Pause Ratio

OPI: Oral Proficiency Interview

PTR: Phonation Time Ratio

R100: Repairs per 100 Syllables

RHR: Num. of Repetitions and Hesitations/Num. of Repairs

RPL: Ratio of Pruned Length to Total Length

RRR: Ratio of Reformulation and Replacement to Total Repairs

RS: Reduced structure

SA：Study abroad context

SLPF：Syntactic Long Pause Frequency

SLPR：Syntactic Long Pause Ratio

SMTEMP：Tense and Aspect Repetition

SPPM：Silent Pauses per Minute

SR：Speech Rate

SSR：the Simple Sentence Ratio

SYNNP：Mean number of modifiers per noun-phrase

SYNSTRUa：Syntax similarity，adjacent sentences

SYNSTRUt：Syntax similarity，all combinations，across paragraph

W：Words

W/C：Words per Clauses

W/EFT：total number of words in error-free T-units/EFT

W/T：Mean T-unit Length

WRDFAMc：Familiarity for Content Words

WRDFRQa：CELEX Log Frequency for All Words

WRDFRQmc：CELEX Log Minimum Frequency for Content Words

WRDHYPnv：Hypernymy for nouns and verbs

引　言

按照“国际教育协会”（2016）、“欧洲高等教育委员会”（2015）的报告，过去20年中，各国出国留学人数出现巨大增长。在美国，2014～2015学年共计有30万人（为美国本科生总人数的10%～15%）曾参加出国留学项目，这个数字是1995年的3倍多。在欧洲，伊拉斯谟项目（Erasmus Program）自1987年启动以来运行良好，2013～2014学年共有来自34个国家的27.2万人从项目中受益。而在中国，根据2018年教育部发布的出国留学数据，2017年我国出国留学人数首次突破60万人大关（共60.84万人，经估算占当年在校大学生总人数的2%），持续保持世界最大留学生生源国地位。该报告还指出，改革开放40年来，各类出国留学人员累计已达519.49万人，目前仍有145.41万人正在国外进行相关阶段的学习和研究。与此同时，2017年共有48.92万名外国留学生在我国各高等院校学习，我国已是亚洲最大留学目的国。总体来看，“出国留学”已从精英化逐渐走向大众化，“出国留学”已成为中国乃至世界教育现代化进程中一个不可忽略的组成部分。

但与之明显不相称的是，无论是国内还是国外，关于出国留学语境下中国外语学习者的研究仍未受到应有的重视。在国外期刊上所发表的关于出国留学的文章中，中国外语学习者一般被作为被试的一部分与其他东南亚国家或西亚国家混杂在一起（Storch & Hill，2008；Storch，2009；Knoch，Rouhshad & Storch，2014；Knoch，Rouhshad，Su & Storch，2015）。仅有少数研究考察了中国外语学习者在留学目的国学习二语的情况（Larsen-Freeman，2006；Liu，2013；Li，Q.，2014；Li，S.，2014；Jensen & Howard，2014；

Robson，2015；Liu，Xu & Ran，2015）。而只有极少数国内学者关注了中国外语学习者在出国留学语境与国内二语学习语境之间的差异（Ren，2013；Ren，2014；杨元辰，2014；Wu & Zhang，2017）。

在国内期刊上，与出国留学相关的研究更多集中在留学生产业（赵成涛，2009）、中国留学政策（陈昌贵，2007；苗丹国、程希，2010）、留学教育（沈明德，1991；陈昌贵、粟莉，2004；蒙有华，2005；张雪蓉，2010；周金燕、钟宇平、孔繁盛，2009）等方面。虽然上述研究结果对了解中国留学政策演变与中国大学生的出国留学总体情况具有重要的参考价值，但就具体的二语学习情况而言，上述研究的宏观视角决定了它们不可能也无法关注出国留学生的外语语言能力、社会心理认知因素等微观发展与变化情况。目前，仅有部分国内研究考察了出国留学语境下的外语学习情况（郁小萍，2001）、留学生身份认同调查（郑珮、许晓雯，2011）、口语流利度、复杂度与准确度变化（崔丹，2013）、留学体验（卢敏，2015）、跨文化交流能力发展变化及其影响因素（吴建设，2014；吴建设、罗小娜，2016；吴建设等，2017）等。

总体而言，在二语语言技能的实证研究方面，国内学者仅有崔丹（2013，上海外国语大学博士学位论文）在短期出国留学语境下针对二语口语技能发展的研究，以及杨元辰（2014，清华大学学士学位论文）、Wu 和 Zhang（2017，发表在 *System* 期刊）在长期出国留学语境下针对二语写作技能发展的研究。因而无论是国内还是国外，针对中国外语学习者的出国留学语境下二语习得的研究仍处于明显的孤岛甚或是荒芜状态。

但与之相比，关于中国外语学习者在国内二语学习语境下的写作与口语技能发展的研究发展迅速。使用中国期刊网查询“英语写作教学”“英语口语教学”可以分别获得 6100 余篇、4500 余篇论文（上述数据截止到 2020 年 6 月底）。但若在“摘要”字段中加入“出国留学”，则所获得篇数降至 10 篇以下。由于相关文献过多，笔者在此不一一列举，本书仅仅介绍或引用其中与本研究相关程度较高的一部分文献（张文忠、吴旭东，2001；鲍贵，2009；徐晓燕、孙念红，2012；马蓉、秦晓晴，2013 等）。具体而言，目前在国内二语学习语境下较为全面而系统的观察主要体现在秦晓晴、文秋芳

(2007) 的《中国大学生英语写作能力发展规律与特点研究》，文秋芳、胡健 (2010) 的《中国大学生英语口语能力发展的规律与特点》这两本专著中。秦晓晴、文秋芳 (2007) 主要考察了英语专业大学生二语写作中复杂度、词汇运用、衔接手段、准确度以及思维能力发展的特点，研究发现英语专业大学生在句式上存在缺乏变化、多依赖高频词、过多使用衔接手段等特点。此外，二语学习者的写作准确性随着二语水平的提高而提高，而思维能力也呈现梯级向前推进的发展趋势。文秋芳、胡健 (2010) 则集中考察了英语专业大学生的语音、语法一致性、句法、词汇、话语标记使用、英语语体特征、思维能力等方面发展的特点，研究发现在语音上二年级的节奏模式最接近本族语水平，在语法一致性上提高不大，在词汇流利性、多样性、复杂性上逐年上升，在句法流利性、复杂性和多样性上呈非连续发展，在话语标记使用上有过多使用倾向且四年变化趋势不明显，在英语语体特征上朝着本族语者方向变化，在思维能力上的进步并不明显。总体来看，在国内学者的努力与多年的积累下，国内二语学习语境下的研究已经较为系统地、全面地、多维度地描述了中国外语学习者的总体发展规律与特征。

鉴于中国出国留学群体规模不断扩大以及国内现有研究的严重匮乏，本书的系列研究将采用较为系统、全面的研究设计来考察中国外语学习者在出国留学语境下产出型（写作与口语）技能的发展情况以及相关社会心理认知因素的变化情况。此外，本书还试图基于本课题研究的结论，通过一个简要模型来阐明出国留学语境下二语学习的基本工作机制。

本章首先分节介绍本书的研究背景、研究目的、研究问题与实验总体设计，并在最后说明本书的章节结构。在此需要补充说明的是，本书未对“中国外语学习者”与“二语学习者”进行严格学术意义上的区分。在涉及具体中国外语学习语境时，通常使用“中国外语学习者”；而从二语习得研究角度出发时，则按国际惯例代之以“二语学习者”。此外，在“长期”与“短期”出国留学的归类上，按照 Engle, L. 和 Engle, J. (2003) 的定义，一般将三至八个星期的出国留学项目归为“短期”出国留学项目。但鉴于现有研究中仅有极少数的出国留学时长在八个星期到一学期内，为了方便描述，本书采用“一学期”作为“长期”与“短期”出国留学时长的区分标准。

一　研究背景

本节将首先总体简述出国留学语境下二语习得研究的缘起，不同学习语境的定义与比较，出国留学语境下二语习得研究的总体框架，以及出国留学研究对中国外语教学的可能启示。

国外早期关于出国留学的研究大多属于评估报告，主要探讨了留学准备、留学政策研究、留学项目评估、学生评价等（Koester，1985；Baron et al.，1987；Goodwin & Nacht，1988；Teichler & Steube，1991；Coleman & Rouxeville，1993）问题。但 DeKeyser（1991）指出此类研究过于简化出国留学语境，而出国留学语境下的二语习得实际上非常复杂，研究者应该拓宽考察那些影响或阻止二语习得的变量。1995 年，Freed 编辑出版了《出国留学语境下的二语习得》一书，在书中她对出国留学研究的现状进行了批判性的总结。她认为当时关于出国留学语境下留学项目有效性研究的数据存在很多问题。比如一些评估与调查仅仅采用测试成绩来证明出国留学项目的益处，但简单的成绩测试很难反映出国留学语境下所学到的语言知识；此外，一些研究仅仅采用一种测试（如口语能力考试）来衡量出国留学语境下的语言发展情况。而更为普遍的问题是，这些调查报告没有将出国留学语境与国内二语学习语境相比较，或设置相应的控制组。基于以上认识，她开创性地提出，研究者应该将“出国留学”视为一种学习语境，在此特殊语境下研究者可以多角度地观察二语语言学习过程。Freed（1998）进而指出，在出国留学语境下二语学习者所获得的语言能力应该包括“说话更加轻松自信，话语较为丰富，语速较快，较少有影响流畅性的停顿。……学生掌握了更为宽泛的交际策略和问题……对语言的要求从习得口语技能延伸到在文化社交场合实现自我”。以上描述实际上指出了衡量二语学习者在出国留学语境下发展的标准，并为将来的研究指明了前进的方向。在此之后，出国留学语境视角下的二语习得研究开始蓬勃兴起（可参考 Pérez-Vidal，2014；Sanz 和 Morales-Front，2018 这两本专著）。

Freed 等学者（Freed，1995；Freed，Segalowitz & Dewey，2004）把二语学习语境归为三类。一是国内正式的二语学习语境（At-Home Context，

AH），主要指教室学习语境。在此语境下，教师可以设置任务让学生使用第二语言在课堂进行交流，但他们很难遇到实际社会交往中所有的情景变量。二是国内强化型或浸入式语境（Intensive or Immersion Context，IM），如暑期强化学习项目。学生在母语背景下来学习第二语言。尽管周边文化为母语环境，参与者原则上同意使用第二语言实现社会人际交往功能，在此语境下交际语境和学习语境也相对平衡，然而语言的互动并非全部是自然发生的，学习者所接触的人也并非都是本族语者，社会互动也不是出现在真实的目的语文化场景中。三是出国留学学习语境（Study-Abroad Context，SA）。学生在目的语文化中学习第二语言，一般住在使用目的语的本地居民家中，有真实的二语交际语境和学习语境。学生参加正式授课并在学习语境里使用第二语言，经常与本族语使用者在目的语文化中交流信息。在此语境中，二语学习者经常有意识地把在学习语境中获得的知识运用到交际语境中，与此同时培养了学生灵活的互动策略。不同的出国留学项目一般按照以下三个维度进行区分：宏观层面特征（语言输入量、互动模式）、微观层面特征（认知、元认知、动机、行为与环境等学习者可资利用的资源）、出国留学项目的架构（出国留学时长、居住情况、工作机会、出国留学前语言水平及准备情况、学术作业等）（Skehan，2006；Pérez-Vidal 和 Juan-Garau，2011）。

Pérez-Vidal 和 Juan-Garau（2011）指出，国内二语学习语境与出国留学语境之间的差异主要在于语言的输入与输出有所不同。相比出国留学语境，国内学习语境中的语言输入限于教室，二语学习者主要使用母语，语言输入和输出都由教师来掌控，多采用显性教学方法，而且通常强调语言的形式，并通过语言结构的训练来进行学习。出国留学语境作为一种特殊的二语学习语境，可以为二语学习者提供更多在真实情境下使用二语的机会，可以让他们面对面和当地人进行交流，并进而了解目的语国家的文化。

在出国留学（SA）语境、国内学习（AH）语境、强化浸入式（IM）语境这三种语境中，出国留学语境是否更有利于二语学习呢？早期学者就此进行了相应研究（DeKeyser，1991；Brecht，Davidson & Ginsberg，1995；Freed，1995；Lafford，1995；Lapkin，Hart & Swain，1995；Harley & Hart，2002）。一般研究结果认为，出国留学可以给二语学习者带来更大的益处，因为学生有更多机会接触本族语者，他们会获得更多在课堂之外使用语言的机会，比国内二语学习语境有更多时间接触目的语所在国的媒介。因而一些学者认为学习一门语言最好的方式就是前往目的语国家留学（如 Pellegrino，1998；Isabelli-García，2004）。不过部分研究也同时表明，二语学习者并不能总是很好地利用“出国留学”的机会，出国留学并不必然地提高二语学习者的语言技能（如 DeKeyser，1991；Geeslin & Guijarro-Fuentes，2005；Cubillos，Chieffo & Fan，2008；DeKeyser，2010）。

总体而言，现有出国留学语境下二语习得研究主要以英语、西班牙语、法语等西方语种以及日语为母语的二语学习者为研究对象；在研究范式上主要包括无控制组设计、以本族语者为控制组的设计、设有国内二语学习组或其他学习语境控制组的设计、包括其他影响因素的设计等；而研究内容也覆盖了多数二语语言技能以及相关社会认知心理因素，诸如：口语（Freed，1995；Segalowitz & Freed，2004；Jochum，2014；Kim，2015；Robson，2015）、写作（Sasaki，2007、2009；Wu & Zhang，2017；Llanes，Tragant & Serrano，2018）、阅读（Kaplan，1989；Brecht et al.，1995；Freed，1998；Dewey，2004；Kinginger，2008；Kinginger & Blattner，2008；L. Liu，2014）、听力（Kaplan，1989；Meara，1994；Allen & Herron，2003；Cubillos et al.，2008；Kinginger，2008；Llanes & Muñoz，2009；Llanes & Prieto，2015）、音位（Díaz-Campos，2004；Mora，2008）、词汇（Milton & Meara，1995；Ife，Vives & Meara，2000；Collentine，2004；Dewey，2008；Briggs，2015）、语法（DeKeyser，1990、1991、2010；Collentine，2004；Isabelli-García，2004；Geeslin & Guijarro-Fuentes，2005；Howard，2005；Isabelli-García & Nishida，2005；Serrano，Llanes & Tragant，2016）、认知能力（Tokowicz，Michael & Kroll，2004；Segalowitz & Freed，2004；O'Brien et al.，2006、2007；Sunderman & Kroll，2009；Larson-Hall & Dewey，2012；Grey et al.，2015；Faretta-Stutenberg & Morgan-Short，2017；Leonard & Shea，2017）、语用（Regan，2003；Cohen & Shively，2007；W. Ren，2013、2014）、交际策略（Lafford，2004）、动机（Isabelli-García，2006；Hernández，2010a、2010b）、学习态度（Yashima，2000；Yashima et al.，2008）、学习信念（Amuzie &

Winke, 2009)、跨文化敏感性(Anderson et al., 2006; Reza, 2015)、民族中心主义(Anderson et al., 2006; Y. Lin, 2012)等。上述关于不同二语语言技能及相关社会心理认知因素的研究多数证实了出国留学语境有助于二语学习者在二语语言技能以及社会心理认知因素上产生积极的变化，但同时也存在完全相反的结论。总体而言，关于出国学语境下的口语、听力以及认知能力在二语学习中的作用的研究争议较少，但由于出国时长、二语语言水平以及研究任务/设计等在不同研究中差异较大，研究者在其他方面尚未达成完全一致的结论。此外，一些研究还注意到，在相同研究条件下，出国留学语境下二语学习者在不同技能上存在不平衡发展的情况(Dyson, 1988; Meara, 1994; Kinginger, 2008)。

基于以上出国留学语境下二语习得研究的简要梳理，结合我国出国留学实践日新月异的发展现状，笔者认为国内语言学界目前很有必要思考以下三个问题。

首先，从外语教学角度来看，种类繁多的出国留学项目，相比国内二语学习语境，其优势究竟在哪里？如何从关于出国留学语境下的二语习得研究中获得启示以更好地调整、改善国内的外语教学？

其次，从社会心理认知角度来看，出国留学语境、二语语言水平等因素是否会对中国外语学习者的动机、自尊、二语语言使用、跨文化交流能力以及民族身份认同等因素产生长期或短期的影响？

最后，从理论层面看，“出国留学”语境下的二语学习遵循哪种工作机制，它是如何运作的？而从实践层面看，为了更好地适应国际化的培养模式，它能给国家语言政策、语言学科/课程设置、教师/学生角色等带来怎样的变化与启示？

虽然众多研究表明出国留学语境相对于国内二语学习语境存在一定的优势，但目前研究者对其构成特征、影响因素与工作机制仍缺乏总体了解。笔者有理由相信：本书的研究将可以为研究者描述中国外语学习者在出国留学语境下二语产出型技能发展以及相关社会认知心理因素变化的总体情况。与此同时，通过与国内二语学习语境的对比，可以管窥出国留学语境下二语学习机制的独特之处。在此基础上，研究者可以基于本研究的结果为现行外语教学和学习提供一定的解释和佐证，并为我国出国留学政策与留学教育评估提供一定的实证参考。在目前出国留学活动大繁荣、大发展的时期，此方面的相关研究显然迫切而有必要。

二　研究意义

基于对国内外出国留学研究现状的认识，本书的系列研究以中国外语学习者为被试，平行考察了他们在出国留学语境以及国内二语学习语境下两种产出型技能（写作与口语）发展的规律与特点。与此同时，本书还试图通过系列研究，初步探索出国留学过程中二语学习者在相关社会心理认知因素上的变化情况。

从现有出国留学语境下的研究议题看，关于二语口语技能的研究明显偏多，而关于写作的研究则明显较少。这种研究议题上的不平衡是较为奇怪的（相比中国期刊网上的研究总量，关于“英语写作教学”的研究数目总体明显高于“英语口语教学”研究）。出国留学语境的一个重要特征是，它为二语学习者提供了真实而正确的语言输入与语言输出环境。在国内二语学习语境中，为提高二语学习者的接受型技能（听力与阅读）而采用真实的外语材料或相关资源来模仿出国留学语境下的语言输入，其困难相对不是很大。而与之相比，为提高产出型技能（写作与口语）而进行的训练则由于无法确保语言输出的正确性、无法获得适当的反馈而在国内二语学习语境下困难重重。因而，通过出国留学项目下的社会生活环境以及学校学习环境，出国留学语境为二语产出型技能的发展提供了更为有利的条件，其中应该既包括口语技能，也包括写作技能。而现有研究却多数集中在口语技能上，同时发现仅仅口语技能在出国留学语境下出现明显提高，而关于写作技能则往往与结论并不一致。结合出国留学语境对产出型技能的明显积极影响，这种研究议题上以及研究结论上的不平衡促使研究者思考：先前的研究结果是否真实地反映了两项技能在出国留学语境下产生某种不平衡发展这个事实，抑或仅仅是因为实验条件或实验设计不同而造成的某种幻象？鉴于现有研究的设计或者出国留学时间较短，或者没有设计控制组，或者仅仅考虑了一项产出型技能，目前仍然难以回答上述问题。而如果在研究设计中同时考察两项产出型技能，在出国留学时间较长的学习语境下，以相同的二语学习者为被试，辅以国内二语学习语境的控制组设计，便可以更为客观地回答上述问题。

从现有出国留学语境下的数据分析指标（可参考第二章中的相关介绍）来看，现有研究多数采用了 CAF（Complexity，Accuracy，Fluency）指标体系。该指标体系基于 Crookes（1989）、Lennon（1990）等学者的研究与分析，并由 Skehan（1996、1998）首次建议采用这个指标体系来分析二语语言能力。最后被 Norris 和 Ortega（2009）、Pallotti（2009）等学者统一命名为"CAF"。由于数据收集与分析的困难，目前绝大多数有关出国留学的研究仅仅根据研究经验或前期文献采用 CAF 四项维度（句法复杂度、词汇复杂度、准确度、流利度）中的一个或两个维度来代表一种技能的总体发展情况。更有甚者，这些研究在所选中的一个或两个维度中仅仅选择单个或数个分析指标作为研究结论的依据。目前在口语、写作技能上多数研究选用的是流利度指标，在写作技能上往往采用 W/T、W/M 等指标，但在口语技能上则多数采用 SPM、AR 等指标。虽然上述 CAF 维度以及具体分析指标的选择符合学者对两种不同产出型技能的总体认知，具有一定的合理性。但是这种基于不同分析指标所获得的结论是否强化了研究结论上的偏见，并因而未能反映两种不同产出型技能在出国留学语境下的真实发展情况，这显然也是现有出国留学语境下相关研究尚未回答的问题。由此引发的一个越发明显的质疑是：现有出国留学研究所揭示的写作与口语技能发展上的这种不均衡是否同样源于不同 CAF 维度或具体指标上的偏向性选择？鉴于目前同样没有一项研究基于 CAF 维度的可能指标体系全面、系统地对出国留学语境与国内二语学习语境下的两项产出型技能的发展情况同时进行对比分析，上述质疑显然无可回避。而如果在研究设计中同时包括上述四项维度，并尽可能包括现有研究的主要分析指标，无疑可以更为系统地解释现有的研究结果，并可以对部分不一致的指标进行初步的效度检验。

从出国留学语境下的现有研究所涉及的出国留学时间来看，短期出国留学即有可能促进二语口语技能的提升。而与之相比，写作技能常常在出国留学一学期甚至一学年以上的语境下更容易出现一定的改善。考虑到二语口语技能与写作技能极有可能在 CAF 四项维度的发展上对时间存在不同的要求，因而同样值得思考的是：现有出国留学研究所揭示的写作与口语技能发展上的这种不均衡是否源于两种技能本身不同的阶段性发展特征？较长的出国留学时间是否更有利于衡量两种不同产出型技能的发展情况？虽然部分研究曾试图回答这个问题，但由于研究数量偏少，且分析指标过于单一，现有文献同样难以提供这个问题的答案。显然在相对较长的出国留学时长（一学年）下，考察二语学习者在出国留学语境下的产出型技能的发展，无疑更具有合理性，也将更有利于研究者客观描述它们在不同维度间、不同组别间的发展特征。

而从研究被试来看，目前关于中国外语学习者的研究仍然明显偏少，其研究现状与中国作为出国留学第一大来源国的地位极其不匹配。而同时与出国留学语境相关的二语学习者社会心理认知因素的研究也极为少见。鉴于此，作为国际研究的一部分，以中国外语学习者为研究对象的，较为系统而全面地考察他们在出国留学语境下两类产出型技能的发展情况以及相关社会心理认知因素变化情况的研究极为必要。它在丰富国际出国留学研究的同时，也将给中国外语教学研究带来一定的启示。

最后，由于现有出国留学研究的结论较为芜杂，虽然部分基于“Usage-based Approach”等二语学习理论的研究试图阐释出国留学语境下的二语学习工作机制，但仍较为碎片化、较为零散，仍缺乏一个系统而全面的总结。而本研究可以借助较为系统的设计，在一定程度上能更好地避免研究结论上的互相冲突与不可解释，并凸显出国留学语境下二语学习的构成性特征、影响因素，有助于初步厘清出国留学语境下二语学习的内在工作机制。

基于上述思考，本书拟竭力克服既有研究的上述不足，以中国外语学习者为研究对象，采用 CAF 维度各项不同指标，基于组内设计来考察他们在出国留学前与出国留学后的发展情况；基于组间设计来考察出国留学语境与国内二语学习语境的异同。为了丰富本书的研究，本书还涵盖了以中国外语学习者为研究对象、与出国留学语境紧密相关的社会心理认知因素的考察，以便研究者一窥它们在出国留学过程中可能出现的变化。笔者相信，本书的研究将成为现有出国留学研究的有益补充，并有助于研究者更好地反思当下的中国外语教学。

三 研究问题与实验总体设计

如上所述，为了克服现有出国留学研究中研究对象零散化、测量指标个性化的倾向，本书基于多维度、体系化的测量指标体系，在较长的留学时间内同时对二语写作与口语两类产出型技能进行纵向对比分析。本节分别从研究问题的提出、研究基本假设、实验总体方案这三个方面进行具体介绍与说明。

（一）研究问题的提出

从本章第二节以及本书以下各章的文献综述中可以看出，出国留学语境与国内二语学习语境对于二语语言技能的发展发挥着不同作用，出国留学语境总体上明显优于国内学习语境。但现存的疑问在于：这种优势是否源于出国留学语境下不同的二语学习机制？

上述疑问的答案似乎显而易见。在相同的二语学习机制与学习语境下，二语写作与口语两项产出型技能可以均衡地或同步地发展。但这与现有研究结论并不相符，口语技能的发展明显优于写作技能的发展，且研究者对二语写作技能是否在出国留学语境下获益仍未达成一致意见。

对于上述研究结果，学者们倾向于从两个不同的方向进行解读。一些学者认为，二语写作发展可能存在与二语口语发展不同的阶段性特征。因而在不同的出国留学时长内，口语与写作技能的发展可能呈现不同的特征。Ortega（2003）、Pallotti（2009）等学者发现，出国留学一学期以内，二语写作的发展较难被观测到。而一学年左右的出国留学时长可能更适合考察二语学习者写作技能的发展。从现有研究来看，对于口语技能的发展而言，这个可被观测的时间明显要短，出国留学一个月至一个学期便可以观测到口语流利度的明显改善。总体看来，二语写作与口语技能在出国留学语境下确实存在不同的阶段性发展特征。

而另一种解读则集中在指标体系上。他们怀疑出国留学语境下这种产出型技能发展的不均衡性是由不同研究群体、不同数据收集方法、不同数据分析指标造成的结论偏见。DeKeyser（1991）、Norris 和 Ortega（2009）都曾建议最好测量多个维度的指标以更好地描述二语写作与口语发展的全貌。而现有出国留学语境下二语写作与口语技能的研究确实存在指标碎片化、个性化的问题，不同研究中所采用的指标常常无法对比。此外，多数研究中经常采用的指标（如 DC/C、GI、VocD 值等）常常互相冲突，其效度仍需进一步研究验证。

笔者认为，多数研究中并未设置控制组也是造成上述结论模糊不清的一个重要因素。虽然 Freed 等学者早在 1995 年便注意到这个问题，但在国外研究中，严格设置控制组的研究总体仍然极少。一方面是因为出国留学语境下增加作为对比组的控制组一般较难实现。出国留学项目的生源多数是来自不同专业、不同年级甚至不同学校的大学生，在差异性如此大的群体之外再设置对应的控制组明显极难操作。即使勉强找到对应控制组，研究者也无法按照初始的实验设计完成最终数据的收集；而另一个原因则来源于一些学者的反对。比如 Brecht 等（1995）研究者认为此类控制组的设置无法达到随机要求。而 Sanz（2014）、Grey 等（2015）学者则认为两组被试所在二语语言环境的不同会带来不可控制的干扰变量。但在任何出国留学语境下的具体实验中，如果研究者想实现对上述变量的理想化的严格控制，明显不具备任何可行性。因而类似争论的结果并非在于是否需要在出国留学语境研究中设置控制组，它更多等同于是否应该在出国留学语境下进行二语习得研究。本书认为，出国留学语境下的二语习得研究仍然很有必要，它可以帮助研究者管窥一个与国内外语教学语境可能完全不同的二语习得机制，并由此有所反思。从实验设计本身看来，在出国留学研究中设置一个不太完美的控制组也远比没有任何控制组的设计要好得多。唯有如此，研究者才有可能确定出国留学语境下不同语言技能的各个指标相对于国内二语学习组的改善趋势与恶化趋势，从而在实践中检验具体指标的意义，避免单纯理论指标的假设性误导。当然，在设计此类控制组时，研究者应该尽量控制可能的无关变量；而在解释结果时，研究者依然需要对组间比较的实际意义保持谨慎。

与此同时，出国留学研究还应该考虑到二语语言学习并非在孤立的语境下完成的，它是众多社会生活环境、学校学习环境、心理认知因素综合参与作用的结果。出国留学时间的长短、初始二语语言水平、二语社会网络/二语语言使用情况等社会语言因素，与出国留学语境下的二语学习者的动机、自尊、跨文化敏感性以及文化与民族身份认同等个体心理与认知因素，都有可能在互动中调节二语学习的工作机制，从而对二语语言技能的发展产生不同的影响。

如何更好地回答出国留学语境下的二语学习优势问题，同时探究出国留学语境下的二语学习工作机制与国内二语学习语境有何不同，正是本研究的起点。基于以上分析与讨论，本书拟从以下几个方面进行改进。

本书将研究被试确定为北京某高校非英语专业的大学二年级学生。由于出国留学研究在操作上的困难，多数样本量较小。而那些具有较大样本量的研究则需要将参加不同类型出国留学项目的被试集中在一起，出国留学时长参差不齐。为了最大限度保证国内学习的控制组与出国留学组总体上在初始二语语言水平、出国前的学校学习环境、个体动机系统、认知能力等主要变量上相对比较匹配，参加本课题产出型技能发展研究的被试都选自同一个学校、同一个专业。由此两组在二语写作与口语技能上的不同发展情况可以在一定程度上代表两种二语语言学习语境所带来的差异。

本书将研究时长设定为一学年。二语写作技能的发展可能需要一学期甚至一学年以上才会更加明显，为了避免二语写作与口语技能在发展上可能存在的阶段性特征，本书采用被试内设计，比较二语学习者在出国留学/国内二语学习一学年前后在写作与口语技能上的表现。

本书将同时包括写作与口语两类语言技能。如前所述，笔者期待能够在长期出国留学语境下观测到二语写作与口语技能的同步发展。由此可以将上述研究结果中所观测到的共性特征与国内二语学习语境进行对比，从而在一定程度上揭示出国留学语境下二语学习的工作机制。

本书将包括 CAF 所有维度（句法复杂度、词汇复杂度、准确度、流利度），并尽可能包括现有研究中所采用的不同类型的主流指标。按照此设计，本书的研究结果可以与先前的多数研究相比较，在验证各项指标效度的同时，可以较为清晰地、系统地呈现二语写作与口语技能发展上的改善与恶化趋势。

本书将同时包括与出国留学语境下二语学习相关的社会心理认知因素。现有出国留学研究的社会心理认知因素研究或夹杂在二语语言技能研究中，或散落在各种不同的研究范式中。目前仍亟须更多的研究来了解中国外语学习者在出国留学语境下各种不同社会心理认知因素的发展或变化过程。针对以上社会心理认知因素的探索将有助于进一步了解出国留学经历是否或如何“改变”二语学习者。

基于上述思考，本研究试图在研究设计中同时考虑产出型两项技能，在一学年内收集前后测纵向数据，采用 CAF 四个维度并在每个维度上采用现有研究曾经使用过的主流指标，比较二语学习者在出国留学语境与国内二语学习语境下写作与口语技能发展的情况，同时探索与出国留学语境下二语学习相关的社会心理认知因素的变化情况。笔者期待，由此可以初步、较为系统地描述中国外语学习者在出国留学语境下二语学习的规律与特点，并进而分析其构成特征、影响因素以及工作机制。

（二）研究基本假设

本研究主要聚焦于出国留学语境下产出型技能的发展情况以及相关社会心理认知因素的变化情况。具体有以下三项研究假设。

关于出国留学语境下产出型技能的发展，笔者认为出国留学一学年后，由于出国留学语境的促进作用，二语写作技能与口语技能应该同步出现明显的改善，但这种改善应该难以在国内二语学习语境下观测到。更为重要的是，在出国留学语境下，由于存在共性的二语学习机制，二语学习者将在写作与口语技能发展中表现出一定的共性特征；此外，可以期待的是，写作与口语两类产出型技能在 CAF 各个维度上并非均衡地发展，因而即使在相同阶段，两项技能也会呈现各自不同的阶段性特征。

关于社会心理认知因素的变化情况，笔者认为出国留学时长、初始二语语言水平将分别对动机与自尊、语言使用情况与语言使用信心、跨文化交流恐惧与跨文化敏感性、民族身份认同等个体因素产生不同的影响，而这些影响可能进而改变二语学习者的语言使用能力。上述社会心理因素（如自尊、跨文化交流恐惧等）较容易受到任务难度、任务完成情况、任务熟悉度的影响，可能在短期出国留学语境下就得以改变，从而影响二语学习者的语言加工策略以及对认知资源的分配策略；而那些心理认知因素（如动机、二语语言使用信心、跨文化敏感性、民族身份认同等）则更为恒定，在长期出国留学语境下，需经历记忆系统的不断强化与反馈，方可以改变。

关于出国留学语境与国内二语学习语境下的二语学习机制，笔者认为出国留学语境优势并非仅仅在于输入量的变化，两者在二语学习与加工机制上应该还有根本的不同。出国留学语境更多采用内隐加工，而国内二语学习语境则更加依赖外显加工。因而出国留学语境对二语学习的促进效应更多缘于二语学习工作机制的不同，而非仅仅出于二语语言输入的差异。

（三）实验总体方案

本书旨在考察中国外语学习者在出国留学语境下的二语产出型技能的发展情况以及相关社会心理认知因素的变化情况。关于二语产出型技能的实验的总体设计方案有以下几个方面。

（1）同时考察二语写作与口语两项产出型技能，分别采用类似 Serrano、Tragant 和 Llanes（2011）研究中采用的命题写作任务与图片叙述口语任务。

（2）出国留学组与国内二语学习组的被试皆为北京某高校同一学院的非英语专业大二学生。出国留学组在大三这一学年参加国际本科生交流项目。

（3）实验采用混合设计，出国留学组与国内二语学习组两组为组间设计，而二语写作与口语技能两项技能为组内设计，出国留学/国内二语学习前、后两次测试同样为组内设计。

（4）数据分析基于 CAF 四个维度，即：句法复杂度、词汇复杂度、准确度、流利度。而在每个维度下，根据各项技能的特点以及前期文献，尽可能涵盖先前研究中所使用的主流分析指标。

上述实验总体方案设计有利于笔者较为全面而系统地考察出国留学语境下的二语产出型技能发展情况，可以尽量避免因不同实验在研究方法、数据分析不一致方面所产生的难以比较问题，由此让研究者一窥出国留学语境下二语学习者在产出型技能上发展的全貌。

与出国留学语境下相关社会心理认知因素的实验总体设计方案如下。

（1）以出国留学时长和/或二语语言水平为主要自变量。

（2）以不同的社会心理认知因素作为因变量。注意区分社会心理因素（自尊、跨文化交流恐惧）、社会语言/心理因素（语言使用情况、语言使用信心）、社会心理认知/社会文化认知因素（动机、跨文化敏感性、民族身份认同）等与出国留学语境下二语学习相关的因素。

（3）上述研究的被试分别参加了不同类型的出国留学项目。由于上述实验的数据收集量过大，耗时较长，采用不同的被试群体可以避免被试由于回答问卷过多而过于疲劳或产生抵触情绪，而影响问卷回收质量。

（4）数据收集方式主要为调查问卷与半结构化访谈。

（5）动机与自尊、跨文化交流恐惧与跨文化敏感性两项实验的具体设计为：

1）被试为赴美短期出国留学（3 周）的英语专业研究生组与赴澳短期出国留学（3 周）的非英语专业研究生组；

2）组间变量为二语语言水平，组内变量为出国留学前后；

3）调查问卷采用《Rosenberg 自尊量表》《动机调查问卷》（基于 Iwaniec，2014 等学者的问卷改编而成）、《跨文化交流恐惧量表，PRICA》《跨文化敏感性量表，ISS》问卷，辅以半结构化访谈。

（6）二语语言使用情况与二语语言使用信心实验的具体设计为：

1）被试为赴美长期出国留学（2 年）的本科生组以及相应的国内学习对照组、赴澳短期出国留学（3 周）的本科生组；

2）长期出国留学组采用组间变量（出国留学组/国内二语学习组），短期出国组采用组内变量设计（出国留学前/后）；

3）调查问卷采用《ACTFL 语言使用量表》，辅以半结构化访谈。

（7）民族身份认同实验的具体设计为：

1）被试为赴美长期与短期出国留学的国际留学生；

2）采用描述统计与推断统计相结合的分析方法；

3）调查问卷采用《情景民族身份认同问卷，SEI》。

上述实验主要考察出国留学时长、二语语言水平这两个重要变量对出国留学语境下不同社会心理认知因素的影响情况。

四　本书结构

本书包括出国留学语境下二语产出型技能发展与相关社会心理认知因素变化这两方面的研究。具体章节安排如下。

引言介绍了研究背景、研究意义、研究问题与实验总体设计以及本书的结构。

第一章集中介绍出国留学语境下二语写作与口语技能的研究现状、研究问题与研究方法、结果与分析等，总体呈现出国留学语境下的二语写作与口语的发展情况以及两种不同学习语境的对比情况。

第二章总结了出国留学语境/不同文化背景下相关社会心理认知因素的研究情况，并集中介绍出国留学语境下的动机与自尊研究、二语使用研究、跨文化交流恐惧与跨文化敏感性研究以及情景民族身份认同研究。

第三章在总结本书主要结论的基础上，讨论出国留学语境的构成性特征、影响因素以及工作机制，并反思出国留学语境对外语学习与教学的可能启示。

第四章提炼本研究的创新之处，指出本研究的不足之处与可能影响，并在此基础上对将来的研究提出具体建议。

第一章
二语产出型技能发展研究

本章将分两节考察中国外语学习者在为期一学年的出国留学语境与国内二语学习语境下写作与口语技能发展上的具体变化。

第一节　出国留学语境下写作发展与对比研究

由于出国留学项目的类型不同，出国时间长短不同，二语学习者的初始二语语言水平不同，数据收集以及分析方式不同，目前学者们针对出国留学语境下的二语写作发展的研究结论仍多有争论。本节将在详细描述出国留学语境下的现有二语写作技能研究的基础上，具体介绍本书研究的内容，并基于本研究的结果与先前的研究结果进行分析与讨论。

一　研究综述

和出国留学语境下的口语技能发展研究相比，目前聚焦于出国留学语境下的写作研究相对并不多（Churchill & Dufon，2006）。但从二语习得研究的总体来看，写作研究所受到的关注并不少于口语研究。出国留学语境下的这种研究选择偏向，可能主要源于对出国留学被试进行写作评估本身的困难（Weigle，2002），或由于较少有证据表明二语写作技能在出国留学后有明显改善（Opper，Teichler & Carlson，1990；Meara，1994；Freed，So & Lazar，2003；Llanes，2010；Llanes，Tragant & Serrano，2012）。

基于被试自报数据，早期（2000 年之前）的研究表明，在出国留学语境下，相对于其他二语技能，二语写作技能的改善被认为是较为缓慢的或可以被忽略的。比如 Opper、Teichler 和 Carlson（1990）的研究发现，本科生和研究生在一学年的出国留学项目后，在阅读信心上有所增长，但在写作信心上增长较少；Meara（1994）的研究发现，在 586 名出国留学的被试中，75%的被试认为他们的口语水平有了显著提高，但有 33%的被试认为自己的写作水平增长较慢或可以忽略；同样，Lapkin、Hart 和 Swain（1995）以 119 名在魁北克参加 3 个月英/法双语交换项目的加拿大成年人为被试，研究结果表明，只有那些学习过 7 年及以上核心法语课程的被试认为他们的二语写作水平有所提高，但也仅仅从“比较低”提高到“有点低”的水平。

与早期研究聚焦于二语写作技能的总体改善程度不同，越来越多的研究基于 CAF 框架具体探讨了二语写作在词汇复杂度、句法复杂度、准确度、流利度上的进展情况（Freed，So & Lazar，2003；Sasaki，2004、2007、2009；Llanes & Serrano，2011；Serrano，Llanes & Tragant，2011；Barquin，2012；Llanes，Tragant & Serrano，2012；Llanes，2012；Serrano，Tragant & Llanes，2014；Godfrey，Treacy & Tarone，2014；Llanes，Tragant & Serrano，2018）。但由于上述二语写作研究或将二语学习者的表现进行出国留学前、后对比，或将其出国留学后的表现与当地本族语大学生对比，或同时设置了国内学习对比组并与之对比。本节将根据上述不同的研究设计分别介绍现有研究的主要结论。

（一）无控制组的出国留学前、后对比研究

总体上此类研究的数量较多。既包括了含有语言课程的出国留学项目（Larsen-Freeman，2006；Lord，2009；Storch & Tapper，2009；Worp，2011；Llanes，Tragant & Serrano，2012；Serrano，Tragant & Llanes，2012；Andrade，2016；Llanes，Tragant & Serrano，2018），也包括那些只有专业课程的出国留学项目（Storch，2007、2009；Knoch，Rouhshad，Su & Storch，2015）。

1. 流利度

就二语写作流利度而言，现有研究主要采用了 Words、Sentences、T-units、W/T、W/M 等 5 项指标。众多研究发现，与出国留学前相比，一学期左右的出国留学项目就会产生促进影响。Larsen-Freeman（2006）以 5 名来自中国的中高水平的英语学习者为被试，在四个时间点分别采用相同的叙述写作任务收集数据，从动态系统理论的角度考察了被试在美国留学6个月后的写作发展情况。写作流利度指标采用 W/T（Words per T-unit，每个T单位中的单词数）。研究结果表明，出国留学后5名中国英语学习者的写作总体上变得更加流利，但所有的被试都遵循不同的发展路径。研究认为这是由于每个人在分配他们有限资源时的方法有所不同。Llanes、Tragant 和 Serrano（2012）以24名以英语为二语、赴英国留学的西班牙本科生为被试，考察了他们在留学一学期后写作的发展情况。前、后测中要求被试就“我最好的朋友”和“我在×××最好的朋友”为题完成限时作文。写作流利度指标包括 W/T 以及 W/M（Words per Minute，每分钟单词数）。研究发现，写作流利度出现显著提高，且效果值中等。研究认为这是由于被试在出国前完成了13年的英语学习，具有较高的语法和词汇知识水平；此外，被试有较多使用二语的机会，这使得被试能够促进二语的部分技能自动化，从而使他们可以较为快速、高效地提取二语词汇与语法结构。

在少于一学期的短期出国留学研究中，二语写作流利度的增长与出国留学前相比并无显著变化。Storch、Tapper（2009）以69名参加澳大利亚交换项目的国际学生为被试，在完成10周专业课程的同时，被试还参加了学术英语课程。研究发现，他们在 Words、W/T 这两项写作流利度指标的前后测上没有显著差异。而出国留学时长达到一学年及以上时，二语写作流利度的改善则较为明显。Serrano、Tragant 和 Llanes（2012）以14名来自不同专业赴英国某大学留学一学年的西班牙学习者为被试，采用了与 Llanes、Tragant、Serrano（2012）相同的研究设计。研究结果发现，被试的写作流利度得到显著提高，且效果值较大。

但值得注意的是，并非所有长期出国留学项目都能产生积极的影响。初始二语语言水平可能是其中一个重要的调节变量。在一些被试的初始二语语言水平较低的研究中，即使出国留学时间较长，二语写作流利度的进展也同样并不明显。Andrade（2016）以3名工商管理专业赴瑞典（英语非主流语言）出国留学10个月的日本大学生为被试。研究采用问卷来评估学生学习策略的使用、英语能力的自我感知以及对出国留学的感悟，写作任务与雅思

（IELTS）和托福（TOEFL）中的写作测试任务类似。每名被试的前后测间隔分别从 14 个月、17 个月到 21 个月不等。写作表现按语法、词汇、表达、篇章、流利度[①]（包括 Words、Sentences、T-units、W/T）进行分析。研究结果表明，2 名被试在托福测试的写作分数上有显著提升，且与学生自我感知结果较为一致。但在写作流利度上只有 W/T 指标上有显著改善，且不同被试的结果有所不同，结果并不一致。Lord（2009）采用个案研究考察了 1 名美国本科生（女性，在整个大二期间参加出国留学项目，专业为西班牙语与法律，二语语言水平中等，在语法、词汇与发音上仍然经常会犯错误）在西班牙出国留学一学年后西班牙语的写作发展情况。研究要求被试每周完成至少 200 字的日记，共完成了 3 次口语访谈。写作流利度指标采用 Words、T-units、W/T。研究结果表明，被试的写作流利度并未显著提升。较为明显的是，上述被试的二语语言水平明显低于 Larsen-Freeman（2006）、Llanes、Tragant 和 Serrano（2012）等学者研究中那些来自西班牙、中国的被试，因而即使出国留学时间有 10 个月及以上，二语学习者在写作流利度指标上多数并未出现显著改善。

与初始二语语言水平较为类似的是，被试的年龄似乎也影响了二语写作流利度的改善。在 Storch 等学者针对赴澳大利亚出国留学的系列研究[②]中，他们以本科生为被试的研究结果明显不同于以研究生为被试的结果。Knoch、Rouhshad 和 Storch（2014）以 101 名出国留学一学年的本科二语学习者为被试，写作流利度的指标采用 Words。研究结果表明，被试的写作流利度显著提高。Knoch、Rouhshad、Su 和 Storch（2015）以 31 名本科国际学生为被试，其中 18 名被试曾经在澳大利亚完成中学教育。被试在澳大利亚开始大学学习前一年（2009 年 2 月）进行首次测试，在约两年半后（2011 年 11 月）进行第二次测试，时间跨度约为三年。研究采用与 Knoch、Rouhshad 和

① Andrade（2016）的研究虽然报告了句法复杂度而非写作流利度，但鉴于他所采用的句法复杂度指标为 W/T，此项指标在其他研究中多被视为代表写作流利度（参见 Wolfe-Quintero、Inagaki 和 Kim，1998）。因而本书将其研究结论包括在二语写作流利度的指标之中。

② 其被试主要来自中国、印度尼西亚、越南等国家，专业多为经济学和工程，任务为议论文写作。

Storch（2014）相同的研究方法。研究结果发现，学习者的写作流利度同样显著提升。但在以研究生为被试的研究中，Storch（2007）以 20 名赴澳大利亚墨尔本大学出国留学一学期的研究生为被试（中 - 中高程度二语语言水平），写作流利度指标采用 Words、W/T。研究结果表明，写作流利度并未提高。Storch、Hill（2008）以 39 名参加上述一学期交换项目的东南亚研究生（经济学、工程专业）为被试，二语写作流利度指标采用 Words。除此之外，辅以英语诊断测试测量他们的写作发展水平。研究结果表明，完成交换项目后，在诊断测试上被试有了显著提高，但在写作流利度上没有出现显著差别。Storch（2009）采用与 Storch（2007）相同的研究方法，考察了 25 名赴澳大利亚出国留学一个学期的研究生（非英语专业，来自东南亚）的写作发展情况，研究同样发现他们在写作流利度上没有显著提高。研究认为这可能是因为学生练习写作的机会较少且没有写作反馈，此外，被试在课堂内和大学校园外使用英语的机会也较少。

虽然 Storch 等学者的系列研究中没有包括出国留学时长为一学年、以研究生为被试的研究，但考虑到这些研究生的二语语言水平应该不低于 Larsen-Freeman（2006）、Llanes、Tragant、Serrano（2012）等学者研究中的那些本科生，而上述研究皆发现出国留学一学期即可提高二语学习者的流利度，以研究生为被试的研究结果明显不同于以本科生为被试的研究。较为可能的是，二语学习者的年龄在其中发挥了调节作用，青少年以及儿童在相同的出国留学语境下可能在二语写作流利度上取得更大的改善。Llanes、Tragant 和 Serrano（2018）以 64 名使用西班牙语/加泰罗尼亚语双语的青少年英语学习者（12～17 岁）为被试，在参加为期 3 周的出国留学项目后，要求被试基于一个短小的连环漫画完成故事叙述，前后测写作任务相同。写作流利度指标同样采用 Words。研究结果表明，被试的写作流利度得到显著提高。上述研究结果似乎表明，就二语写作流利度而言，中学生、本科生、研究生等二语学习者随着年龄的增长，达到相同的流利度改善程度可能需要更长的出国留学时间。

而从测量指标体系来看，W/T 指标较单纯的 Words、Sentences、T-units 这些频次指标似乎更为敏感。这在 Andrade（2016）的研究中尤为明显。

2. 准确度

就二语写作准确度而言，现有研究主要采用 E/T、EFT/T、EFC/C、E/C、Errors、EFT、E/W、CV 等 8 项指标。总体来看，与二语写作流利度相比，写作准确度的提高所需要的出国留学时间更长一些，大概长于一学期，但短于一学年。确定上述期限的主要依据来自 Llanes 等学者的两项研究。Llanes、Tragant 和 Serrano（2012）研究中的被试赴英国留学一学期，二语写作准确度指标采用 E/T（Errors per T-unit，每个 T 单位中的错误数）。但研究并未发现写作准确度有所改善。但 Serrano、Tragant 和 Llanes（2012）研究中的被试赴英国留学一学年，写作准确度采用与 Llanes、Tragant 和 Serrano（2012）相同的指标，研究结果却发现二语学习者的写作准确度得到显著提高，且效果值较大。与上述研究结果相呼应的是，在比一学期更短的出国留学研究中，Worp（2011）研究中的被试赴西班牙留学 10 周，写作准确度采用 EFC/C（Error-Free Clauses per Clauses，无错误小句数与小句总数之比）、E/C（Errors per clause，每个小句中的错误数），研究结果表明，二语学习者的写作准确度没有显著提高。在出国留学时长为一学期的研究中，Storch（2007）研究中的研究生被试赴澳大利亚留学一学期，二语写作准确度指标采用 EFT/T、EFC/C、E/W（Errors per Total number of Words，所有单词中的错误数），研究发现，写作准确度的分值仅有较小的提升，但并不显著，且多数错误为形态错误。Storch、Hill（2008）、Storch（2009）采用相同的设计，研究发现，出国留学一学期后，被试在写作准确度的 EFT/T（Error-Free T-units per T-units，无错误 T 单位数与 T 单位总数之比）、EFC/C 指标上没有出现显著差别；而在出国留学时间较长的情况下，Lord（2009）研究中的 1 名被试赴西班牙留学一学年，写作准确度指标采用 E/T、EFT/T、Errors、EFT，研究结果表明，被试在 E/T、EFT/T、Errors 指标上有明显改善，但在 EFT 上仍未出现类似增长。

但初始二语语言水平对写作准确度的影响似乎与它对写作流利度的影响机制并不相同。上述 Lord（2009）的研究发现，在一学年的出国留学后，被试虽然在二语写作流利度上并未出现显著改善，却在二语写作准确度的 4 项指标中的 3 项（E/T、EFT/T、Errors）上出现显著改善。由于该研究中的被试为二语语言水平较低的学习者[①]，这表明：相对于写作流利度，二语语言水平较低的被试在写作准确度上更容易得到改善。而 Knoch、Rouhshad 和 Storch（2014）的本科生被试赴澳留学一学年，写作准确度指标采用 EFT、EFC（Error-free Clauses）。研究结果却表明，写作准确度的 EFT 指标没有显著提升，EFC 指标反而显著降低。Knoch、Rouhshad 和 Storch（2015）研究中的本科生被试赴澳留学约 3 年，采用与 Knoch、Rouhshad 和 Storch（2014）相同的研究方法。研究结果发现他们的写作准确度仍然没有提升。但这两项研究在被试的写作流利度上都出现显著改善。相对而言，这些研究中的被试二语语言水平较高[②]，Knoch 等学者的研究结果表明：二语语言水平较高的被试更容易在写作流利度上得到改善。上述明显对立的结果似乎表明，二语写作准确度的改善在初期提高极快，但随着二语学习者语言水平的提高，会逐渐遇到瓶颈。上述研究的测量指标不尽相同，Knoch 等学者的研究中 EFT、EFC 是频次指标，而 Lord（2009）的研究采用了 E/T、EFT/T 这些基于 T-unit 的平均值指标，而且在其研究中，EFT 同样并未出现显著增长。因而上述推论仍需要将来研究的进一步验证。

二语学习者的年龄似乎仍然调节了二语写作准确度的改善情况。Llanes、Tragant 和 Serrano（2018）研究中的青少年二语学习者（12 ~ 17 岁）被试，在仅仅出国留学 3 周后，写作准确度指标采用 CV（percentage of correct verb forms out of the total number of verb used，正确使用动词与动词总数之比）。研究结果表明，写作准确度得到显著提高。由于该研究所使用的指标不同于其他所有研究，且写作准确度的提高就大学生而言一般需要一学期以上的时间，相比而言，3 周的出国留学时间显然过于短暂，因而上述结果仍需研究者谨慎对待。

而在测量指标体系方面，现有研究还表明，二语写作准确度指标的选用可能会影响研究的结果。Storch、Tapper（2009）研究中的国际留学生赴澳大利亚留学 10 周，写作准确度指标采用 EFT/T、EFC/C、E/W。研究发现，除 EFT/T 指标外，EFC/C、E/W 指标都出现显著改善；Larsen-Freeman

---

① 参见“流利度”中对相应研究者中被试的简单说明，亦可参见相应文献。

② 参见“流利度”中对相应研究者中被试的简单说明，亦可参见相应文献。

（2006）研究中的中国外语学习者赴美国留学6个月，二语写作准确度指标采用EFT/T，研究结果表明，在出国留学后，5名中国英语学习者的写作总体上变得更加准确；而在Llanes、Tragant、Serrano（2012）的研究中，采用E/T作为二语写作准确度的指标，出国留学一学期的二语学习者在写作准确度上没有变化；而在一学年的研究中，Serrano、Tragant、Llanes（2012）的研究在E/T上发现显著变化。Lord（2009）的研究在E/T、EFT/T指标上出现明显改善，且在第一学期EFT/T指标的提升尤为明显，在第二学期则变得更加平稳，E/T指标则是逐步改善，但未在EFT上发现明显变化；Knoch、Rouhshad、Storch（2014）的研究在EFT、EFC方面也未出现显著变化。Knoch、Rouhshad、Su、Storch（2015）的本科生被试赴澳留学3年，也未在EFT、EFC指标上出现显著差异。基于上述研究结果的一个结论是：EFC/C、E/W指标在二语学习者出国留学10周便可观测到变化，EFT/T指标的改善可能发生在出国留学6个月或一学期左右，而E/T指标的改善发生一般需要一学期以上、一学年以下，这些频次指标可能需要更长的出国留学时间才可能得以改善。总体看来，EFC/C、EFT/T、E/T、EFT、EFC这些指标对二语写作准确度的测量敏感度似乎并不相同，E/T、EFT/T、EFC/C这些平均值指标的敏感度随着出国留学时长的递减而减小。而写作准确度的平均值指标总体较EFT、EFC这些频次相关的指标敏感度更高。由是观之，必须根据研究设计谨慎选用不同的指标，或尽量选用多种指标，否则研究结果极有可能出现较大的偏颇。

3. 句法复杂度

就二语写作句法复杂度而言，现有研究主要采用了C/T、DC/C、W/T、W/C、VF等5项指标。总体看来，它的发展轨迹可能与准确度更为相似，明显需要一学年左右或更长的出国留学时间才会出现显著改善。Llanes、Tragant和Serrano（2012）发现在出国留学一学期后，西班牙的二语学习者在句法复杂度的C/T指标（Clauses per T-unit，每个T单位中的从句数）上没有出现显著效应；而Serrano、Tragant、Llanes（2012）发现在出国留学一学年后，他们在相同指标上得到显著提高，且效果值较大。

与上述判断较为一致的是，其他出国留学时长小于或等于一学期的研究并未发现被试在写作句法复杂度上出现显著改善。Worp（2011）发现，在出国留学 10 周后，写作句法复杂度的 DC/C 指标（Dependent Clauses per Clauses，每个小句中的从属句的数目）、从句指标（包括 4 种不同小句：关系从句、名词从句、状语从句、非限定句）、句子结构指标（包括 4 种不同句型：简单句、复合句、复杂句、复合复杂句）都没有显著提高；而在出国留学一学期的研究中，Storch（2007）、Storch 和 Hill（2008）、Storch（2009）基于 C/T、DC/C 两项句法复杂度指标，发现句法复杂度或小幅降低，或没有出现显著变化；Llanes、Tragant 和 Serrano（2018）的研究中青少年二语学习者（12～17 岁）在参加为期 3 周的出国留学项目后，虽然在写作流利度、准确度与词汇复杂度上都出现显著提高，但在写作句法复杂度的 C/T 指标上并未显著改善。不过他们仍然在另一项较少使用的 VF（percentage of types of verb forms out of the total words，动词类符与单词总数之比）指标上得到显著提高。唯一例外的研究来自 Larsen-Freeman（2006），在其研究中，5 名来自中国的中高水平的英语学习者在美国留学 6 个月后，句法复杂度的 C/T 指标表明被试在语法上更加复杂。由于上述其他研究都采用了统计分析，而 Larsen-Freeman（2006）的研究则仅仅是基于动态系统复杂理论的描写，因而后者的结论无法否定前者。上述研究中部分不一致的结果提醒研究者在将来的研究中需要特别注意二语学习者的年龄、出国留学时长大于一学期但小于一学年这个时段对二语写作句法复杂度的潜在影响。

而初始二语语言水平对二语写作句法复杂度的发展同样有明显的影响。二语语言水平较高的被试在句法复杂度的发展上会遇到与准确度发展中类似的瓶颈。Knoch、Rouhshad 和 Storch（2014）、Knoch、Rouhshad、Su 和 Storch（2015）的研究表明，对于二语语言水平较高的本科生来说，即使在出国留学一年甚至三年后，句法复杂度的 C/T 指标也没有显著提升。他们还将 W/T、W/C（Words per Clauses，小句中单词数）这两项指标计算为句法复杂度，但这两项指标同样未出现显著增长。

就测量指标体系而言，现有研究所采用的 C/T、DC/C 常常被视为二语写作句法复杂度的经典指标，但 W/T、W/C 指标在多数研究中并非作为复杂度指标，而被视为流利度指标。此外，VF 指标由于涉及动词的使用，一般也被视为词汇复杂度指标。上述不同指标的采用也部分造成了研究者们在二语句法复杂度上不一致的结论。

4. 词汇复杂度

就词汇复杂度而言，现有研究主要采用了 VocD-D、GI、UAW（Use of Academic Words，学术词汇使用数）、AWL、NIE、NRFW 等 6 项指标。总体看来，二语写作词汇复杂度的发展在 CAF 的几个维度中最为模糊。Worp（2011）的研究发现出国留学 10 周后，中等语言水平组的被试在 VocD-D（所有词汇的丰富性指标）这项词汇复杂度指标上出现显著提高，但低等与高等二语语言水平组却没有出现显著变化。同样是出国留学 10 周，Storch、Tapper（2009）的研究发现二语语言水平较高的学习者在词汇复杂度的 UAW 指标上产生显著改善。Larsen-Freeman（2006）的研究也发现，中高水平的英语学习者在出国留学6 个月后，在词汇复杂度的 GI（Guiraud's Index of lexical richness，词汇多样性指标，单词类符数/型符数的平方根）指标上明显提高，词汇使用明显变得更加复杂。而 Llanes、Tragant、Serrano（2018）研究中的青少年二语学习者（12 ~ 17 岁）在出国留学仅 3 周后，词汇复杂度的 GI 指标便出现显著提高。总体看来，中等水平的二语学习者可能只需 10 周到一学期的出国留学时间就可以在二语写作词汇复杂度上取得较好的进展，而年龄较小的二语学习者可能需要的时间更少。

但对于 Llanes 等学者研究中二语语言水平明显较高的西班牙学习者来说，一学年及以上的时间才能使他们在写作词汇复杂度上有所进展。Llanes、Tragant 和 Serrano（2012）的研究发现，在出国留学一学期后，二语学习者在写作词汇复杂度的 GI 指标上虽然有所提高，但并不显著；Serrano、Tragant、Llanes（2012）的研究则发现，类似水平的二语学习者在出国留学一学年之后，他们在词汇复杂度的 GI 指标上显著提高，且效果值较大。

而 Storch 等学者一系列研究的结果则仅仅部分印证了上述研究中关于中等二语语言水平被试的结论，却在高水平组上出现不一致的结果。在那些以二语语言水平中等或中上等的研究生为被试的研究中，Storch（2007、2009）的研究发现，在出国留学一学期之后，二语学习者在词汇复杂度的 AWL（Average Word Length，平均词长）、NIE（Number of Informal Expression，非正式表达式数）、NRFW（Number of Rare/Formal Words，正式/非常见单词数）这三项指标上有所提高，具体表现为语体正式程度有所增加，而口语化表达和非正式表达的使用频率下降。他们由此认为这体现了词汇复杂度的提升；但在以二语语言水平较高的本科生为被试的研究中，Knoch、Rouhshad和Storch（2014）的研究发现，在出国留学一年后，二语学习者在词汇复杂度的D值指标上显著提升，但在UAW、SW/CW（Ratio of Sophisticated Words to Content Words，复杂单词与实义词之比）指标上没有显著变化。而Knoch、Rouhshad、Su和Storch（2015）的研究采用与Knoch、Rouhshad、Storch（2014）相同的词汇复杂度指标，被试的二语语言水平相对更高，一半以上的本科生曾经在澳大利亚完成中学教育。在完成大学三年的学习后，研究却发现，与大学入学时相比，二语学习者的词汇复杂度仍然没有提升。虽然上述结果可能源于二语学习者在词汇复杂度发展上所存在的天花板效应，但他们将原因归结于教师反馈的缺乏。

上述相互冲突的结果似乎较难以解释，但可能的原因在于：①二语写作词汇复杂度的发展呈现一个“倒U”形，中等二语水平的学习者在较短的出国留学时间内就可以获得较为明显的改善。而低水平、高水平的二语学习者可能需要更长的时间才能出现可被观察/测量到的发展；②二语写作词汇复杂度的测量指标可能存在某种设计上的限制，这种限制导致了它对中等二语语言水平更为敏感，更适于测量此类被试群体。

最后，就测量指标体系而言，上述研究所采用的VocD-D、GI常常被用于二语写作词汇复杂度的测量，而UAW、AWL、NIE、NRFW这四项指标较为个性化，仅仅出现在Storch等学者的系列研究中。

（二）与当地本族语大学生对比的研究

基于欧洲的伊拉斯谟－苏格拉底（Erasmus-Scorates）交换项目，Pérez-Vidal等学者在西班牙“出国留学语言习得项目”（Study Abroad Language Acquisition Project，SALA）下完成了系列研究。该系列研究一般采用为时三年的纵向研究设计，被试为高水平英语学习者，使用西班牙语/加泰罗尼亚语双语，专业为翻译。研究要求被试就“出国的人总应该遵守他所在国家的风俗和生活习惯”写一篇议论文，进行四次数据收集。时间分别为：大一入学时（T1）、大一第一学期末（T2，国内二语学习阶段）、大一第二学期（无测试，国内二语学习阶段）、大二伊始赴英语国家留学 3 个月后（T3，出国留学阶段）、归国 15 个月后（T4，约为大三第二学期末，国内二语学习阶段）。二语写作流利度一般采用 W/M、W/C、Words、Sentences，准确度采用 E/C、E/W、EFS、Sp1/Sp2，句法复杂度采用 C/S、MLS、DC/S、MLC、SYNNP、DC/C、CI、W/S（Words per Sentence，每句单词数），而词汇复杂度采用 GI、AG1K、HyN、HyV。主要数据分析方法为：将二语学习者不同学习阶段（T1、T2、T3、T4）的写作发展情况分别与出国留学目的国当地大学生进行组间对比，同时部分研究还对二语学习者国内二语学习阶段（T1、T2、T4）与出国留学 3 个月后（T3）进行组内对比（Pérez-Vidal & Juan-Garau，2004、2007、2009；Pérez-Vidal & Juan-Garau，2011；Pérez-Vidal，Juan-Garau & Mora，2011；Pérez-Vidal，Juan-Garau，Mora & Valls-Ferrer，2012；Barquin，2012；Pérez-Vidal & Barquin，2014）。

1. 流利度

根据 Pérez-Vidal 等学者的研究结果，在大学第一学期末（T2），西班牙二语学习者的写作流利度与当地英语本族语者的差距最大，但在出国留学 3 个月后，两组在流利度上没有显著差异。Pérez-Vidal、Juan-Garau、Mora 和 Valls-Ferrer（2012）的研究发现，西班牙二语学习者仅仅在 T2 时在 W/M 指标上显著低于二语学习者，但在 W/C 指标上没有显著差异。除此之外，西班牙二语学习者在其他测试时间与当地英语本族语者相比没有任何显著差异。Barquin（2012）的研究则发现，与当地英语本族语者相比，西班牙二语学习者在 T2 时的 Words、Sentences 这两项写作流利度指标上处于显著劣势。但在出国留学后（T3），他们在写作流利度上与当地大学生相比已经没有显著差异。

而组内对比同样表明，西班牙二语学习者在出国留学 3 个月后，与大一第一学期末相比，会出现显著改善，有时这种改善甚至可以保持到大三第二学期末。与此同时，入学时的写作流利度与大一第一学期末没有显著差异。Pérez-Vidal 和 Juan-Garau（2009、2011）、Pérez-Vidal 等（2012）的研究发现，西班牙二语学习者的 T2 与 T1 相比，在写作流利度的 W/M、W/C 指标上没有显著改变。但 T3 与 T2 相比，W/M 指标显著提高，但 W/C 指标或产生显著改变（Pérez-Vidal & Juan-Garau，2009、2011），或仍然没有改变（Pérez-Vidal et al.，2012）。Barquin（2012）的研究发现，写作流利度的 Words、Sentences 指标在 T2 与 T1 对比时，两项指标没有显著改变。但在 T3 与 T2 相比时，两项指标都出现显著提高。Pérez-Vidal、Barquin（2014）的研究采用类似设计，发现被试在学术写作的流利度指标上出现显著提升。而与 Pérez-Vidal、Juan-Garau（2009）的研究结果不同的是，这些写作发展情况的改善，即使在 T4（回国 15 个月后）仍然得以保持。

2. *准确度*

就二语写作准确度而言，与写作流利度不同的是，在各个时间段、各个指标上，当地本族语大学生的写作准确度都显著优于西班牙二语学习者。这表明 3 个月的出国留学时长并不足以让二语学习者在写作准确度上缩小与当地大学生的差距。Pérez-Vidal 等（2012）的研究发现，无论是在 T1、T2 还是在 T3 时，当地英语本族语者在写作准确度的 E/C、E/W 指标上都显著高于二语学习者。Barquin（2012）基于 E/W（包括语法错误、词汇错误、语用错误）、EFS（Error-Free sentences per Sentence，句子中无错误句子数量）、Sp1（Type 1 Spelling errors per word，第一类型拼写错误）、Sp2（Type 2 Spelling errors per word，第二类型拼写错误）这些指标，研究发现，在 T2 时，当地英语本族语者在上述二语写作准确度的所有指标上都显著优于二语学习者。在 T3 时，除 Sp2 指标外，他们在写作准确度的 E/W、EFS、Sp1 这三项指标上仍然显著优于二语学习者。

而在组内对比上，与二语写作流利度明显不同的是，写作准确度的发展在出国留学 3 个月后并不明显。Barquin（2012）的研究发现，在各个时间段上，在 T3 与 T2 相比时，二语学习者仅仅在写作准确度的 Sp1 指标上出现显著改善。其他三项 E/W、EFS、Sp2 指标在任何时间段都没有改善。虽然部分研究曾发现二语学习者在 E/W 或 E/C 指标上可能出现显著改善，但现有研究的结论仍难以达成一致。Pérez-Vidal、Juan-Garau（2009、2011）的研究发现，在写作准确度的 E/W 指标上，T2 与 T1 相比、T3 与 T2 相比，二语学习者出现显著改善。Pérez-Vidal、Barquin（2014）的研究有类似发现。而

Pérez-Vidal 等（2012）的研究则在写作准确度的 E/C 指标上发现类似结果，但他们同时未能在 E/W 指标上发现显著改善。总体看来，上述研究结果表明二语写作准确度的发展即使在出国留学后仍未获得稳定的提升，仅仅在部分指标上、在特定群体中可以观测到。

3. *句法复杂度*

就二语写作句法复杂度而言，出国留学 3 个月的西班牙二语学习者与当地本族语者的差距总体上并不如写作流利度与准确度的发展那样清晰明朗。Pérez-Vidal 等（2012）的研究发现，在各次测试中，当地大学生与二语学习者在写作句法复杂度的 C/S（Clauses per Sentence，每句小句数）指标上没有任何显著差异。而 Barquin（2012）的研究采用了 MLS（Mean Length of Sentences，句子平均长度）、DC/S（Dependent Clauses per Sentence，句子中从属句数目）、MLC（Mean Length of Clause，小句平均长度）、SYNNP（Mean number of modifiers per noun-phrase，每个名词短语中的修饰语数目）以及句法多样性、衔接和代词密度等多项指标来测量二语写作句法复杂度。研究发现，与西班牙二语学习者在 T2 时的写作句法复杂度相比，当地英语本族语者除 MLS 指标外，其他指标都显著优于二语学习者。与 T3 时相比，他们仍然在句法复杂度的 MLC、SYNNP 指标上显著占优。但比较异常的是，在 DC/S 指标上，部分西班牙二语学习者在此指标上的得分反而显著高于当地英语本族语者。同时从 T1 到 T3，中等与低等二语语言水平组在此指标值上呈现逐渐降低的趋势。因而一个可能的判断是：句法复杂度的 DC/S 指标值会随着二语学习者写作水平的提高而降低。总体而言，上述两项研究的结果并不一致，其中 C/S、MLS、DC/S 这三个指标都与“句子”子维度有关，二语学习者与当地本族语者也正是在这三个指标的比较上出现一些异常的结果。因而，在将来的研究中，研究者们有必要在二语写作句法复杂度上区分“句子”子维度的指标与“小句”等其他子维度的指标。由此才有望廓清在二语写作句法复杂度上似是而非的结论。

与上述组间比较极为相似的是，不同测试阶段的组内对比表明，西班牙二语学习者在多数句法复杂度的指标上并未表现出显著改变。Pérez-Vidal 等（2012）的研究发现，在句法复杂度的 C/S 指标上，三次测试之间都没有显著变化。Pérez-Vidal 和 Juan-Garau（2009、2011）、Pérez-Vidal 和 Barquin（2014）的研究发现，二语学习者在句法复杂度的 DC/C、CI（Coordination index，并列连接指数）等指标上没有显著改变。但在一些研究中，基于"小句"子维度的 MLC 指标表明二语学习者在出国留学 3 个月后，相比 T2 时出现显著改善（Barquin，2012）。总体看来，即使是极为类似的被试与几乎相同的出国留学语境，采用不同的指标也会明显影响研究结论。

4. 词汇复杂度

在二语写作词汇复杂度上，研究结论仍远非清晰。现有研究发现，二语学习者在出国留学 3 个月后，在 GI 指标上与当地本族语者的差异不再显著，这似乎表明他们的写作词汇复杂度有所提高。Pérez-Vidal 等（2012）的研究发现，仅仅在 T2 时，当地本族语者的写作词汇复杂度的 GI 指标才显著高于二语学习者。除此之外，两组被试在其他各项测试中没有任何显著差异。Barquin（2012）的研究采用 GI、AG1K（Advanced Guiraud 1000，减去 BNC 语料库 1000 个最常用词后的 GI）、HyN（Noun Hypernymy，名词上下义关系）、HyV（Verb Hypernymy，动词上下义关系）这四项指标作为写作词汇复杂度的指标。研究发现，在 T2 时，二语学习者在词汇复杂度的 GI、AG1K、HyN 这三项指标上都显著逊于当地本族语者。但在出国留学后（T3），他们在写作词汇复杂度的 GI、HyV 这两项指标上与当地本族语者已经没有显著差别，但无论是 T2、T3，西班牙二语学习者在更为严格的 AG1K 指标上仍然显著逊于当地本族语者。此外，上述各项指标的结果并不一致（参考以下组内对比的说明），因而目前仍不宜对二语学习者在写作词汇复杂度上是否提升做出定论。

而在组内对比上，GI 指标出现了 U 形变化，相关研究结果颇令人费解。Pérez-Vidal 和 Juan-Garau（2009、2011）、Pérez-Vidal 等（2012）、Barquin（2012）的系列研究都发现，在写作词汇复杂度的 GI 指标上，T2 与 T1、T3 相比都有显著下降。上述研究是否表明 GI 指标本身与二语写作水平之间存在非线性关系，或西班牙二语学习者在 T2 时在二语写作词汇复杂度上出现了较为明显的退步，目前在学界这仍然是一个未解的谜题。

（三）以国内二语学习者为对比组的研究

上述研究基本都由国外学者完成。在现有以国内二语学习者作为对比控制组的研究中，出现了两项国内研究者所完成的写作研究（杨元辰，2014；Wu & Zhang，2017）。接下来总体介绍一下这方面的研究现状。

1. 二语写作技能的综合情况

总体看来，出国留学2个月及以上，就有可能对二语学习者的写作动机、写作信心、写作频率产生积极的影响。Sasaki（2004）的研究发现，在大二赴美国或加拿大留学2个月或8个月后，这段经历对6名日本二语学习者的写作动机、写作信心产生了持久的正面影响。Kohro（2001）的研究发现，5名赴美学习6个月的日本女大学生在二语写作能力上的自报得分比另外5名在国内正常学习的学生更高。Sasaki（2007）采用与Sasaki（2004）类似的研究方法，研究发现，7名三年级日本大学生（出国留学时长分别为4个月、8个月、9个月），一年后在写作总体评分、写作信心上都显著提高，而6名在国内学习的大学生在写作分数上没有改变。Sasaki（2011）的研究进一步发现，在三年半时间内，三组出国留学学生（出国留学时长各有不同）的二语写作分数有显著提升，但国内二语学习组的写作分数没有改变，其中4名国内二语学习组学生的写作成绩甚至有所下降。

而留学时间越长，二语写作综合能力的提升越发明显。Kristian（2013）采用图片描述任务，研究发现，赴美国留学9个月后，2名印度尼西亚高中学生在正确句子的产出、连接性和衔接上，都超过了2名在国内学习的大学一年级学生。但出国留学组与国内二语学习组在现在进行时、一般现在时、一般过去时的使用上都同样表现出较高水平。Wu、Zhang（2017）的研究也发现，非英语专业研究生（31名）在赴美留学一年半后，他们在英语写作感知、写作频率、信函写作能力上显著高于在国内学习的非英语专业研究生（34名）和英语专业研究生（29名）。但在议论文写作上仅显著强于非英语专业的国内二语学习组。Sasaki（2004、2007）等学者认为，出国留学语境对二语写作的这种促进效应可能源于出国留学和国内学习语境下的二语写作课程教学。但由于在其他一些研究中并未设置对应的二语写作课程，因而上述解释并不适用于所有研究。

2. 流利度

就流利度而言，不同的出国留学时长（以6个月左右为界限）会显著影响出国留学组在各项指标上的表现。而国内二语学习组在同期的发展常常并未出现明显变化。总体上，研究者可以观测到出国留学组相对于国内二语学习组的优势随着出国留学时间的延长而增大。

出国留学时长若在3个月左右，出国留学的二语学习者与国内二语学习组在写作流利度上一般都不会出现显著进展，两组之间也不存在显著差异。Llanes、Muñoz（2013）的研究要求被试就“我的生活：过去、现在和未来展望”完成二语写作任务，研究发现，在赴英国留学2～3个月后，46名来自英语专业的西班牙大学生在写作流利度的W/T、W/M这两项指标上没有显著变化，作为控制组的20名在国内学习的大学生同样也没有显著进展。

出国留学3个月左右，即使以儿童为被试，相关研究也未能发现出国留学组与国内二语学习组在写作流利度上出现显著差异。而与出国留学前相比，各组在写作流利度上也没有显著变化。Llanes（2012）的研究发现，在赴爱尔兰留学2个月后，无论是前测、后测还是延迟测试（12个月后），9名西班牙语/加泰罗尼亚语双语儿童与7名在国内学习的儿童在二语写作流利度的W/T指标上没有显著差异。Llanes、Muñoz（2013）的研究进而发现，在出国留学2～3个月后，39名儿童被试与34名国内二语学习组被试在写作流利度的W/T指标上都没有显著提高。

但也有两项研究与上述结果并不一致。Serrano、Llanes、Tragant（2011）的研究发现，在各自完成2个月的课程学习后，出国留学组的25名西班牙大学生，与国内强化浸入式学习组（69人，分为中等水平组、高水平组。学习时长为15天，但课时数相当于另两种学习语境下的两个月）相比，在写作流利度的W/T指标上没有显著差异，但显著优于国内二语学习组（37人）。而Serrano、Tragant、Llanes（2014）的研究发现，赴英国学习仅仅3周后，54名西班牙大学生在写作流利度的Words指标上显著优于在西班牙国内强化浸入式学习组（为时4周的夏季项目，授课教师皆为英语国家教师）。

出国留学时长若在6个月左右，与出国留学前相比，二语学习者可能在写作流利度指标上出现显著提高，而国内二语学习组同期可能保持现状或变得更差。但总体上出国留学组仍难以在写作流利度上显著超越国内二语学习组。Kohro（2001）的研究发现，出国留学组赴美学习6个月后在W/T指标①上明显增长，但国内二语学习组同期没有改变。Sasaki（2004）采用议论文写作任务，进行了4次数据收集，研究持续三年半。研究发现，从第一年到第四年，6名在大二赴美国或加拿大留学的日本二语学习者（留学时长为2个月或8个月）在写作流利度的W/M、W这两项指标上都得到显著提高。但与5名未参加海外留学的学生相比，两组在写作流利度上并没有显著差别。Sasaki（2007）的研究同样发现，在大二出国留学后（时长分别为4个月、8个月、9个月），在大三时，出国留学组在写作流利度上的W/M、W两项指标上显著提高，但国内二语学习者反而在写作流利度上下降了很多。

但同样存在与上述结论相悖的研究结果。不少研究发现，在出国留学一学期后，出国留学组与国内二语学习组在写作流利度上都没有任何显著改善。部分研究还发现，国内二语学习组的表现有时反而好于出国留学组。杨元辰（2014）采用议论文写作任务，研究发现，在出国留学一学期、两学期到更多学期后，50名中国外语学习者与15名在国内学习的本科生控制组在写作流利度的Words、TST（Total Syllables in Text，总音节数）指标上都没有显著提升。根据评分者对写作流利度的主观评分，Freed、So、Lazar（2003）的研究发现，在出国留学一学期后，国内二语学习组（15名在美国国内学习的大学生）在写作流利度上反而被判定高于出国留学组（15名赴法国留学一学期的美国大学生）。同样的结果也出现在Godfrey、Treacy、Tarone（2014）的研究中。他们发现，在赴法国留学一学期后，虽然两组在写作流利度的Words指标上都有所增长，4名出国留学的法语专业学生在学术写作流利度上的发展反而落后于4名在国内学习的大学生。

上述相互冲突的研究结果极有可能与各项研究所采用的写作流利度指标有关。与其他研究结果并不一致的研究中，杨元辰（2014），Godfrey、

① 在其研究中，W/T指标被视为写作句法复杂度，本书按照惯例将其列在流利度中。

Treacy 和 Tarone（2014），Serrano、Tragant 和 Llanes（2014）的研究都采用 Words 作为写作流利度的单一指标。一个显而易见的问题是，二语写作的单词总字数容易受到写作任务难易度、限定时间、被试心理因素、教师指导语、学习语境等多种外在因素的影响。而 Freed、So 和 Lazar（2003）的研究结果则在一定程度上表明了 Words 类单纯频次指标与其他指标之间存在不一致。在他们的研究中，在主观评分的流利度上，国内二语学习组高于出国留学组。在 W、S、T-units 指标上，出国留学组较国内二语学习组有所改善，但在 W/T 指标上没有表现出任何差异。在其研究中，三项不同类的指标出现三种截然不同的趋势，因而研究者们需要更加谨慎地对待上述单独基于频次指标的研究结果。较为例外的是，Serrano、Llanes、Tragant（2011）的研究，他们同样采用了 W/T 指标，但其结果与多数研究并不相同。杨元辰（2014）的研究也曾发现，中国外语学习者在赴美留学一学期、两学期到更多学期后，出国留学组在 W/S 指标上出现增长，但在 W/T 指标上出现下降。而国内二语学习组则在两项指标上同时出现增长。由于 W/T 指标值与 T-unit 本身的变化相关，研究者因而需要考虑 T-unit 总数的变化情况是否也在一定程度上影响了研究的结果。在将来的研究中研究者应该对 T-unit 的变化情况进行观测与比较，以进一步验证 W/T 指标的效度。

3. *准确度*

就二语写作准确度而言，它的发展与流利度较为相似。一般需要一学期及以上才可能在出国留学组中发现较为明显的积极变化，而在此期间国内二语学习组的改善总体落后于出国留学组，且两组之间并未出现显著差异。Kohro（2001）的研究发现，赴美学习 6 个月后，出国留学的日本二语学习者与国内二语学习组在写作准确度的 EFT/T 指标上虽然都有提高，但在统计上并不显著。而在 W/EFT（total number of words in error-free T-units/EFT，无错误 T 单位的平均句长）指标[①]上，出国留学组没有改变，而国内正常学习组则稍有下降。Godfrey、Treacy、Tarone（2014）的研究发现，在赴法国留学一学期后，在写作准确度的 NA（Noun Agreement，名词一致性）、GA

① 在其研究中，W/EFT 指标被视为写作句法复杂度，本书按照惯例将其列在准确度中。

(Gender Agreement，性一致性）上，出国留学组相对于国内二语学习组取得更好的成绩。杨元辰（2014）的研究发现，出国留学时长分别从一学期、两学期到更多学期不等的出国留学的中国本科生在写作准确度的 E/T、EFT/T、EFC/C 指标上有所提升，而国内二语学习组的写作准确度没有改变。但也有一些研究发现两组之间的差别并不明显。Freed、So、Lazar（2003）的研究发现，在赴法留学一学期后，出国留学的美国大学生在写作准确度的 EFT、CNAA（Correct Noun-Adjective Agreement，名词 - 形容词一致）、SVA（Subject-Verb Agreement，主谓一致）、PTU（Past Tense Usage，过去式的使用）指标上与国内二语学习组相比没有明显改善。

在出国留学时长少于一学期时，多数研究发现出国留学语境与国内二语学习语境之间没有显著差别。Serrano、Llanes、Tragant（2011）的研究发现，西班牙大学生在出国留学 3 个月后，在写作准确度的 E/T 指标上与国内二语学习组相比没有显著差异。Llanes、Muñoz（2013）的研究发现，西班牙语大学生在英国留学 2 ~ 3 个月后，在写作准确度的 E/T 指标上与国内二语学习组相比没有显著差别。即使是以儿童为被试，短期出国留学语境，在准确度指标上也没有发现任何改善。Llanes（2012）的研究发现，西班牙语/加泰罗尼亚语双语儿童在赴爱尔兰留学 2 个月后在写作准确度的 EFT/T 指标上与国内二语学习组相比没有显著提高。但部分研究也表明，测试任务的难易度极有可能影响上述结论。Serrano、Tragant、Llanes（2014）的研究分别采用图片故事补写任务、故事复述任务，写作准确度指标分别采用 E/T、SCV (the percentage of Semantically Correct Verbs to the total number of verbs，语义合适单词使用数目与总单词数之比)。研究发现，赴英国学习 3 周后，出国留学的西班牙大学生在故事复述任务中显著优于西班牙国内强化浸入式学习组，且两组的后测都显著优于前测。但在图片故事补写任务中两组没有显著差异，两组的前后测也没有显著变化。

4. 句法复杂度

就二语写作句法复杂度而言，由于比较出国留学语境与国内二语学习语境的研究偏少，目前结果仍较为扑朔迷离，不少研究发现国内二语学习者在句法复杂度上的发展反而明显优于出国留学组。Llanes、Muñoz（2013）的研究发现，西班牙大学生赴英国留学2～3个月后，在写作句法复杂度的C/T指标上，国内二语学习语境反而更能有效提高二语学习者的句法复杂度。Godfrey、Treacy、Tarone（2014）的研究发现，美国大学生在赴法国留学一学期后，在句法复杂度的C/T指标上，国内二语学习组的增长最快。

还有一些研究发现在短期出国留学后，两组之间没有显著变化。Llanes（2012）的研究发现，赴爱尔兰留学2个月后，西班牙语/加泰罗尼亚语双语儿童与国内二语学习组的儿童在句法复杂度的C/T指标上没有显著差异。Llanes、Muñoz（2013）采用类似的研究方法，得出类似的结果。Serrano、Llanes、Tragant（2011）的研究发现，西班牙大学生在出国留学2个月后，在写作句法复杂度的C/T指标上，与国内强化浸入式学习组、国内二语学习组相比都没有显著差异。

上述研究多数采用C/T这个主流指标。而采用其他个性化指标的研究则发现，在出国留学一学期及以上的情况下，出国留学的二语学习者更容易在写作句法复杂度上出现一定程度的改善，但国内二语学习者在相应指标上出现停滞或倒退。杨元辰（2014）的研究发现，中国外语学习者在赴美留学一学期、两学期到更多学期后，他们在句法复杂度的CP/S（Coordinate Phrases per Clause，每个小句中的并列词组数目）、CP/T（Coordinate Phrases per T-unit，每个T单位中的并列词组数目）、DC/S、DC/T这些指标上出现稳步、一致的增长，而国内二语学习者则没有任何改变，并在CP/T、DC/S、DC/T这三项指标上都有所退步。

从两组之间的比较来看，现有写作句法复杂度的C/T指标在可靠性上存在一定的问题。无论是短期出国留学（Llanes & Muñoz，2013），抑或是长期出国留学（Godfrey，Treacy &Tarone，2014），与该指标相关的结果都出现了不一致的结论。一个可能的猜测是，该指标可能适于考察二语语言水平比较均衡的学习者，而不适于考察二语语言水平差异较大的被试。因而在将来的研究中，研究者们在二语写作句法复杂度上应该避免单纯依赖一项指标，特别是C/T指标。只有辅以多项平行指标，各项指标的效度以及研究结果才可以在比较中得以澄清。

5. 词汇复杂度

就二语写作词汇复杂度而言，它的发展与写作流利度、准确度较为相似，出国留学一学期及以上可能对词汇复杂度的提高有所帮助，但两组之间的差异并不明显。Freed、So、Lazar（2003）的研究发现，赴法留学一学期后，美国大学生作为被试在写作词汇密度的 PLW（Proportion of Lexical Words，实义单词比例）指标上相比国内二语学习组有所改善。而杨元辰（2014）的研究发现，在出国留学一学期、两学期或更多学期后，中国外语学习者在词汇复杂度的 L/W（Letters per Word，每个单词中字母数）指标上呈现下降趋势，而国内二语学习组在此指标上则出现增长趋势。但出国留学组和国内二语学习组在 TTR（Type/Token Ratio，类符/型符）指标上都呈现增长的趋势。两组相比，出国留学组的词汇使用更加丰富、多样，但并不复杂，语言使用有交际倾向性。

出国留学时长若少于一学期，相关研究结论则存在明显的冲突。在以儿童为被试的研究中，Llanes（2012）的研究发现，赴爱尔兰留学 2 个月后，西班牙语/加泰罗尼亚语双语儿童与国内二语学习组在词汇复杂度的 GI 指标上没有显著差异。Llanes、Muñoz（2013）发现，出国留学 2～3 个月后，西班牙儿童在 GI 指标上有显著提高，而国内二语学习组却没有显著改变；在以大学生为被试的研究中，Llanes、Muñoz（2013）的研究发现，在赴英国留学 2～3 个月后，出国留学的西班牙大学生在词汇复杂度的 GI 指标上没有显著差别，而国内二语学习组在该指标上出现显著提升，作者认为这是由于他们在国内有更多的写作训练。Serrano、Llanes、Tragant（2011）的研究发现，西班牙大学生在出国留学 2 个月后，在词汇复杂度的 GI 指标上与国内强化浸入式学习组相比没有显著差异，但显著高于国内二语学习组。Serrano、Tragant、Llanes（2014）的研究发现，赴英国学习 3 周后，西班牙大学生在词汇复杂度的 GI 指标上显著优于国内强化浸入式学习组，且两组的后测都显著优于前测。

较为明显的是，虽然二语写作词汇复杂度可能在出国留学一学期及以上才出现进展，但以 GI 为指标的相关短期出国留学研究却在几乎相同的设计下出现了截然相反的结果。这种异常现象表明 GI 指标在不同研究群体中的表现并不恒定，极有可能受到诸如二语学习者语言水平及其他因素的调节。在将来的研究中，研究者对 GI 指标的效度无疑应该谨慎对待。

（四）小结

总体而言，上述基于出国留学前后对比的研究较为一致地描述了出国留学的二语学习者在CAF各个维度上的发展情况。与出国留学前相比，一学期左右的出国留学项目就会对二语写作流利度产生促进影响。写作准确度的提高所需要的出国留学时间稍微长一些，大概长于一学期，但短于一学年。写作句法复杂度的发展轨迹可能与准确度更为相似，明显需要一学年左右或更长时间才会出现显著改善。写作词汇复杂度的发展在CAF几个维度中最为扑朔迷离，似乎呈现“倒U”形的发展轨迹。但由于缺乏国内学习语境下的对比组，研究者无法确定此类研究中所描述的二语写作技能进展或停滞是由出国留学语境所造成的，抑或仅仅反映了二语学习者在相应学习阶段在二语写作技能上的自发性进展。

而在SALA项目系列研究中，与当地本族语者相比，西班牙的二语学习者在出国留学3个月后，在写作流利度、词汇复杂度上与当地本族语大学生不再存在显著差异。他们仅仅在写作准确度、部分写作句法复杂度指标上与当地本族语大学生相比仍然存在显著劣势。而在个别写作句法复杂度指标上，西班牙二语学习者的表现竟然优于当地本族语大学生。值得注意的是，在出国留学3个月后西班牙二语学习者的优异表现、写作句法复杂度指标上的异常情况、被试群体之间在二语/母语语言水平上的巨大差异、被试的国内正常二语学习阶段与出国留学阶段叠加后，研究者无法将出国留学语境的作用与其他因素的交互作用分离开来。更为重要的是，以当地本族语者作为控制组，仅仅可以将其作为衡量二语学习者在写作各个维度上可能进步的标准，却无法在一个相同的时间段内将其与二语学习者进行出国留学前后的比较。因而，此类研究一般难以评估出国留学语境对二语学习者写作技能的促进作用。如果选用的指标不太适当（如部分句法复杂度指标），遇到完全无法解释的结果时便只能束手无策。

而在与国内二语学习组对比的研究中，一个日趋清晰的趋势是：在出国留学时间少于6个月或一个学期的情况下，出国留学组在二语写作技能的各个维度上都很少表现出相对于国内二语学习组的总体优势。但在写作流利度、准确度上，出国留学一个学期足以让二语学习者获得显著改善。但相应的国内二语学习组则乏善可陈。而对于写作句法复杂度、词汇复杂度而言，由于多数研究都选用了 C/T、GI 指标，而这些指标可能受到二语学习者语言水平的影响，两项指标的效度仍有待进一步验证，因而先前研究的结论仍难以确定。

总体而言，先前研究通过与前后测对比、与当地本族语者对比、与国内二语学习组对比，为研究者提供了一幅较为清晰的画面。在 CAF 的四个维度上，写作流利度的进展相对较快，而写作准确度的进展相对较慢，写作句法与词汇复杂度的发展较难以预测。与此同时，由于多数研究所选用的指标较为单一，部分指标的效度在现有的研究中难以评估，这明显限制了部分现有研究结论的有效性与解释力。此外，由于多数研究集中于一学期或一学期以下的短期出国留学语境，目前亟须长期出国留学语境下的研究来进一步验证二语学习者在较长时间内、在不同 CAF 维度上的总体发展规律与趋势，以便更好地揭示出国留学语境对二语学习的具体影响。

二　出国留学语境下影响写作发展的主要因素

现有研究同时也关注了出国留学语境下影响二语写作发展的主要因素，包括出国留学时长、个体差异与语言接触。以下将从这三个方面总体审视它们对出国留学语境下写作发展的影响。

（一）出国留学时长

出国留学时长对出国留学语境下的语言发展有非常重要的作用。但是到目前为止，研究者尚不清楚具体需要多长时间才能够触发语言技能某个维度的稳定发展。

根据现有研究，研究者了解到即使是几天、几周的出国学习也有可能带来写作技能某个方面的发展。Evans、Fisher（2005）考察了出国留学对 68 名英国青少年（13～14 岁）四种语言技能的影响。他们之前学过三年法语，分别赴法国不同学校参加为期 6 天、9 天、11 天的交换项目。写作任务要求被试就自己家乡及家庭完成 100 字左右的写作，评分者就其内容、流利度、准确度进行评分。研究发现交换项目对听力与写作具有显著的促进影响，但写作的发展主要集中于内容、流利度上，而非语法准确度上。Llanes、Tragant、Serrano（2018）以 64 名西班牙语/加泰罗尼亚语青少年双语学习者（12～17 岁）为研究对象，考察出国留学 3 周对其写作发展的影响。研究结果表明，即使在出国留学 3 周后，除句法复杂度的 C/T 指标外，写作流利度（W）、写作准确度（CV）、词汇复杂度（GI）、句法复杂度的 VF 指标都有了显著提高。而 Worp（2011）的研究则表明，对于中等水平的国际学生来说，10 周的出国学习就可以显著提高他们的词汇复杂度（VocD）和写作水平，但在其他维度并无显著提高。上述研究似乎表明，在纵向比较的情况下，就写作技能而言，年龄越小的二语学习者，会更快地从出国留学语境中获益。相对于其他研究结果，二语学习者在出国留学短至数天、数周就可以在写作上取得进展。这是现有研究所发现的最短的时间记录。

但若将出国留学组与国内二语学习组进行横向对比，情况稍微有所不同。Llanes（2012）的研究发现 9 名赴爱尔兰参加 2 个月留学项目的西班牙儿童二语学习者（11 岁）与 6 名国内二语学习组被试相比，在 CAF 的四个维度上都没有显著差异；Sasaki（2004）的研究发现在大学第二学年赴美国或加拿大参加 2 个月或 8 个月留学项目的 6 名日本大学生与国内二语学习组（6 名）相比，在写作流利度（W、W/M）上两组之间没有显著差异。而 Llanes、Muñoz（2013）比较了 46 名来自英语专业、赴英国留学 2～3 个月的西班牙语大学生与 20 名作为控制组在国内学习的大学生，研究结果表明，出国留学组在写作流利度（W/T、W/M）、准确度（E/T）、词汇复杂度（GI）和句法复杂度（C/T）四个维度上没有显著差别。由上述研究可见，如果进行横向比较，就 CAF 的四个维度而言，无论被试是儿童还是大学生，在出国留学时间少于 2 个月的情况下，较难在出国留学组与国内二语学习组之间发现差异。

一个与之相关联的问题是：多长的出国留学时间可以对写作发展产生影响。Llanes、Serrano（2011）以赴英国留学的 46 名西班牙大学生为被试，他们的出国留学时长为 2～3 个月不等。研究发现一个月的时间并不足以让两组被试在写作的 CAF 四个维度上产生显著不同。而 Ife 等（2000）、Dwyer（2004）等学者的研究则发现，与一个学期的出国留学项目相比，一学年更有利于二语写作技能的发展。总体而言，现有研究仍无法为上述问题提供一个简明的答案。考虑到出国留学项目的实际成本与经济效益问题，目前很有必要考察增加多长的出国留学时间就可以让二语学习者在写作上取得进展。但应该注意的是：这种时间上的差别还有可能因二语学习者的年龄、不同的二语语言水平、不同的 CAF 维度而有所不同。

而另一个与之相关联的问题则是：是否在不同的出国留学时段，才能观察到二语学习者在写作 CAF 不同维度上的变化（这一点上述文献综述中有不同程度的涉及）。在写作 CAF 的四个维度中，句法复杂度的改善显然最难捕捉到，其次为写作准确度。总体看来，出国留学一学期左右，写作流利度、词汇复杂度，较写作准确度和句法复杂度更容易得到提高；而句法复杂度、写作准确度的提高则要在一学年左右才有可能见效，这也比较符合 Ortega（2003）关于写作句法复杂度的判断。他认为二语学习者的写作句法复杂度的提高可能需要 12 个月以上的大学教学。

而现有研究中相对较为一致的结论是：出国留学时间越长，二语写作技能提高的幅度会越明显。Ife 等（2000）的研究证明出国留学时长与词汇发展呈正相关。他们发现在国外学习两学期的学生，与那些学习一个学期的学生相比在二语词汇发展上会取得更好的成绩。Dwyer（2004）也认为一整年的出国留学会比一学期或几周更有可能提高二语学习者的语言技能并促进他们的学术成功。这是因为，出国留学时间越长，他们与本族语者交流的机会越多，练习语言的机会也就越多。Sasaki（2009、2011）考察了日本大学生在出国留学语境与国内学习语境下三年半内的写作发展。虽然被试的出国留学时间长短不一，她发现出国留学时间越长，学习者的改善越明显。原因在于二语学习者会把出国留学经历内化，即使在回国以后他们的写作仍持续有所提高。此外，Isabelli-García、Nishida（2005）的研究也发现出国留学时间越长，二语学习者越有可能在句法复杂度上出现改善。

（二）个体差异

个体差异对二语学习者在出国留学语境下的写作发展同样起着重要的作用。二语学习者的动机、期待、自我感知、对目的语/目标社团的态度、自我目标定位、专业、性格、二语语言的初始水平，都有可能对他们写作发展的整体水平和/或 CAF 四个维度产生不同的影响。

二语学习者的动机、态度、期待、自我感知这些社会认知因素总体上正面影响了二语学习者的写作发展。Isabelli-García（2006）的研究考察了动机和态度是如何决定二语学习者在留学目的国的社会交往的。研究发现，动机并非一个固定的个性特质，而是随着时间而改变。被试对待二语的态度以及他们的动机，在出国留学期间的社会交往情况上起到决定作用。同样并不奇怪的是，具有高水平动机的学生和对二语具有正面态度的学生会在二语习得中收获更多。Lord（2009）的研究表明二语学习者的动机与他们的写作成就相关，不愿意付出努力来提高语言水平的学生，在写作中出现的错误类型没有改变。而 Llanes、Tragant、Serrano（2012）考察了二语学习者动机和态度对伊拉斯谟出国留学项目下学生的二语写作与口语表现的影响。研究发现，具有较高期待的学生会取得更好的成绩。而那些自愿出国留学的学生，也比那些因为学制而被迫出国的学生的成绩提高得更多。Serrano、Tragant、Llanes（2014）也发现，在阅读和写作上自我感知有所提高的被试，在句法复杂度上也会随之提高。但也有与之相反的结论。Llanes、Tragant、Serrano（2018）的研究发现，在出国留学语境下，二语学习者的动机和他们对所学习英语多少的自我感知，反而与写作准确度呈负相关。且二语学习者的写作表现得分越高，他们在句法复杂度上的得分会越低。

二语学习者对目的语和目标社团的态度也和写作词汇复杂度、准确度密切相关。Worp（2011）的研究发现，被试在认为目的语较为复杂时，将会使用更为复杂的单词。Serrano、Tragant、Llanes（2012）则发现，对待目的语和目标社团的态度可以影响写作准确度和词汇复杂度。那些认为留学目的国人是友好而谦卑的被试，更愿意和当地本族语者进行交流从而提升他们的语言水平；而那些认为目的语是复杂语言的被试，会在写作词汇复杂度上取得更好的成绩。

学生的专业、自我目标定位、性格也会影响二语学习者的写作发展。Llanes、Tragant、Serrano（2012）的研究表明，人文学科专业的学生在出国留学后，会比那些自然科学和翻译专业的学生写得更为复杂，且更为流利。他们的研究还发现个人目标定位的得分和写作词汇复杂度呈正相关。Pérez-Vidal、Juan-Garau（2009）的研究则发现，性格外向的学生在出国留学后写作的得分会更高。

二语学习者初始语言水平也是影响二语写作发展的重要因素。Sunderman、Kroll（2009）指出，二语学习者必须具备一定水平的内部认知资源才可以更好地从出国留学经历中获益。而现有的一些研究也表明，与高水平的语言学习者相比，低水平、中等水平的二语学习者更容易从出国留学语境下获益。Freed（1995）针对出国留学的研究发现，低水平的学生比高水平的学生受益更多，对于高水平的语言学习者来说，出国留学后可能产生天花板效应。Milton、Meara（1995）的研究发现，初始语言水平较低的学习者，在参加出国留学项目后，与高水平的语言学习者相比在词汇习得上进步更快。Pérez-Vidal、Juan-Garau（2011）的研究同样证实了低水平学习者会取得更大进步。Barquin（2012）的研究也表明，在写作词汇语法能力上初始语言水平较低的学生，在参加一定时间的出国留学项目后，写作的进步更大。但他认为那些高水平的学习者比起他的同伴仍会取得更大的进步。但 Worp（2011）的研究却表明，就写作词汇复杂度和写作整体水平来说，中等水平的学生反而在出国留学语境下获益最多。

在出国留学语境下唯一较为系统考察个体差异的研究来自 Dewey 等（2014）。他们以 118 名在马德里、墨西哥梅里达市（Mérida）、巴黎、莫斯科、南京、开罗参加 8～16 周出国留学项目的美国大学生（18～26 岁）为被试，考察了哪种个体因素可以预测第二语言使用。研究发现，出国留学项目、年龄、出国前语言水平、本族语朋友的数量、性别以及个体特性（Personality）都是显著的预测变量。

总体看来，由于个体差异呈现多样性，且出国留学研究仍处于起步状态，目前对出国留学语境下个体差异的影响研究仍较为零散，尚未形成较为体系化的框架。但正如现有二语习得研究所展示的那样，无论是年龄、学能（Aptitude）、工作记忆、个体特质、二语语言水平，还是动机、自尊、交际意愿、社交网络、语言使用、跨文化交流能力，应该都可以在出国留学语境下被再定义、再情景化。

（三）语言接触

一般认为，出国留学语境为二语学习者在学习目的语时提供了更多的语言接触机会，而正是这种语言接触才促进了二语语言学习的发生。无论是出国留学期间语言接触量，还是语言接触时间，抑或是语言接触类型，都对写作发展起着不可忽视的作用。

在出国留学过程中，与目的语的语言接触对写作的发展至关重要。部分研究认为，接触量至关重要。比如 Kohro（2001）的研究认为，通过浸入式学习接受大量的语言输入和输出，确实可以在很大程度上提高写作能力。Pérez-Vidal、Juan-Garau（2011）指出，二语学习者在出国留学过程中所接触到的练习的数量差别很大，这是他们写作差异化发展的原因。Pérez-Vidal、Juan-Garau、Mora、Valls-Ferrer（2012）则认为，写作的发展必须通过多种多样、有意义的交流和大量的输入才可以发生。Pérez-Vidal、Barquin（2014）同样强调了语言接触的数量和强度的重要性。他们认为，在出国留学过程中，大量的语言输入和写作练习是二语学习者在写作上可以变得更加流利、准确和复杂的关键所在。

而另外一些研究则区分了语言接触时间与语言接触类型。一些学者认为，在出国留学期间，语言接触上所花费的时间，才是出国留学语境区别于其他语言学习语境的关键。Collentine（2009）认为，在出国留学的二语语言学习过程中，最重要的不是语言接触的类型而是语言接触的时间。Llanes、Tragant、Serrano（2018）的研究也表明，那些学习比较成功的学生，语言接触时间是他们提高写作句法复杂度的关键要素。还有一些研究认为不同类型的语言接触对写作会产生不同影响。比如 Pérez-Vidal、Juan-Garau（2009）的研究指出，在不同的语言接触类型中，家庭作业、听力任务、阅读任务、写作任务以及和本族语者的交流等都会大幅度提高留学生的语言能力。Worp（2011）的研究发现，出国留学语境并不能为二语学习者提供与本族语者足够多的语言接触，被试多数情况下仍然是与同胞在一起，他们所接受的大多数是接收型的输入。而接收型输入和写作句法复杂度的 D 值之间并不存在显著的正相关，但与词汇复杂度的提高呈正相关。Briggs（2015）以 196 名年龄在 18～53 岁的二语学习者为被试，试图考察在出国留学语境下不同形式的课外语言接触和词汇增长之间的关联。研究发现，课外的语言接触和词汇增长之间没有显著的关联，原因可能在于：被试在课外的语言接触达不到相应的要求和数量。

除了以上语言接触任务，出国留学期间被试所选修的课程也被认为是影响写作发展的一个重要因素。Sasaki（2004、2007）的系列研究表明，部分被试把写作的进步归因于出国留学期间所修的课程，而部分被试则把进步归功于他们在国内所完成的课程。杨元辰（2014）的研究发现，国内课堂上的写作指导以及出国留学课程中的教师反馈被认为是写作准确度提高的主要原因。Pérez-Vidal、Juan-Garau（2009）则发现，在出国之前选修的课程仅仅会影响写作准确度。与之相对应的是，Llanes、Tragant、Serrano（2018）的研究却发现，写作词汇复杂度的提高与被试在出国之前所选修的课程相关，而句法复杂度的改善则与他们在出国留学期间所选修的课程相关。

此外，还有一些研究关注了母语在语言接触中的作用。一般认为，在出国留学过程中使用母语交流一般被认为不利于写作的发展。Lord（2009）与Llanes、Tragant、Serrano（2012）的研究发现，在出国留学过程中，与母语同伴交流越少，写作会变得更加流利；而与当地本族语者交流越多，写作则变得更加准确。此外，Lord（2009）还发现，在出国留学过程中过度使用母语，或者较少有当地本族语者指出他们的错误，会降低写作准确度。

三　现有写作研究所采用的 CAF 测量指标

为了客观地测量第二语言的发展，自 20 世纪 70 年代起，研究者们就采用了复杂度、准确度和流利度来描述二语学习者的语言发展水平（Wolfe-Quintero et al.，1998）。此后众多研究者深入考察了它们的定义与构成（Lennon，1990；Ellis，2003a；Ortega，2003；Norris & Ortega，2009；Pallotti，2009；Larsen-Freeman，2009；Skehan，2009）。传统上“复杂度”被定义为“重点关注话语的组织情况、所使用语言的丰富性与句法形式的多样性”（Skehan，1996：303）或“在完成一项任务时，语言细腻和多样化的程度”（Ellis，2003b：340）；复杂度可以被进而分为命题复杂度、话语 - 交互复杂度、语言复杂度（Bulté & Housen，2012、2014），语言复杂度可以从句法复杂度、词汇复杂度两个方面进行分析；而“准确度”被定义为“产出与目的语相似的、无错误语言的能力”（Skehan，1996：304）；“流利度”则被定义为“像本族语者那样迅速地加工二语的能力”（Lennon，1990：390）或“在完成一项任务时，所产出语言中表现出的停顿、犹豫和修改的情况”（Ellis，2003b：342）。Skehan（2009）认为有必要整合复杂度、准确度和流利度，因为他们可以捕捉到语言表现的不同方面。Larsen-Freeman（2009）则将它们视为一个发展的、动态的系统，随着时间而改变。其他学者则强调研究者不应该将它们割裂开来（Ortega，2003；Larsen-Freeman，2009；Norris & Ortega，2009；Pallotti，2009）。总体看来，复杂度揭示了二语知识的范围，准确度表明了这种知识符合标准目的语的程度，而流利度描述了对这种知识的提取情况（Wolfe-Quintero et al.，1998）。CAF 维度可能因语言技能的不同而有所不同，比如在写作和口语中采用的流利度指标就有所差别。以下本节将具体说明相关写作研究对上述各个维度的具体操作性定义和测量方法，并由此提炼出主流分析指标。

（一）句法复杂度

在写作研究中，通常句法复杂度被定义为“语言所产出形式的范围和这种形式的复杂性”（Ortega，2003）。基于此定义，许多研究采用产出单位的长度、嵌入结构的数量、结构类型的范围、特定结构的丰富性来测量句法复杂度。句法复杂度因而被视为可以用于衡量二语写作的发展、母语和二语之间的差异、二语学习语境的效果、任务和认知的复杂度等（Larsen-Freeman，2006；鲍贵，2009；徐晓燕等，2013）。一般句法复杂度的测量仅仅涉及小句、T 单位、复合句与复杂句，但也有部分研究将句法复杂度的测量扩展到短语子维度。

尽管有多种方式测量句法复杂度，但困难在于哪种指标才是确定句法复杂度的最佳测量指标。在写作测量中如何选择较为合适的句法复杂度指标也是许多研究者着重讨论的问题（Wolfe-Quintero et al，1998；Ortega，2003）。而 Norris、Ortega（2009）的建议是：由于二语学习者在不同发展阶段会在不同句法维度指标上有所变化，因而最好测量上述多种指标以更好地描述二语写作发展的全貌。鉴于句法复杂度的指标种类繁多，以下将分别从句子总体子维度、从句子维度、短语子维度、句子构成子维度、句法多样性子维度五个方面来介绍主要相关指标，这些指标在 L1 与 L2 的研究中都被经常使用。

1. 句子总体子维度

一般包括基于句子（Mean Length of Sentences，MLS，句子平均长度）、基于T单位（Mean Length of T-units，MLT，T单位平均长度）、基于从句（MLC）的句法复杂度指标。它们虽然在很多研究中被广泛使用，但在多数研究中并未能很好地反映句法复杂度。Ortega（1995）发现基于句子或T单位长度的指标与其他句法复杂度指标并不相关。而Wolfe-Quintero等（1998）也发现上述指标在区分不同长度的句子时并不是很有效。

2. 从句子维度

基于从句子维度的句法复杂度指标一般通过T单位、小句与其从属小句之间的比值来计算（Wolfe-Quintero et al.，1998；Wigglesworth & Storch，2009；Lu，2011；Serrano & Llanes，2012；徐晓燕等，2013）。无论是C/T还是DC/C，都被认为具有较好的结构效度，且与不同研究中采用不同测试方法所测出的被试语言水平呈线性相关。

此外，还有一些研究基于不同从句类型提取相应的指标。这主要考虑到从属小句的习得顺序并非完全一致，某些从属小句比其他从属小句会更加复杂，更加难以习得。Hunt（1965）发现副词性小句并不随着语言的发展而显著增加，但名词性小句与形容词性小句却随之增长。Wolfe-Quintero等（1998）也提出一个语言发展等级表，其中名词性小句与形容词性小句比副词性小句的等级要高。徐晓燕等（2014）也建议使用小句成分来测量英语二语学习者的句法复杂度，她注意到副词性小句与表语小句没有名词性小句（一般用作名词短语成分和同位语成分）那么复杂与难以习得。

现将研究在句法复杂度上采用的基于从属关系的主要指标简介如下。

（1）C/T

C/T指的是每个T单位与小句之比。每个T单位中的小句越多，写作就越复杂。这里的“T单位”一般都按照Hunt（1965）的定义，它被定义为“一个主句加上所有从属小句”。而“小句”则被定义为“带有一个主语以及一个限定动词的结构”（Polio，1997）。

（2）DC/C

DC/C指的是每个小句与从属小句之比。这里“从属小句”（Dependent

Clause）被定义为一个含有限定动词、但不能独立成句，且常常由副词或代词（如 because、while、what）来引导的小句。它或者是一个名词从句（如 ***What he had on his head*** was a hat），或者是一个关系从句（如 He patted the dog，***which was a poodle***）（Hunt，1965；Lu，2011；Wigglesworth & Storch，2009）。

（3）AC/DC、Act/DCt

AC/DC、Act/DCt 指的是高级从属小句/从属小句、高级从属小句类型/从属小句类型之比。按照 Hunt（1965）、Wolfe-Quintero 等（1998）以及徐晓燕等（2014）的建议，“高级从属小句”一般被定义为形容词和名词性从属小句。

（4）Ad/DC

Ad/DC 指的是副词性从属小句与从属小句之比。

（5）Cc/DC

Cc/DC 指的是表语从属小句与从属小句之比。

3. 短语子维度

目前很多研究都建议采用基于短语子维度的句法复杂度指标（Ortega，2003；Biber、Gray & Poonpon，2011；Lu，2011；Crossley et al. 2011；徐晓燕等，2013；Crossley & McNamara，2014；Yang et al.，2015）。研究发现，随着语言水平的提高，二语学习者会在短语而非小句子维度的产出上更加复杂化（Ortega，2003）。但现有短语子维度的句法复杂度指标比较零散，并不统一。

Biber、Gray、Poonpon（2011）的研究认为基于从属关系的句法复杂度仅仅计算了一种语法复杂性，却未能将写作中最重要的“嵌入名词短语中的非小句特征”这类语法复杂性考虑在内。此类短语一般被称为“简化结构”（Reduced Structure，RS）。“简化结构”可以通过将几个小句结构简化为短语以便增加、强化信息的强度。由此，“简化结构”可以用来评估句法复杂性并被用于评估语言水平。句法复杂性的习得等级研究表明，形容词、副词与名词化动词短语（Nominal Verb Phrases）的习得等级最高（Wolfe-Quintero et al.，1998）。徐晓燕等（2013）因而将上述三类短语纳入句法复杂度的分析之中，他们的研究发现，在写作上得分较高的二语学习者与本族语者都会使用更多的简化结构。

每个小句中的复杂名词短语（Complex Noun phrases per Clause，CN/C）也常被用来测量短语复杂度。Lu（2011）使用 14 项句法复杂度指标来评估大学生二语学习者的英语语言发展情况。他发现当学生的二语语言水平提高后，他们在短语维度指标上有更加复杂化的倾向。Yang 等（2015）也发现 CN/C 与写作分数呈显著正相关。此外，每个小句中的并列短语数目（Coordinate Phrases per Clause，CP/C）也被视为短语子维度上的一个重要的句法指标。Yang 等（2015）考察了二语写作的句法复杂度与写作质量之间的关系。研究发现 CP/C 与关于将来体裁的写作得分呈显著正相关。

由软件 Coh-Metrix 3.0 提供的“每个名词短语中的修饰语数目”也被证明可以很好地用来测量短语子维度的句法复杂度。此外，该软件还提供了一些特定句法结构的信息，如“名词短语数目”（DRNP，The Incidence of Noun Phrases Density）、“动词短语数目”（DRVP，Verb Phrases）、“副词短语数目”（DRAP，Adverbial Phrases）以及“介词短语数目”（DRPP，Prepositional Phrases）。Crossley 等（2011）研究发现高水平二语学习者在写作中采用更多的较为复杂的 SYNNP 结构。而 Crossley、McNamara（2014）也同样发现，在名词短语长度上有显著增长是句法复杂度提高的表现之一。

现有研究中基于短语子维度的主要句法复杂度指标总结如下。

（1）RS

RS 指的是“简化结构”。徐晓燕等（2013）将英语中的“简化结构”定义为“基于主－谓－宾基本构式的副词性短语结构、形容词性短语结构、名词化动词短语结构”（如 ***Having a test next week***, *she is studying very hard*。此为副词性短语结构；*I saw a man* ***carrying an umbrella***。此为形容词性短语结构；***her quick signing of the document***，此为名词化动词短语结构）。

（2）CN/C、CP/C

CN/C 指的是“每个小句中的复杂名词短语”。复杂名词短语被定义为“包含以下一种或多种结构的名词短语：前置修饰形容词、后置修饰介词短语、后置同位语”（Lu，2011；Yang et al.，2015）。CP/C 指的是“每个小句中的并列短语数目”（Yang et al.，2015）。

（3）SYNNP

指的是“每个名词短语中的修饰语数目”。它是 Coh-Metrix 3.0 中的第 70 个指标。

（4）DRNP

指的是“名词短语数目”。它是 Coh-Metrix 3.0 中的第 74 个指标。

4. 句子构成子维度

一些研究者基于传统语法中关于句子类型的区分来计算不同句子类型的比例，由此定义句法复杂度（如 Verspoor & Sauter，2000；Bulté & Housen，2014）。此类指标包括：简单句子比例（the Simple Sentence Ratio，SSR）、复合句子比例（the Compound Sentence Ratio，CdSR）、复杂句子比例（the Complex Sentence Ratio，CxSR）、复合复杂句子比例（the Compound-Complex Sentence Ratio，CdCxSR）。秦晓晴、文秋芳（2007）的研究发现，中国的英语学习者较多使用简单句子，而较少使用复合句子。Bulté、Housen（2014）考察了一个强化型短期学术英语学习项目下四类指标的发展情况。他们发现二语学习者在简单句比例上显著减少，而在复合句比例上显著增加。在复杂句、复合复杂句比例上则没有显著改变。因而简单句的高频使用一般被视为写作水平较低的一个标志。

现将研究中句法构成子维度的主要指标介绍如下。

（1）SSR

指的是“简单句子比例”。

（2）CdSR

指的是“复合句子比例”。

（3）CxSR

指的是“复杂句子比例”。

（4）CdCxSR

指的是“复合复杂句子比例”。

5. 句法多样性子维度

句法多样性一般根据文本中的句子所使用的单词数量、所使用句法结构的复杂与熟悉程度、时体的重复情况来确定。在 Barquin（2012）的研究中，句法多样性采用 Coh-Metrix 2.0 中的部分指标来代表，包括“结构相似性”与“时体重复度”（SMTEMP）。研究发现在国内二语学习语境下，被试在句法复杂度上唯一的改善表现在时体重复度上的降低。王宏伟（2011）也同样采用了 Coh-Metrix 中的句法复杂度指标，包括句子中主要从句的主要动词前的单词数目、邻近句子的句法相似性（SYNSTRUa）、段落中所有句子以及段落之间的句法相似性、所有句子的句法相似性（SYNSTRUt）。研究发现低水平的写作组在三类句法相似性指标上数值都较高。这意味着低水平的学生在句子上缺乏变换，更容易阅读和理解。Crossley、McNamara（2014）在研究中也采用了 Coh-Metrix 中的句法多样性。结果发现，在一学期之后，被试的邻近句子的句法相似性（SYNSTRUa）显著降低。而其他研究也表明，句法相似性的降低是二语学习者写作水平高的鲜明标志（Crossley et al.，2011）。

现将研究中句法多样性的主要指标介绍如下。

（1）SYNSTRUa

指的是“邻近句子的句法相似性”。它是 Coh-Metrix 中的第 72 个指标，计算所有邻近句子之间的交叉树结构的比例。

（2）SYNSTRUt

指的是“所有句子的句法相似性”。它是 Coh-Metrix 中的第 73 个指标，计算所有句子之间以及段落之间的交叉树结构的比例。

（3）SMTEMP

指的是“时体重复度”。它是 Coh-Metrix 中的第 66 个指标，计算时与体之间的平均数。一般认为含有更多时间线索、时体更为一致的文本会更容易加工与理解。此外，时体衔接也有利于读者对文本中事件更好地理解。

（二）词汇复杂度

Laufer、Nation（1995）认为质量上乘的写作文本会在词汇使用上更为有效。由此他们建议可以使用词汇原创性（Lexical Originality）、词汇密度（Lexical Density）、词汇丰富性（Lexical Sophistication）以及词汇多样性（Lexical Variation）来描述词汇的使用情况。词汇原创性考察学习者相对于其他人写作的表现。如果所对应群体改变，则该指标也随之改变。因而单个文本的词汇原创性指标值并不是恒定的，它不仅取决于自身内容，也受到群体因素的影响；词汇密度被定义为文本中实义词（名词、动词、形容词与副词）的比例。这是因为单词总数不仅可以彰显词汇的总体特征，还同时揭示句法与衔接特征。比如，功能词数量少可能说明存在更多的从属小句、分词短语与省略句；词汇丰富性指文本中“高级”单词的比例。一般基于词频信息、不同类型实义词的比例等来测量；词汇多样性一般采用类符/型符（TTR），指文本中不同单词数与所有单词总数之比，但该指标对于篇幅较短的文本不太稳定，且受到文本篇幅差异的影响。研究表明，即使采用更加复杂的公式，对于二语学习者所产出的短小文本，其数值仍不稳定。常用的解决方案是在研究中选用同等篇幅的文本后计算该指标的数值。

根据 Laufer、Nation（1995）的建议，词汇复杂度一般使用词汇多样性与词汇丰富性来测量。在词汇多样性方面，众多研究都广泛采用了 GI 指标。它是一种基于类符/型符而计算出的指标，为了避免类符/型符对短小文本不敏感这个缺陷，研究者对算法进行了改良，以“类符/型符的平方根”取代类符/型符。GI 一般被认为比类符/型符更为可靠（Serrano、Tragant & Llanes，2012；Hout & Vermeer，2007；Vermeer，2000）。而另外一种常用指标为 D 值。在测量文本篇幅较短或篇幅不等的文本时，它被认为是词汇多样性的另一个更好的指标（Jarvis，2002）。

在词汇丰富性方面，Crossley 等（2011）基于不同年级（9 年级、11 年级与大学一年级）考察了被试写作水平的发展。所采用词汇丰富性指标取自 Coh-Metrix，分别为：词频、词汇信息（基于 MRC 心理学数据库中单词的具体度、熟悉度、意象性等）、词汇上下义、多义词。研究发现二语学习者的水平越高，所产出单词越多样、词频越低、熟悉度越低。王宏伟（2011）采用了 Coh-Metrix 中的三种词频指标来衡量大学生被试的词汇丰富性，以考察这些指标与写作水平之间的关联。研究发现，只有实义词的最低频率对数值（CELEX Log Minimum Frequency for Content Words，WRDFRQmc）可以预测写作水平，贡献率为 1.1%，高水平的二语学习者比低水平组使用更多的低频实义词。Liu、Xu、Ran（2015）在研究中同样采用 Coh-Metrix 3.0 中的单词总数、词频、词汇熟悉度、词汇上下义关系来测量词汇丰富性，研究发现只有单词总数与实义词的最低频率对数值才可以将修改前与修改后的写作区分开来。此外，Johnson、Mercado、Acevedo（2012）还采用代词与名词短语之比、实义词的词频平均数（基于 COBULD 数据库）、基于 BNC 中第四与第五类单词清单计算出的标定词频这三项作为词汇丰富性指标，研究发现这些指标并不能区分第一次写作任务对第二次写作任务的影响。而 Barquin（2012）采用 AG1K 来测量词汇丰富性，这也被 Daller、Van Hout、Treffers-Daller（2003）认为是词汇丰富性的一个很好的替代指标。

现将写作流利度主要相关指标综述如下。

（1）Guiraud's Index of lexical richness（GI）

GI 指数，词汇多样性指标。具体计算方法是“单词类符数/型符数的平方根”（Hout & Vermeer，2007）。

（2）D value

D 值。经常使用的一般为 D、VocD-D 或由 Coh-Metrix 所计算的 LDVOCD（D Value for all Words，第 51 个指标）。它测量的是所有单词的词汇多样性。基于 Brainerd（1982）与 Sichel（1986）等学者的理论分析，通过数学计算而得到的 D 值可以比较准确地模拟较短文本（几千型符之内）的类符/型符相对型符的曲线。与一般 D 值计算不同的是，VocD-D 则通过多种概率模型将一般 D 值所需要的两个参数简化为一个随词汇多样性增长而增长的参数（VocD-D）。程序通过对计算公式中的 D 值不断调整，使所计算文本的实际曲线与计算模型中的系列曲线达到最佳匹配。

（3）AG1K

常用作词汇丰富性指标。与 GI 不同的是，在计算中 AG1K 会减去 BNC 语料库中最常用的 1000 个单词，更多体现了低频单词的使用情况。具体计算方法是“（单词类符数 - 最常用 1000 个单词）/型符数的平方根”。

（4）WRDFRQmc/WRDFRQa

WRDFRQmc（CELEX Log Minimum Frequency for Content Words）指“CELEX 中实义词的最低频率对数值”，而 WRDFRQa（CELEX Log Frequency for All Words）指“CELEX 中所有单词的频率对数值”。它们是衡量词汇

丰富性的重要指标。Coh-Metrix 中的这两个指标反映了某类单词在英语数据库中（一般为 CELEX，这个数据库据 1991 年 COBUILD 的早期版本制成，总数为 1790 万）出现的频率。

（5）WRDHYPnv

WRDHYPnv（Hypernymy for nouns and verbs）指“名词与动词的上下义词指标”单词的上下义指数，这是另一个词汇丰富性指标。在 Coh-Metrix 中，若这个指标的数值较低，则表明总体上使用了较少的具体单词。

（6）WRDFAMc

WRDFAMc（Familiarity for Content Words）指“实义单词的熟悉度”，这是一项词汇丰富性指标。Coh-Metrix 基于 MRC 数据库所提供的 3488 个单词的评分数据（按照 7 分制 Likert 量表评分，“1”为从未见过，而“7”为极其常见。分值乘以 100 后四舍五入到整数），计算出文本中所有实义词的平均得分。像“mother”（632）、“water”（641）比起“calix”（124）以及“witan”（110）来说，其指标会更接近 700。得分越高，则句子中熟悉单词越多，加工会更容易。

（三）流利度

流利度的定义一开始直接与口语相关。Lennon（1990）认为，若从广义的角度对流利度进行定义，它应该指的是口语水平。他同时还认为理论上流利度可以扩展到写作上来，一些外语学习者肯定比另外一些学习者在写作上更加流利。Waes、Leijten（2015）也指出流利度在口语与阅读研究中普遍存在，概念也非常清晰。

但是在写作中，流利度的定义仍较为模糊。部分是因为写作中的流利度不如口语与阅读中那样具有显性特征。按照 Wolfe-Quintero 等的论述，写作流利度应该揭示二语学习者是如何比较轻松地产出语言，也包括对日常用语的正确使用与自动运用（Wolfe-Quintero et al.，1998：13）。不同研究者会从不同角度来定义写作流利度。总体看来，它们可以从两个角度来进行分类：所产出文本、写作过程（Latif，2013；马蓉、秦晓晴，2013）。从文本角度，研究者将写作流利度定义为“在指定时间内完成的字数”，一般会使用频率指数和比率指数来测量；而从写作过程角度则会将写作流利度定义为修改、击键时间记录等写作过程事件，或采用有声思维这种手段来测量。

写作流利度中的常用频率指数指标包括总单词数、小句数、句子数、T单位数、W/C、W/T等。Larsen-Freeman（1978）采用写作中单词总数来考察写作流利度的发展，她发现随着学习者水平的提高，单词总数也显著增长。但是她又发现，学习者的水平达到一定程度后，单词总数反而会下降。Robb、Ross、Shortreed（1986）使用单词总数、小句总数来考察不同反馈类型对日本大学生写作错误修改的影响。研究发现，二语学习者在流利度上的差异渐渐缩小。Ishikawa（1995）测量了W/C、W/T试图了解这两项写作流利度指标是否与学生的初级写作水平相关。但她发现两者并不显著相关。Oh（2005）也发现写作长度可以被用来区分低水平组与其他水平组，但是对于高水平组来说，这种方法并不适用。总体看来，写作文本指标并非十分可靠。

而在以写作过程作为测量目标的研究中（Chenoweth、Hayes & John，2001；Waes & Leijten，2015；Uppstad & Solheim，2007），学者们主要聚焦于语块、加工速度等方面来考察写作流利度，多数使用了诸如有声思维、音频记录、击键时间记录等手段。文本中的单词总数、加工时长、平均停顿时长、平均停顿次数、写作过程中的插入语与删除数目等被用来测量一语与二语的写作流利度（Waes & Leijten，2015）。比如Ellis、Yuan（2004）采用每分钟音节数、停顿的数量（the number of dysfluencies，即改写单词的数量。一般按照“所划去的单词或改变的单词除以单词总数”来计算）考察了任务前计划对45名中国英语专业本科生写作流利度的影响。研究发现，任务前计划可以通过对内容与篇章组织上的谋划而有效地提高写作流利度。比较而言，写作过程指标似乎更为可靠，但明显数据收集过程更为复杂。

现有写作流利度主要相关指标有以下几项。

（1）W/T

每个T单位中的单词数目。

（2）W/C

每个小句中的单词数目。

（3）W

单词总数。

（4）T

T 单位总数。

（5）C

小句总数。

（6）Dysfluency

The Total Number of Dysfluency Words per Words. 该指标为停顿指数。一般按照“停顿/改写单词数与单词总数之比”来计算。

（四）准确度

Housen、Kuiken、Vedder（2012）等学者认为，准确度是 CAF 维度中最直接也是内部最恒定的维度。它主要指二语学习者的表现与标准或常模（通常是本族语者）偏离的程度（Housen、Kuiken & Vedder, 2012：4）。他们主张除了要从该单词的狭义定义来解释准确度外，还应考虑语言的适当性和可接受性这些维度。而 Wolfe-Quintero 等则将写作准确度的定义为：“使用和产出无错误语言时不犯错误的能力”（Wolfe-Quintero 等，1998：33）。

从实际研究看，写作准确度一般被分为正确与错误两个不同但紧密相关的子维度。Bardovi-Harlig、Bofman（1989）较早采用了错误子维度指标。他们考察了通过和未通过大学分级考试的二语学习者的写作情况，并按照语言背景将他们分为 6 组。所采用的准确度指标分别为：句法错误、形态错误和词汇习语错误（拼写和标点符号错误不计在内）。研究发现，不同语言背景的群体在错误的数量上没有显著差别；此外，在通过与未通过组中，三类错误类型的分布似乎是相同的。

而在正确子维度上，Ishikawa（1995）曾指出，无论是总体分数还是分析性的评分系统，通常都是为了进行分级教学。这意味着此类评分系统适于区分更大范围内不同水平的群体，而不太适于区分比较同质水平的群体。与之相比，采用无错误 T 单位数（EFT）或无错误小句数（EFC），会比总体分数更加客观。此外，无错误 T 单位数/小句数显然与复杂度指标有明显区别。一篇习作可以拥有众多无错误 T 单位，同时也可以有非常简单的句子。

而 Polio（1997）则综合采用了两个子维度的指标，并与总体评分进行了比较。她基于 38 名本科生和研究生在一个小时内完成的 ESL 写作数据，比较了总体分数、无错误 T 单位数（包括 EFT/T、EFT/C、EFT/W 三种）以及错误总数这些指标的区分度。研究发现，如果使用总体分数来测量相对同质水平的学生群体的写作准确度，其内部信度较低。若使用无错误 T 单位数则信度明显提高。她的结论是，对于比较同质水平的群体，总体分数可能不太适合；而无错误 T 单位数和错误总数对于她所考察的群体显然更加可靠。她因而提议，可以针对二语学习者的写作研究设计出各种不同类型的语言准确度测量指标。这些测量指标可以包括拼写、标点、形态、句法、词汇、习语使用、段落等各个方面，以回应各种不同的研究问题。

按照 Wolfe-Quintero 等（1998：122 - 123）的建议，准确度的最好测量指标是无错误 T 单位数之比（EFT/T）和每个 T 单位中的错误数（E/T）。此外，基于从句的最好指标是无错误小句数与小句总数之比（EFC/C）和每个小句中的错误数（E/C）。此后，这些测量指标被广泛用于写作发展研究之中（Storch，2009；Storch & Tapper，2009；Knoch，Rouhshad & Storch，2014）。

现有写作准确度主要相关指标有以下几项。

（1）E/C

指“每个小句中的错误数”。计算方法是“错误总数除以小句总数”。

（2）E/T

指“每个 T 单位中的错误数”。计算方法是“错误总数除以 T 单位总数”。

（3）EFC/C

指“无错误小句数与小句总数之比”。计算方法是“无错误小句总数除以小句总数”。

（4）EFT/T

指“无错误 T 单位数与 T 单位总数之比”。计算方法是“无错误 T 单位总数除以 T 单位总数”。

（5）W/EFT

指“每个无错误 T 单位中的单词平均值”。计算方法是“无错误 T 单位中单词总数除以无错误 T 单位总数”。

四　现有写作研究所采用的数据收集方法

这里的数据收集方法指的是写作样本的收集方法。在先前出国留学语境下的二语写作研究中，用来收集相关写作数据的方法主要包括：写作自我评估任务、诊断性写作水平测试（如 ELTS、TOEFL、ACTFL）、日记、图片描述任务、议论文写作任务、叙事写作任务、说明文写作任务。

写作自我评估任务是出国留学语境下较早采用的测量写作发展的方法（Opper，Teichler & Carlson，1990；Meara，1994；Lapkin，Hart & Swain，1995）。但显而易见的是，这种方法可能并不能客观反映二语学习者出国留学语境下的写作发展情况。在二语学习者的自我评估结果与他们的实际写作表现之间，可能存在一定的差距。

诊断性英语写作水平测试一般采用类似雅思考试的形式（Storch，2007、2009；Storch & Hill，2008；Storch &Tapper，2009；Knoch、Rouhshad & Storch，2014）。还有部分研究直接采用雅思和托福考试中的写作任务（Andrade，2016）。但由于被试有不同的母语背景，他们对雅思与托福考试的熟悉度不尽相同，基于此类测试的研究不太适于在不同文化背景下比较相关研究的结果。

现有研究还采用日记来收集写作数据，一般为个案研究（Lord，2009）。采用日记来收集数据，具有显而易见的便利性，但也有明显缺点。较为明显的问题是，所收集的写作数据总体偏向零碎、短小，而且极容易受被试自身动机的影响。

图片描述任务一般被用来测量儿童或者不同二语语言水平被试的写作发展情况。由于任务的限制，测量目标常常集中于语法方面（Worp，2011；Kristian，2013；Serrano，Tragant & Llanes，2014，Llanes，Tragant & Serrano，2018）。

而目前最为广泛采用的写作数据收集方法是要求被试就指定题目完成一

篇议论文的写作（Sasaki、2004、2007、2011；Pérez-Vidal & Juan-Garau，2004、2009、2011；Pérez-Vidal，Juan-Garau & Mora，2011；Pérez-Vidal，Juan-Garau，Mora & Valls-Ferrer，2012；Barquin，2012；Pérez-Vidal & Barquin，2014；杨元辰，2014；Wu & Zhang，2017）。此类任务更适合较高水平的二语学习者。与议论文写作较为相似的写作数据收集方法是采用叙事写作和说明文写作任务（Llanes，Tragant & Serrano，2012；Serrano，Tragant & Llanes，2012）。这两种方法，更适合来自不同专业且写作水平偏低的学生。

五　研究问题与研究方法

从上述关于出国留学语境下写作研究的综述可以看出，出国留学语境对于写作发展有着重要但并非十分明确的影响。一个较为明显的结论是，出国留学的时长、语言接触情况、个体差异都会在不同程度上影响写作的发展情况。而先前的研究表明，大约一年的出国留学时间可能更适合考察二语学习者的写作发展。

由于写作发展本身的复杂性以及先前研究中所采用指标的效度问题，现有研究仍未能完整地描述二语写作发展的全貌，特别是对于二语写作句法复杂度、词汇复杂度以及准确度的发展仍了解甚少。正如 Llanes、Serrano（2011）所言，现有单一测量指标可能无法深入了解写作发展中的细微变化。这也是现有研究结论分歧较大、一致性不强的主要原因。而为了更清晰、更具体地认识出国留学语境下的写作发展全貌，研究者需要采用更为多维的指标来评估出国留学语境下的写作发展。

而就被试而言，现有研究的被试集中为来自西班牙、法国、美国和日本的二语学习者，以中国被试为对象的研究仍极为缺乏。上述研究的结论多数是基于以语言专业大学生为被试而获得，较少包括非语言专业的被试。而现实情况则是：越来越多的非语言专业学生成为出国留学的主体。此外，上述研究的被试群体一般具有良好的双语学习环境（日本除外），总体上二语语言水平较高。而对于那些来自非字母语言文化背景的中、低语言水平的大学生而言，出国留学将如何促进他们的二语写作发展？这仍是一个亟须研究的问题。

此外，在研究设计上，由于出国留学数据收集上的困难，上述研究多数并没有设置相应的国内控制组；另外一些研究对被试的语言背景也并未加以控制，许多被试的母语背景分别为阿拉伯语、汉语、越南语或其他东南亚语种，同质性较差。这些因素明显不利于数据分析，并影响研究结果的确定性。

总体而言，本书将尽力克服以上多种因素的负面影响，以便更准确地了解出国留学语境下的二语写作发展。

本书的研究问题具体描述如下。

研究问题一：就二语写作句法复杂性而言，中国外语学习者在出国前后以及与国内二语学习组相比，在写作发展上是否产生显著变化？

研究问题二：就二语写作词汇复杂性而言，中国外语学习者在出国前后以及与国内二语学习组相比，在写作发展上是否产生显著变化？

研究问题三：就二语写作流利度而言，中国外语学习者在出国前后以及与国内二语学习组相比，在写作发展上是否产生显著变化？

研究问题四：就二语写作准确度而言，中国外语学习者在出国前后以及与国内二语学习组相比，在写作发展上是否产生显著变化？

（一）被试

所有被试在自愿基础上参加本次实验，并在实验后得到一定的报酬。参加前测的被试总数为 45 人，但在完成为期一学年的实验后，由于数据收集过程中的种种不确定因素，最终仅有 26 名被试的数据符合数据分析要求。其中国内二语学习组为 16 人（2 男 14 女），而出国留学组为 10 人（1 男 9 女）。两组被试都来自北京某高校同一个学院，专业涉及经贸会展、金融、经济学等。所有被试在实验前并未前往过英语国家学习。被试年龄为 21 ~ 23 岁，学习英语时间大约为 8 年，在高中接受过英语写作教学训练。在大学入学后的两年期间，选修了英语听力、基础英语、英语阅读、综合英语以及英语写作等课程。被试在年龄、英语熟练程度、写作能力与文化/教育方面都比较匹配，在英语总体水平以及口语、听力、阅读与写作四项技能上的自我评估结果以及出国前语言熟练程度测试上没有显著差异。作为非英语专业的二年级学生，其英语水平属于中等偏下。

1. 出国留学组

出国留学组参加了由国内学校制定的学分交换类型的出国留学项目。在此项目下国内学校指定四门专业课与一门选修课，但并未开设与英语相关的语言课。7 名学生选择前往美国的大学，3 名选择前往英国的大学。在为期一学年留学期间，他们选修了宏观经济学、金融市场与机构、金融数据分析以及行为金融学这四门专业必修课和一门基于兴趣选择的选修课。课程都用英语教学，每门课分成两个时段（Session），前一时段为讲座，后一时段为研讨。由此出国留学组一周与当地本族语大学生在一起上课的时间为 16 小时。这 10 名学生中，7 名与当地本族语大学生住在同一宿舍，而 3 名与非本族语大学生住在一起。在出国留学期间，他们有时会与当地本族语学生一起参加诸如短期旅行类的课外活动。

2. 国内二语学习组

国内二语学习组在前两年的大学学习期间与出国留学组都来自相同班级并接受相同的英语教学与专业学习。在出国留学组出国的这一学年（大三），他们按照原来的教学大纲每周接受四至六小时的英语相关课程教学（分别为基础英语、英语翻译），并同时完成与出国留学组类似的专业课程学习（使用母语）。国内二语学习组的英语相关课程主要集中于内容教学，并不特别系统地关注语法。

（二）测试材料

本研究所采用的测试材料包括写作任务、语言技能自我评估与测试、语言使用与信心量表［ACTFL（American Council on the Teaching of Foreign Languages）Guidelines Language Use Survey and Confidence Survey］、语言接触量表（Language Contact Profile，LCP）以及半结构化访谈提纲。

1. 写作任务

基于前文文献综述，先前研究多通过议论文写作来收集那些中等或中等以上水平的二语学习者写作数据。为避免议论文体裁自身任务难度所带来的潜在影响，本项实验采用“说明/叙事写作”任务来收集写作数据（参见附件 1）。对于中等以下水平的学习者来说，说明文或叙事写作能更有效地激发他们的写作兴趣与动机。

前测写作任务为：我最好的朋友（My Best Friend，参考 Llanes、Serrano，2011；Serrano、Llanes、Tragant，2011）；后测任务为：我最喜欢的老师（My Favorite Teacher，参考 Serrano、Trangant、Llanes，2011）。以上两项说明/叙事写作任务要求被试在 30 分钟内至少完成 150 字以上的英文写作。在写作中不允许使用字典等任何外来帮助。

2. 语言技能自我评估与测试

“语言技能自我评估与测试”包括三个部分：个人信息、英语技能自我评估、语言技能测试（参见附件 3）。

在个人信息部分，被试要提供姓名、性别、年龄、专业等信息。在英语技能自我评估部分，第一部分为对英语水平总体自我评估，共有 12 项；而第二部分为对英语口语、听力、阅读与写作四项技能的单项自我评估。上述自我评估都按 1 ~ 10 分 Likert 量表评分，分数越高，表明相应二语语言水平越高。

英语语言技能测试则包括五个部分：形态知识、正字法知识、句法知识、词汇知识以及语块知识。

所有被试都在出国留学组出国前、回国后两次同时完成上述测试。前测的目的在于确保本研究的被试在二语语言技能上的同质性，并可以与后测相比，帮助了解被试的二语写作发展情况。

3. 语言使用与信心量表

本研究中所使用的“语言使用与信心量表”（参见附件 4）来自 ACTFL。分为两个部分，其中“语言使用”部分共 25 项，测量被试在不同语言任务中的语言使用情况（如“讨论日常的活动”）。量表采用 1 ~ 5 分 Likert 量表评分，要求被试根据个人情况按照“从来不”（1 分）到“非常频繁”（5 分）进行评分。

而“语言信心”量表则测量被试在进行相应语言任务时（如“使用描述性、具有表现力的单词”“正确使用时体”“使用常用时态”）所感受到的舒适度，共有 13 项。量表采用 1 ~ 5 分 Likert 量表评分，要求被试根据个人情况按照“非常不舒适”（1 分）到“非常舒适”（5 分）进行评分。

所有被试都在后测中完成此量表的填写。

4. 语言接触量表

语言接触量表（LCP，参见附件5）改编自 Collentine、Freed（2004）。该量表旨在了解出国留学组在语言输入与输出活动中的语言接触情况，可以由此了解被试在出国留学期间所参与活动的类型与时间。

在具体活动中的英语使用时间采用每周多少天或每天多少小时来评分。比如在“在课外你使用英语来写作的时间有多少（包括在课外用英语所写的个人备注、个人信件、在课外用英语所写的电子邮件、在课外用英语所填写的表格与申请表）?”而对他们使用汉语写作的时间也进行了统计。

鉴于“语言接触量表”目的在于考察被试出国留学后的语言接触情况，因而仅仅出国留学组在回国后才完成此量表的填写。

5. 写作半结构化访谈

访谈的目的在于获得被试关于写作频率与他们在写作中所关注焦点（如词汇、语法、句型或其他方面）的信息。在访谈中也收集了其课程、语言使用、学习经历等信息（参见附件6）。所有被试在访谈中的相关描述都使用录音机记录下来，并转写为书面文档。

（三）研究过程

所有被试要在出国留学组出国前（2014年7月，前测）与回国后（2015年9月，后测）完成相关问卷与写作任务。

在前测时，所有被试在一间多媒体教室完成测试。首先，他们要完成相关个人背景信息的填写。其次，开始二语语言技能的自我评估与测试。该任务要求被试在35分钟内完成。最后，他们需要就“我最好的朋友”完成写作任务，不少于150字，时间在30分钟之内。所有指令采用中文，以确保被试完全了解这些测试的要求。

在后测时，所有测试问卷与程序同前测，但是在二语语言技能的自我评估与测试之后，所有被试增加了“语言使用与信心”问卷。而在完成“我最喜欢的老师”的写作任务之后，出国留学组还要完成“语言接触量表”的填写。

在后测之后，本研究的主试还随机、独立访谈了5名学生（3名出国留学组的被试以及2名国内二语学习组的被试)。每名被试的访谈持续约30分钟，主要问题涉及被试的学习经历、课程安排、生活情况以及个人生活经历等，并在征得被试同意后进行了录音。

(四) 数据收集与处理

参考本节之前关于CAF测量指标的综述，上述被试的数据按照以下四个维度进行分析：写作句法复杂度、词汇复杂度、准确度、流利度。在正式数据处理前，本研究的两名主试先随机抽取写作数据中的1/10进行预分析，对于不同意见则将其提交给一名教学与研究经历丰富的英语教授，由三人讨论决定解决方案。在此基础上修订形成“写作数据分析编码方案”（参见附件8)。最后由两名主试完成数据的独立分析与处理。评分者之间信度的相关系数大于0.95。

正式数据的处理过程如下：首先，两名主试分别将所有被试的书面写作数据严格按照原始写作版本进行转写并交叉核对；其次，将“写作原始版本”或“修改后版本”（见以下具体说明）逐个提交到Coh-Metrix 3.0完成在线分析；最后，按照“写作数据编码方案”由两名主试人工完成Coh-Metrix 3.0无法提供的CAF指标的计算，对于不一致处由两名评分者协商后决定。人工统计的各项指标的数值取两者的平均值。

为了更好地了解各项指标上的实际效度，本项实验在每项写作CAF维度中都包括了至少一项反向指标，详见以下关于各项维度的说明。

1. 写作句法复杂度

在上述转写原始文本的基础上，按照“写作数据编码方案”划出小句(Clauses)、T单位（T-units)、从属小句（Dependent Clauses)、单个句子(Simple Sentences)、复合句（Compound Sentences)、复杂句（Complex Sentences)、复合复杂句（Compound-Complex Sentences)、复杂名词短语（Complex Noun Phrases)、并列句（Coordinate Phrases)、简化结构（Reduced Structures)。由此人工计算出C/T、DC/C、AC/DC、Act/DCt、Ad/DC、Cc/DC、CP/C、CN/C、RS、SSR、CdSR、CxSR、CdCxSR这13项指标。而DRNP、SYNNP、SYNSTRUa、SYNSTRUt、SMTEMP这5项指标则是通过“写作原始版本”由Coh-Metrix 3.0软件直接在线计算获得。写作句法复杂度被细分为

从属小句子维度、短语子维度、句子构成子维度与句法多样性子维度。总体情况见表 1－1。

表 1－1　本研究中写作句法复杂度指标（共 18 项）

句法复杂度				计算方法	获取方式
子维度	No.	增益	具体指标		
从属小句	1	+	C/T	Clauses/T-units	人工
	2	±	DC/C	Dependent clauses/clauses	
	3	+	AC/DC	Advanced DC types/dependent clause types	
	4	+	Act/DCt	Advanced dependent clauses/dependent clauses	
	5	－	Ad/DC	Adverbial clauses/dependent clauses	
	6	+	Cc/DC	Complement clauses/dependent clauses	
短语	7	+	DRNP	The Incidence of Noun Phrases Density	Coh-Metrix
	8	+	SYNNP	The mean number of modifiers per noun-phrase	
	9	+	CN/C	Complex Noun Phrases per Clause	人工
	10	+	RS	Reduced structure	
	11	+	CP/C	Coordinate Phrases per Clause	
句子构成	12	－	SSR	Simple sentence ratio	
	13	+	CdSR	The Compound sentence ratio	
	14	+	CxSR	The Complex sentence ratio	
	15	+	CdCxSR	The Compound complex sentence ratio	
句法多样性	16	－	SYNSTRUa	Syntax similarity, adjacent sentences	Coh-Metrix
	17	－	SYNSTRUt	Syntax similarity, all combinations, across paragraph	
	18	－	SMTEMP	Tense and aspect repetition	

注："增益"表明该项指标为正向指标（标为"＋"）或负向指标（标为"－"），"±"指标表明该指标的方向仍难以确定，下同。

2. 写作词汇复杂度

为了避免被试写作中的错误拼写、非词等影响相关词汇复杂度的指标，本书在"写作原始版本"的基础上，将那些拼写错误的单词进行改正，并将非词移除，以此为基础形成“修改后版本”。将此版本再次提交到 Coh-Metrix 3.0 在线计算，得到“单词总数”、“类符总数”和“型符总数”，由此计算出 GI 指标。而 LDVOCD、WRDFRQmc、WRDFRQa、WRDHYPnv、WRDFAMc 这 5 项指标也同时由 Coh-Metrix 3.0 获得。AG1K 则使用 AntWord Profiler 1.200 所提供的类符、型符以及最常用 1000 个单词数计算得出。写作词汇复杂度被细分为词汇丰富性子维度与词汇多样性子维度。总体情况见表 1－2。

表 1－2　本研究中写作词汇复杂度指标（共 7 项）

词汇复杂度				计算方法	获取方式
子维度	No.	增益	具体指标		
词汇丰富性	1	+	AG1K	The value of (types − 1ktypes) /the square root of tokens	AntWordProfiler
	2	−	WRDFRQmc	Index 94 of Coh-Metrix	Coh-Metrix
	3	−	WRDFRQa	Index 93 of Coh-Metrix	
	4	+	WRDHYPnv	Index 103 of Coh-Metrix	
	5	−	WRDFAMc	Index 96 of Coh-Metrix	
词汇多样性	6	±	GI	Word types/the square root of word tokens	Coh-Metrix
	7	+	LDVOCD	D value, Index 49 of Coh-Metrix	

3. 写作流利度

在人工计算的小句总数、T-unit 总数的基础上，结合 Coh-Metrix 3.0 所提供的单词总数，分别计算得到 W/T、W/C 以及 T-unit 总数、Clause 总数、Word 总数。值得注意的是，Ortega（2003）认为 W/T 为复杂度指标而非流利度指标。但根据 Wolfe-Quintero、Inagaki 和 Kim（1998）的研究，多数研究将它当作流利度指标。因为它反映的是产出单位的长度，而非它的结构复杂情况。因而本书也将其当作写作流利度指标。

由于多数写作流利度的研究中较少包括负向指标。本书还将 Dysfluency 指标包括在内。鉴于写作中的停顿与改正没有口语中那样容易觉察，一般可以依据被试的原始写作文本中的书写来统计他们在写作中单词改写、删除的情况。本书根据 Ellis、Yuan（2004）的计算方法，将“写作中改写、删除单词的总数/单词总数（DW/W）”作为 Dysfluency 指标。写作流利度被细分为过程子维度、文本子维度。总体情况见表 1-3。

表 1-3 本研究中写作流利度指标（共 6 项）

写作流利度				计算方法	获取方式
子维度	No.	增益	具体指标		
过程	1	+	W/T	Words per T-units	人工
	2	+	W/C	Words per clauses	
	3	-	Dysfluency	The total number of dysfluency words per words	
文本	4	+	T	Total number of T-units	
	5	+	C	Total number of clauses	
	6	+	W	Total number of words	Coh-Metrix

4. 写作准确度

先前多数研究都依据 Bardovi-Harlig、Bofman（1989）以及 Polio（1997）的分类方法对错误进行编码，主要包括：语法错误（指语序错误，包括成分残缺或组句错误）、形态错误（主要指动词时态、主谓一致、名词单复数以及所有格错误）和词汇错误（单词选择错误、搭配错误）。但是都忽略了标点和拼写错误。在本书中，按照桂诗春（2004）的建议，本书将那些严重影响文本理解且需要费力猜测句子意思的标点错误和拼写错误计算在内。

写作准确度的统计方法为：基于“写作数据编码方案”将所有错误类型总数、无错误 T-unit、无错误小句进行编码，并统计无错误 T-unit 中的单词总数。重复错误进行重复统计。而对于极少数由于省略造成的错误，按照 Storch、Tapper（2009）的方法进行统计，其标准为：在维持该语境所表明的明显意义的同时，计算出保持句子通顺无误所需要的最小数目的修正。EFT/T、EFC/C、W/EFT、E/T、E/C 指标在此基础上经过计算得出。写作准确度被细分为准确子维度与错误子维度。

写作准确度指标的总体情况见表1－4。

表1－4 本研究中写作准确度指标（共5项）

写作准确度				计算方法	获取方式
子维度	No.	增益	具体指标		
准确	1	+	EFT/T	Total number of error-free T-units/T-units	人工
	2	+	EFC/C	Total number of error-free clauses/clauses	
	3	+	W/EFT	Total number of words in error-free T-units/EFT	
错误	4	-	E/T	Total number of errors/total number of T-units	
	5	-	E/C	Total number of errors/total number f clause	

（五）数据处理软件与数据分析

上述指标分别采用Coh-Metrix 3.0以及AntWordProfiler 1.200两个软件处理。而最终的统计分析采用SPSS 17.0进行统计分析。

Coh-Metrix 3.0是一个免费在线计算分析软件（参见Graesser、McNamara、Louwerse、Cai，2004）。输入文本格式为TXT格式，可以计算获得108项文本特征指标，由此提供单词信息、词汇多样性和句法复杂性等内容（Crossley，Salsbury & McNamara，2010；Crossley et al.，2011；Crossley，Salsbury & McNamara，2012）。

AntWordProfiler 1.200为免费软件，作者为Laurence Anthony。它按照词汇频率分布理论（Lexical Frequency Profile，LFP；Laufer & Nation，1995）设计，基于Range软件（Heatley，Nation & Coxhead，2002）完成计算，一般被用来分析词汇丰富性。该软件可以提供每个文本的型符数与类符数，并同时提供BNC语料库中最常用的1000个单词、次常用的1000个单词清单中的型符数与类符数。

本研究使用SPSS 17.0的“成对样本t检验”来检验出国留学组、国内二语学习组在完成一学年后的发展差异。而使用一般线性模型（GLM）中的

“单变量分析”来分析出国留学组与国内二语学习组之间的差别，并将前测数据作为协变量控制起来。显著度 Alpha 水平设定为 0.05。

六　研究结果

基于英语总体水平以及四项技能（听、说、读、写）上的自我评估得分以及各项语言子技能（形态、正字法、语法、词汇、语块）测试得分，本研究进行了独立样本 t 检验，研究结果表明：除在阅读技能自我评估得分上出国留学组显著低于国内二语学习组外，$t(24) = -2.326$，$p = 0.029$，两组在其他各项语言技能与语言子技能上的得分没有显著差异。即使在区分度较大的词汇子技能上，两组也没有显著差异，$t(24) = -0.652$，$p = 0.521$。以上结果表明，两组的二语语言水平在出国之前总体较为均质。

（一）写作句法复杂度

表 1－5 以摘要形式呈现了出国留学组（SA）与国内二语学习组（AH）在句法复杂度各个子维度上具体指标的描述性结果。为进一步了解两组在写作句法复杂度前测上可能存在的不同，本研究对出国留学组以及国内二语学习组的前测各指标进行了独立样本 t 检验，研究结果表明，出国留学组在 SSR（简单句子比例）、SYNSTRUa（邻近句子句法相似性）、SYNSTRUt（全文句子的句法相似性）、SMTEMP（邻近句子时与体的重复程度）这几项负向指标上显著高于国内二语学习组，而在 CdCxSR（复合复杂句子比例）这一正向指标上显著低于国内二语学习组，但在 DRNP（名词短语数目）这一正向指标上显著高于国内二语学习组。在其他 12 个指标上两者并无显著差异。除 DRNP 外，以上 SSR、SYNSTRUa、SYNSTRUt、SMTEMP、CdCxSR 这五项指标倾向于表明出国留学组的初始写作句法复杂度略微低于国内二语学习组。

为了考察两组在完成一学年学习后各自的发展情况，本研究分别对出国留学组、国内二语学习组的写作句法复杂度的前、后测试指标进行了成对样本 t 检验。结果如表 1－5 所示。

表 1-5　SA 组与 AH 组在写作句法复杂度上的各自发展情况（一学年）

			SA（N=10）			AH（N=16）		
			前测	后测		前测	后测	
从属小句	C/T	+	1.41（0.19）	1.51（0.25）		1.47（0.21）	**1.66（0.24）*****	↑
	DC/C	±	0.28（0.10）	0.32（0.11）		0.31（0.10）	**0.39（0.09）*****	↑
	AC/DC	+	0.03（0.09）	**0.12（0.13）**$^{\wedge}$	↑	0.09（0.13）	0.09（0.10）	
	Act/DCt	+	0.05（0.16）	**0.22（0.21）**$^{\wedge}$	↑	0.14（0.18）	0.19（0.17）	
	Ad/DC	-	0.41（0.20）	0.37（0.21）		0.42（0.21）	0.49（0.19）	
	Cc/DC	+	0.20（0.18）	0.25（0.22）		0.28（0.25）	0.17（0.13）	
短语	DRNP	+	373.50（16.83）	376.41（18.55）		344.54（24.20）	355.46（22.49）	
	SYNNP	+	0.68（0.18）	0.62（0.10）		0.69（0.13）	0.67（0.11）	
	CN/C	+	0.53（0.29）	0.68（0.12）		0.56（0.25）	0.50（0.17）	
	RS	+	0.80（0.92）	1.6（1.43）		0.56（0.89）	0.44（0.51）	
	CP/C	+	0.18（0.08）	**0.12（0.06）***	↓	0.17（0.12）	0.20（0.08）	
句子构成	SSR	-	0.62（0.13）	**0.46（0.20）***	↓	0.42（0.16）	0.36（0.18）	
	CdSR	+	0.10（0.13）	0.11（0.11）		0.15（0.13）	**0.08（0.09）**$^{\wedge}$	↓
	CxSR	+	0.25（0.07）	0.29（0.13）		0.30（0.10）	0.28（0.17）	
	CdCxSR	+	0.03（0.04）	**0.14（0.12）****	↑	0.13（0.08）	**0.27（0.15）*****	↑
多样性	SYNSTRUa	-	0.16（0.03）	**0.12（0.04）***	↓	0.12（0.04）	0.11（0.04）	
	SYNSTRUt	-	0.15（0.02）	**0.12（0.03）***	↓	0.11（0.03）	**0.10（0.03）**$^{\wedge}$	↓
	SMTEMP	-	0.85（0.06）	0.81（0.08）		0.77（0.12）	0.79（0.11）	

注：括号前为该指标平均值，括号内为该指标标准差，正负号则表明该指标在先前研究中与写作句法复杂度的可能正负相关情况。

表 1-5 分别采用“ *** ”（表明 $p<0.001$）、“ ** ”（表明 $p<0.01$）、“ * ”（表明 $p<0.05$）、“^”（表明 $0.05<p<0.1$）标出结果的不同水平的显著效应与边际效应。而上下箭头则表明该指标在一年后是否有显著（或边际效应）的增长或者下降，黑色斜体表明两组在该指标上出现相反趋势。

从平均值来看，对于出国留学组来说，相比一年之前，从属小句子维度的 C/T、DC/C、AC/DC、Act/DCt、Cc/DC 指标，短语子维度的 DRNP、CN/C、RS 指标以及句子构成子维度的 CdSR、CxSR、CdCxSR 指标都有上升趋势（共 11 项），而其他 7 项指标则有降低趋势。在上述 18 项指标中，国内二语学习组共有 8 项指标在增长趋势上与出国留学组刚好完全相反。在出国留学组 11 项上升指标上，国内二语学习组在从属小句子维度的 Cc/DC 指标，短语子维度的 CN/C、RS 指标以及句子构成子维度的 CdSR、CxSR 指标上有下降趋势；而在其他出国留学组 7 项下降指标中，国内二语学习组在从属小句子维度的 Ad/DC 指标，短语子维度的 CP/C 指标，句法多样性子维度的 SMTEMP 指标上则有增长趋势。值得注意的是，出国留学组的表现符合此 8 项指标中的 7 项所指示的方向，两组在趋势上的区别主要集中在短语子维度、句子构成子维度、从属小句子维度上。出国留学组仅仅在短语子维度 CP/C 指标上与该指标所指示的方向相悖。关于 CP/C、C/T、DC/C 指标的实际效度将在讨论中进一步分析。

经成对样本 t 检验分析可知，在一年之后，国内二语学习组在从属小句子维度 C/T、DC/C 两项指标上显著上升，$t(15) = -4.11$，$p < 0.001$、$t(15) = -4.221$，$p < 0.001$；在句子构成子维度 CdCxSR 指标上显著上升，$t(15) = -4.381$，$p < 0.001$，但在 CdSR 指标上有所下降（边际效应），$t(15) = 2.015$，$p = 0.062$。此外，在句法多样性子维度 SYNSTRUt 指标上有所下降（边际效应），$t(15) = 1.830$，$p = 0.087$。总体而言，国内二语学习组在 4 项指标上有显著改善或有所改善，但在句子构成子维度 CdSR 指标上却有所恶化（边际效应）。

在一年出国留学后，出国留学组在从属小句子维度 AC/DC、Act/DCt 指标上都有所上升（边际效应），$t(9) = -2.31$，$p = 0.062$，$t(9) = -1.979$，$p = 0.079$；在短语子维度指标 CP/C 指标上显著下降，$t(9) = -2.345$，$p = 0.044$；在句子构成子维度 SSR 指标上显著下降，$t(9) = 3.218$，$p = 0.011$，但在 CdCxSR 指标上显著上升，$t(9) = -3.551$，$p = 0.006$；在句法多样性维度 SYNSTRUt、SYNSTRUa 指标上都显著下降，$t(9) = 2.867$，$p = 0.019$、$t(9) = 2.816$，$p = 0.020$。总体而言，出国留学组在 6 项指标上有显著改善或有所改善，但在短语子维度 CP/C 指标上显著下降。

表 1－6 为一般线性模型（GLM）单变量分析结果的摘要。在分析中，本研究分别以各个指标的后测值为因变量，以出国留学组别（出国留学组、国内二语学习组）为自变量，以各个指标相应的前测值为协变量。

表 1-6　SA 组与 AH 组在写作句法复杂度后测上的对比结果摘要

			平均值差异 SA - AH	df	F 值	显著性		效果值 η^2
从属小句	C/T	+	-0.120	123	1.879	0.184		***0.076***
	DC/C	±	-0.052	123	2.023	0.168		***0.081***
	AC/DC	+	0.039	123	0.648	0.429		0.027
	Act/DCt	+	0.044	123	0.322	0.576		0.014
	Ad/DC	-	-0.125	123	2.406	0.135		***0.095***
	Cc/DC	+	0.108	123	3.080	**0.093**^	↑	***0.118***
短语	DRNP	+	21.583	123	4.243	**0.051**^	↑	***0.156***
	SYNNP	+	-0.056	123	1.658	0.211		***0.067***
	CN/C	+	0.167	123	6.909	**0.015** *	↑	***0.231***
	RS	+	1.074	123	8.172	**0.009** **	↑	***0.262***
	CP/C	+	-0.083	123	8.452	**0.008** **	↓	***0.269***
句子构成	SSR	-	0.009	123	0.011	0.917		0.000
	CdSR	+	0.035	123	0.817	0.376		0.034
	CxSR	+	0.020	123	0.089	0.768		0.004
	CdCxSR	+	-0.207	123	0.194	0.664		0.008
多样性	SYNSTRUa	-	-0.004	123	0.046	0.831		0.002
	SYNSTRUt	-	0.002	123	0.030	0.864		0.001
	SMTEMP	-	-0.019	123	0.222	0.642		0.010

注：上下箭头表明 SA 组相对于 AH 组在一年后在该指标上是否有显著（或边际效应）的增长或者下降。黑色斜体部分为两组比较的效果值 η^2 大于等于 0.06（中等效果值）的指标。

考虑到本书的样本量较小，本书在两组的比较中也同时列出了效果值。按照 Cohen（1988）的建议，$\eta^2 \geq 0.01$ 为较小的效果值，而 $\eta^2 \geq 0.06$ 则为中等程度的效果值，而 $\eta^2 \geq 0.14$ 则为较大的效果值。从效果值可见，两组比较的较大效果值全部集中于短语子维度的 4 项指标（DRNP、CN/C、RS、CP/C）上，而在 SYNNP 指标上的效果值为中等。同样，只有短语子维度的 CP/C 指标表明出国留学组的表现劣于国内二语学习组，而短语子维度的所有 5 项指标中的其他 4 项都表明出国留学组的表现要优于国内二语学习组；而在从属小句子维度，出国留学组在 Ad/DC、Cc/DC 指标上优于国内二语学习组，但在 C/T、DC/C 两项指标上劣于国内二语学习组。在其他两个子维度上的所有指标，两组比较没有产生中等及以上的效果值。

而从方差分析结果看，两组在从属小句子维度 Cc/DC 指标、短语子维度 DRNP、CN/C、RS、CP/C 这 4 项指标上存在显著（或边际效应）差异。而除 CP/C 指标不定外，其他 4 项指标都表明出国留学组优于国内二语学习组（存在显著或边际效应）。

此外，值得注意的是，在前测时出国留学组显著弱于国内二语学习组的 5 项指标（CdCxSR、SSR、SYNSTRUa、SYNSTRUt、SMTEMP）中，在后测时，无论是平均值还是统计分析数据，出国留学组在所有指标上已经与国内二语学习组基本持平（参见表 1-5、1-6）。若不考虑前测的差异，对两组的后测直接进行独立样本 t 检验，结果表明：出国留学组在 CdCxSR 指标上仍显著低于国内二语学习组，$t(24) = -2.255$，$p = 0.033$，在 DRNP 指标上仍显著高于国内二语学习组，$t(24) = 2.464$，$p = 0.021$，但在 SSR、SYNSTRUa、SYNSTRUt、SMTEMP 等 4 项指标上与国内二语学习组不再存在显著差异。这侧面表明在出国留学后，出国留学组在各项原本稍微落后的指标上赶上了国内二语学习组。

总体看来，出国留学组在短语子维度之外的三个子维度的 6 项指标上都出现显著改善，而国内二语学习组在短语子维度之外的三个子维度的 4 项指标上都出现显著改善，仅在句子构成子维度的一项指标（CdSR）上有所退步。由于国内二语学习者在短语子维度上的退步，出国留学组在短语子维度上的表现明显优于国内二语学习组，两组在从属小句子维度上的表现似乎各有千秋，在其他两个子维度的各个指标上没有显著差异。

（二）写作词汇复杂度

表 1-7 以摘要形式呈现了出国留学组与国内二语学习组在词汇复杂度各个维度上具体指标的描述性结果。本书对出国留学组以及国内二语学习组的前测各指标进行了独立样本 t 检验，研究结果表明，出国留学组与国内二语学习组在所有指标上都没有显著差异。所有指标数据倾向于表明出国留学组在初始写作词汇复杂度上与国内二语学习组并无差异。

为了比较两组在完成一学年学习后各自的发展情况，本书分别对出国留学组、国内二语学习组的写作词汇复杂度的前、后测试成绩进行了成对样本t检验。结果如表1-7所示。

表1-7　SA组与AH组在写作词汇复杂度上的各自发展情况（一学年）

			SA（N=10）			AH（N=16）		
			前测	后测		前测	后测	
丰富性	AG1K	+	1.24（0.44）	1.32（0.12）		1.26（0.40）	1.33（0.34）	
	WRDFRQmc	-	1.51（0.40）	1.54（0.23）		1.35（0.27）	1.36（0.19）	
	WRDFRQa	-	3.10（0.07）	3.09（0.04）		3.09（0.07）	3.05（0.11）	
	WRDHYPnv	+	1.32（0.13）	**1.44（0.19）**$^{\wedge}$	↑	1.33（0.18）	**1.53（0.23）****	↑
	WRDFAMc	-	586.63（4.70）	585.10（4.81）		586.77（4.99）	**583.62（4.64）***	↓
多样性	GI	±	8.15（0.61）	8.11（0.83）		8.32（0.56）	8.20（0.60）	
	LDVOCD	+	91.67（23.65）	**78.59（9.40）**$^{\wedge}$	↓	92.32（13.11）	**84.11（9.52）**$^{\wedge}$	↓

从平均值来看，出国留学组词汇丰富性子维度WRDFRQa、WRDFAMc两项指标，词汇多样性子维度GI、LDVOCD两项指标上的平均值在一年之后有下降趋势，但在词汇丰富性子维度AG1K、WRDFRQmc、WRDHYPnv三项指标上的平均值则有上升趋势。而国内二语学习组无论是在词汇多样性子维度上的指标上，还是在词汇丰富性子维度上的指标上，其升降趋势完全与出国留学组相同。但从指标方向来看，两组在词汇多样性子维度GI、LDVOCD两项指标以及词汇丰富性子维度WRDFRQmc指标上与指标方向背离。关于GI指标的效度问题，本书将在讨论中进一步分析。

而从成对样本t检验结果来看，在一年之后，出国留学组在词汇丰富性子维度WRDHYPnv指标上有所改善（边际效应），t（9）=1.987，p=0.078，而国内二语学习组则在此指标上显著改善，t（15）=3.777，p=0.002，他们倾向于使用更为具体的名词与动词的下义词。而两组在词汇多样性子维度LDVOCD指标上都有所下降（边际效应），t（9）=1.999，p=0.077/t（15）=1.956，p=0.069，其趋势与指标方向相反。而两组在词汇多样性子维度的另一指标GI上同样呈现下降趋势，但并未达到显著效应。上述结果似乎表明两组在词汇多样性上都有恶化趋势。此外，国内二语学习组还在词汇丰富性子维度 WRDFAMc 指标上有显著改善，t（15）＝－2.500，p＝0.025，由此表明，国内二语学习组越来越多地使用熟悉度较低的单词。

为了比较两组之间的差异，本研究分别以各个指标的后测值为因变量，以出国留学组别（出国留学组、国内二语学习组）为自变量，以各个指标相应的前测值为协变量，进行多次一般线性模型（GLM）单变量分析。表 1－8 为分析结果的摘要。

表 1－8　SA 组与 AH 组在写作词汇复杂度后测上的对比结果摘要

			平均值差异	df	F 值	显著性		效果值
			SA－AH					η^2
丰富性	AG1K	+	0.001	123	0.000	0.995		0.000
	WRDFRQmc	－	0.151	123	3.419	**0.077^**	↑	***0.129***
	WRDFRQa	－	0.042	123	1.294	0.267		0.053
	WRDHYPnv	+	－0.087	123	1.202	0.284		0.050
	WRDFAMc	－	1.516	123	0.651	0.428		0.028
多样性	GI	±	－0.025	123	0.008	0.928		0.000
	LDVOCD	+	－5.447	123	2.036	0.167		***0.081***

注：上下箭头表明 SA 组相对于 AH 组在一年后在该指标上是否有显著（或边际效应）的增长或者下降。黑色斜体部分为两组比较的效果值 η^2 大于等于 0.06（中等效果值）的指标。

从效果值可见，两组之间的差异主要在词汇丰富性子维度 WRDFRQmc 指标、词汇多样性 LDVOCD 指标上，效果值达到中等。这表明出国留学组所使用的实义词（列于 CELEX 数据库中）的词频总体高于国内二语学习组，且在词汇多样性的 D 值上也不如国内二语学习组好。

而从方差统计结果来看，两组唯一的差异在词汇丰富性子维度 WRD-FRQmc 指标上。出国留学组使用的实义词词频相对较高（边际效应）。

总体看来，出国留学组与国内二语学习组在词汇复杂度的两个子维度上的表现极为一致。出国留学组、国内二语学习组在词汇丰富性子维度上分别有一项、两项指标显著改善或达到边际效应。而在词汇多样性子维度上各有一项指标有所降低（达到边际效应）。而两组相比，国内二语学习组反而在词汇丰富性子维度的一项指标（WRDFRQmc）上稍稍优于出国留学组（边际效应）。

（三）写作流利度

表1－9以摘要形式呈现了出国留学组与国内二语学习组在写作流利度各个维度上具体指标的描述性结果。本研究对出国留学组以及国内二语学习组的前测各指标进行了独立样本 t 检验。研究结果表明，出国留学组与国内二语学习组在所有指标上都没有显著差异。所有指标数据倾向于表明出国留学组在初始写作流利度上与国内二语学习组并无差异。

为了比较两组在完成一学年学习后各自的发展情况，本研究分别对出国留学组、国内二语学习组的写作流利度的前、后测进行了成对样本 t 检验。结果如表1－9所示。

表1－9　SA 组与 AH 组在写作流利度上的各自发展情况（一学年）

			SA（N＝10）			AH（N＝16）		
			前测	后测		前测	后测	
过程	W/T	+	10.77（2.31）	11.67（2.49）		11.74（2.33）	**13.65（1.74）****	↑
	W/C	+	7.62（1.11）	7.74（0.96）		8.00（1.18）	8.29（0.95）	
	Dysfluency	−	0.05（0.02）	0.04（0.02）		0.06（0.04）	0.07（0.04）	
文本	***T***	+	18.60（4.81）	19.60（7.00）		18.44（4.65）	**15.88（2.80）***	↓
	W	+	196.30（55.40）	**224.20（81.2）**$^{\wedge}$	↑	211.81（47.49）	215.69（40.57）	
	C	+	26.00（6.96）	29.20（10.43）		26.81（6.43）	26.38（6.01）	

从平均值来看，出国留学组在过程子维度 W/T、W/C 两项指标上、在文本子维度 T、W、C 三项指标上的平均值在一年之后有增长趋势，在过程子维度 Dysfluency 指标上的平均值则有下降趋势；而在上述六项指标中，国内二语学习组共有三项指标在发展趋势上与出国留学组刚好完全相反。在出国留学组五项增长指标上，国内二语学习组在文本子维度 T、C 指标上呈现下降趋势。而在唯一一项负向指标过程子维度的 Dysfluency 指标上，国内二语学习组的平均值则出现上升趋势。值得注意的是，出国留学组的表现符合此三项指标的指示方向。

而成对样本 t 检验结果表明，出国留学组在文本子维度 W（单词总数）

指标上有所提高（边际效应），t（9） = -2.035，p=0.072，表明出国留学组在一年之后在规定的写作时间内可以产出比前测更多的单词；而国内二语学习组在过程子维度 W/T 指标上显著增长，t（15） = -3.415，p=0.004，在文本子维度 T（T-unit 总数）指标上显著下降，t（15） =2.491，p=0.025。鉴于国内二语学习组在单词总数、小句总数的平均值上总体持平，上述系列数据表明，国内二语学习组在一年之后倾向于将同等数量的单词与小句嵌入更少的T单位中，由此带来了 W/T 指标的异常增长。

为比较两组之间的差异，本研究分别以各个指标的后测值为因变量，以出国留学组别（出国留学组、国内二语学习组）为自变量，以各个指标相应的前测值为协变量，进行系列一般线性模型（GLM）单变量分析。表1-10为对比结果摘要。

表1-10 SA组与AH组在写作流利度后测上的对比结果摘要

			平均值差异 SA-AH	df	F值	显著性		效果值 η^2
过程	W/T	+	-1.717	123	4.351	**0.048***	↓	***0.159***
	W/C	+	-0.435	123	0.251	0.251		0.057
	Dysfluency	-	-0.016	123	1.872	0.184		***0.075***
文本	T	+	3.646	123	4.337	**0.049***	↑	***0.159***
	W	+	21.828	123	1.699	0.205		***0.069***
	C	+	3.533	123	2.648	0.117		***0.103***

注：上下箭头表明SA组相对于AH组在一年后在该指标上是否有显著（或边际效应）的增长或者下降。黑色斜体部分为两组比较的效果值 η^2 大于等于0.06（中等效果值）的指标。

从效果值可见，在一年之后，两组的差异在过程子维度 W/T、Dysfluency 两项指标，文本子维度 T、W、C 三项指标上均达到了中等及以上的效果值。除 W/T 指标外，出国留学组在其他四项指标上都优于国内二语学习组。本书将在后续讨论中进一步分析 W/T 指标。

而从方差分析结果看，出国留学组在过程子维度 W/T 指标上显著低于国内二语学习组，但在文本子维度 T 指标上又显著高于国内二语学习组。值得注意的是 Dysfluency 这个指标，虽然由于样本数量问题，出国留学组在该指标上并不显著优于国内二语学习组，但两组之间的差异效果值达到中等（$\eta^2=0.075$）。在这个唯一的负向指标上，明显出国留学组的表现更佳。

总体而言，出国留学组在文本子维度的一项指标上有所改善（边际效应），而国内二语学习组在文本子维度的一项指标上显著退步，却在过程子维度的一项指标上显著提升。两组相比，出国留学组总体表现明显优于国内二语学习组。出国留学组不仅在文本子维度的一项指标（T）上显著优于国内二语学习组，还在写作流利度六项指标的四项上具有相对优势（从效果值看）。出国留学组仅在过程子维度的一项有争议的指标（W/T）上显著低于国内二语学习组。

（四）写作准确度

表 1-11 以摘要形式呈现了出国留学组与国内二语学习组在写作准确度各个维度上具体指标的描述性结果。本研究对出国留学组以及国内二语学习组的前测各指标同样进行了独立样本 t 检验，研究结果表明，前测时，出国留学组在错误子维度的 E/T、E/C 这两个负向指标上都显著（E/T 为边际效应）高于国内二语学习组，而在正确子维度上的 EFT/T、EFC/C、W/EFT 这几个正向指标上显著（EFT/T、EFC/C 为边际效应）低于国内二语学习组。以上 E/T、E/C、EFT/T、EFC/C、W/EFT 这五项指标的数据都倾向于表明出国留学组在初始写作准确度上显著低于国内二语学习组。

为了比较两组在完成一学年学习后各自的发展情况，本研究分别对出国留学组、国内二语学习组的写作准确度的前、后测试成绩进行了成对样本 t 检验。结果如表 1-11 所示。

表 1-11　SA 组与 AH 组在写作准确度上的各自发展情况（一学年）

			SA（N=10）			AH（N=16）		
			前测	后测		前测	后测	
错误	***E/T***	-	1.02（0.49）	**0.72（0.28）**ˆ	↓	0.67（0.41）	**1.23（0.61）***	↑
	E/C	-	0.70（0.28）	**0.48（0.18）***	↓	0.46（0.27）	**0.75（0.36）***	↑
正确	***EFT/T***	+	0.43（0.15）	0.53（0.16）		0.56（0.20）	**0.37（0.13）***	↓
	EFC/C	+	0.54（0.14）	**0.66（0.12）**ˆ	↑	0.67（0.17）	**0.48（0.14）***	↓
	W/EFT	+	7.81（2.11）	**5.36（1.71）***	↓	9.69（1.96）	**4.87（1.99）***	↓

从平均值可见，在一学年之后，出国留学组在错误子维度 E/T、E/C 两项指标、正确子维度的 W/EFT 指标上的平均值有下降趋势，在正确子维度的 EFT/T、EFC/C 两项指标上的平均值有增长的趋势。而在上述五项指标中，国内二语学习组共有四项指标在发展趋势上与出国留学组刚好完全相反。在出国留学组两项增长指标上，国内二语学习组在正确子维度 EFT/T、EFC/C 两项指标上呈现下降趋势。国内二语学习组在错误子维度 E/T、E/C 指标上呈现上升趋势，而出国留学组在这两项指标上呈下降趋势。值得注意的是，出国留学组的表现符合此四项指标的指示方向，两组在两个子维度上都出现了截然不同的趋势。

成对样本 t 检验结果表明，出国留学组在错误子维度 E/T、E/C 指标，正确子维度 W/EFT 指标上都出现下降，E/T 指标达到边际显著效应，t（9） = 2.1051，p = 0.065。而 E/C、W/EFT 指标达到显著效应，t（9） = 2.5531，p = 0.031/t（9） = 4.632，p < 0.001。在正确子维度 EFC/C 指标上则出现增长并达到边际显著效应，t（9） = -1.850，p = 0.097，但在 EFT/T 指标上的增长并不显著，t（9） = -1.630，p = 0.137。

而国内二语学习组在错误子维度 E/T、E/C 指标上显著增长，t（15） = -5.555，p < 0.001/t（15） = -4.847，p < 0.001；却在正确子维度 EFT/T、EFC/C、W/EFT 指标上显著下降，t（15） = 4.439，p < 0.001/t（15） = 5.355，p = 0.001/t（15） = 7.888，p < 0.001。

为比较两组之间的差异，本研究分别以各个指标的后测值为因变量，以出国留学组别（出国留学组、国内二语学习组）为自变量，以各个指标相应的前测值为协变量，进行系列一般线性模型（GLM）单变量分析。表 1-12 为对比结果摘要。

表 1-12　SA 组与 AH 组在写作准确度后测上的对比结果摘要

			平均值差异	df	F 值	显著性		效果值
			SA - AH					η^2
错误	E/T	–	-0.761	123	18.541	**0.000** ***	↓	***0.446***
	E/C	–	-0.439	123	16.171	**0.001** **	↓	***0.413***

续表

			平均值差异	df	F 值	显著性		效果值
			SA - AH					η^2
正确	EFT/T	+	0.205	123	12.913	**0.002****	↑	***0.360***
	EFC/C	+	0.216	123	16.306	**0.001****	↑	***0.415***
	W/EFT	+	1.153	123	2.087	0.162		***0.083***

注：上下箭头表明 SA 组相对于 AH 组在一学年后在该指标上是否有显著（或边际效应）的增长或者下降。黑色斜体部分为两组比较的效果值 η^2 大于等于 0.06（中等效果值）的指标。

从效果值可见，在一学年的学习后，两组差异在错误子维度 E/T、E/C 指标、正确子维度 EFT/T、EFC/C 指标上都达到了较大效果值（0.360 ~ 0.446），而在正确子维度 W/EFT 这项指标上也达到了中等效果值。因而出国留学组的表现在写作准确度的两个子维度五项指标上都全面优于国内二语学习组。

而从方差分析结果来看，出国留学组同样在错误子维度 E/T、E/C 指标，正确子维度 EFT/T、EFC/C 指标上都显著优于国内二语学习组。两组仅仅在正确子维度 W/EFT 这项指标上没有显著差异。

鉴于出国之前出国留学组在上述各项指标上都显著劣于国内二语学习组，却在出国留学后完成全面逆袭（W/EFT 指标上两组之间不再有显著差异）。这让笔者可以较为肯定地认定：一学年左右的出国留学对写作准确度有极大提升。在一学年之后，出国留学组在写作准确度五项指标中的四项上都显著优于国内二语学习组，出国留学组的表现优于国内二语学习组。

七　分析与讨论

上述研究结果表明，在出国留学一学年之后，出国留学组在写作准确度的错误与正确子维度上的提升极为明显，在写作句法复杂度的三个子维度（除短语子维度外）上都表现出了不同程度的明显提高，在写作流利度的文本子维度上同样有改善的趋势，在写作词汇复杂度的丰富性子维度整体上也有一定的提高；而国内二语学习组在一学年的国内二语学习后，在写作准确度的两个子维度、写作流利度的文本子维度上退步较为明显，而在除短语子维度之外的写作句法复杂度三个维度、写作词汇复杂度的丰富性子维度上表现出一定的增长。

两组相比，出国留学组在写作准确度的两个子维度（除 W/EFT 指标外）上都显著优于国内二语学习组，且优势在 CAF 四个维度中最为明显；其次较为明显的是出国留学组在写作句法复杂度短语子维度上的优势，但这种明显的优势却并未出现在其他三个子维度上；在写作流利度上，出国留学组在文本子维度上也同样明显优于国内二语学习组，但在另一个子维度上的优势并不完全确定；在写作词汇复杂度上，出国留学组与国内二语学习组表现极为一致，出国留学组在两个子维度上的个别指标上的表现还稍稍逊于国内二语学习组。

应该注意的是，从本研究的结果来看，在部分指标上出国留学组之所以表现出相对优势，是因为在出国留学组改善的同时，国内二语学习组在相同的指标上却明显退步（如句法复杂度中短语子维度的部分指标、流利度中文本子维度的部分指标、准确度中的所有指标）。因而出国留学语境有时并非全面改善了二语学习者的写作表现，在部分指标上它更多地帮助出国留学组保持或改善了他们原来的写作水平。

（一）两种语境下的写作句法复杂度

在出国留学一学年后，出国留学组在从属小句子维度上更多使用了高级从属小句，在短语子维度上减少了并列短语的使用，在句子构成子维度上使用了更多的复合复杂句而减少了简单句的使用，而在句法多样性子维度上，其写作中的邻近句子、所有句子的句法相似性大大降低。

而在一学年的国内二语学习后，国内二语学习组在从属小句子维度上倾向于在一个 T 单位中使用更多的小句，在一个小句中使用更多的从属小句。在短语子维度上没有显著变化。在句子构成子维度上也同出国留学组那样使用更多的复合复杂句，却同时减少了复合句的使用。而在句法多样性子维度上，其写作中所有句子的句法相似性也明显降低。

两组之间比较明显的差异落在短语子维度、从属小句维度的部分指标上。接下来本研究结合先前研究的结果具体分析上述结果。

1. 从属小句子维度

本研究结果显示一学年之后国内二语学习组在 C/T、DC/C 这两项主流指标上有显著的提高，而出国留学组却没有。与此同时，出国留学组在Ac/DC、Act/DCt指标上明显改善，而国内二语学习组却没有。由于现有研究对C/T、DC/C指标的实际效度仍未有定论，本研究将结合前期研究结果，分别讨论两组在各项指标上的具体表现。

（1）C/T指标

相关研究曾发现，C/T指标在出国留学3周（Llanes，Tragant & Serrano，2018：青少年学习者）或一学期（Llanes，Tragant & Serrano，2012：大学生；Storch，2007/Storch & Hill，2008/Storch，2009：研究生）的短期出国留学项目中没有显著增长。而类似指标C/S在Pérez-Vidal、Juan-Garau（2009）、Pérez-Vidal和Juan-Garau（2011）、Pérez-Vidal、Juan-Garau、Mora和Valls-Ferrer（2012）、Pérez-Vidal和Barquin（2014）等学者的SALA项目研究中，无论是大一入学前、大一第一学期末还是出国留学3个月（大二第一学期）后，都没有发生显著变化。上述研究结果表明该指标在短期内难以产生显著变化。但较为奇怪的是，C/T指标在较长时间内也并不必然出现显著变化。在出国留学一年（Knoch，Rouhshad & Storch，2014：国际学生）（M = 1.51/1.72，SD = 0.28/1.51）、两年半（Knoch，Rouhshad & Storch，2015：国际学生）（M = 1.47/1.47，SD = 0.22/0.22）的情况下，C/T指标同样没有显著增长。

此外，在出国留学一年的项目中，Serrano、Tragant、Llanes（2012：大学生）发现，与出国留学前（M = 1.94，SD = 0.38）相比，C/T指标在出国留学第一学期下降（M = 1.87，SD = 0.31），然后在第二学期又开始上升（M = 2.26，SD = 0.39）。但在短期（2～3个月）出国留学项目中，Llanes、Muñoz（2013：儿童/大学生）也同样发现无论是儿童还是大学生被试，他们在出国前的C/T指标（出国组：M = 1.26/1.92，SD = 0.24/0.39；国内组：M = 1.26/2.52，SD = 0.27/0.62）与出国后（出国组：M = 1.30/1.92，SD = 0.25/0.27；国内组：M = 1.25/2.43，SD = 0.36/0.37）相比没有显著差异。

基于以上研究结果，本研究判断C/T指标应该属于正向指标，这从Llanes、Muñoz（2013）研究儿童被试与大学生被试的数据比较中可以明显观察到。但上述众多研究的结果同时表明，C/T指标在短期内较难提升。即使 Llanes、Muñoz（2013）的研究中出国儿童组在 C/T 指标上呈增长趋势，但仍然没有达到显著效应。此外，该指标的变化还应该取决于二语学习者的二语语言水平：Knoch 等学者在一年以及两年半的出国留学项目中并未发现该指标出现增长，但 Serrano、Tragant、Llanes（2012）在相同留学时间下却捕捉到该指标的变化。两者的明显差异在于 Serrano、Tragant、Llanes（2012）研究中的被试在该指标的平均值上明显更高，且两者的标准差相差并不大。因而即使在出国留学语境下，在足够长的时间内（一学年及以上），更可能仅仅在高水平的二语学习者的写作中才可以观察到 C/T 指标的增长。出国留学语境下的 C/T 指标可能存在门槛效应。

与上述推断较为一致的是，本研究中被试在 C/T 指标上的水平（出国组前/后测：M = 1.41/1.51，SD = 0.19/0.25；国内组前/后测：M = 1.47/1.66，SD = 0.21/0.24）上更接近 Knoch、Rouhshad 和 Storch（2014）、Knoch、Rouhshad 和 Storch（2015），而非 Serrano、Tragant 和 Llanes（2012）中的被试。显然出国留学组未能达到所需的二语语言“门槛”，这也许是本研究中出国留学组在出国留学一学年后在 C/T 指标上仍然没有出现显著差异的重要原因。

在本研究中国内二语学习组在 C/T 指标上显著提升。这与 Godfrey、Treacy、Tarone（2014）等学者基于类似被试所发现的研究结果相呼应。他们的研究表明，在出国留学一学期后，国内学习语境下的被试反而比出国留学组在 C/T 指标上提高更快（他们的研究并未提供具体数值，仅仅提供了柱状图。国内二语学习组的 C/T 指标前/后测约为：1.7/2.0，出国留学组前/后测约为：1.4/1.6）。虽然 Godfrey、Treacy、Tarone（2014）的研究并未解释为何出现这种意外的反差，就本研究而言，这极有可能与国内二语学习组在一年之后改变了句法使用策略有关。正如在写作流利度中所见到的那样，在单词总数、小句总数持平的情况下，国内二语学习组在后测中倾向于使用更少的 T 单位。这种句法使用策略的改变必然造成 T 单位总数迅速减少、C/T 指标以及 W/T 指标迅速增长。而这正是本研究在不同 CAF 维度下所观察到的。

因而，综上所述，本研究中 C/T 指标并不必然代表国内二语学习组在写作句法复杂度上的提升，而更有可能是二语学习者在一定二语学习环境或语言阶段所产生的策略性运用。

（2）DC/C 指标

在本研究中，出国留学组、国内二语学习组在 DC/C 这个指标上的表现与 C/T 指标极为相似。国内二语学习组在该指标上的增长在一学年之后显著高于前测。Barquin（2012）的研究曾发现，出国留学的中等与低语言水平组在句法复杂度的 DC/S 指标（与 DC/C 稍有不同）在大学开始时、大学第一学期末、出国留学 3 个月后呈逐渐降低的趋势，且写作高分组在此指标上的得分反而显著高于英语本族语者。在 Storch（2007：研究生）的研究中，出国留学一学期的被试在 DC/C 指标上较前测亦有小幅降低。而在 Worp（2011：国际留学生，为期 10 周）、Storch 和 Hill（2008：研究生，出国留学一学期）、Storch（2009：研究生，出国留学一学期）的研究中，被试在 DC/C 指标上与前测相比没有显著差异。鉴于二语学习者在与类似指标上的得分甚至高于本族语者，DC/C 指标应该与 C/T 指标有所不同，它似乎并不必然随着出国留学时间的延长而线性增长。在本研究中，出国留学一学年后，出国留学组在 DC/C 指标上仍未产生显著增长。这与上述研究的结果较为一致。但国内二语学习组为何在该指标上出现显著增长仍需要明确的解释。

DC/C 指标属于从属小句子维度一个代表性的指标。根据 Ortega（2003）、Norris 和 Ortega（2009）关于句法复杂度发展的理论，随着二语学习者语言水平的提高，他们会从从属小句阶段发展到短语阶段。本研究由此推断 DC/C 指标与短语子维度的指标可能存在此消彼长的关系，如此可以较好地解释 DC/C 指标在部分研究中逐渐降低甚至高于本族语者的反常现象，同时也可清楚地解释为何本研究中国内二语学习者在从属小句子维度有所改善却在短语子维度上有所退步的异常现象。为了验证此推断，本研究将 DC/C 指标与短语子维度的所有指标进行了相关分析。分析结果表明，出国留学组、国内二语学习组的 DC/C 指标与短语子维度各项指标之间的相关系数分别为：－0.822/0.170（DRNP）、0.156/－0.445（SYNNP）、－0.001/－297（CN/C）、0.221/－0.015（RS）、0.318/－154（CP/C）。总体看来，在出国留学组中它与 DRNP 呈显著负相关；而在国内二语学习组中，它与 SYNNP 存在边际效应的负相关。虽然 DC/C 指标与短语子维度部分指标之间的负相关关系部分证实了本研究的推断，但由于 DC/C 指标与其他短语维度指标之间并不存在类似一致而稳定的关联，研究者仍需谨慎地在将来的研究中进一步验证此推断。

总体看来，国内二语学习组在 DC/C 指标上反而比出国留学组表现得更好，其原因可能在于两组在经历一学年的不同学习语境之后在二语句法发展阶段上已经产生分化。出国留学组与国内二语学习组正分别走向 Ortega（2003）、Norris 和 Ortega（2009）所说的“短语维度”阶段与“从属小句”阶段。本研究将在短语子维度中继续讨论这个问题。

（3）AC/DC、Act/DCt、Ad/DC、Cc/DC 指标

本研究发现出国留学组在 AC/DC（形容词性、名词性从属小句/从属小句）、Act/DCt（高级从属小句类型/从属小句类型）指标上有所增长（边际效应），但在 Ad/DC（副词性从属小句/从属小句）、Cc/DC（表语性从属小句/从属小句）指标上没有显著变化；而国内二语学习组在此四项指标上并无明显变化。两组在从属小句子维度上唯一的差异落在 Cc/DC 指标上。一学年之后，出国留学组在 Cc/DC 指标上较国内二语学习组有所提高（边际效应）。

上述结论与 Hunt（1965）、Wolfe-Quintero 等（1998）、徐晓燕等（2014）学者关于名词性、形容词性与副词性小句发展的结论较为一致。本研究的结果在出国留学语境下进一步证实了副词性从属小句并不随着二语语言的发展而显著增加，但名词性、形容词性从属小句（所谓“高级小句”）却随之增长。与徐晓燕等（2014）的研究结论不太一致的地方在于：在出国留学语境下，表语小句（Cc/DC）与高级小句一样，似乎也可以较好地体现二语语言的发展。鉴于目前仍缺乏相关研究，本研究的结果仍需要更多研究来验证。

总体而言，出国留学组与国内二语学习组在一学年之后，在从属小句子维度上出现不同性质的进展。国内二语学习组在 C/T 指标上的显著提升表明他们可能在句法使用策略上做出了改变，他们开始倾向于在二语写作中使用更为复杂的句型；而在 DC/C 指标上的显著提升则体现了国内二语学习者更多用从属小句来表词达意。在具体从属小句上，他们使用了更多的副词性从属小句。与之不同的是，出国留学组在 C/T、DC/C 指标上并未出现显著增长，但他们主要在形容词、名词、表语性从属小句的使用上有所增长（边际效应），而国内二语学习组在此类从属小句的使用上则处于停滞或退步状态。

2. 短语子维度

在短语子维度上出国留学组明显优于国内二语学习组。本研究也在出国留学语境下证实了 Ortega（2003）、Norris 和 Ortega（2009）所提出的论断：随着二语语言水平的提高，二语学习者会在短语的产出上（而非小句维度）更加复杂化。接下来讨论两组在具体指标上的表现。

（1）CP/C、CN/C 指标

Yang 等（2015）的研究发现 CP/C（并列短语/小句）、CN/C（复杂名词短语/小句）指标与关于将来体裁的写作得分呈显著正相关（r = 0.21/0.20），此研究结果似乎表明两项指标对写作都具有正向预测作用。但在本研究中，此两项指标并非同步发展。出国留学组在 CP/C 指标上显著下降，但在 CN/C 指标平均值上呈现增长趋势，国内二语学习组在此两项指标平均值的增长趋势上则与之完全相反。此外，统计结果还表明，一学年之后，在此两项指标上两组之间的差异显著，出国留学组在 CP/C 指标上显著低于国内二语学习组，但在 CN/C 指标上却显著高于国内二语学习组。

Pérez-Vidal 和 Juan-Garau（2009）、Pérez-Vidal 和 Juan-Garau（2011）、Pérez-Vidal、Juan-Garau、Mora 和 Valls-Ferrer（2012）、Pérez-Vidal 和 Barquin（2014）等学者在类似指标上发现，在出国留学 3 个月后，翻译专业本科生被试在 CI（并列结构指数，与 CP/C 类似）指标上相比出国前有下降趋势，但并不显著。她们因此认为该指标的下降可能代表了句法复杂度的上升（Pérez-Vidal & Juan-Garau，2011：282）。本研究的结果由此很好地印证了 Pérez-Vidal 等学者的推断：本研究中出国留学组的留学时间长达一学年，明显长于 Pérez-Vidal 等学者的研究，本研究中的二语学习者在该指标上的下降因而达到显著效应。此外，Pérez-Vidal 等学者还发现，上述被试在国内学习 6 个月后，在该指标上呈增长趋势，但与前测相比并不显著。而本研究中国内二语学习组同样在 CP/C 指标上出现增长，但前后测之间的差异并不显著。

上述结果表明，二语语言熟练程度可能与 CP/C 指标存在某种关联。为了进一步验证 CP/C 指标与二语学习者语言熟练程度之间的关系，本研究对两组在 CP/C 指标上的表现与他们在后测时的产出型词汇测试进行了相关分析，出国留学组、国内二语学习组在该方面的相关系数分别为：-0.182/0.321，但并不显著。鉴于此结果所预示的相关方向与本研究上述分析较为一致，基于本研究以及 Pérez-Vidal 等学者的研究结果，笔者认为，CP/C 指标在出国留学语境下更有可能为负向指标，该指标应该较为适于考察长期（一学年）出国留学项目下的写作发展情况。本研究中出国留学组在 CP/C 指标上的显著下降应该表明他们在二语写作中使用短语的倾向发生质的改变，明显减少了并列结构的使用而代之以其他类型的短语。

在 CN/C 指标上，本研究的结论与 Yang 等（2015）的研究结论相一致。Lu（2011）的研究曾发现 CN/C 可以很好地区分中国外语学习者不同语言水平的写作。本研究因而也对 CN/C 指标进行了与 CP/C 指标类似的相关分析。结果发现，出国留学组、国内二语学习组在 CN/C 指标与产出型词汇之间的相关系数分别为：0.531/－0.416，ps＝0.114/0.106（不显著）。同样可以看出，在相关系数的方向上 CN/C 指标与 CP/C 指标刚好相反。由此本研究认为 CN/C 指标为正向指标。

由此可见，一学年之后，出国留学组强化了复杂名词短语的使用，而国内二语学习组则在该方面出现了退步趋势。

（2）RS、DRNP、SYNNP 指标

本研究初次将 RS 指标应用于出国留学语境下的写作研究。研究发现，出国留学组与国内二语学习组在 RS 指标上的趋势完全相反，出国留学组在 RS 指标上的得分更高，使用了更多的简化结构，并显著优于国内二语学习组。上述研究结论与徐晓燕等（2013）的结论也极为一致。徐晓燕等（2013）同样发现，在写作上得分较高的二语学习者会使用更多的简化结构，而本族语者也使用更多的简化结构。此外，按照 Wolfe-Quintero 等（1998）的句法复杂性的习得等级，由于 RS 指标中包括“形容词、副词与名词化动词短语”，其习得等级较高。因而从习得过程来看，出国留学组在 RS 指标上应该优于国内二语学习组。而本研究结果也确实发现在该指标上出国留学组具有相对于国内二语学习组的显著优势。总体上可以认为，RS 指标较好地区分了出国留学语境下的句法复杂性的发展，表明了出国留学组在短语子维度上的改善情况。

在 DRNP 指标上，本研究结果表明，在一学年之后，两组在该指标上都没有出现显著进展，但出国留学组在 DRNP 指标上高于国内二语学习组（边际效应）。Crossley、McNamara（2014）曾发现在 DRNP 指标上出现显著增长的现象是句法复杂度提高的表现之一。因而似乎可以认为出国留学组在该指标上较国内二语学习组的改善更为明显。但鉴于出国留学组在 DRNP 指标前测上的平均值较高，且显著高于国内二语学习组，因而即使出国留学组一学年之后在 DRNP 指标的后测上仍高于国内二语学习组（边际效应），在解释此结果时显然应该谨慎。

而在 SYNNP 指标上，Crossley 等（2011）曾发现高水平的二语学习者在 SYNNP 指标上得分更高，在写作中倾向于采用更为复杂的名词短语结构。但在本研究中，两组一学年之后在 SYNNP 指标平均值上都有所降低。出国留学组下降的程度稍低，两组在后测上的差异并没有达到显著效应。这明显与之前 Crossley 等（2011）研究的结果并不一致。可能的原因在于：Crossley 等（2011）所使用的数据来自本族语者的美国学术能力评估测试（Scholastic Assessment Test，SAT）写作，显然其语言水平极高。因而 SYNNP 指标可能更适合用于区分本族语者或高水平二语学习者，而不适用于本研究中的中低等水平的被试。在短语子维度的所有指标中，SYNNP 指标是在两组差异上没有出现显著效应的唯一指标。

总之，在短语子维度，两组之间的区别较为明显：在 CN/C、CP/C、RS、DRNP 这四项指标上，出国留学组都显著（或达到边际效应）优于国内二语学习组。在 SYNNP 这项指标上出国留学组的优势虽然没有其他四项指标那样明显，但两组之间在该两项指标上的差异仍具有中等效果值。从短语子维度的各项指标来看，出国留学组强化短语使用的趋势极为明显，出国留学组在该子维度上的表现明显好于国内二语学习组。

3. 句子构成子维度

在出国留学之前，出国留学组在句子构成子维度上的 SSR 指标上显著高于国内二语学习组，这表明他们使用了较多的简单句型。而在出国留学一学年后，出国留学组在 SSR 指标上显著下降、在 CdCxSR 指标上出现显著增长，并在其他两项指标平均值上也同样出现增长趋势，因而在后测所有指标上与国内二语学习组不再存在显著差异。相比而言，国内二语学习组则同样在 CdCxSR 指标上出现显著增长，但在 CdSR 指标上有所下降（边际效应）。

从 SSR 指标的前测数据可以看出，本研究的出国留学组与国内二语学习组在该指标上的得分明显高于其他各个指标。这总体印证了秦晓晴、文秋芳（2007）等学者的结论：中国英语学习者较多使用简单句型，而较少使用复合句型。而在一学年后，出国留学组在简单句的使用上显著减少，此结果与 Bulté、Housen（2014）的研究较为一致。但与 Bulté、Housen（2014）的研究结论不同的是，本研究并未发现出国留学组在复合句使用比例上显著增加（虽然他们在复合句、复杂句指标平均值上有一定的增长）。原因可能在于 Bulté、Housen（2014）中的写作样本取自语料库，习作来自仅仅经历 4 个月学术英语学习的二语学习者，而本研究的被试出国留学时间长达一学年，因而有可能在更为复杂的 CdCxSR 指标上取得显著进展。

与 Bulté、Housen（2014）的研究结论相反，国内二语学习组除在 CdCxSR 指标上异乎寻常地增长（接近出国留学组的两倍）外，却在复合句指标上有所减少（边际效应），在复杂句指标平均值上同样有减少趋势。一个较为合理的解释是，这应该仍与该组被试在从属小句子维度中 C/T 指标、写作流利度中 W/T 指标、T-unit 总数指标的异乎寻常的变化有关。国内二语学习组倾向于将复合句变得更为复杂，由此产生了更多的复合复杂句。但这更多反映了他们在写作中采用了不同的句法使用策略，而非反映了二语写作能力的变化。

总体而言，在一学年之后，出国留学组在简单句子的使用上显著减少，更多地转向复合复杂句的使用。而国内二语学习组则全面减少了其他三种类型的句子，把注意力全部转向了复合复杂句。两组在该子维度上的表现虽然较为接近，但其内在动因却有所不同。

4. 句法多样性子维度

在出国留学前，出国留学组在句法多样性子维度的所有指标上都显著劣于国内二语学习组。而在一学年后，出国留学组在 SYNSTRUa、SYNSTRUt 指标上出现显著改善（降低），并在另一项 SMTEMP 指标平均值上也保持改善趋势。由此在所有三项指标上与国内二语学习组不再存在显著差异。而国内二语学习组仅在 SYNSTRUt 指标上有所改善（边际效应），在 SYNSTRUa 指标平均值上出现改善趋势。

王宏伟（2011）、Crossley、Weston、McLain、Sullivan 和 McNamara（2011）、Crossley 和 McNamara（2014）等学者认为：句法相似性的降低是二语学习者写作水平提高的鲜明标志。他们认为低水平写作组在句法相似性指标上会表现出较高的数值，而在一段时间学习之后，二语学习者句子句法相似性会显著降低。因而可以认为本研究在 SYNSTRUa、SYNSTRUt 这两项指标上的结果表明出国留学组在句法多样性以及写作表现上的总体提高。同时也意味着出国留学组留学后在句法形式上更富于变化。

但在 SMTEMP 指标上，本研究却发现，仅仅出国留学组在此指标平均值上有降低（改善）趋势，国内二语学习组在相同指标平均值上却出现增长趋势。而在类似的出国留学研究中，Barquin（2012）的研究曾发现：在国内学习阶段（大学入学第一学期末），西班牙二语学习者在时体重复度上明显降低。因而本研究的结论与上述研究结果明显不同。这种差异可能源自中国外语学习者处于与西班牙二语学习者不同的学习阶段。前者处于大三，而后者则为大学一年级第一学期。相对而言，大学入学第一学期与第三学年在对应的二语学习进展与学习动机上应该存在较大的区别。由于关于此指标的研究仍然偏少，且 Barquin（2012）的研究设计亦不同于本研究，上述推断仍有待将来研究的验证。

总体看来，在一学年之后，两组在句法多样性子维度上的句法相似性方面明显改善。与此同时，两组在时体重复度指标上都没有显著变化，却在走向上完全相反。

（二）两种语境下的写作词汇复杂度

在写作词汇复杂度上，出国留学组与国内二语学习组亦步亦趋，几乎完全同步发展。两组在词汇多样性子维度 LDVOCD 指标上都有所下降（边际效应），且在 GI 指标平均值上都出现下降趋势；在词汇丰富性子维度 WRDHYPnv 指标上国内二语学习组显著提升，而出国留学组则有所提升（边际效应）。两组在词汇丰富性子维度 AG1K、WRDFRQmc 指标平均值上都出现上升趋势，在词汇丰富性子维度 WRDFRQa 指标平均值上都出现下降趋势。唯一的例外落在 WRDFAMc 指标上，国内二语学习组在该指标上显著降低，但出国留学组却仅在该指标的平均值上出现下降趋势。而从两组对比来看，国内二语学习组在词汇丰富性子维度 WRDFRQmc 指标上相对于出国留学组表现更好（边际效应）；而从效果值来看，在词汇多样性子维度 LD-VOCD 指标上，国内二语学习组的表现也优于出国留学组（效果值为中等）。

1. 词汇多样性子维度

在 Pérez-Vidal、Juan-Garau（2009、2011）的研究中，被试在大一第一学期末（T2），在 GI 指标上显著下降，但在出国留学 3 个月（大二第一学期）后，与 T2 相比在 GI 指标上又显著上升。此外，二语学习者仅在 T2 测试时才显著低于英语本族语者。这种“先降后升”的模式在他们的后续研究中都得到重复验证（Barquin，2012；Pérez-Vidal，Juan-Garau，Mora & Valls-Ferrer，2012；Pérez-Vidal & Barquin，2014）。显然，GI 指标在三个时间段上呈现 U 形（而非线性）发展轨迹。

而如果出国留学时长不同，GI 指标同样飘忽不定，并不随之变化。Serrano、Tragant、Llanes（2012）的研究与本研究设计较为相似，他们的研究结果表明，出国留学一学年后，西班牙大学生在 GI 指标上出现显著增长。但在本研究中，出国留学组在 GI 指标上没有显著变化；而在 Llanes、Tragant、Serrano（2012）的研究中，出国留学一学期后，西班牙大学生在 GI 指标上的增长并不显著，但 Serrano、Llanes、Tragant（2011）的研究则发现，出国留学 2 个月的被试在 GI 指标上出现显著增长，Llanes、Tragant、Serrano（2018）的研究在出国留学仅 3 周的青少年学习者身上也发现类似增长。上述研究结果显然相矛盾，考虑到 Llanes 等学者的系列研究都采用了类似被试（同为西班牙二语学习者），不同研究下 GI 指标所揭示的结果更是难以解释。上述研究总体表明 GI 指标在不同研究中似乎没有可比性。

在与国内二语学习组的对比方面，GI 指标同样令人难以琢磨。Serrano、Llanes、Tragant（2011）的研究似乎表明，国内二语学习语境会带来 GI 指标的下降，而出国留学语境则有助于其提升。他们的研究发现，出国留学 2 个月后，被试在 GI 指标上显著增长，但国内学习的半强化组却在 GI 指标平均值上出现下降趋势。上述推论显然与本研究结果相悖：在一学年之后，本研究中的出国留学组、国内二语学习组在 GI 指标平均值上都出现下降趋势，且两组相比没有显著差异。

鉴于本研究中出国留学组、国内二语学习组在词汇复杂度的丰富性子维度的多数指标上总体出现明显好转。在本研究中，GI 指标平均值的异常降低应该并非预示着出国留学组在词汇复杂度上出现退步趋势，其背后动因值得进一步审视。本研究进而比较了 Barquin（2012）、Serrano、Llanes 和 Tragant（2011）与本研究中 GI 指标的具体数值。

Barquin（2012）研究中被试在各项测试中 GI 指标得分分别为：7.80（SD =0.80）（T1）、7.37（SD =0.70）（T2）、7.98（SD =0.79）（T3）、8.14（SD =0.95）（本族语者）。而令人惊讶的是，本研究中被试在 GI 指标上前测得分分别为：8.32（SD =0.56）（国内二语学习组）、8.15（SD =0.61）（出国留学组）。鉴于两项研究在 GI 指标的标准差上相差不大，本研究中 GI 指标得分不仅高于那些西班牙二语学习者，还高于本族语者。这个数值显然是不符合情理的。

考虑到二语写作任务本身可能对 GI 指标产生影响，本研究以采用同类写作任务的 Serrano、Llanes、Tragant（2011）的研究为例进行了比较。Serrano、Llanes、Tragant（2011）研究中出国留学组在出国留学前、15 天后、2 个月后的 GI 指标得分分别为：7.56（SD =0.815）、7.55（SD =0.915）、7.76（SD =0.722），而国内半强化学习组的得分为：7.50（SD =0.794）（前测）、6.86（SD =0.844）（2 个月后）。显然，即使是同类写作任务，本研究中被试的得分仍然远远高于上述研究中的被试。此外，考虑到本研究中的出国留学组为中低等水平的非英语专业外语学习者，而上述其他研究中的被试或为翻译专业、或为类似二语语言水平较高的二语学习者。一个较为肯定的判断是：GI 指标未能合理地体现两组被试在二语语言水平上的差异。

综合以上种种矛盾之处，一个较为合理的推测是：GI 指标可能更好地反映了语言水平相同或较为接近的群体内部在词汇多样性上的区别，而不适于用来比较语言水平相差较大的群体。在此基础上，可以进一步推测：这可能是由 GI 指标在计算时并未考虑各个类符与型符词频的高低所造成的。极为可能的是，在二语学习者完成阶段性学习之后，他们会部分减少高频常用词的使用，并代之以部分低频常用词。如果低频词的增长不及高频词的减少，就会在不同程度上造成 GI 指标的降低；如果低频词的增长等于或超过高频词的减少，GI 指标在数值上就会出现回归。

为了检验上述推断，本研究主试使用 AntWordProfiler 软件计算出国留学组、国内二语学习组在前、后测写作文本上的总体词频分布比例。结果发现，出国留学组、国内二语学习组在最常用 1000 个单词的型符比例上分别从前测的 88.28%、89% 下降到后测的 88.01%、88.74%，但在次常用 1000 个单词上却从前测的 3.96%、3.92% 上升到后测的 4.56%、4.5%；而在最常用 1000 个单词的类符比例上，出国留学组从前测的 70.61% 下降到后测的 68.05%，而国内二语学习组从前测的 68.19% 小幅度地上升到后测的 68.43%。在次常用 1000 个单词上两组都从前测的 9.97%、10.84% 上升到后测的 11.66%、12.29%。上述结果总体表明二语学习者确实在后测中减少了最常用 1000 个单词的使用。而为了考察在减去最常用 1000 个单词后 GI 指标上的可能变化情况，本研究比较了 Barquin（2012）与本研究中的 AG1K 指标。Barquin（2012）研究中被试的 AG1K 指标得分分别为：1.17（SD = 0.40）（T1）、1.07（SD = 0.44）（T2）、1.18（SD = 0.33）（T3）、1.63（SD = 0.54）（本族语者）。本研究中被试在 AG1K 指标前、后测上的得分为 1.24 ~ 1.33。虽然本研究被试在 AG1K 指标上仍然稍高于 Barquin（2012）研究中的二语学习者，一个较为明显的变化是，无论是 Barquin（2012）研究还是本研究，二语学习者在 AG1K 指标上的得分已经远远低于本族语者。此外，在 Barquin（2012）的研究中，在 GI 指标上的显著效应却在 AG1K 指标上完全消失了；而在本研究中，出国留学组、国内二语学习组在 GI 指标平均值上的下降趋势却在 AG1K 指标上变成了上升趋势。这进一步揭示了高频词给 GI 指标带来的失真效应。至于为何本研究中被试在 AG1K 指标上仍然高于 Barquin（2012）研究中的高水平二语学习者，简单的推断则是：与 GI 指标类似，仍然存在比次常用 1000 个单词频率更低的单词。西班牙二语学习者处于最常用 1000 个单词使用量以及次常用 1000 个单词使用量减少，而在更低频次单词使用量上增加这个阶段，反之，本研究中的中国外语学习者应该处于最常用 1000 个单词使用量减少、次常用 1000 个单词使用量增加这个阶段。由于在更低频常用单词的增加量上无法弥补减少量，在 AG1K 指标值上反而低于本研究中的被试。这仍然是源于单词词频所造成的失真效应。由于无法获得 Barquin（2012）研究数据以资比较，关于两项研究 AG1K 指标值不同的推断只能是悬案，但在将来的研究中可就高、中、低二语语言水平被试在 AG1K 指标值上的表现按照词频分类进行验证。

上述推断与数据验证过程可以很好地解释 Pérez-Vidal 等学者的系列研究中 GI 指标的 U 形波动：在国内二语学习阶段后，由于二语学习者在最常用 1000 个单词的使用上减少，GI 指标随之降低；但随着二语学习者在出国留学阶段大大增加了低频词的使用，GI 指标亦随之回归甚至超越原来的状态。同理，本研究中的结论也容易得到合理的解释：在一学年后，出国留学组、国内二语学习组都减少了最常用 1000 个单词的使用，但在次常用 1000 个单词的使用上，增长仍然较为缓慢，其增长率不超过 1%（型符数/总字数）。

而就 VocD-D 指标而言，先前的研究同样发现出国留学后被试在该指标上有显著提高。Worp（2011）的研究发现，在出国留学 10 周后，高中低语言水平组的 D 值都有上升趋势，但高水平组的 D 值前后变化最小，仅仅中等水平组的 D 值得到显著提高。而 Knoch、Rouhshad、Storch（2014）的研究也发现，出国留学一年的被试在 D 值上显著提升。上述研究结果显然与本研究的结果并不一致：本研究中的出国留学组、国内二语学习组在 D 值上都显著下降，而两组之间没有显著差异。值得注意的是，上述三者研究的 D 值计算方式稍有不同。Worp 的研究采用 Clan 软件计算，Knoch、Rouhshad、Storch 的研究采用 D-tools 软件计算，而本研究采用 Coh-Metrix 软件计算。但就各项研究而言，总体趋势应该较为恒定，不会受到这些计算过程的影响。而本研究呈现的是与其他研究相反的下降趋势。

鉴于 VocD-D 指标与 GI 指标的表现极为相似，在计算过程中亦未考虑单词词频问题，它应该可能同样源于单词词频所造成的失真效应：VocD-D 指标可能同样因为被试减少了最常用 1000 个单词的使用而出现下降趋势。当然，由于相关研究的缺乏，在词汇多样性子维度上的 GI、D 值指标与词频之间的联系仍需后续研究来进一步验证与厘清。

基于以上分析，结合被试在词汇丰富性子维度 AG1K 等指标上的改善趋势，本研究认为不能依据 GI、LDVOCD 指标的降低简单地判断在一学年学习后，两组都在词汇多样性子维度上有所退步。这种判断不仅不符合逻辑，也与他们在真实写作文本中高频词的使用状况相抵触。本研究认为，由于不同词频的单词使用产生失真效应，词汇多样性子维度 GI、LDVOCD 指标在一学年后出现不同程度的下降。上述结论更多反映了被试在二语写作中减少了部分最常用词的使用，而非反映了两组被试在词汇多样性子维度上退步。此外，在两组的比较上，鉴于两组的二语语言水平类似，GI、LDVOCD 指标应该仍然可以较好地反映两组之间的差异。从两组在 LDVOCD 指标上的效果值来看，国内二语学习组在词汇多样性子维度上反而优于出国留学组。

2. 词汇丰富性子维度

本研究中出国留学组在词汇丰富性子维度 AG1K 指标平均值上呈现上升趋势，这与 Barquin（2012）的研究结论较为一致。Barquin（2012）的研究同样发现，在出国留学后，西班牙二语学习者在 AG1K 指标上呈现增长趋势，且与本研究结果一样并不显著。不同的是，Barquin（2012）的研究被试在国内二语学习阶段的 AG1K 指标与 GI 指标同时出现下降趋势，而本研究结果却显示国内二语学习组呈现增长趋势，且 AG1K 指标呈现上升趋势。如前所述，这种研究结果的差异可能源于更低频单词使用所引发的 AG1K 指标失真。Barquin（2012）的研究为组内设计，同一批高水平的二语学习者在完成国内二语学习后又参加 3 个月的出国留学项目。他们在 GI 指标上与 AG1K 指标出现同步的 U 形波动。而在本研究中，两组被试二语语言水平都为中低等，他们在 GI 指标上出现下降趋势，而在 AG1K 指标上却出现上升趋势。较为可能的是，由于二语语言水平所限，本研究中被试主要减少了最常用 1000 个单词的使用，因而才会在 AG1K 指标上出现与 GI 指标不同步的情况。而西班牙二语学习者在最常用 1000 个单词的使用上已经比较固定，因而在 AG1K 指标的计算上（减去最常用 1000 个单词）较少受到影响，因而无论是 GI 指标还是 AG1K 指标，两者保持同步。虽然上述分析与以上关于 GI 指标、写作文本数据二次分析结果较为吻合，上述推断仍需将来研究的严谨、重复验证。

在 WRDHYPnv 指标上，本研究发现国内二语学习组出现了显著增长，而出国留学组则有所增长（边际效应）。鉴于先前没有相关研究，本研究将研究结果与 Barquin（2012）的研究中的 HyN、HyV 指标进行了对比。Barquin（2012）的研究并未发现被试在上述两项指标上出现显著增长。且无论是在国内二语学习后还是在出国留学后，被试与本族语者在 HyV 指标上已经没有显著差异，但仍在 AG1K（显著效应）、HyN（边际效应）这两个指标上逊于本族语者。本研究进一步分析了基于 Coh-Metrix 所提供的 HyN、HyV 两项指标。结果表明，本研究中出国留学组仅在 HyV 上有所增长（边际效应），t（9）=1.976，p=0.08，而国内二语学习组仅在 HyN 上显著增长，t（15）=3.728，$p < 0.05$。显然，本研究结果在 HyV、HyN 上与 Barquin（2012）的研究并不一致。较为可能的解释是：这是由被试的二语语言水平不同而造成的。Barquin（2012）的研究被试在 HyV、HyN 这两项指标上已经达到或接近本族语者，因而在上述指标上的增长变得极为缓慢。在 Knoch、Rouhshad、Storch（2014）的研究（出国留学 1 年）以及 Knoch、Rouhshad、Su、Storch（2015）的研究（出国留学 3 年）中，被试在“复杂单词/所有实义词之比”指标上也同样没有显著提升。相对而言，本研究中被试的二语语言水平仍然处于中低等，因而有可能在 HyV、HyN、WRDHYPnv 这三项指标上捕捉到他们在词汇丰富性子维度上的增长。但较为奇怪的是，在一学年之后，两组的增长却分别（而非同时）体现在 HyV、HyN 指标上，这是否表明出国留学组在词汇丰富性子维度上的增长体现在动词使用上，而国内二语学习组的增长则体现在名词使用上。其中原因仍值得将来研究的进一步探索。

而在 WRDFRQa、WRDFAMc 这两个负向指标上，本研究的结果发现在写作中两组学习者都同样出现了使用更多低频、低熟悉度单词的趋势，但仅国内二语学习组在 WRDFAMc 指标上显著改善。这与王宏伟（2011）、Liu、Xu 和 Ran（2015）的研究结果较为一致，他们的研究发现高水平组的二语学习者比低水平组使用更多的低频实义词。此外，他们还发现实义词词频的对数值可以预测写作水平或写作文本修改前后的变化。由于本研究结果并未发现两组在 WRDFRQa 指标上的改善，这也从侧面表明，对于二语学习者来说，低频词使用的增长可能需要花费很长的二语语言学习时间。

在 WRDFRQmc 指标上，本研究结果发现两组出现了不同程度的增长，这表明他们在一学年后在低频实义词的使用上出现增长趋势，但都未达到显著效应。而国内二语学习组在该指标上的表现反而稍稍优于出国留学组（边际效应）。这个较为意外的结果显然与王宏伟（2011）、Liu、Xu 和 Ran（2015）的研究结论相悖。本研究在访谈中曾就此问题询问国内二语学习组、出国留学组被试。一名国内二语学习组被试认为，这可能是因为在写作中“主要考虑如何从大脑中提取那些复杂、高大上的词汇，因为这样可能得分较高”。但一名来自出国留学组的被试则告诉研究者：“在完成第二篇写作（后测）时，我更多地考虑了句子结构，较少考虑使用很多的复杂单词。在出国留学期间，我们在提交各类专业作业时，最常想到的是：明确阐明自己的观点最为重要，没有必要使用那些高级单词。”这在杨元辰（2014）的研究（出国留学时长分别从一学期、两学期到更多学期不等，中国外语学习者）中也得到一定程度的印证：和国内二语学习组相比，出国留学组使用的词汇更加丰富、多样，但并不复杂，语言使用上的交际倾向更强。基于上述观察，本研究推断：出国留学组偏向采用基于意义表达的写作策略，而国内二语学习组则同时兼顾词汇选择的写作策略。两组被试在写作中所采用的不同策略可能影响了他们在 WRDFRQmc 指标上的不同表现。鉴于该方面的研究不多，上述推断更多是暂时性的、探索性的，仍期待进一步的研究来深入了解。

（三）两种语境下的写作流利度

在写作流利度上，与一学年前相比，出国留学组在各项指标平均值上都表现出改善的趋势，并在文本子维度“单词总数”（W）上的增长达到边际效应；而国内二语学习组在过程子维度 W/T、W/C 指标、文本子维度 W 指标平均值上出现增长趋势，在其他三项指标上都有退步趋势，并在 W/T 指标上显著提高，在 T 指标上显著下降。而两组相比，国内二语学习组在过程子维度 W/T 指标上显著高于出国留学组，但出国留学组在文本子维度 T 指标上显著高于国内二语学习组。

1. 过程子维度

在 W/T 指标上，先前研究曾表明，较短的出国留学时长难以对 W/T 指标产生促进性影响。如 Storch、Tapper（2009）的研究中发现，出国留学 10 周的被试在 W/T 指标上没有显著变化。Pérez-Vidal、Barquin（2014）在类似指标（W/S）上同样发现，在国内学习一学期或出国留学 3 个月后，被试在 W/S 指标上都没有发生显著变化。但 Llanes、Tragant 和 Serrano（2012）、Serrano、Tragant 和 Llanes（2012）、Andrade（2016）、Llanes、Tragant 和 Serrano（2018）的研究则报告，出国留学 3 周（就青少年学习者而言）或一学期以上（就大学生而言）就会对 W/T 指标产生促进影响。较为明显的是，本研究的结果与先前的研究结果并不一致，在出国留学一学年后，本研究并未发现出国留学组在相应指标上出现显著增长。

与此同时，在两组的比较上，本研究中出国留学组在 W/T 指标上反而显著低于国内二语学习组。这也与先前的研究结论相悖。虽然 Llanes 和 Muñoz（2013）（出国留学 2～3 个月）、Llanes（2012）都发现出国留学组与国内二语学习组在 W/T 指标上没有显著差异，但 Serrano、Llanes、Tragant（2011）的研究结果表明，出国留学 2 个月后出国留学组就在 W/T 指标上显著高于国内半强化学习组。而 Kohro（2001）的研究（出国留学 6 个月）结果也表明，出国留学组在 W/T 指标上明显增长，但国内二语学习组在该方面没有改变。上述研究结果总体表明，对于大学生被试而言，出国留学一学期及以上会带来 W/T 指标上的明显增长，从而产生相对于国内二语学习组的优势。显然，本研究的结果刚好相反。

上述异乎寻常的现象明显与国内二语学习组所采取的不同的句法使用策略有关。与国内二语学习组在 W/T 指标上的异常提升相呼应的是，他们在文本子维度 T 指标上出现显著下降、在写作句法复杂度的 C/T 指标、CdCxSR 指标上显著上升，却在其单词总数、小句总数这些指标平均值上或是持平，或是出现减少趋势。上述结果总体表明，在句法使用上，国内二语学习组倾向于在每个 T 单位中使用更多小句，由此产生了更多的复合复杂句。在单词、小句总数没有显著增长而 T 单位总数显著下降的情况下，国内二语学习者在 W/T 指标、C/T 指标、CdCxSR 指标上出现了显著增长。这种现象在杨元辰（2014）以中国外语学习者为对象的研究（出国留学时长分别为一学期、两学期到更多学期不等）中同样被观察到。其研究结果发现，和国内二语学习组相比，出国留学组在 Words 总数、W/S 指标上的平均值高于国内二语学习组，但在 W/T 指标上刚好相反。由于在先前其他研究中并未发现类似情况，这是否与中国外语学习者所面临的考试反拨效应有关，抑或仅仅是二语习得过程中的一个特殊阶段，在将来的研究中值得进一步考察。但本研究给研究者的一个重要提示是，应该将 W/T 指标与 T 单位总数两项指标结合起来分析。如果 T 单位总数没有出现增长甚至下降，仅仅 W/T 指标孤立地显著提升，这并非写作流利度改善的铁证。正如本研究结论所表明的那样，我们无法仅仅依据国内二语学习者在 W/T 指标上的显著提升来断定他们在写作流利度上显著优于出国留学组。正如以下讨论中所指出的那样，情况应该是刚好相反。

一个可能影响出国留学语境下 W/T 指标发展的因素则是二语语言课程教学。上述出现差异的研究多数为与二语语言培训相关的出国留学项目，而在本研究中，出国留学被试并未接受相应的二语语言课程的教学。类似 Storch（2007）、Storch 和 Hill（2008）、Storch（2009）等学者的系列研究，其被试同样仅仅参加了专业课程的学习，并未参加二语语言课程的教学。他们的研究发现，在出国留学一学期后，被试仍未能在 W/T 指标上有所提高。较为可能的是，对于仅仅参加专业课程学习的出国留学被试而言，在 W/T 指标上出现显著提升将是一个长期的过程，可能需要一学年以上的时间。

在 W/C 指标上，先前研究与本研究结论则较为一致，Pérez-Vidal 和 Juan-Garau（2009、2011）、Pérez-Vidal、Juan-Garau、Mora 和 Valls-Ferrer（2012）的研究也同样发现，无论是在国内学习一学期后还是出国留学 3 个月后，被试在 W/C 指标上没有显著改变。鉴于小句具有一定的结构稳定性，W/C 指标的增长可能依赖高级小句的增长或短语密度的提高。本研究因而对 W/C 指标与上述有关指标进行了相关分析，结果表明出国留学组、国内二语学习组的 W/C 指标主要与以下几个指标存在较高的相关性（所列出指标与 W/C 指标的相关系数在至少其中一组出现显著或边际效应）：SYNNP（0.266/0.627）、CN/C（0.562/0.623）、Ac/Dc（0.407/－0.523）、Act/DCt（0.454/－0.731）、Cc/DC（－0.733/－0.086）。上述结果虽然在相关系数方向上并不一致，但总体上证实了本研究的推测，说明 W/C 指标与短语子维度之间的紧密关联。由此可见，W/C 指标的提高可能比 W/T 指标需要更长的时间，它更依赖二语学习者在句法复杂度上的同步改变。

而在 Dysfluency 指标上，由于先前没有类似的研究，本研究主要参考了与之较为类似的 W/M（单词/分钟）指标的研究。Sasaki（2007）的研究表明，出国留学 4 ~9 个月后，日本留学生在 W/M 指标上显著提高，而国内二语学习组下降明显。Pérez-Vidal 等学者的系列研究在 W/C 与 W/M 两项指标之中，仅仅观察到出国留学语境对后者的促进影响。上述结果都印证了本研究的发现：出国留学组在流畅性指标上有改善趋势，而国内二语学习组则相反。在访谈中，出国留学组被试也说道："在一年学习以后，我可以无须改正而自动地完成写作。在国外，写比较长的 report 是常有的事。但在国内，一般仅在考试时才写这么长，最多也就二三百字。"而来自国内二语学习组的另一名被试则反思道："我写的句子可以比之前长。可是在写的时候，思考所花的时间更长，需要修改的也更多些。"上述结论揭示了出国留学语境所要求的较高的写作频率可能是影响二语学习者在流利度上表现的一个重要中介变量。

2. 文本子维度

在 T 单位总数（T）、单词总数（W）、小句（C）指标平均值上，本研究发现出国留学组在这三项指标上都呈增长趋势，而在 W 指标上的增长达到边际效应。而与国内二语学习组相比，两组在这三项指标上的差异都达到中等及以上的效果值，出国留学组占优势。上述结果与现有多数研究的结论较为一致。Sasaki（2007）的研究表明（出国留学时长分别为 4 个月、8 个月、9 个月），出国留学组在 W 指标上显著提高，但国内二语学习组在 W 指标上反而下降明显。Barquin（2012）的研究发现在国内正常学习后，二语学习者在单词总数、句子总数指标上显著劣于英语本族语者；但在出国留学后，在相应指标上二语学习者与本族语者已经没有显著差别。杨元辰（2014）的研究以中国二语学习者为被试（出国留学时长分别为一学期、两学期到更多学期不等），与国内二语学习组相比，出国留学组在 W 指标上的平均值高于国内二语学习组。虽然 Godfrey、Treacy、Tarone（2014）的研究（出国留学一学期）曾发现出国留学组与国内二语学习组在 W 指标上都有所增长且国内二语学习组的增长更快，但这仅仅是孤例，也可能与该研究中国内二语学习组的初始二语水平较低有关。总体而言，本研究进一步证实，出国留学组在文本子维度 T、W、C 三个指标上都明显优于国内二语学习组。

值得注意的是，出国时间的长短可能会影响出国留学组在 W 指标上的表现。在出国留学 10 周（Storch & Tapper，2009）、2 个月或 8 个月（Sasaki，2004）、一学期（Storch，2007；Storch & Hill，2008；Storch，2009）的情况下，并未发现出国留学组在 W 指标上出现显著增长。但在出国留学一学年（Knoch，Rouhshad & Storch，2014）、两年半（Knoch，Rouhshad，Su & Storch，2015）后，被试在 W 指标上都出现显著提高。这也与本研究的结论一致。较为可能的是，W 指标更容易在高水平被试（如 Barquin，2012）身上、在一学年左右或更长时间后出现显著提升，并从而优于国内二语学习组。

（四）两种语境下的写作准确度

在写作准确度上，与一学年之前相比，出国留学组在错误子维度 E/T、E/C 指标、正确子维度 EFC/C 这三项指标上都有所改善或显著改善，在 EFT/T 指标上没有显著变化，而国内二语学习组在上述四项指标上都呈现与出国留学组相反的退步趋势，并都达到显著效应。在正确子维度W/EFT 指标上，两组表现类似，都出现显著下降。而两组相比，除在 W/EFT 指标上两组没有显著差异外，在两个子维度的四项指标上，出国留学组全部显著优于国内二语学习组。

1. 错误子维度

在 E/T 指标上，多数研究表明，在出国留学一学年后，出国留学组会在 E/T 指标上显著下降。这与本研究在 E/T 指标上的结果较为一致。Serrano、Tragant、Llanes（2012）发现出国留学一学年后，二语学习者在 E/T 指标上无论是与一学期后还是与一学年后相比，都显著降低。Lord（2009）基于个案研究同样发现出国留学一学年后，二语学习者在“错误总数”（Erros）、E/T 指标上显著下降。但在出国留学时长少于一年的研究中，多数研究发现出国留学组在 E/T 指标上没有显著变化。比如在出国留学 2～3 个月后（Llanes & Muñoz，2013）、一学期（Llanes、Tragant & Serrano，2012）后，都未在出国留学组的 E/T 指标上发现任何显著变化。而 Llanes、Muñoz（2013）的研究同时还发现国内二语学习组在 E/T 指标的前、后测上同样没有出现显著变化。本研究因而进一步证实：在写作准确度 E/T 指标上，一学期以上、一学年左右的出国留学时间才能使出国留学组取得显著进展。

在两组的比较上，Serrano、Llanes、Tragant（2011）发现出国留学 2 个月的出国留学组与国内二语学习组在 E/T 指标上没有显著差异。杨元辰（2014）曾发现出国留学一学期及以上的出国留学组在 E/T 指标上较国内二语学习组改善程度稍高。Kristian（2013）则发现在出国留学 9 个月后，出国留学的被试（2 名）在正确句子的产出上超过了国内二语学习组的被试。本研究则发现，出国留学组在一学年后显著优于国内二语学习组。虽然杨元辰（2014）与 Kristian（2013）的研究没有进行统计分析，但总体可见，两组在 E/T 指标上的差异随着出国留学时长的增加而逐步显现。出国留学时长若少于一学期则难以观察到，而一学年则足以保证出国留学组在写作准确度上的相对优势。

在 E/C 指标上，目前基于该指标的研究不多。Pérez-Vidal 等（2012）发现被试在国内学习一学期后（T2），与前测（T1，入学时）相比，在 E/C 指标上显著降低。而与出国留学 3 个月后（T3）相比，在该指标上继续有所降低（边际效应）。但 Worp（2011）却发现，出国留学 10 周后，二语学习者并未在 E/C 指标上出现显著改善。上述研究的结果似乎相互冲突，但两者的研究总体表明，E/C 指标似乎较 E/T 指标更为敏感，在出国留学一学期左右即可观察到被试在写作准确度上的明显进展。这与本研究关于该指标的结果比较一致。同时，在本研究中，出国留学组在写作准确度上的改善在 E/T 指标上仅仅达到边际效应，而在 E/C 指标上达到显著效应。这也从侧面验证了两项指标的敏感度确实有所不同。

E/C 指标的这种敏感性在 Pérez-Vidal 等（2012）的研究中得到更为直接的证明。如上所述，Pérez-Vidal 等（2012）的研究不仅发现被试在 E/C 指标上的显著改善，他们还发现被试并未在 E/W 指标上出现任何变化。不仅如此，Pérez-Vidal 等学者的系列研究中，绝大多数未在 E/W 指标上发现任何显著变化，无论是在国内学习一学期后（Pérez-Vidal，Juan-Garau，Mora & Valls-Ferrer，2012；Pérez-Vidal & Barquin，2014），还是在出国留学 3 个月后

(Pérez-Vidal & Juan-Garau, 2009、2011; Pérez-Vidal, Juan-Garau, Mora & Valls-Ferrer, 2012; Barquin, 2012)。[①] 但这并非说明 E/W 指标缺少良好的区分度。Barquin (2012) 的研究发现，无论是在国内正常学习后 (T2) 还是在出国留学后 (T3)，当地本族语者都在 E/W 指标上显著优于西班牙二语学习者，这是可以区分两组的仅有的三项指标之一。此外，如果被试参加的是学术英语课程，E/W 指标变得更为敏感。Pérez-Vidal、Barquin (2014) 针对学术写作的研究发现，出国留学 3 个月后，被试在该指标上显著改善。Storch、Tapper (2009) 的研究同样发现，出国留学 10 周后，研究生被试在 E/W 指标上显著改善。

比较而言，E/W 指标的测量敏感性在 E/C、E/T 之间。可能的原因在于 T 单位总数明显少于小句总数，由此计算所得到的数值明显较大，因而 E/C、E/T 两类指标产生不同的区分度。而 E/W 指标则极有可能是受到二语学习者的语言水平的影响，二语语言水平越高，产出的单词总数越多，极有可能 E/W 指标的区分度变得更高。这可以较好地解释为何 Pérez-Vidal 等学者的系列研究中仅仅在学术写作的研究中 E/W 指标出现例外（一般认为学术写作中单词总数相对较多）。当然，由于现有研究过少，上述推断仅仅提供了一种可能的解释，仍需将来研究的继续探索。

总体看来，本研究的结论充分表明，在出国留学一学年后，出国留学组在错误子维度的不同指标上都会出现显著改善（或达到边际效应），并会取得相对于国内二语学习组的显著优势。但值得注意的是，不同指标对出国留学时长的敏感度有所不同，在为期 6 个月或更短时间的出国留学项目中，E/T 指标不再是首选，E/C 指标、E/W 指标显然更为合适。

2. 正确子维度

现有研究表明，即使出国留学时间长达一学年，二语学习者也并不必然在写作准确度 EFT/T、EFC/C 指标上取得进展。这与本研究的结果相呼应。本研究发现出国留学组仅仅在 EFC/C 指标上有所改善，但在 EFT/T 指标上并未出现显著变化。Knoch、Rouhshad、Storch (2014) 发现在出国留学一年

① 在 T2 时的例外为 Pérez-Vidal、Juan-Garau (2009, 2011)，原因不明；在 T3 时的例外则是 Pérez-Vidal、Barquin (2014)，可能与学术写作课程有关。

后，本科生被试在写作准确度的 EFT 指标上没有显著提升，而 EFC 指标反而显著降低。而 Knoch、Rouhshad、Su、Storch（2015）的研究发现，在出国留学两年半后，类似本科生被试在上述两项指标平均值上出现下降趋势，但不显著。他们认为可能的原因在于：教师没有对学生的二语写作进行反馈。但仔细分析其研究的数据处理过程，会发现他们让一名高水平的英语使用者（无法了解是不是本族语者）自由判断哪些小句或 T 单位有错，且并未将拼写错误计算在内。这些数据处理程序上的不同极有可能影响了其研究的最终结果。Lord（2009）基于一名高水平二语学习者的个案研究发现，出国留学一学年后，被试在 EFT 总数上没有明显提升，但在 EFT/T 指标上明显提升。而出国留学时间较短，如出国留学 10 周（Storch & Tapper，2009）、一学期（Storch，2007；Storch & Hill，2008；Storch，2009）、6 个月（Kohro，2001），出国留学组与国内二语学习组在 EFT/T 指标上都不会出现显著提高。在 EFC/C 指标上，短期出国留学后，如出国留学 10 周（Worp，2011）、一学期（Storch，2007；Storch & Hill，2008；Storch，2009），出国留学组同样不会出现显著变化。但在 EFC/C 指标上存在例外。Storch、Tapper（2009）的研究发现，出国留学 10 周后，参加学术英语课程的被试在 EFC/C 指标上有所提高（边际效应）。总体看来，出国留学组在 EFC/C 指标上的提升确实表明他们在写作准确度上有明显改善。但 EFT/T、EFC/C 指标并未同步发展，且 EFC/C 指标似乎比 EFT/T 指标更加敏感，其背后的可能原因是否如 E/T、E/C 指标一样，值得研究者进一步思考与验证。

在两组比较上，本研究发现出国留学组在 EFT/T 指标上显著优于国内二语学习组。而先前的研究曾发现，在出国留学 2 个月（Llanes，2012：儿童）或出国留学一学期后（Freed，So & Lazar，2003：成人），两组在 EFT 指标上差异不显著。综合来看，出国留学组在 EFT/T 指标上取得相对优势至少需要一学年。

在 W/EFT 指标上，本研究中两组的后测较前测都显著下降，且国内二语学习者下降得明显更快。最终出国留学组在该指标上与国内二语学习组不相上下。Kohro（2001）的研究同样发现，出国留学 6 个月后，在 W/EFT 指标平均值上，出国留学组没有明显改变，而国内二语学习组稍有下降。虽然上述结果比较出乎意料，但仔细分析两组的 EFT 总数可以发现，两组下降的原因完全不同。出国留学组在 W/EFT 指标上的下降与其 EFT 总数的上升密切相关；与之相反，国内二语学习组的 T 单位总数显著减少，每个 T 单位的总字数在增长，W/T 指标显著增长。由此本应在较为相似的 W/EFT 指标上出现相应增长，但由于其错误数的急剧增长（接近前测时的 2 倍），相应的 EFT 总数显著减少，国内二语学习组反而在该指标上显著退步。由此可见，考虑到 EFT 总数对该指标的影响，出国留学组在正确子维度 W/EFT 指标上的表现应该明显优于国内二语学习组。但目前缺乏关于该指标更多的相关研究，在将来针对中低水平被试的研究中，应特别注意 W/EFT 指标显著变化的可能原因。

鉴于先前研究中的出国留学组在写作准确度各项指标上并不明显优于国内二语学习组，而本研究中出国留学组相对国内二语学习组的优势却极为显著。为了深入了解二语学习者在写作准确度上的具体发展情况，本研究进而分析了两组被试的写作文本，并就该部分与被试进行了交谈。

在写作文本的分析中，本研究发现，相比出国留学组，国内二语学习组在后测中出现更多的句法和形态错误，此外，还会出现一些比较低级的主谓一致错误、动词及物性错误甚至单复数错误。当他们使用更多的并列句或更为复杂的句子时，他们在这些并列结构上总是缺乏必要的连词。另外，他们经常将谓语动词、宾语或补语漏掉。比如会出现这样典型的句子："Some people think if the students have low score, ***it nothing*** to do with ***teacher***, it ***is comes*** from ***student*** own ***behavior***, maybe the student ***miss*** the class or ***didn't*** review the course before the exam。"[①] 被问及产生此类错误的原因，国内二语学习组的被试在访谈中说道："即使我们有翻译和口译课程，但老师们并不教语法知识，写作训练也不多。可以说，几乎在课内和课外我们都没写什么东西，主要依靠上大学之前的那些语法知识。虽然在教学中会涉及一些语法或者新的语言结构，但我们通常忘了如何正确使用它们，因为我们写得太少。在大学期间我们更注意的是单词方面。" 总体看来，国内二语学习组的错误

① 上述写作语料来自国内二语学习组。黑体为笔者所加。

主要集中在语法方面，而非拼写或词汇方面。此外，国内二语学习语境对二语学习者几乎没有强制性的要求，由此造成国内二语学习组在语法知识上的生疏，在二语语言技能上缺乏练习，在二语产出过程中过于依赖语义之间的硬连接，进而造成二语学习组在错误率上的显著上升。

而对出国留学组而言，在出国留学期间，他们有了大量的写作实践，并且与本族语者有很多互动机会。此外，出国留学组的被试还说，他们在犯一些语言错误的时候，其本族语朋友经常会帮助他们。出国留学组的一名被试在访谈中说道："出国留学前的那些课程对我们的帮助很大，比如基础英语、写作、商务阅读等。此外，在出国留学期间选修的那些课程也很有益处。我选修的英国金融市场历史对我帮助极大。课程要求写小论文或研究报告，这些要求有助于我们的写作能力的提升。在留学期间，老师和朋友都鼓励我们努力学习英语，本族语朋友还帮我们指出错误。他们的意见激励我们努力学习，我们积极地和本族语者进行交流，并努力提高我们的英语口语和写作水平。写作时，我也会注意句子的准确性，并努力不犯错误。这种习惯是在出国留学期间养成的。"总体看来，出国留学语境具有明显的强制性。在该语境下，二语学习者在学校学习与社会生活中有大量的语言接触机会，经常完成二语任务并接受教师与同伴对错误的反馈，有良好的二语学习动机，形成学习者自我修正的意识，这些因素在一个较长的出国留学时间内综合在一起，使得出国留学组在二语产出过程中并不单纯依赖语义加工，而是将认知资源集中于寻找正确的表达，并避免不同类型的错误。这可能是出国留学组在写作准确度上获得显著提高的原因。当然，在国内二语学习语境下，上述多种因素正是国内二语学习语境所无法提供的。

八　本节小结

就二语写作句法复杂度而言，本书的研究结果较符合 Wolfe-Quintero 等（1998）所提出的句法复杂度发展等级路径：碎片、主句、并列小句、副词性/从属小句、形容词性/关系/名词性小句、形容词/副词/名词化动词短语。在不同的组别中，不同等级、不同子维度的指标出现了相应的改善或增长。与此同时，本研究的结果也更为明晰地印证了 Norris、Ortega（2009）所提出的句法复杂度发展“三阶段模式”。根据该模式，在 SLA 的早期阶段，句法复杂度本质上通过并列小句来实现；在第二阶段，从属小句成为主要的句法复杂化的方式，而并列小句逐渐减少；在第三发展阶段，从属小句不再是句法复杂度的主要实现方式，取而代之的是小句与短语的复杂化。由本研究结果可以看出，出国留学组在出国留学一学年之后，相比国内二语学习组，他们在写作方面的改善主要体现在短语子维度上。另一个两组差异较为明显的子维度是从属小句子维度。在该子维度上，国内二语学习组的改善体现在 C/T、DC/C 指标上，但出国留学组的改善却体现在“高级小句”的相关指标上。以上事实表明两组在本研究开始时都应处于 Norris、Ortega（2009）句法复杂度发展“三阶段模式”的第二阶段或更早。但是在一学年之后，出国留学组正在努力转向第三阶段，在短语子维度的多项指标上出现明显的改善，而国内二语学习组的这种转化特征并不明显，更多的改善仍然出现在从属小句子维度上。

本研究还包括 Norris、Ortega（2009）模型中并未涉及的句子构成子维度与句子多样性子维度。这两个子维度的指标似乎对句法复杂度的第一到第二阶段的转换较为敏感，但对第二到第三阶段的转换毫无反应。在出国之前出国留学组在这两个子维度的多项指标上都逊于国内二语学习组（呈显著或边际效应），这证实了国内二语学习组从句法复杂度第一阶段到第二阶段时占优势。但在一学年之后，在出国留学组已经显现向句法复杂度第三阶段转化的特征时，两组反而在上述子维度各项指标上变得惊人地接近。较为可能的解释是，句子构成子维度、句子多样性子维度总体与从属小句子维度更为相似，都属于与句法相关的维度。而短语子维度则明显与词法存在某种紧密的联系。由此可以较好地解释为何国内二语学习组在句子构成子维度、句子多样性子维度前测上表现优于出国留学组（这是由于国内二语学习组正处于 Norris、Ortega“三阶段模式”中的第一阶段向第二阶段转化，以小句使用为特征）。但出国留学组后测时在上述两个子维度已经迎头赶上，并在短语子维度上优于国内二语学习组（这是由于出国留学组正处于由第二阶段向第三阶段转化，以短语使用为特征）。

正如 Ortega（2003）在关于写作句法复杂度的综述中所言，二语学习者的写作句法复杂度的提高可能需要 12 个月以上的大学教学。Isabelli-García、Nishida（2005）的研究也发现出国留学时间越长，越有可能产生句法复杂度的差异。本研究的结果呼应了他们的判断。总体看来，写作句法复杂度的发展不仅相对较为缓慢，而且不同阶段会在不同子维度上呈现不同的句法复杂化特征。

就二语写作词汇复杂度而言，出国留学组在词汇复杂度的两个子维度上的发展都与国内二语学习组较为类似。两组倾向于减少最常用 1000 个单词的使用，而增加次常用 1000 个单词的使用。出国留学组开始使用更多的动词，国内二语学习者则在名词的使用上明显增加。国内二语学习组减少了熟悉度较高的单词的使用，在低频实义词的使用上还稍微优于出国留学组。出国留学组在词汇复杂度上稍微逊于国内二语学习组的表现，这也是在出国留学一学年后，出国留学组在 CAF 四个维度中相对于国内二语学习组表现最弱的一个维度。其主要原因在于国内二语学习组在该维度上并未退步，可能采取了积极的词汇使用策略，因而在该维度上出现明显的改善。

特别值得注意的是，在词汇多样性子维度，两组虽然在相关指标平均值值上都出现下降趋势。极可能是因为两组二语学习者都减少了 BNC 语料库中最常用 1000 个单词的使用，并非表明两组在词汇多样性上出现退步。此外，本研究还初步表明，对于 GI 以及 D 值在不同群体中的使用应该更为谨慎。此两项指标似乎更适用于二语语言水平较低或较为同质的群体的比较，对于二语语言水平较高或差异较大的群体，由于最常用 1000 个单词使用的干扰，常常会与本研究那样出现失真效应。而对于高语言水平组之间的比较，因为更低频单词使用的干扰，对 AG1K 指标的采用也应格外小心。针对不同出国留学项目，不同二语语言水平的留学群体，在词汇多样性的指标上可以考虑采用更为敏感的 HyN、HyV、WRDHYPnv 等指标，或考虑在 GI、D 值、AG1K 指标中剔除那些对研究被试而言最常使用的单词词频段以避免因词频使用引发的指标效度问题。

就二语写作流利度而言，出国留学组较国内二语学习组在文本子维度上出现明显的改善，在过程子维度的一项指标（Dysfluency）上也明显优于国内二语学习组。但国内二语学习组却在过程相关子维度的 W/T 指标上显著高于出国留学组。从被试的访谈中可见，出国留学语境与国内学习语境下不同的写作频率（经常或偶尔）以及不同的写作目的（课程作业或考试）可能总体调节了二语学习者在写作流利度时间上的发展。

由于国内二语学习组在后测中采用了不同的句法使用策略，本研究中W/T指标的效度仍较难确定。类似现象也曾在杨元辰（2014）的研究中出现过，研究发现，出国留学组在W、W/S指标平均值上高于国内二语学习组，但在W/T指标平均值上却刚好相反。本研究的分析表明，W/T指标容易受二语学习者句法使用策略的影响而产生失真效应。而与之相比，W/C指标则相对过于恒定，在短期出国留学语境下，在二语语言水平差异较小的群体中应该难以发挥测量指标的作用。在将来的研究中，建议同时考察T单位总数这项指标以资验证。此外，在写作流利度维度上，明显仍缺乏较好的指标来反映写作过程与自动化程度。本研究中所采用的Dysfluency指标是一种初步的尝试，该指标被证明具有一定的敏感度。在今后的二语写作测量中，可以考虑在频率指标之外，对过程性指标给予更多的重视。借助W/M、Dysfluency这些反映写作自动化程度的过程指标，可以使研究者更好地确定W/T指标的效度。

值得注意的是，写作流利度指标的采用对研究结果的影响极大。先前的研究难以在结论上达成一致，主要原因在于不同研究采用了不同的流利度指标。如前所述，W/T指标的失真、W/C指标的稳定、Dysfluency指标的收集难度、外在因素对单词总数指标的影响，所有这些因素都可能影响研究者就写作流利度得出的结论。无论是本研究，还是杨元辰（2014）的研究都感受到了这种影响。正是这种影响导致写作流利度研究未能如口语流利度研究那样容易达成一致的结论。在将来的研究中，研究者应该考虑采用更为敏感、有效的写作流利度指标来取而代之，或应该同时采取数项并行的指标（并至少包括一项负向指标）进行比较，否则关于二语写作流利度的研究只能仍然是众说纷纭。

就二语写作准确度而言，在一学年之后，在CAF四个维度中，出国留学组与国内二语学习组在写作准确度上的差异最为明显。除EFT/T、W/EFT指标外，出国留学组在各项指标上都有明显改善，而国内二语学习组则在所有指标上显著恶化，两组在一学年之后表现出截然不同的趋势。正如被试在访谈中所指出的那样，出国留学语境所提供的大量写作实践是上述结果的一种主要促成因素。强制性的、大量的二语写作实践正是出国留学语境所能提供的相对于国内二语学习语境的优势。因而 Pérez-Vidal、Juan-Garau（2009）指出，大量的写作实践将会促进写作准确度的提升。

值得关注的是，本研究的结果以及其他出国留学研究结果都不同程度地表明，错误子维度的发展与正确子维度似乎存在某种不同步。比如，在出国留学一学期后，Larsen-Freeman（2006）发现被试在 EFT/T 指标上明显变得更加准确，而 Llanes、Tragant、Serrano（2012）却发现他们在 E/T 指标上没有显著变化。这种不同步即使在同一研究中也会出现，比如 Storch、Tapper（2009）发现出国留学 10 周的研究生被试在 E/W 指标上显著减少，在 EFC/C 指标上有所增加（边际效应），却在 EFT/T 上没有显著变化。此外，这种非同步性在相同子维度的不同指标上也会出现。如在 Pérez-Vidal 等（2012）的研究中，他们未在 E/W 指标上发现被试出现任何变化，却在 E/C 指标上发现被试的显著改善。上述结果表明，错误、正确子维度不仅体现了正确与错误极性的转化，不同指标的敏感度，还能预示二语学习者在写作发展的正确、错误子维度上存在不同的优先性。对于这种非同步性的可能机制目前仍不太清楚，但为了更为全面地了解被试的写作发展，在 CAF 的各个维度下包括更多的子维度是极其必要的。

本研究的结果总体表明，在出国留学一学年后，出国留学语境对写作准确度的促进效应最为明显，对句法复杂度的短语子维度、写作流利度的文本子维度、写作词汇复杂度的丰富性子维度也有明显的促进作用。但对其他 CAF 维度的子维度的影响相对不那么明显；而与国内二语学习组相比，出国留学组在写作准确度上的优势最大，在句法复杂度的短语子维度的优势次之，在写作流利度的文本子维度上仍具有明显的优势。但在词汇复杂度上总体表现与国内二语学习组较为一致，且出国留学组稍微弱于国内二语学习组。在其他子维度上，两组的差异仍不十分明晰。

究其原因，出国留学语境所提供的强制性二语学习机制极其重要。在这个类似母语习得的环境与机制中，二语学习者避免了考试反拨效应的干扰，逐渐形成了新的外语学习动机系统，借助社会生活语境、学校学习语境的海量输入以及无所不在的反馈机制，出国留学组开始尝试基于“内容优先”的二语加工与产出机制。相对而言，国内二语学习组在二语产出过程中越来越依赖二语词汇语义系统，在强化复杂句法结构的同时，却在二语语法系统上跛足。总体看来，在二语写作中，国内二语学习组除了在词汇复杂度上仍然表现尚可，在其他各个CAF维度及其子维度上都出现不同程度的退步，更以写作准确度为甚。

此外，在出国留学的写作研究中，采用不同维度的指标对研究结果的影响较大。其中写作句法复杂度的C/T指标、写作词汇复杂度的GI指标、写作流利度的W/T指标尤其如此。本研究结果表明，这些失真的指标在各自不同的子维度上，与其他指标相比或是逆向而行，或出现无从捉摸的发展轨迹。因而在出国留学语境下的二语习得研究中，基于多维度、多指标的考察极为必要，这在将来的研究中亟须更多的注意。

第二节　出国留学语境下口语发展与对比研究

出国留学语境下的现有研究多数集中于二语口语流利度指标，极有可能多数学者都相信它是对出国留学语境最为敏感的一个指标。而另外一个可能的原因是，口语流利度是代表口语熟练程度的一个最突出的指标。正如Freed、Segalowitz、Dewey（2004）所指出的那样，口语熟练程度的显著特征体现在口语的速率、数量以及流畅性方面。也就是说，流利的口语应该没有不流畅的、不自然的（无声或有声的）停顿或干扰性的重复，而这些都包含在口语流利度的指标上。

总体看来，现有研究多数报道，二语学习者口语流利度在出国留学后会出现显著提高（Möhle，1984；Lennon，1990；Freed，1995；Yager，1998；Freed，Segalowitz & Dewey，2004；Lafford，2004；Segalowitz & Freed，2004；Llanes & Muñoz，2009）。但应该注意的是，即使在研究结果较为一致的口语流利度方面，由于研究设计的不同，现有研究更多是以个别指标代替某个总体维度，更注重描述二语口语技能在各个总体维度上的变化而忽略了二语学习者在速率、停顿或流畅性上的具体进展。因而即使相同的研究结果也有可能如之前的写作研究所揭示的那样，掩盖了程度并不完全相同的口语进展。而在口语的准确度、复杂度这些维度上，由于研究的欠缺，现有研究结论并不一致。接下来将在详细描述出国留学语境下的现有二语口语技能研究的基础上，具体介绍本研究的内容，并基于本研究的结果与既有研究结果进行分析与讨论。

一　研究综述

早期研究一般通过二语学习者的自报数据或基于 ACTFL“口语流利度访谈”（Oral Proficiency Interview，OPI）的总体评分来考察二语学习者的语言熟练程度的总体进展。总体看来，出国留学 6 周及以上，二语学习者在二语语言熟练程度上即有所提高。且对于二语语言水平中等或较低的学习者来说，他们从中获益更多。Milleret（1990）以 11 名学习葡萄牙语的二语学习者为被试，采用葡萄牙语口语测试（基于 ACTFL 的 OPI，但是采用群体测试）。研究发现在被试赴巴西参加为期 6 周的夏季出国项目后，他们的口语熟练程度从中等提高到中等偏上。Magnan、Back（2007）以 24 名学习法语的美国二语学习者为被试，他们在法国参加了一个学期的出国留学项目，测试量表包括 ACTFL 的 OPI、自我评估量表、语言接触量表等。研究结果表明，即使出国留学一个学期，二语学习者的口语能力也明显出现进展。Allen、Herron（2003）以 25 名赴法参加夏季出国留学项目的美国学生为被试，他们要完成两项口语任务：一项为图片描述任务，另一项为角色扮演情景任务。被试在前后测任务上的表现由非母语的评分者在流利度、可理解度、信息交流量和交流质量四个维度上进行评分。研究结果表明，被试在这四个维度上都有显著提高，提高最快的是口语的可理解度，而提高最慢的是口语的语法正确度。此外，自报数据还表明，在出国留学后，被试更有信心完成这些口语任务。Hernández（2010a）采用 OPI 比较了在西班牙留学一学期的美国大学生（20 人）出国前后在口语熟练程度上的差异。数据由研究者以及另一名评分者按照《多媒体评分者培训项目：西班牙语版本》（“Multimedia Rater Training Program，MRTP：Spanish Version”）进行评分。研究结果表明，出国留学后被试的口语熟练程度显著提升，20 人中有 16 人在“ACTFL 熟练程度表”上提升了一级水平。Larsen-Freeman（2006）以 5 名出国留学 6 个月的中国留学生为被试，采用质性方法对“思想点”（idea unit，一般为非完整小句。指的是“一个信息段，通常包含一个与相邻单位在句法上和音调上分割的话题及评论”）进行分类分析。研究发现，6 个月后被试在口语上出现显著进展，且在每个时间点、每位被试都存在个体间与个体内差异。Dewey、Bown、Eggett（2012）以来自美国 98 所大学或学院的 204 名到日本留学的大学生（平均出国时长为 8.4 个月）为被试，采用前后测的自我评估（给被试呈现难度不等的任务，要求被试根据任务完成的难易度进行自我评估）。研究结果表明，中、高水平的二语学习者自报获益最多，而低水平、极高水平组自报获益最低。Dyson（1988）以 229 名在法国、德国或西班牙学习一年的英国二语学习者为被试，基于被试的自报数据，研究的前后测表明，出国留学后他们在听力与口语技能上都有显著的提高，对于那些低水平的学生尤其如此。早期的研究结果表明，即使是短期出国留学项目也有助于二语学习者在口语技能上的总体提高。

在后期研究中，研究者多基于 CAF 维度下的各项指标来收集、分析数据。与二语写作技能不同的是，二语口语技能的流利度指标经过 Lennon（1990）、Skehan（1998）、Towell（2002）等学者的发展与改进，它们与二语写作流利度截然不同，成为描述二语口语发展最为有效的一个维度。但在研究设计上，出国留学语境下的二语口语技能研究与二语写作研究类似，也可以分为出国留学前/后对比设计、与当地本族语者的对比设计以及与国内二语学习者的对比设计。以下将逐一进行介绍。

（一）无控制组的出国留学前、后对比研究

采用出国留学前、后对比设计的研究主要集中于二语口语流利度的研究，相关研究不仅涉及不同出国留学时长，也涉及不同母语背景的被试。值得注意的是，这其中还包括一位国内研究者针对中国外语学习者的研究（崔丹，2013）。总体上，上述研究较为清晰地揭示了二语口语流利度在出国留学语境下的发展概况，但针对其他几个 CAF 维度的研究仍然偏少，结论也并不完全一致。

1. 流利度

二语口语流利度指标较为丰富，一般包括速率、停顿、流畅性这三个子维度（具体介绍见本节第三部分）。在现有出国留学研究中使用的主要指标有：SPM（Syllables Per Minute，每分钟音节数）、AR（Articulation Rate，发音速率，指的是“在指定时间内所产生的总音节数，不包括停顿时间”）、SR（Speech Rate，话语速率，指的是“在指定时间内所产生的总音节数，包括停顿时间”）、MLR（Mean Length of Runs，平均句长，指的是“在×××秒以上停顿之间的平均音节数”）、LFR（Longest Fluent Runs，最长流利句长）、W/M、Pruned W/M（指“减去各种重复、错误启动、修正、母语使用之后的每分钟单词数”）、FP（Filled Pause，有声停顿）、UFP（Unfilled Pause，无声停顿）、FPPM（Filled Pauses Per Minute，每分钟有声停顿频率）、SPPM（Silent Pauses Per Minute，每分钟无声停顿频率）、FP + UFP/T（句后无声停顿与有声停顿的 T 单位百分比）、FP/T（每个 T 单位有声停顿次数）、MLP（Mean Length of Pause，平均停顿长度）、0.25 秒 PPT（Percent Pausing Time，0.25 秒及以上停顿占话语总时间之比）、0.25 秒 RAP（Rate of All Pauses，每 100 个音节中 0.25 秒及以上停顿次数）、0.5 秒 RMCP（Rate of Mid-Clause Pauses，每 100 个音节中 0.5 秒及以上句内停顿次数）、0.5 秒 RECP（Rate of End-of-Clause Pauses，每 100 个音节中 0.5 秒及以上句间停顿次数）、0.5 秒 RLP（Rate of Long Pauses，每 100 个音节中 0.5 秒及以上长停顿次数）、0.25～0.49 秒 RSP（Rate of Short Pauses，每 100 个音节中 0.25～0.49 秒短停顿次数）、RUFP（Rate of Unfilled Pauses，每 100 个音节中无声停顿次数）、RFP（Rate of Filled Pauses，每 100 个音节中有声停顿次数）、RR100（Rate of Repair，自我修正率。指每 100 个音节中的自我修正数，包括重复、替换、重述、错误启动）、OLWR（Other Language Word Ratio，非对象语单词比例）、W/C、W/T 等指标。

总体而言，二语学习者在出国留学 3～4 周及以上，与出国留学前相比，他们在二语口语流利度的速率子维度指标上就出现显著改善，在部分停顿、流畅性子维度的指标上表现差强人意。Llanes、Muñoz（2009）的研究以个人自传性问题以及图片故事任务作为口语测试任务，采用 SPM、FPPM、

SPPM、AR、LFR、OLWR 等 6 项指标测量二语口语流利度。出国留学 3～4 周后，24 名西班牙语/加泰罗尼亚语青少年（13～22 岁）被试在 SPM、AR、LFR、OLWR 这四项指标上出现显著改善，但在 FPPM、SPPM 两项停顿子维度指标上没有显著变化。研究结果还表明，二语语言熟练程度较低的学习者更有可能得到更多的提高。崔丹（2013）的研究发现，赴加拿大参加为期 4 周的出国留学项目后，7 名中国外语学习者在口语流利度的 W/M 指标上出现显著增长，但在 W/T[①] 指标上没有显著变化。Leonard、Shea（2017）的研究采用“描述个人经历”“讨论一个争论话题”“图片叙述”三项口语任务以及两项语言知识测量任务（语法与词汇）、两项语言加工任务（图片命名任务、图片句子匹配任务），数据分析的语料取自每项任务的第 5 秒至第 35 秒，二语口语流利度指标分别采用 AR、MLR、RR100、0.25 秒 PPT、0.25 秒 RAP、0.5 秒 RMCP、0.5 秒 RECP、0.5 秒 RLP、0.25～0.49 秒 RSP、RUFP、RFP、W/T[②] 等 12 项指标。研究发现，在赴阿根廷留学 3 个月后，39 名以英语为母语的美国大学生在口语流利度的每 100 个音节中 0.5 秒及以上句间停顿次数（0.5 秒 RECP）、每 100 个音节中 0.25～0.49 秒短停顿次数（0.25～0.49 秒 RSP）、自我修正率（RR100）这三项以外的所有指标上都出现显著改善。但也有一项研究发现二语学习者在短期出国留学后在二语口语流利度上并未取得显著进展。Robson（2015）的研究共进行了三次数据收集（每次测试间隔 3～4 周，前两次讨论任务的话题与班级相关，第三次任务选用被试想要和他们同伴交流的话题）。随机选取 10 分钟的样本进行分析。研究发现，在赴英国留学 9 周后，23 名来自亚洲的高水平二语学习者（其中 61% 是中国人）在口语流利度的 W/M、W/C[③] 指标上没有显著进展。

而出国留学时间在一学期及以上的研究中，二语学习者在口语流利度上的进展更为明显，研究结果也更为一致，在停顿子维度指标上也开始出现明显改善。Kim 等（2015）的研究发现，在赴中国参加一学期的出国留学项目

① 在该研究中 W/T 指标被视为句法复杂度指标。本书遵循研究惯例将其归为流利度指标。
② 在该研究中 W/T 指标被视为句法复杂度指标。本书遵循研究惯例将其归为流利度指标。
③ 在该研究中 W/C 指标被视为句法复杂度指标。本书遵循研究惯例将其归为流利度指标。

后，21 名以英语为母语者和 1 名西班牙语/英语被试在汉语口语流利度的 SR、FP、UFP、MLP 四项指标上都出现显著改善，表现为更快的口语速度和更短的停顿。Lennon（1990）基于二语口语流利度的 12 项测量指标和本族语教师的主观评分，研究发现，赴英留学 6 个月后，4 名德国大学生在 Pruned W/M、FP + UFP/T、FP/T 这三项指标上有显著改善。此外，主观评分同时表明，出国留学后二语学习者的口语明显更加流利。

在出国留学一年的项目中，二语学习者第一学期就在口语流利度上有显著改善。出国留学一年后在口语流利度上的主要变化体现在话语速度的提高以及停顿模式上的改变。Serrano、Tragant、Llanes（2012）的研究采用口头图片叙述任务，口语流利度为 SPM。研究发现，虽然 14 名西班牙语大学生出国留学时间为一年，但出国留学一学期就足以让二语学习者在口语流利度上显著增长。Towell、Hawkins、Bazergui（1996）的研究发现，赴法国留学一年后，英国大学生在 SR、AR、MLR 这些指标上明显改善。Towell（2002）的研究则发现初始二语语言水平较低的学习者在速率上提高最大，主要原因是他们调整了停顿的模式。而中等二语语言水平的学习者同样在停顿模式上发生了改变。

就二语口语流利度的指标体系而言，二语学习者口语流利度的改善更容易通过速率子维度的指标被观测到，在停顿子维度指标上的改变一般需要更长的出国留学时间。至于流畅性子维度，现有研究较少包括该方面的指标，目前几乎没有出国留学研究报告二语学习者在该方面曾出现明显进展。

2. 准确度

现有研究所采用的二语口语准确度指标主要包括 E/C、E/T、EFC、EFT、W/EFT、EFAS（Error-Free AS-unit Ratio，无错误话语单位之比。AS-unit 指的是“Analysis of Speech Unit”，一般定义为“单个说话者的话语单元，一般包含一个独立小句或次小句单元以及其他与之相关的从属小句”。参考 Foster 等，2000：365）、ASE（AS-unit Error Rate，每个话语单位的错误率）、E/M（Error Per Minute，每分钟错误数）、EPW（Errors Per 100 Words，每 100 个单词中的错误数）。与口语流利度不同，二语口语准确度的改善明显需要更长的出国留学时间。现有研究认为，需要一学期及以上的时间，出国留学语境才可能对二语学习者的口语准确度产生促进作用。Jensen、Howard（2014）基于三次半结构化访谈（每次间隔约为3个月）所收集的数据，研究发现，在出国留学一学年后，10名法国（英语专业）和8名中国（非英语专业）的二语学习者中，5名被试在准确度指标的EFAS指标上在三次访谈中一直保持增长，9名被试在E/C指标上一直保持递减，6名被试在ASE指标上一直保持递减。而如果仅仅计算第二次到第三次测试，则符合上述条件的被试分别有8名、16名、12名。较为明显的是，在第二学期更多的二语学习者在口语准确度上出现明显改善。Serrano、Tragant、Llanes（2012）的研究同样发现，在出国留学一学年内，只有在出国留学时间超过一个学期后，二语学习者在口语准确度的E/T指标上才可能得以提高。但目前仍有一些研究的结果与上述结论稍微有出入。Leonard、Shea（2017）的研究发现，在赴阿根廷留学3个月后，美国大学生在口语准确度的EPW指标上就出现显著改善。这似乎表明，即使出国留学时间稍微少于一学期，二语学习者在个别口语准确度指标上也可取得显著进展。

在出国留学时间少于3个月的情况下，二语口语准确度的提高不再那么明显。崔丹（2013）的研究发现，中国外语学习者在参加持续4周的夏季出国留学项目后，二语学习者在口语准确度的E/T、W/EFT指标上无显著变化，而EFT指标在出国留学后反而显著降低。Robson（2015）的研究发现，在赴英国留学9周后，在第三次测试时，来自亚洲的高水平二语学习者在口语准确度的E/M指标上相比第一次与第二次测试反而出现显著增长。作者认为这是由第三次口语任务类型不同造成的。唯一例外的是，Llanes、Muñoz（2009）的研究发现，在参加3~4周的出国留学夏季项目后，西班牙语/加泰罗尼亚语大学生在EFC、E/C、词汇错误（LE）这三项指标上出现显著改善，但在形态错误（ME）、句法错误（SE）、总体错误（CE，Covered errors。指不太准确或表达不当之处）上仍然没有显著变化。该项研究的结果明显不同于上述其他研究。究其原因，该研究24名被试中有11名在参加实验之前就已经出国留学过一段时间，这可能在一定程度上影响了口语准确度的结果。

就二语口语准确度指标体系而言，口语任务难度的不同可能会明显影响二语学习者在各项准确度指标上的表现。为了避免口语任务对相关指标的影响，研究者最好基于相同或类似的口语任务来测量二语学习者的口语准确度以保证数据的可比性。此外，Jensen、Howard（2014）等学者的研究表明，在出国留学一学年左右时，二语学习者在口语准确度的错误子维度、正确子维度上的表现并不十分一致。因而研究者需要考虑同时包括上述两个子维度以便更为准确地描述出国留学语境对二语学习者口语准确度的确切影响。

3. 句法复杂度

现有二语口语句法复杂度的指标包括 C/T、C/AS-unit（Clauses per AS-unit，每个话语单位的小句数）等。目前关于二语口语句法复杂度的研究不多，结论仍不明朗，该方面的少数研究在结论上相互冲突。崔丹（2013）研究发现，赴加拿大参加为期 4 周的夏季项目后，中国外语学习者在口语句法复杂度的 C/T 指标上皆无显著变化。但 Leonard、Shea（2017）的研究却发现，在赴阿根廷留学 3 个月后，美国大学生在句法复杂度的 C/T 指标上出现显著改善。上述结果表明，在短期出国留学语境下，C/T 指标的测量效度仍然待定。基于现有研究，研究者仍然无法确定二语口语句法复杂度是否在短期出国留学语境下有所提高。

在长期出国留学语境下，研究者依然面临类似的问题。Serrano、Tragant、Llanes（2012）的研究发现，在出国留学一学年后，西班牙二语学习者在句法复杂度的 C/T 指标上没有显著提高。但 Jensen、Howard（2014）的研究发现，在出国留学一学年后，18 名被试中有 8 名在句法复杂度的 C/AS-unit 指标的三次测试中一直保持增长。而从第二次测试到第三次测试，15 名被试保持增长。这表明在第二学期多数二语学习者在 C/AS-unit 指标上都有所提高。现有研究结论相互冲突，让研究者难以判断二语学习者的口语句法复杂度在长期出国留学语境下是否获得明显改善。

总体看来，C/T 指标是否可以准确反映二语口语句法复杂度，如何采用其他适当的指标来衡量二语学习者的口语句法复杂度，仍是出国留学口语研究中一个亟须解决的问题。如果研究者仅仅依靠 C/T 指标与前、后测对比的研究设计，关于二语口语句法复杂度的争论与猜测还会继续下去。

4. 词汇复杂度

二语口语词汇复杂度的指标主要包括 GI、VocD、Type、TTR 等。现有关于口语词汇复杂度的研究同样不多，研究总体发现，出国留学 3 个月或一学期左右，二语学习者就有可能在口语词汇复杂度的部分指标上取得明显进展。Leonard、Shea（2017）的研究发现，在赴阿根廷留学 3 个月后，美国大学生在词汇复杂度的 GI 指标上出现显著改善，但在 VocD 指标上没有显著变化。Kim 等（2015）的研究发现，在赴中国留学一学期后，二语学习者在词汇复杂度的 Type 指标上出现显著增长，但在 TTR 指标上却显著下降。Serrano、Tragant、Llanes（2012）的研究发现，出国留学一学年内，在一学期之后二语学习者就在词汇复杂度的 GI 指标上有显著增长。但相对于其他 CAF 维度的进展，二语学习者在词汇复杂度上取得的进展要小得多。研究还发现，对目的语有较为正面的看法，且和当地本族语者有较多语言接触的，获益更多；而认为目的语更为复杂的，在词汇复杂度上表现更好。

就二语口语词汇复杂度而言，目前关于该方面的研究仍然极为缺乏，且各项研究用来测量口语词汇复杂度的指标也不多。如前所述，由于 GI 指标并不区分常用高频词与低频词，因而对二语学习者的语言水平不太敏感。在将来的研究中，研究者需要将二语写作研究中常用的 AG1K 等指标纳入考察范畴，由此不仅可以更好地并行测量二语学习者在词汇复杂度上的增长，也可以同时检验 GI 指标面向不同二语语言水平群体的效度。

（二）与当地本族语大学生对比的研究

与写作研究一样，以当地本族语大学生作为控制组的研究设计全部来自西班牙的“出国留学语言习得项目”（SALA）（Valls-Ferrer，2008；Mora，2008；Avello，Mora，Pérez-Vidal & Fabra，2012；Pérez-Vidal，Juan-Garau & Mora，2011；Mora & Valls-Ferrer，2012；Pérez-Vidal，Juan-Garau，Lara，2014）。被试都为第一学年在国内完成英语教育的西班牙语/加泰罗尼亚语大学生。他们以英语为第三语言，是高水平的英语学习者。而以另一种外语作为第四语言。所有被试的专业为翻译，在大学期间他们被要求前往一个以英语为母语的国家完成 3 个月的出国留学任务。口语数据的收集采用半结构化访谈方式，话题主要与大学生活相关。被试组成一对，首先，其中一个被试作为访谈者，一次询问一个问题。而另一个被试作为被访谈者，对每个问题进行回答。在完成一轮访谈后，交换角色。而分析数据则完全来自被试对访谈问题的回答。问卷被用来收集被试的背景信息、个体变量以及出国以后的语言接触情况。数据收集时间同写作研究。在以下综述中，除了CAF维度之外，本书还包括了关于口语语音的出国留学研究。

1. 流利度

现有研究发现，在出国留学3个月后，西班牙二语学习者在流利度上仍然明显不敌当地本族语大学生。但与出国留学前相比，二语学习者在流利度上总体出现较为显著的改善。Mora、Valls-Ferrer（2012）的研究发现，在T3（出国留学3个月后，大二第一学期）时与本族语大学生相比，二语学习者在口语流利度的SR、AR、MLR、PTR、PF（这里指句内停顿）[①]、PR（Pause Time Ratio，句内停顿时间与总时间之比）、DysR等7项指标上仍然显著劣于本族语大学生。而T2（大一第一学期期末）与T3相比，二语学习者在所有指标上都出现显著改善，但T1（大学入学时）与T2相比，所有指标都没有显著变化。而采用不同流利度指标（W/C、W/M），Pérez-Vidal等（2012）的研究发现类似的结果。他们的研究发现，无论是在T1、T2还是T3阶段，本族语大学生在W/M指标上都显著优于二语学习者，但两组在W/C指标上都没有产生显著差异。出国留学后，二语学习者仅在W/M指标上出现显著改善。Lara（2014）的研究发现，与当地本族语大学生相比，无论是在出国留学前还是在出国留学后，出国留学6个月的非英语专业二语学习者、出国留学3个月的翻译专业二语学习者在流利度的SR、Pruned SR这两项指标上都显著劣于本族语大学生；两个出国留学组相比，在出国留学前，出国留学6个月的非英语专业组在流利度两项指标上都显著优于出国留学3个月的翻译专业组。而在出国留学后，非英语专业组仅在流利度的SR指标上仍显著优于翻译专业组，在Pruned SR上虽然仍稍微高于翻译专业组，但没有显著效应；而从各组来看，出国留学3个月的翻译专业组在流利度的两个指标上都出现显著提高，但出国留学6个月的非专业组在出国前后没有显著变化。两组合并后，与出国前相比，二语学习者在流利度的两个指标上

① 她们对PR、PTR的定义与多数学者不同，为避免混乱，此处已将其改为标准名称。

同样出现显著改善。

但个别研究却发现，出国留学 3 个月后，二语学习者在部分口语流利度指标上已经与当地本族语大学生区别不大。Valls-Ferrer（2008）的研究采用 SR、MLR、AR、PTR（Phonation Time Ratio，发声时间。指“在一定时间内说话所占的时间比”）、PF（Pause Frequency，停顿频率。指“每分钟 0.4 秒以上停顿数”）、PDR（Pause Duration Ratio，平均停顿时长。指“每次 0.4 秒以上停顿的平均时长”）、IPDR（Internal Pause Duration Ratio，平均句内停顿时长。指“每次 0.4 秒以上句内停顿的平均时长”）、DysR（Dysfluency/Minutes，不流畅度。指“每分钟重复、错误启动、修正等不流畅总数”）等 8 项指标测量二语口语流利度。研究发现，与当地本族语大学生相比，30 名西班牙二语学习者在 T1 时，在上述所有指标上都显著劣于本族语大学生；在 T2 时，仅仅在 SR、PF 指标上与本族语大学生无显著差异；但在 T3 时，二语学习者却仅在两项时间子维度指标（MLR、AR）、一项停顿子维度指标（PDR）上显著劣于本族语者。此外，二语学习者在 T3 时的口语流利度显著优于 T1、T2 时，所有时间子维度指标（SR、MLR、AR、PTR）都显著上升，而所有停顿子维度、流畅性子维度指标（PF、PDR、IPDR、DysR）都显著下降。但 T2 与 T1 相比，在所有指标上都没有显著变化。由上述结果可知，Valls-Ferrer（2008）的研究结果基本与其他研究相互印证，但在本族语大学生与出国留学的二语学习者的对比上，其结果显然不同于其他研究。鉴于他们的研究在 T3 比较时所观察到的不同主要集中于停顿、流畅性子维度，在 PF、PDR、IPDR、DysR 四项指标中，PF、IPDR、DysR 这三项在 T3 时都与本族语大学生没有显著差异。此外，在其研究中，他们采用了“0.4 秒以上”作为停顿的阈值。较为可能的是，西班牙二语学习者在停顿模式上已经与本族语大学生的区别不大，两者的主要区别仍然在速率子维度上。

2. 准确度

关于二语口语准确度的研究发现，出国留学 3 个月后，西班牙二语学习者在口语准确度上仍然显著劣于本族语大学生。但在口语准确度的部分指标上，与出国留学前相比，二语学习者取得显著改善。Pérez-Vidal、Juan-Garau、Mora（2011）的研究采用角色扮演任务（通过双向协商来解决问题），准确度指标采用 E/T、E/C。研究发现，二语学习者在 T1、T2、T3、T4（15个月后）四个时间点上的准确度指标上都显著劣于本族语大学生。虽然被试在 T3、T4 时在准确度上的表现接近目的语形式，但仍与本族语大学生相差甚大。此外，T3（出国留学后）与 T1 相比，二语学习者在 E/T、E/C 指标上都出现显著下降，在 15 个月后的后测（T4）中，这种准确度的改善仍然显著。Mora、Valls-Ferrer（2012）的研究发现，在 T3 时二语学习者在口语准确度的 EFAS、E/AS 指标上都显著劣于当地大学生。此外，出国留学 3 个月后，二语学习者在口语准确度的 EFAS 指标上出现显著改善，但在 E/AS 指标上却没有变化。Pérez-Vidal 等（2012）的研究发现，无论是在 T1、T2 还是 T3 阶段，二语学习者在口语准确度的 E/C、E/W 指标上显著劣于本族语大学生。出国留学后，二语学习者在 E/C、E/W 指标上出现显著改善。Lara（2014）的研究发现，无论是在出国留学前还是在出国留学后，出国留学 3 个月的翻译专业组、出国留学 6 个月的非英语专业组在准确度的 E/AS、E/C 两项指标上都显著劣于当地本族语大学生；将出国留学的两组进行对比后发现，在出国留学前，两组在口语准确度上没有显著差异，但在出国留学后，翻译专业组在准确度的 E/AS 指标上明显优于非英语专业组（达到边际效应）；而组内对比发现，在出国留学前、后，除翻译专业组在准确度的 E/AS 指标上出现显著改善外，两组在总体上、在各自的其他指标上都没有显著变化。

总体看来，出国留学 3 个月应该对西班牙二语学习者的口语准确度产生了一定的促进效应。但同样较为明显的是，这种效应仍然较为微弱，只能通过适当的指标才能够观察到。根据先前研究的结果，Pérez-Vidal 等学者所使用的二语口语准确度指标可能具有不同的测量敏感性，其测量敏感性由大到小的可能排序是：EFAS、E/AS、E/C（E/T、E/W）。在将来的研究中，需要进一步验证上述指标的可能效度。

3. 句法复杂度

在二语口语句法复杂度上，研究的结果并不十分一致。即使在 C/AS（Clause to AS-unit ratio，每个话语单元的小句数）这个相同指标上，两项研究发现本族语大学生的表现显著优于二语学习者，但另有一项研究没有发现两者之间存在差异。而出国留学后二语学习者是否在句法复杂度上有所提升也同样难以下定论。Pérez-Vidal 等（2012）的研究发现，无论是在 T1、T2 还是 T3 阶段，二语学习者在口语句法复杂度的 C/AS 指标上都显著劣于本族语大学生。在出国留学后，二语学习者在 C/AS 指标上出现显著改善。Mora、Valls-Ferrer（2012）的研究发现，在 T3 时二语学习者在句法复杂度的 C/AS、MLAS（Mean Length of AS unit，每个话语单元的单词数）这两项指标上都显著（或存在边际效应）劣于当地本族语者。出国留学后在句法复杂度上并没有显著改善。但 Lara（2014）的研究却发现，无论出国前后，二语学习者在口语句法复杂度的 W/AS、C/AS、SubC/AS（Subordinate Clauses per AS-unit，每个话语单元的从属小句数）这三项指标上，两组与当地本族语大学生的表现都没有差异。而在 CoordC/AS（Coordinated Clauses per AS-unit，每个话语单元的并列小句数）指标上，在出国留学前以及出国留学后，翻译专业组的得分反而显著高于当地本族语者。此外，在出国后，与出国前相比，出国留学 3 个月的翻译专业组、出国留学 6 个月的非专业组在各项指标上都没有任何显著改善。而两组之间对比发现，非英语专业组在出国留学前的 SubC/AS、C/AS 指标上要显著（或存在边际效应）优于翻译专业组，但在出国留学后，两组没有显著差别。

总体而言，现有二语口语句法复杂度的指标同样存在一定的效度问题。由于指标效度的不确定性以及研究的匮乏，研究者目前无法判断出国留学 3 个月后二语学习者是否在句法复杂度上出现明显的提升。而他们与本族语者的差异可能需要更为适当的指标、更长的出国留学时长方有可能观察到。

4. 词汇复杂度

二语口语词汇复杂度与句法复杂度的情况较为相似。目前研究的结果相互冲突，且部分研究反而在 GI 指标上发现二语学习者在出国留学前后皆显著优于本族语大学生。二语学习者出国留学后在各项研究的 GI 指标上的表现也非常不一致。Mora、Valls-Ferrer（2012）的研究发现，在 T3 时，二语学习者在口语词汇复杂度的 GI、LWR（Lexical Word Ratio，实词占总单词数之比，参见 Robinson，1995）这两项指标上都显著劣于本族语大学生。而在出国留学后，他们仅仅在 LWR 指标上有显著改善。Pérez-Vidal 等（2012）

的研究发现，无论是在 T1、T2 还是 T3 阶段，当地本族语者在口语复杂度的 GI 指标上都显著优于二语学习者。而在出国留学后，二语学习者在 GI 指标上出现显著改善。Lara（2014）的研究发现，无论是出国留学前还是出国留学后，翻译专业组在口语词汇复杂度的 GI 指标上的得分都显著高于当地本族语大学生，而非英语专业组在出国留学前的得分显著高于本族语者，在出国留学后相对于本族语者的优势存在边际效应。此外，与出国留学前相比，二语学习者出国留学后在 GI 指标上反而有所降低（达到边际效应）。

以上研究结果表明，GI 指标确实存在较大的效度问题，这可能与该指标并不区分高频词与低频词的使用有关。因而在将来的研究中，需要将 AG1K 这种已经剔除了最常用 1000 个单词的指标纳入考察范围，并与 GI 指标进行对比分析。

5. 口语语音

总体而言，出国留学 3 个月并不能提高二语学习者的语音感知能力与语音产出的精确性。但在出国留学后，发音错误减少，外国口音程度也有所降低。但与当地本族语大学生相比，仍然存在显著的劣势。Mora（2008）采用“听力辨别分类”（Categorial AX Auditory Discrimination Test）听觉任务，按“最小配对法”（Minimum Pair）方式呈现单词（包含 9 类音位。元音 5 类，辅音 4 类，每类各 12 对。如松元音/紧元音、前元音/后元音、轻音/浊音），考察了 25 名西班牙二语学习者出国留学 3 个月后在英语音位感知上的情况。考虑到西班牙语中不爆破塞音（/p/、/t/、/k/）的 VOT（Voice Onset Time，发音起始时间，参见图 1－1）一般为 0～30 毫秒，要短于英语相同音位（一般为 40～80 毫秒）［参见 Flege 等 1998，转引自 Mora，2008。而按照 Lisker、Abramson 的研究，/p/ = 58ms，/t/ = 70ms，/k/ = 80ms］，他们还采用塞音朗读任务来考察出国留学后二语学习者在塞音 VOT 上的变化情况。任务要求被试朗读段落并录音，仅仅对目标音位（7 个/p/、6 个/t/、2 个/k/）进行分析，VOT 数值自送气开始（release burst）计至代表声带振动的第一个垂直栅格结束。音位感知的结果表明，二语学习者在 T2 时显著优于 T1，但在出国留学后（T3）与 T2 以及 T3 和 T4，并不存在显著差异；塞音 VOT 的结果同样表明，二语学习者在 T1、T2、T3 时的差别并不显著，在 T4 时 VOT 反而显著短于其他时间点。但研究证实，西班牙语/加泰罗尼亚语双语学习者与所期望的那样，在塞音的 VOT 数值（平均值为 36.60～40.11 毫秒）上比西班牙语中的相同音位要长，但比典型的英语音位要短。

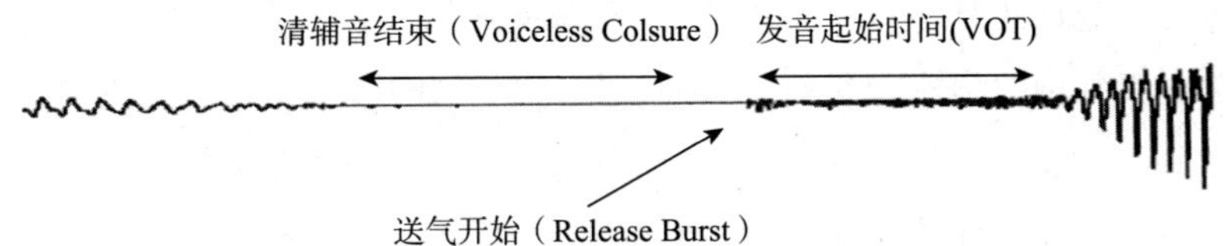

图 1－1　清辅音塞音（/p/、/t/、/k/）的 VOT 波形图
（改编自 Zampini、Green，2001）

Avello、Mora、Pérez-Vidal、Fabra（2012）的研究采用朗读任务，要求 23 名出国留学的二语学习者与 6 名英语本族语大学生分别先默读一遍，然后大声朗读"The North Wind and the Sun"（共 114 个单词，为标准英国英语版本，Roach，2004）这篇文章，并在阅读完成后回答一个与内容相关的问题。数据统计了"发音错误总数"（包括删除、插入、替换、重音错位等错误）、"外国口音"（由 37 名高水平的非本族语者来评估录音是否具有明显的外国口音）、"区别分数"（上述 37 名评分者判定被试前/后测中哪一个样本更接近本族语者的发音，并同时给出判定信心分数）。研究结果表明，出国留学后，二语学习者的发音错误显著减少。但在外国口音上，二语学习者的前后测得分没有显著差异，并显著劣于本族语者的得分。而在区别分数上，23 名被试中 11 名的后测得分被判定高于前测得分，表明出国留学后仅一半左右的被试在发音上更接近本族语者的发音。

（三）以国内二语学习者为对比组的研究

本书将首先介绍出国留学组与国内二语学习组的对比研究结果，然后介绍一些组内比较的结果。还有部分研究仅仅聚焦于音位或外语口音的变化（Stevens，2001；Højen，2003；Díaz-Campos，2004；Díaz-Campos，2006；Stevens，2011；Muñoz & Llanes，2014），由于它们部分反映了出国留学语境对语音正确性的影响，因而也将其包括在内。

1. 二语写作技能的综合情况

在基于总体评分的研究中，出国留学一学期后，出国留学组在口语技能评分上显著优于国内二语学习组。此外，仅出国留学组会在出国留学前后的对比上取得显著进展，国内二语学习者的进展并不明显。Hernández（2010b）的研究发现，在赴西班牙留学一学期后，出国留学组（20 人）在口语技能评分上显著优于国内二语学习组（24 人），出国留学组中 80% 的学生提升到更高一级水平，而国内二语学习组仅 25% 的学生有类似进步。Jochum（2014）的研究发现，在赴秘鲁留学一学期后，出国留学组（9 人）在口语熟练程度上显著优于在美国国内的二语学习组（9 人），且仅出国留学组的后测显著优于前测。按照 Magnan、Back（2007）等学者的编码方案，出国留学组在口语技能上的提高超过了一个水平级，而国内二语学习组的提升则不到一个水平级。此外，Freed、So、Lazar（2003）的研究也发现，在赴法国留学一学期后，二语学习者（15 人）在语速以及语言熟练程度的后测上显著优于出国留学前，但国内二语学习组（15 人）没有显著变化。

而基于口语语料分析，一些研究发现，在出国留学一学期后，出国留学组与国内二语学习组会在句法的各个方面出现明显的差异。总体上国内二语学习组在语法准确度与词汇复杂度这些具体指标上的得分比出国留学组更高，但出国留学组在叙事能力、话语信息密集度这些综合技能表现上优于国内二语学习组。Collentine（2004）的研究基于二语学习者的口语语料片段（各 2 分钟，分别选择第 7 ~ 8 分钟与第 12 ~ 13 分钟）分析了语法准确度的系动词（西班牙语中两个系动词“ser/estar”的使用）、介词、宾格代词、并列连词、从属连词、动词现在式、动词过去式、虚拟语气、陈述语气、人称（Person Accuracy，包括动词与代词）、形容词复数形式、代词复数形式、动词复数形式、形容词阴性形式（Feminine-Adjective Accuracy）、代词阴性形式（Feminine-Pronoun Accuracy）、并列小句总数、从属小句总数等 17 类指标以及词汇复杂度的动词、名词、形容词、介词、副词、连词、代词等 7 类指标（按照每 1000 个单词中的型符比例计算）。研究发现，在赴西班牙留学一学期后，语法准确度的 5 项指标（系动词、动词现在式、陈述语气、从属连词、从属小句总数）可以显著区分出国留学组（26 名）与在美国国内的二语学习组（20 人）。但国内二语学习组在这 5 个指标上的增长更快，出国留学经历并未显著提高二语学习者的总体语法能力。在词汇复杂度上可以显著区分两组的指标为：形容词、名词，国内二语学习组在形容词与名词的产出比例上比出国留学组更高，但出国留学组的“叙事能力”（Narrative Abilities，通过对动词过去式等 5 项相关指标的加总计算得来，参见 Collentine，2004：241）显著高于国内二语学习组。在“话语信息密集度”（Informationally Rich Discourse，通过对名词、形容词等 5 项相关指标的加总计算得来，参见 Collentine，2004：243）上，出国留学组也显著高于国内二语学习组，这表明出国留学组在语义密集词汇的产出上可能比国内二语学习组更流利。

2. 流利度

现有研究发现，出国留学一学期及以上，出国留学组会在多种口语流利度上显著超越国内二语学习组。而与出国留学前相比，出国留学组也会在口语流利度后测上取得显著改善。Segalowitz、Freed（2004）的研究发现，出国留学一学期后，出国留学组（22 人）在口语流利度的 SR、MLR2（不包括有声停顿）、话轮数上均显著优于国内二语学习组（18 人）。但两组在 MLR1（不包括 0.4 秒以上的无声停顿）、LFR（不包括有声或无声停顿的最长句长）、总字数（Total Words）、总时长（Duration）等 4 项指标上没有显著差异。与出国留学前相比，出国留学组在 SR、MLR2、LFR 等 3 项指标上都有显著改善，而国内二语学习组在所有指标上都无显著提高。此外，出国留学组中有 12 名被试在二语口语技能上取得显著进步，但国内二语学习组仅 5 名被试有所增长。而被试课堂外的二语语言接触与流利度的提高并不显著相关。

若出国留学时间短于一学期，出国留学语境对二语口语流利度的促进效应则难以确定。Freed、Segalowitz、Dewey（2004）采用类似 OPI 时长为 15 ~ 30 分钟的访谈，从前后测中提取 2 分钟（第 7 分钟与第 12 分钟，由此前、后测分析数据各为 2 分钟）进行分析。口语流利度被具体分为 SR、MLR1（无 0.4 秒以上的停顿）、MLR2（无有声停顿）、MLR3（无重复、部分重复或错误启动）、MLR4（无修正）、LFR 等 6 项指标，此外还增加了可以描述一般流利度的 3 个指标：W（总字数）、DST（Duration of Speaking Time，在 2 分钟内的说话时长）、LT（Longest Turn，在 2 分钟内的最长话轮，以单词数计算）。研究结果发现：在赴法国留学 11 周后，出国留学组（8 人）没有任何显著进步。在美国国内的二语学习组（8 人）仅在 MLR4 上有显著退步，国内夏季强化学习组（持续时间为 7 周，12 人）则在 W、LT、SR、MLR3、LFR 等 5 项指标上进步显著，他们未对组间进行比较。但也有研究发现与之相反的结果。Serrano、Llanes、Tragant（2011）采用图片叙事任务，研究发现，在赴英国留学分别达 15 天、2 个月后，在 15 天时，出国留学组（25 人）在口语流利度的 Pruned SPM（在数据中删除重复、错误启动、修正以及母语使用等误用情况）指标上与国内强化学习组（43 人）没有显著差别。但在 2 个月后，出国留学组在该指标上显著高于国内半强化学习组（12 人）。值得注意的是，强化学习语境与半强化学习语境的二语平均学习时间都为 80 个小时。

而就儿童被试而言，他们在出国留学语境下的增益比成人明显要快一些。在出国留学 2～3 个月后，即可观察到出国留学儿童组相对于国内二语学习组的显著优势。而与出国留学前相比，仅出国留学组在后测时会出现显著改善，且这种改善具有持续性。Llanes（2012）采用图片叙事任务，要求被试在准备 1 分钟后完成看图任务。研究发现，在赴爱尔兰留学 2 个月后，西班牙双语儿童（11 岁左右，共 16 人，14 男 2 女）中的出国留学组（9 人）在后测（出国留学后当周）的口语流利度 Pruned SPM 指标上显著优于国内二语学习组（7 人）。此外，与前测（出国留学前 1 周）相比，出国留学组后测出现显著改善，而国内二语学习组并不显著。在延迟测试（留学回来 12 个月后）上，出国留学组的流利度虽低于后测，但仍显著高于前测。这表明出国留学对口语的影响是长期、持续的。Llanes、Muñoz（2013）的研究发现，在出国留学 2～3 个月后，出国留学儿童组（39 人）、出国留学成人组（46 人）在口语流利度的 Pruned SPM 指标上都显著优于出国留学前，而国内二语学习儿童组（34 人）、国内二语学习成人组（20 人）没有显著变化。按该指标值进行由高到低排序依次为：出国留学儿童组、出国留学成人组、国内二语学习成人组、国内二语学习儿童组。

3. 准确度

关于二语口语准确度的研究不多。出国留学 2~3 个月后，出国留学儿童组在准确度上会显著优于国内二语学习组，但出国留学成人组却无法在口语准确度上显著超越国内二语学习组。此外，与出国留学前相比，出国留学儿童组会在后测上出现显著改善。Llanes（2012）的研究发现，在赴爱尔兰留学 2 个月后，西班牙双语儿童出国留学组在后测（出国留学后当周）的口语准确度的 EFT/T 指标上显著优于国内二语学习组。此外，与前测（出国留学前 1 周）相比，出国留学组在后测时出现显著改善，而国内二语学习组并不显著。在延迟测试（留学回来 12 个月后）上，出国留学组显著低于后测，出现明显的退步。Llanes、Muñoz（2013）的研究发现，出国留学 2~3 个月后，出国留学儿童组在口语准确度的 E/T 指标上显著优于出国留学前，而出国留学成人组、国内二语学习儿童组、国内二语学习成人组没有显著变化。按该指标值进行由高到低排序依次为：出国留学儿童组、国内二语学习成人组、出国留学成人组、国内二语学习儿童组。Serrano、Llanes、Tragant（2011）的研究发现，在赴英国留学分别达 15 天、2 个月后，出国留学组在口语准确度的 E/T 指标上与国内强化学习组（15 天）、国内半强化学习组（2 个月）之间没有显著差别。

由于缺乏相关研究，目前研究者对于出国留学成人组在口语准确度上的变化知之甚少。基于现有研究结果，一个合乎逻辑的推测是：它应该只会在出国留学一学期及以上后才有可能被观察到。

4. 句法复杂度

关于口语句法流利度的研究结果与准确度较为类似。出国留学 2~3 个月后，出国留学儿童组在句法复杂度上的提高显著优于国内二语学习组，且仅出国留学儿童组会在后测上取得显著改善。对于成人组而言，在上述出国留学时长内无法观察到类似的改善。Llanes（2012）的研究发现，在赴爱尔兰留学 2 个月后，西班牙双语儿童中的出国留学组在后测（出国留学后当周）的口语句法复杂度 C/T 指标上显著优于国内二语学习组。此外，与前测（出国留学前 1 周）相比，出国留学组在后测时出现显著改善，而国内二语学习组并不显著。在延迟测试（留学回来 12 个月后）上，出国留学组的流利度虽低于后测，但仍显著高于前测。Llanes、Muñoz（2013）的研究发现，出国留学2~3个月后，出国留学儿童组在口语句法复杂度的C/T指标上显著优于出国留学前，而出国留学成人组、国内二语学习儿童组、国内二语学习成人组没有显著变化。按该指标值进行由高到低排序依次为：国内二语学习成人组、出国留学成人组、出国留学儿童组、国内二语学习儿童组。Serrano、Llanes、Tragant（2011）的研究发现，在赴英国留学分别达15天、2个月后，出国留学组在口语句法复杂度的C/T指标上与国内强化学习组（15天）、国内半强化学习组（2个月）之间没有显著差别。

相对而言，学习二语的儿童在出国留学语境下明显改善更为迅速。但就口语句法复杂度的C/T指标而言，与流利度、准确度不一样的是，出国留学儿童组在该指标上并未超过出国留学语境或国内二语学习语境下的成人组。这进一步表明句法复杂度的C/T指标对不同的二语学习者群体具有一定的区分度，而且它在较短的二语学习时间内相对较为稳定，不易发生较为显著的变化。

5. 词汇复杂度

二语学习者在出国留学仅2~3个月后，在口语词汇复杂度的GI指标上的表现就显著高于国内二语学习者。与出国留学前相比，仅出国留学组出现显著的改善。Serrano、Llanes、Tragant（2011）的研究发现，在赴英国留学15天后，出国留学组在口语词汇复杂度的GI指标上与国内强化学习组没有显著差别。而在2个月后，在口语流利度以及词汇复杂度指标上显著高于国内半强化学习组。在儿童组也有类似的发现。Llanes（2012）的研究发现，在赴爱尔兰留学2个月后，西班牙双语儿童出国留学组在后测口语词汇复杂度的GI指标上显著优于国内二语学习组。此外，与前测相比，出国留学组在后测时出现显著改善，而国内二语学习组并不显著。在延迟测试（留学回来12个月后）上，出国留学组虽低于后测，但仍显著高于前测。Llanes、Muñoz（2013）的研究发现，出国留学2~3个月后，出国留学儿童组在口语词汇复杂度的GI指标上显著优于出国留学前，而出国留学成人组、国内二语学习儿童组、国内二语学习成人组没有显著变化。按该指标值进行由高到低排序依次为：出国留学成人组、国内二语学习成人组、出国留学儿童组、国内二语学习儿童组。

与口语句法复杂度的 C/T 指标相似，针对不同的二语学习者群体，二语口语词汇复杂度的 GI 指标的区分度较为明显。成人组在 GI 指标上的表现总体高于儿童组。

6. 口语语音

在口语音位的发音准确度方面，现有研究发现，即使二语学习者出国留学一学期左右，也难以在总体音位发音准确度上出现显著改善。Díaz-Campos（2004）采用朗读任务，目标音位分为词首塞音（如/p/、/t/、/k/）、元音间摩擦音（如/β/、/δ/、/ɣ/）、词尾边通音（如/l/）、硬腭鼻音（如/ɲ/）四类，共 60 个词。他们分析了二语学习者在上述单词中正确发音（接近目的语）的频次。研究发现，在赴西班牙留学一学期后，26 名出国留学的二语学习者与 20 名在美国国内学习的大学生在词首塞音、词尾边通音上的进步相同，在元音间摩擦音上都无任何改进，在硬腭鼻音上具有很高的准确度。研究并未发现出国留学语境对上述四类音位发音准确度有任何影响，而正式外语教学的时间、语言接触情况可以预测各种音位的发音准确度。在此基础上，Díaz-Campos（2006）结合 Collentine（2004）的访谈语料，基于上述四类音位的发音情况，分析了语境（国内学习、国外学习）、语言形式（朗读、对话）对发音的影响。研究发现，无论是国内二语学习组还是出国留学组，在对话形式中的元音间摩擦音之外的三类音位上，都倾向于使用更接近目的语的形式，且出国留学组在对话形式中的发音准确度总体比国内二语学习组表现得更好。

但出国留学语境对某些具体音位的发音准确度确实存在正面影响，且出国留学时长越长越明显。Stevens（2011）采用句子朗读任务，目标音位为/i/、/u/、/a/、/e/、/o/这 5 个元音（单词都为双音节，元音位于词尾、区分重音与轻音、每类出现四次）。采用 Speech Analyzer 软件分析每个元音的 VOT 时长（从声带振动开始，到最后的声门脉波结束）。研究发现，在赴西班牙留学 4 周后，11 名美国二语学习者在 VOT 时长上总体出现了显著降低，更接近西班牙本族语者（6 名）的发音。具体而言，他们仅仅在/i/、/u/、/a/这三个元音的 VOT 时长上出现了显著降低，在/e/、/o/这两个元音上虽然降低但不显著。但国内二语学习组在 VOT 时长上总体没有显著差别，仅在/i/这个元音上出现显著下降，在/u/、/e/、/o/、/a/这四个元音上没有显著改善。和本族语者相比，两组在 VOT 时长上都显著低于本族语者。若根据本族语者的最大 VOT 时长（/i/为 155ms、/u/为 161ms、/e/为 174ms、/o/为 166ms、/a/为 195ms），将相关数据进行“正确”与“错误”分类后，发现“是否为重音”（非重音更为准确）、“西班牙语电视观看时间”（越多越准确）、“英语在口语中的使用”（越少越准确）可以预测出国留学组的表现，而“是否是重音”（非重音更为准确）、“西班牙语教学时间”（4 年以上更准确），可以预测国内二语学习组的表现。此外，Stevens（2001）的研究也发现出国留学的美国成人二语学习者在西班牙语的清辅音/p/、/t/、/k/的送气特征上有所改善，而国内二语学习者却没有任何变化。此外，音位发音准确度与出国留学时长存在正相关，出国留学时间为 16 周的群体在音位发音准确度上的得分要好于出国留学 7 周的被试。

在外国口音方面，出国留学 3 个月及以上，就有可能为二语学习者带来较为明显的改善。而儿童组的表现总体优于成人组。Højen（2003）的研究发现，在赴国外工作或学习 3～11 个月后，丹麦成人组在外国口音上明显更为中性，而国内二语语境下的控制组在该方面没有任何改善。作者将此结果归因于出国留学语境下被试群体可以接收到更多的语言输入。Muñoz、Llanes（2014）采用半结构化访谈、图片描述任务以及语言接触问卷，测试时间为出国留学前一周与出国留学回国后一周（成人组则为 3 个月后）。被试包括出国留学儿童组（13 人）、国内二语学习儿童组（15 人）、出国留学成人组（15 人）、国内二语学习成人组（12 人）。28 名本族语者按 7 分制 Likert 量表对所有被试口语任务的前 20 秒（删去错误启动、重复，并将 4 秒以上的停顿减半）进行外国口音评分。研究发现，出国留学 3 个月后，出国留学组的得分显著高于国内二语学习组，但年龄主效应不显著，年龄与语境的交互作用不显著。此外，出国留学儿童组的进步最大，其次是出国留学成人组，再次为国内二语学习儿童组，最后为国内二语学习成人组，但在统计上都不显著。出国留学儿童组和本族语者进行交谈的时间比成人组更多。

（四）小结

综上所述，现有基于自报数据的研究表明：出国留学一学期后，出国留学组在口语技能总体上显著优于国内二语学习组。上述结果雄辩地证明，在出国留学一学期后出国留学组相对于国内二语学习组的这种优势就可以明显地被人们觉察到。而为了探索这种可感知的优势具体体现在何处，基于 CAF 维度的研究发现，二语口语流利度在 3～4 周就极有可能出现显著差异，主要体现在口语速率相关指标值的提高与停顿模式上的明显改变；而口语准确度与词汇复杂度的提高则往往需要一个学期及以上；在二语口语句法复杂度上的结论却较为扑朔迷离，由于现有研究较少，指标过于单一，研究者尚未就此达成一致意见。

关于西班牙 SALA 项目的系列研究表明，在出国留学 3 个月后，出国留学语境比国内二语学习语境更有利于二语学习者向目的语的语言形式靠近。出国留学语境对口语流利度的影响尤为明显，主要体现在速率子维度上各项指标值的提高，而在停顿子维度各项指标值上的改善较少。对准确度的影响则主要体现在错误率的降低，但它对口语准确度的影响仍不太稳定。相对而言，出国留学语境对口语句法复杂度与词汇复杂度的影响尚不清晰，现有研究或因指标效度问题，或因二语学习者语言水平问题，在结果上并未达成一致。此外，研究还表明，出国留学语境有助于外国口音的改善以及口语发音错误的减少。

而现有组间比较的结果则表明，出国留学一学期左右，成人组与儿童组的二语学习者在口语流利度与词汇复杂度上都显著优于他们各自对应的国内二语学习组。但在口语准确度、句法复杂度上，仅出国留学儿童组才可能显著优于国内二语学习组，成人组在出国留学语境下未能出现类似的显著优势。总体而言，与出国留学前相比，出国留学组在多数情况下会出现一定的改善。

二　出国留学语境下影响口语发展的主要因素

从上述研究可以看出，出国留学经历并非对所有二语学习者的口语技能都有明显的促进作用。总体看来，影响出国留学语境下口语发展的因素较多，而较为明确的是，被试的出国留学时长、初始语言水平、认知能力、语言接触情况等因素都会影响最终的二语口语发展情况。

（一）出国留学时长

出国留学多长时间就可以促进二语口语技能的发展？这一直是研究者们关

注的首要问题。对于青少年二语学习者而言，这个时间是 3 ~ 4 周。Llanes、Muñoz（2009）的研究表明，短期出国留学 3 ~ 4 周后，青少年学生在口语流利度、准确度和听力上出现显著改善。而更让研究者关注的是，Llanes、Muñoz（2009）的研究还发现，即使一周的出国留学时长间隔（出国留学 3 周或 4 周）也可以显著预测出国留学组在口语流利度 SPPM 指标上的增长情况。但对于成人大学生而言，这个时间需要延长到 6 周。Allen、Herron（2003）的研究发现，出国留学 6 周后，学习法语的美国大学生在口语流利度上得到显著提升。但 Llanes、Serrano（2011）的研究却发现，西班牙大学生分别出国留学 2 个月、3 个月，这一个月的差异并不能让两组在口语流利度（SPM）、准确度（E/T）、句法复杂度（C/T）、词汇复杂度（GI）上产生任何显著差异。上述研究结果表明：出国留学语境可以在较短的时间内对二语口语流利度产生积极的影响。但总体看来，即使站在同一起跑线上，年龄较小的青少年也比成人大学生更容易到达终点。

此外，与上述写作研究类似，出国留学时间越长，二语学习者获益越多。Stevens（2001）的研究发现那些出国留学时间为 16 周的二语学习者在发音准确度上的得分要好于那些出国留学 7 周的被试。Dwyer（2004）的研究则发现，与出国留学一个学期相比，出国留学一学年会让被试的二语水平更加接近目的语，且更有可能提高他们的交流能力，并在二语语言使用上表现出更多自信。Serrano、Llanes、Tragant（2011）的研究结果同样表明，出国留学组在 15 天的学习后，在各项指标上与国内强化学习组没有显著差别。但在 2 个月后，在口语流利度以及词汇复杂度指标上开始显著高于国内二语学习组。

即使是相同的出国留学时长，对口语 CAF 各个维度的影响也不尽相同。正如 Mora、Valls-Ferrer（2012）以及 Serrano、Tragant 和 Llanes（2012）的研究所发现的那样：出国留学同等时长后，被试在口语流利度上提高最多，在准确度上有适度的提高，而在词汇复杂度与句法复杂度上没有提高。虽然其他研究的结论并不完全符合上述模式，但它们都同样发现在 CAF 各个维度上存在发展的不均衡现象，口语流利度的发展总会优先于其他三个维度而更容易被观测到。

（二）初始语言水平

二语初始语言水平会影响二语学习者在出国留学语境下的口语发展情况。中、低等二语语言水平的出国留学群体在口语发展上似乎更容易产生较为明显的改善。Freed（1990）的研究发现，出国留学6周后中等程度的法语学习者比高水平组进步更大。Dyson（1988）的研究发现在出国留学一年后，语言初始水平较低的被试在听力与口语技能上的提高最为明显。Milton、Meara（1995）的研究发现，在出国留学语境下，低水平的被试相比高水平的二语学习者而言会在二语词汇习得上提高更快。Lapkin、Hart、Swain（1995）也发现在所有参加魁北克省际交换项目的加拿大二语（法语）学习者中，那些在前测中得分较低的群体会取得更大的进步。而Llanes、Muñoz（2009）则发现语言初始水平较低的被试更有可能在口语流利度与准确度上取得进步。与之相对应的是，高水平组较难取得很大的进步。Brecht等（1995）的研究曾报告，学习俄语的高水平二语学习者在出国留学后获益的可能性相对较小。Dewey、Bown和Eggett（2012）、Robson（2015）的研究也都同样表明，出国留学项目对高水平被试的二语口语技能的提高作用不大。总体看来，这可能是因为二语学习者达到一个较高的水平后难以再提升，从而出现此类不均衡发展情况。比如，Freed（1990）等学者认为这可能是由于高水平的二语学习者存在天花板效应。而作为佐证，Towell（2002）的研究发现，虽然低水平的二语学习者获益最大，却从来达不到高水平组的二语语言水平。

但这并不意味着二语语言初始水平越低，二语学习者获益越多。多数研究者认为，无论出国留学是长期还是短期，只有达到一定二语语言水平，却未达到高水平组水平的群体才会从出国留学语境中明显受益。正如DeKeyser（2010）、Dewey、Bown和Eggett（2012）的研究所揭示的那样，极低水平的二语学习者在出国留学语境下的获益并非总是最大，反而有可能比国内二语学习组还差。一种较为合理的解释是，按照Krashen（1985）、Ellis（1994）、Larsen-Freeman（2006）等学者关于内隐学习的理论，二语学习不同于母语习得，两者分别依赖不同的认知过程。前者主要是基于显性学习，而后者主要依赖隐性学习。本书认为，出国留学语境更类似于母语习得语境，因而更有利于隐性学习。而二语学习者只有具备一定的语言水平，才有可能触发出国留学语境下的隐性学习机制，由此更好地利用出国留学经历提高自己的语言技能。

（三）认知能力

认知能力与二语口语技能的发展较为密切。Segalowitz（2007、2010）认为，口语的流利表达涉及二语学习者对二语产出过程的控制程度及自动化程度。因而认知能力也会影响二语学习者从出国留学语境中获益的程度。O'Brien 等（2006）的研究发现，出国留学一学期后，音位工作记忆（非词识别任务）对学习西班牙语的美国大学生（25 名）早期的叙事能力发展（参见 Collentine，2004）有正面影响，同时也对其晚期的特定语法知识（功能词）的习得存在正面影响。而 Leonard、Shea（2017）基于图片命名任务、图片句子匹配任务的研究发现，赴阿根廷留学 3 个月后，那些在出国留学前二语语言加工速度更快、二语语言知识水平更高的美国大学生（39 名）在口语准确度、句法复杂度和词汇复杂度上获益更多。

但现有研究总体认为，出国留学语境与国内二语学习语境的区别不大。Segalowitz、Freed（2004）采用语义特征判断任务、语义分类任务，考察了认知能力对二语口语流利度 SR、MLR1（不包括 0.4 秒以上的无声停顿）、MLR2（不包括有声停顿）、LFR（不包括有声或无声停顿的最长句长）、总字数、总时长、话轮数指标等 7 项指标的影响。研究发现，出国留学一学期后，无论是出国留学语境还是国内二语学习语境，在词汇提取上表现更好的被试在口语流利度上的改善更多，而在注意控制上表现更好的被试反而在口语速率上会变得更慢。O'Brien 等（2007）的研究发现音位工作记忆可以显著预测出国留学与国内二语学习两种语境下的口语流利度（W、LR、W/M、MLR1、MLR2、LFR）的增长。

但与此同时，一些研究者认为，在出国留学语境下认知能力的作用与国内二语学习语境不同，它对二语口语技能的发展发挥了不同寻常的影响。Sunderman、Kroll（2009）采用翻译识别任务（理解任务）、图片命名任务（产出任务）、工作记忆测试采用“阅读广度任务”，被试为学习西班牙语的 14 名有出国留学经历（平均时长为 3.8 个月）、34 名无出国留学经历的美国大学生。研究发现，认知能力与是否具有出国留学经历影响了二语加工，但两者的互动对二语产出的贡献最大。此外，研究还发现，那些工作记忆未达到门槛的被试无法在出国留学语境下获益，因而在二语产出任务的准确度上没有明显改善。

显然，目前对出国留学语境下认知能力的研究仍然较少，研究者并未达成一致的结论。将来的研究应该区分与认知资源使用相关的认知能力、控制相关的认知能力、显性/隐性加工能力、与记忆系统相关的认知能力等不同类型的认知能力。较为合理的推测是，在出国留学语境下，二语学习者在不同阶段会调用不同类型的认知能力。在出国留学的初期或短期出国留学项目下，二语学习者在二语口语产出上可能更多面临的是与认知资源分配相关的问题，需要调用工作记忆、词汇提取等；而在后期或长期出国留学项目中，隐性加工能力、二语语言知识等可能成为二语学习者二语口语产出的瓶颈问题；而在母语与二语之间的切换上，抑制控制能力显然至关重要。在出国留学语境的强制下，二语学习者的认知能力系统如何与之互动、作用，显然对理解出国留学语境下二语习得至关重要。针对上述问题现有研究仍没有明确答案，仍有待研究者的进一步探索。

（四）语言接触

现有研究普遍认为，二语语言接触将会对口语流利度产生正面影响。Hernández（2010a）的研究发现，出国留学语境下使用二语进行社会交往的情况可以显著预测二语学习者的口语水平。Serrano、Tragant、Llanes（2012）的研究发现，与本族语者语言接触较多的出国留学被试，其口语获益更多。但上述结论也存在相反意见。Segalowitz、Freed（2004）的研究发现，课内与课外的语言接触与口语的发展并不显著相关。此外，他们还发现，与本地居住家庭交流的时间与最长话轮长度（LR）反而呈显著负相关。Magnan、Back（2007）的研究亦发现，预测二语口语能力发展的因素并不是他们的语言接触或生活情况，而是他们在出国留学前所学习的目的语课程。总体看来，大量的二语语言接触对出国留学组的促进作用应该是毋庸置疑的，但上述研究结果的不一致表明，语言接触类型可能会对研究结果产生重大影响。相比非常简短、程式化的交流与会话如问候、简单请求、道别等，可能互动性强、交流任务难度大、涉及面广的二语语言接触才更有可能帮助二语学习者在出国留学语境下提升口语技能。

现有研究曾关注了母语与二语使用对出国留学语境下二语学习者口语发展的影响。Freed、Segalowitz、Dewey（2004）的研究发现，在课外写作活动中使用二语是口语速率提高的一个显著预测变量。Robson（2015）的研究也发现，出国留学9个月后，在课内或课外使用母语时间更多的被试在口语流利度与复杂度上都没有显著提升。其中一些被试报告，他们很少有机会和本地人进行交流，除非一些特别的场合（比如开银行账户等）。被试因而没有很好地利用出国留学语境，或很少有机会去使用目的语。由此可见，不同类型的语言接触会产生截然不同的影响。

由此值得研究者思索的是，出国留学语境下口语技能的发展不是孤立的、静态的、必然的。出国留学语境之所以并未给所有出国留学群体带来二语语言技能的改善，除出国留学项目自身客观条件的影响外，另一种潜在的原因是：在与留学目的国社会、学习环境因素的互动中，不同个体采取了不同的处理方式。而这些二语语言使用策略的不同进而调节了每个个体最终从出国留学语境中获益的程度。

三 现有口语研究所采用的CAF测量指标

基于Crookes（1989）、Lennon（1990）等学者的研究以及对语言任务的分析，Skehan（1996、1998）首次提出复杂度、准确度和流利度（CAF）这个分析二语熟练程度的统一框架。但不同学者对CAF维度的定义也有所不同。本书在写作研究中已经介绍了不同学者的定义。上述定义在某种程度上具有通用性，具体到口语技能的操作性定义，众多学者也根据研究的不同而有所调整。

（一）流利度

流利度在广义上也常常被泛指二语学习者的总体语言熟练程度。但在口语研究中，若和其他CAF维度区别时，它一般被描述为口语产出的轻松程度、从容程度、流畅程度或与本族语相似的流利程度（Housen et al.，2012）。与准确度、复杂度不同，流利度主要关注语言的“表现”（Lennon，

1990：391），而非语言的“形式”（Skehan，1996：303）。而口语流利度也是口语研究与写作研究 CAF 四个维度中相差最大的一个维度。Freed（1995）在出国留学语境下的研究中，经常基于“口语流利度”来比较两组所产生的话语怎样才能更接近本族语、语速更快、有声停顿和无声停顿更少等。而出国留学语境下的许多口语研究也都集中在口语流利度上，或许因为正是在这个维度上，二语学习者的获益最为显著（Lennon，1990；Freed，1995；Lapkin et al.，1995；Freed，Segalowitz & Dewey，2004；Segalowitz & Freed，2004；Llanes & Muñoz，2009）。

Lennon（1990）借助先前那些基于 Goldman-Eisler（1968）、Raupach（1980、1987）等的心理语言学研究，首次将那些研究中的时间维度指标应用到二语习得研究中来，将其从先前研究的心理认知特征变量（详见以下关于时间维度指标的介绍）转变为普通的语言测量变量。在其研究中他列出了口语流利度在时间子维度上的 2 项指标：W/M、Pruned W/M，在停顿子维度上的 6 项指标：无声停顿（0.2 秒以上）与话语时间之比（total unfilled pause time as % of total time of delivery）、有声停顿与话语时间之比（total filled pause time as % of total time of delivery）、停顿之间平均句长（mean length of speech “runs” between pauses，in words）、句后有无声停顿与有声停顿的 T 单位百分比（% of T-units followed by filled/unfilled pause）、所有 T 单位之间的无声停顿与有声停顿总时长之比（% of total filled/unfilled pause time at all T-unit boundaries）、所有 T 单位之间的无声停顿与有声停顿平均时长（mean filled/unfilled pause time at T-unit boundaries），在流畅性子维度上的 4 项指标：每个 T 单位的重复次数（repetitions/T）、每个 T 单位自我修正次数（self-corrections/T）、每个 T 单位有声停顿次数（filled pauses/T）、重复与自我修正单词数自比（% of repeated and self-corrected words）。这个框架一直为后续口语流利性研究所继承与发展。但值得注意的是，在其研究中，他将停顿子维度的指标也都归为时间子维度。Lennon（1990）继而通过实验数据对它们进行了评估。研究发现这 12 个指标中时间子维度的 Pruned W/M 指标、停顿子维度的句后有无声停顿与有声停顿的 T 单位百分比指标以及流畅性子维度的每个 T 单位有声停顿次数指标可以很好地体现二语学习者的语言熟练程度。

Towell 等（1996）的研究依旧延续了 Raupach（1987）的传统，基于 Levelt 的言语产出模型讨论了 12 名赴法语区留学一年的英国大学生出国前后在口语流利度［基于时间子维度上 5 项指标：SR、PTR、AR、MLR、ALP（average length of pause，平均 0.28 秒以上停顿时长）］上的变化。其中出国留学后被试仅仅在 SR、AR、MLR 维度上出现显著差异。

Foster、Skehan（1996）要求 32 名低、中等英语水平二语学习者在不同计划时间（0、10 分钟、10 分钟 + 教师指导）分 3 周完成 3 项任务（个人信息交换、图片叙事、决策），口语流利度采用语言表现子维度（fluency as continued performance）上的 3 项指标［重复（repetition）与犹豫（hesitation）、1 秒以上的话轮之内或之间的停顿（pause）、停顿总数］以及自我修正子维度（fluency as repair avoidance）上的 3 项指标［重述（reformulation）、替换（replacement）、错误启动（false start）］。研究发现，只有语言表现子维度的 2 项指标（停顿、停顿总数）在 3 项任务上都出现显著差异。而语言表现子维度的“重复/犹豫”指标、自我修正子维度的“替换”指标仅在决策任务上出现显著差异。

Mehnert（1998）以四组（口语任务所给的计划时间不同，分别为 0、1、5、10 分钟，任务分指令类、说明类）共 36 名在英国学习德语的大学生为被试，口语流利度分别采用基于时间子维度的 SR、AR、MLR 以及基于停顿子维度的“1 秒以上停顿总时长”（total pausing time，TPT）、“1 秒以上停顿次数”（number of pauses，P）。研究发现不同计划时间更容易在时间子维度 SR、AR 指标上、在停顿子维度 TPT 指标上出现显著差异。P 与 MLR 指标仅在指令任务中 10 分钟组与所有其他组别的比较中才出现显著区别。

Freed、Segalowitz、Dewey（2004）以 8 名在法国留学 12 周、8 名在美国国内学习 12 周、12 名参加 7 周国内夏季强化浸入式项目的大学生为被试，将口语流利度的分析基于时间、停顿与流畅性混合子维度上的 6 项指标［SR、MLR1（无 0.4 秒以上的停顿）、MLR2（无有声停顿）、MLR3（无重复、部分重复或错误启动）、MLR4（无修正）、LFR］。此外还增加了可以描述一般流利度的 3 个指标（W、DST、LT，也多数与时间子维度有关）。研究结果在 6 项指标（W、LT、SR、MLR3、MLR4、LFR）上发现显著差异。

Kormos、Dénes（2004）的研究以 8 名英语专业出国留学 6 ~ 12 个月的高水平组与在匈牙利国内学习的 8 名低、中水平组大学生为被试，流利度采用时间子维度 SR、AR、PTR、MLR 等 4 项指标，停顿子维度 SPM（Number of silent pauses per minute，每分钟 0.2 秒以上无声停顿次数）、FPPM（Filled pauses per minute，每分钟有声停顿次数）、ALP 等 3 项指标，流畅性子维度 Dys/M（Number of dysfluencies per minute，每分钟不流畅处次数）指标，音调子维度 Pace（Number of stressed words per minute，每分钟重读单词数）、Space（Proportion of stressed words to the total number of words，重读单词数与总字数之比）等 2 项指标。两组仅在 SR、PTR、MLR、ALP、Pace 指标上出现显著差别。他们因此认为：与时间、音调子维度相关的一系列指标可以在很大程度上解释流利度上的变异，而与停顿以及不流畅性子维度上的相关指标不那么紧密。

Valls-Ferrer（2008）的研究考察了 30 名被试在 15 个月（其中有 3 个月为出国留学时间）内的口语流利度的发展情况。流利度分别在时间子维度上采用 SR、MLR、AR、PTR，在停顿子维度上采用 PF、PDR、IPDR、DysR。研究结果表明，二语学习者在经历国内学习以及出国留学后，出国后（T3）相比入学前（T1），所有时间子维度指标都显著上升，而所有停顿子维度指标都显著下降。与本族语者相比，在入学前（T1），二语学习者的所有指标都显著劣于本族语者，在大一第一学期末（T2），仅在 SR 与 PF 指标上与本族语者无显著差异，但在出国后（T3），二语学习者仅仅在两项时间子维度指标（MLR、AR）、一项停顿子维度指标（PDR）上显著劣于本族语者。

由上述相关研究可见，为了评估被试的口语流利度，多数研究采用了时间子维度、停顿子维度、流畅性子维度。较为明确的是，虽然各项研究的关注点不尽相同，但他们或借助时间子维度指标测量话语的速度和数量，或借助停顿子维度指标分析说话者的停顿模式，或借助流畅性子维度指标考察口语产出中的自我监测与修正行为。正如 Foster、Skehan（1996）研究所指出的那样，停顿子维度更多与话语前的规划机制相关，时间子维度更多与话语的提取与产出机制相关，而流畅性子维度则更多与话语实时监测与反馈机制相关。总体看来，研究者在口语流利度上已经构建了较为完善的指标体系，并对此进行了严格验证。鉴于此，笔者将采用以上这三个子维度的区分，以上述指标体系取代之前写作研究中的流利度体系。

1. 时间子维度

采用时间维度来测量语言的发展情况要追溯到20世纪50年代（如Lounsbury，1954；Goldman-Eisler，1958）。这项心理测量技术在60年代因Goldman-Eisler（1968）的应用而得到快速发展。它在早期仅被用来考察停顿在母语环境中的作用，但Grosjean、Deschamps（1972、1973、1975）等学者将其扩展到跨语言比较领域，然后又被Dechert、Raupach（1980a、1980b、1987）、Fathman（1980）、O'Connell（1980）、Möhle和Raupach（1987）、Raupach（1987）、Sajavaara（1987）等学者扩展到测量二语学习者的语言产出。但那时它仍然仅仅被视为一种测量手段，必须紧密结合相关语言心理学理论［如Anderson（1983）、Levelt（1989）等］来描述二语学习者在语言产出上的某种认知过程变化。Raupach（1980：269～270）总结道：时间维度的变量允许研究者测量并判断不同程度的流利度。Towell（2002：119～120）也认为，时间维度的变量提供了一个对语言产出的客观测量。通过它们研究者可以看到语言如何被加工，在二语习得中，这些变量可以表明二语学习者在流利度上的进展如何产生。直到Lennon（1990）之后，学者们才逐渐将时间维度的相关指标应用于衡量二语学习者的口语流利度，并使其最终成为口语流利度指标体系的一个重要组成部分。

在这些时间子维度指标中，许多研究者报告一些研究指标要比其他指标的效度要好（Raupach，1980；Lennon，1990；Freed，1995；Segalowitz & Freed，2004），而速率（SR）被认为是流利度增长的一个最为可靠的指标（Freed，1995；Lennon，1990；Riggenbach，1991；Towell et al.，1996；Kormos & Denés，2004）。但仅仅这一个指标不足以描述二语学习者的流利度整体进展情况。而辅以其他的指标，则可以更加全面地描述二语学习者流利度的进展。这些常用指标包括：MLR、AR、PTR、PF、PDR、IPDR、DR。上述指标在不同的研究中也经过验证，并被认为是可以预测口语流利度增长的较为可靠的指标（Raupach，1980；Towell et al.，1996；Kormos & Denés，2004）。

（1）速率（Speech Rate，SR 或为 Syllables per minute，SPM）：该指标为“每分钟的平均音节数”。所计算时长包括停顿在内，而音节数也将犹豫等部分单词计算在内。

（2）发音速率（Articulation Rate，AR）：该指标为“话语时间内每分钟的平均音节数”，不包括所有无声停顿的时长。

（3）平均句长（Mean Length of Runs，MLR）：该指标为“0.3 秒或以上停顿之间的平均音节数”。值得注意的是，关于停顿的起始阈值（cut-off point）争论颇多，原因在于：如果阈值过低，那么极有可能这个所谓停顿可能是相邻爆破音或正常话语的一部分。如果阈值过高，则可能在测试时遗漏很大一部分事实上的停顿。具体见关于“停顿子维度”的介绍。Raupach（1980）认为采用 0.3 秒更为合适。但也有学者认为：“小于 0.4 毫秒的停顿，处于正常的或流利的话语范围之内。它不能反映话语的不流畅性”（Riggenbach，1991：426）。在不同实验结果的比较中研究者需要特别注意具体阈值的取舍。

（4）话语时间占总时间比（Phonation Time Ratio，PTR）：该指标为“言语中说话的时间占该样本总时间之比”。

2. 停顿子维度

“停顿”是口语流利度中的一个重要概念，因为以上速率等部分指标的计算也取决于对停顿的定义。从类别上看，一般将停顿区分为“有声停顿”（Filled Pause）与“无声停顿”（Silent Pause）。“有声停顿”一般指口语话语中出现的“uh、um、ah”这样的停顿。

关于停顿最关键的问题是如何设置停顿的阈值。在先前的研究中，Grosjean 和 Deschamps（1972、1973、1975）、Towell（1987）、Raupach（1987）所使用的阈值为 0.25 秒。Lennon（1990）、Kormos 和 Dénes（2004）采用 0.2 秒，Towell 等（1996）采用 0.28 秒，而 Freed、Segalowitz、Dewey（2004）、Valls-Ferrer（2008）、Tavakoli 和 Foster（2008）都采用 0.4 秒，Foster 和 Skehan（1996）、Mehnert（1998）则采用 1 秒作为阈值。每位学者都对自己的选择给出了合理的理由。

而一些研究则采用一定的区间来处理停顿问题。Griffiths（1991）采用

0.1 秒作为最小值，而以 3 秒作为最高值，用来标记“犹豫的无声停顿”（Hesitation Unfilled Pauses）。Riggenbach（1991）区分了三类停顿：0.2 秒或以下为“微停顿”（Micro pauses）、0.3～0.4 秒为“犹豫”（Hesitations）、0.5～3 秒为“无声停顿”（Unfilled Pauses）。而 3 秒以上的无声停顿都被忽略不计。Campione、Véronis（2002）基于 5 种不同语言的无声停顿，通过语料库分析，将停顿模式细分为“短停顿”（<0.2 秒）、“中停顿”（0.2～1.0 秒）、“长停顿”（>1.0 秒）3 种。Leonard、Shea（2017）则将 0.5 秒及以上停顿视为长停顿，将 0.25～0.49 秒视为短停顿。

除了停顿的阈值，另外一个关于停顿的重要问题就是停顿的位置。Drommel（1980）使用术语“句法位置”来指代停顿位置处于句法与结构的边界，而采用“非句法位置”来指代处于名词和动词词组之间的停顿位置。而在 Strangert（1991）的研究中，段落与句子的边界被证明是停顿的强制位置，而在小句或短语边界的停顿则取决于速率。他由此认为，如果小句比较长而且较为复杂时，说话者更有可能在小句的边界进行停顿。而按照 Raupach（1980）的建议，无论是句内停顿还是句间停顿，阈值都可以设定为 0.3 秒。

以下分别介绍一些常用的停顿子维度的指标。

（1）停顿频率（Pause Frequency，PF）：该指标为“0.3 秒及以上总停顿次数除以总时间，按分钟计”。

（2）停顿平均时长（Pause Duration Ratio，PDR）：该指标为“0.3 秒及以上停顿的总时长，除以停顿的总数”。

（3）句内停顿的平均时长（Internal Pause Duration Ratio，IPDR）：该指标为“0.3 秒及以上句内停顿的总时长除以句内停顿的总数”。

如果将停顿分为有声停顿与无声停顿两类进一步区分，则有以下更为具体的停顿指标。

（4）每分钟无声停顿频率（Silent Pauses per Minute，SPPM）：该指标为“0.3 秒及以上无声停顿次数除以总时间，按分钟计”。

（5）无声停顿平均时长（Mean Length of Silent Pauses，MLSP）：该指标为“0.3 秒及以上无声停顿总时长除以无声停顿总数”。

（6）每分钟有声停顿频率（Filled Pauses per Minute，FPPM）：该指标为“0.3 秒及以上有声停顿次数（不包括重复、错误启动或重述）除以总时间，按分钟计”。

（7）有声停顿平均时长（Mean Length of Filled Pauses，MLFP）：该指标为“0.3 秒及以上有声停顿总时长除以有声停顿总数（不包括重复、错误启动或重述）”。

3. 流畅性子维度

通过比较 L1 与 L2 中的英语口语语料，Paananen-Porkka（2007：271）发现停顿的原因多数是因为犹豫、自我修正、重述、规划话语或寻找合适的单词。由此可见，停顿在很大程度上仅仅是口语流畅性的一个表现指标，而犹豫、自我修正这些非流畅性的标记话语会在很大程度上影响口语的最终流利表达。

Lennon（1990：403）首先区分了时间维度指标与流畅性维度指标。他把非流畅性话语标记归类为：重复、自我修正、有声停顿等。Freed（1998：50）认为在出国留学后，二语学习者在口语表达中听起来不流利的停顿应该会变得更少。在 Freed（1995：130～131）的研究中，她把这些不流利的话语标记统称为“修正”（Repair），其中包括：重复、重述/错误启动、句法修正、部分重复、与停顿混合在一起的上述非流畅性标记。Ortega（1995：11）的“词汇非流畅性话语标记”统计中包括重复、自我修正、部分重复这三类。而 Foster、Skehan（1996：310）也从“自我修正”“语言表现”两个维度提出影响口语流利度的 6 种话语形式：重述、替换、错误启动、重复、犹豫、停顿。Valls-Ferrer（2008）与 Mora 和 Valls-Ferrer（2012）将重复、错误启动与重述统计在非流畅性指标内。Lara（2014：136）则将自我修正、错误启动、重复归为影响口语非流利性的主要因素。

由以上研究可见，对于非流畅性话语标记的定义虽然不一致，但在多数研究中，会将停顿与之特别区分开来，并将其统称为“修正”或“非流畅性标记”（Dysfluency Marker）。一般都将“重复/部分重复”（Repetition/partial repetition）、“重述/错误启动”（Reformulation/False start/Restart）、“自我修正”（Self-repair/Repair）这三类包括在内。而 Foster、Skehan（1996）还区分了“替换”（Replacement）、“犹豫”（Hesitation）这两类。以下将根据Foster、Skehan（1996）的定义，来具体介绍上述5类“非流畅性标记”。最后再简单介绍基于上述“非流畅性标记”计算而来的几个流畅性子维度指标。

（1）重述（Reformulation）：在短语和小句中对句法、形态和单词语序进行重述修改的现象（如：***But when he/but when they*** decide what to buy）。

（2）替换（Replacement）：用一个单词立即替换另外一个单词的现象（如：when they walked a few ***foot/feet*** from the host home）。

（3）重复（Repetition）：不对句法、形态或次序进行任何修改而重复某个单词、短语或小句的现象（如：And the guests ***find/find*** there is a dog following them）。

（4）错误启动（False start）：不管后面是否有重述，在话语完成之前抛弃部分话语的现象（如：***They took eh***/they are saying goodbye to their mother）。

（5）犹豫（Hesitation）：整个单词产出之前首个音位或音节重复一次或多次的现象（如：Tom wanted to buy a ***jee-/jeep*** car）。

基于以上各类“自我修正”的非流畅性标记，先前的研究提出以下9项流畅性子维度指标。

（1）非流畅性比例（Dysfluency/Minutes，DysR）：每分钟部分重复、完全重复、错误启动、修正总数平均值。来自Valls-Ferrer（2008）、Mora和Valls-Ferrer（2012）。

（2）非流畅性总数（Dysfluency/Words，DysN）：该指标的计算方法为“自我修正的总字数除以话语中总字数”。来自Ellis、Yuan（2004）。

（3）每个T单位的平均重复总数（Repetition per T-unit，R/T）：该指标的计算方法为“重复总数除以T单位总数”。来自Lennon（1990）。

（4）每个T单位的平均自我修正总数（Self-correction per T-unit，SC/T）：该指标的计算方法为“自我修正总数除以T单位总数”。来自Lennon（1990）。

（5）重复与自我修正总数比例（Percentage of Repeated and Self-corrected

words, PRSC)：该指标的计算方法为“重复与自我修正总数之和除以单词总数”。来自 Lennon（1990）。

（6）替代总数（the number of Replacements, R)：所有替代出现的总数。来自 Foster、Skehan（1996）。

（7）错误启动总数（the number of False Starts, FS)：所有错误启动出现的总数。来自 Foster、Skehan（1996）。

（8）重述总数（the number of Reformulations, Ref)：所有重述出现的总数。来自 Foster、Skehan（1996）。

（9）重复与犹豫总数（the number of Repetitions/Hesitations, R/H)：所有重复与犹豫出现的总数。来自 Foster、Skehan（1996）。

而在国内，张文忠、吴旭东（2001）基于 Lennon（1990）、Foster 和 Skehan（1996）的研究提出以下 3 类指标。

（10）每 100 个音节中自我修正总数（Repairs per 100 Syllables, R100)：该指标用于测量话语中的自我修正总数。

（11）重述、替换与自我修正总数之比（Ratio of Reformulation and Replacement to Total Repairs, RRR)：该指标用语测量在所有自我修正总数中的重述与替换现象。

（12）非流畅音节数与总时长之比（Ratio of Pruned Length to Total Length, RPL)：该指标的计算方法为“非流畅音节总数除以话语总时长”。

（二）准确度

准确度一般和语言表现的适当性与可接受性有关，它反映了学习者在使用语言以及产出语言的过程中避免错误的能力。口语准确度的指标与写作准确度的指标没有很大的区别。而与写作准确度稍有不同的是，在口语准确度的计算中，一般为了评估的准确性，会把口语中特有的重复、重述、错误启动、犹豫、有声停顿这些非流畅性话语标记都从样本中删除后才进行计算。

在先前的研究中所使用的口语准确度指标主要包括：每个 T 单位的平均错误数（E/T)、每个小句的平均错误数（E/C)、无错误 T 单位数（EFT)、无错误小句数（EFC)、无错误 T 单位的平均句长（W/EFT）（Larsen-Freeman, 1978；Gaies, 1980；Mehnert, 1998；Wolfe-Quintero et al., 1998)。在上述指标的计算过程中，错误一般被分为三种类型：形态错误、句法错误和词汇错误（Bardovi-Harlig & Bofman，1989）。此外，一般采用由 Hunt（1965）提出的 T 单位来替代句子作为一个衡量单位，主要原因是：句子容易受到学习者对某种语言的标点符号系统的知识和掌握的影响。而 T 单位一般被固定定义为“一个小句以及所有附着于小句的从属小句”（Hunt，1965：20）。

（1）每个 T 单位的平均错误数（Errors per T-unit，E/T）：该指标指的是“在一个 T 单位中平均所出现的错误的总数”。

（2）每个小句的平均错误数（Errors per Clause，E/C）：该指标指的是“在一个小句中平均所出现的错误的总数”。

（3）无错误 T 单位数（Error-free T-units，EFT）：该指标指的是“无错误的 T 单位数与所有 T 单位总数之比”。

（4）无错误小句数（Error-free Clauses，EFC）：该指标指的是“无错误的小句数与所有小句总数之比”。

（5）无错误 T 单位的平均句长（Mean Length of Error-free T-unit，W/EFT）：该指标指的是“每个无错误的 T 单位数中平均单词数”。

（三）词汇复杂度

词汇复杂度的常用指标包括 GI 以及 D 值，在写作词汇复杂度指标中已经对这两项指标做了相关介绍。GI 在许多研究中已经被证明是词汇复杂度和词汇丰富性的一个重要且最为可靠的指标（Serrano，Llanes & Tragant，2011；Mora & Valls-Ferrer，2012；Lara，2014）。而 D 值由于较容易受到语言样本大小的影响，已经逐渐被 VocD 所代替。VocD 根据理论模型来调整 D 值的大小，而与实际数据最匹配的 D 值会被选择作为最终数值。在本项研究中，为了考察口语句子间的语义衔接性，本书还将 LSAGN 指数包含在内。

（1）GI 指数（Guiraud's Index of lexical richness）：该指标反映了词汇丰富性，具体计算方法是“单词类符数/型符数的平方根”（Hout & Vermeer，2007）。亦可参见 Gilabert（2007）。

（2）D 值（LDVOCD）：该指标反映了词汇多样性。而 LDVOCD 则是 Coh-Metrix 3.0 所计算的 VocD 值，为其第 51 项指数。

（3）AG1K 指数：即减去最常用 1000 个单词后的 GI 值。一般用来测量词汇丰富性。Barquin（2012）、Daller、Hout 和 Treffers-Daller（2003）都认为它是词汇丰富性的一个很好的替代指标。

（4）LSAGN 指数：该指标基于潜在语义分析（Latent Semantic Analysis，LSA）（参见 Landauer 等，2007）。潜在语义分析可以测量句子之间以及在段落之间的语义重复性。而 LSAGN 指数可以测量每个句子之间的衔接性，指标得分为 0 ~ 1。得分越高意味着两个句子在主题上更加接近，得分越低则表明句子之间的衔接性不高。LSAGN 指数是 Coh-Metrix 3.0 所计算的第 46 项指数。

（5）Coh-Metrix 3.0 中 WRDFRQmc、WRDFRQa、WRDHYPnv、WRDFAMc 等其他与写作研究相同的 4 项指标在此不再重复。

（四）句法复杂度

在口语句法复杂度指标上，一般采用 W/T、C/T、DC/C（Serrano，Tragant & Llanes，2012；Lara，2014；Jensen & Howard，2014）。但鉴于 W/T 在多数研究中通常也用作流利性指标，因而口语的复杂度指标并不将其包括在内。

此外，句法复杂性会受到特定句法结构、单词类型和短语类型密度的影响。这些特定的句法结构越多，就越有可能影响篇章的加工难度。因而，如写作研究一样，在口语研究中，本书也将 SYNNP、DRNP、SYNSTRUa、SYNSTRUt、SMTEMP 五项指标包括在内。

（1）C/T：该指标为“每个 T 单位中的小句总数”。

（2）DC/C：该指标为“每个小句中的从属小句总数”。

（3）SYNNP 指数：该指标为“每个名词短语中修饰语的平均数”。SYNNP 指数是 Coh-Metrix 3.0 的第 70 项指数。

（4）DRNP：该指标为“名词短语数量”。DRNP 指数是 Coh-Metrix 3.0 的第 74 项指数。

（5）SYNSTRUa：指的是“邻近句子的句法相似性”。它为 Coh-Metrix 中的第 72 个指标，计算所有邻近句子之间的交叉树结构的比例。

（6）SYNSTRUt：指的是“所有句子的句法相似性”。它为 Coh-Metrix 中的第 73 个指标，计算所有句子之间以及段落之间的交叉树结构的比例。

（7）SMTEMP：指的是“时体重复度”。它是 Coh-Metrix 中的第 66 个指标，计算了时与体之间的平均数。一般认为含有更多时间线索、时体更为一致的文本会更容易加工与理解。此外，时体衔接也有利于读者对文本中事件的更好理解。

四　现有口语研究所采用的数据收集方法

出国留学语境下研究所采用的口语数据收集任务包括：自我评估、本族语者/非本族语者评分、标准化测试、图片叙述任务、角色扮演任务等。

在出国留学语境下的早期研究中，研究者通过问卷，让二语学习者报告在出国留学后的语言发展情况。一般会将二语学习者的口语能力作为多种语言技能的一部分与其他语言技能一起被考察（Carroll，1967；Willis et al.，1977；Dyson，1988；Opper，Teichler & Carlson，1990；Meara，1994）。几乎所有研究都发现，被试汇报在口语任务上进展最多，而在写作任务上最少。自我评估任务的一个明显缺点在于：可能在语言实际表现和学习者对语言技能的自我评估方面存在一定的差异。但总体而言，自我评估数据在某种程度上确实可以反映出国留学经历对二语学习者语言技能的影响。此外，随着高等教育国际化趋势和出国留学群体的增多，使用这种方法，对于克服常常存在于出国留学研究中的“较难大规模收集数据”“被试的个体变量差异大”“被试的数据较难跟踪且容易丢失”“无法较好地按照实验设计来控制实验”等较为麻烦的问题，也有一定的帮助作用。但现在该类自我评估任务更多仅被作为其他测试任务的一种辅助手段。

与此同时，在出国留学研究中所采用的另一种较为常用的测量方法是：依据本族语者/高水平的非本族语教师的主观感知来评分。在相关实验中，本族语者被要求按照实验要求从不同角度（如流利程度、与本族语相似程度、是否具有外国口音等）给被试的录音材料进行评分（Freed，1995；Højen，2003；Martinsen，2010；Muñoz & Llanes，2014）。但是，Lennon（1995）认为评分方法的缺点在于：由于评分者或为本族语者或为有经验的非本族语教师，评分者间信度并不是很好；此外，评分者的评分与话语的客观指标常常并不匹配。而从相关研究的最终结果来看，这种评分者的评分由于缺乏良好的区分度，更适合那些包括类别变量或统计中使用判别分析的研究设计，而不适合包含定距数据的研究设计。

在出国留学语境下，最被广泛使用的、用于测量二语学习者整体语言熟练程度的量表是美国外语教学委员会（ACTFL）的口语熟练度访谈（OPI）任务（Lafford，1995、2004；Collentine，2004；Díaz-Campos，2004）以及《跨部门语言圆桌标准》（Interagency Language Roundtable，ILR）口语熟练度测试。在 OPI 测试结束后，一般评分者会按照 OPI 评分标准给被试按初级、中级、高级进行评分。但随着研究的深入，由于 OPI 任务无法向研究者提供更为具体而确切的数据，比如流利度、准确度、词汇能力、语法能力、社会交往能力、语用能力等。一些研究开始从 OPI 访谈中提取口语录音数据，并进行进一步的量化分析来获得相关数据（Freed，Segalowitz & Dewey，2004；Segalowitz & Freed，2004）。但如此一来，比起图片叙述任务，在口语研究中采用 OPI 访谈任务不再具有任何优势：OPI 访谈任务常常为个体测试，采集数据更为困难；此外，在数据分析时，也会受到更多的限制。因而在针对出国留学语境所开展的后期口语研究中，学者们通常都采用图片叙述任务来收集数据。

目前多数研究都采用图片叙述任务（呈现系列图片，要求被试看完图片后，稍做准备，完成口语叙述任务并录音）来收集数据，然后再对口语录音语料进行进一步的转写、数据编码、分析与计算，以获得关于某个被试的流利度、准确度等详细信息（DeKeyser，1986，1990，1991；Muñoz，2006；Tavakoli & Foster，2008；Llanes & Muñoz，2009；Llanes & Serrano，2011；Serrano，Llanes & Tragant，2011；Llanes，2012）。这样做的一个明显好处在于：二语学习者可以完整地、独立地叙述一个故事，并且在此过程中可以更充分地表达他们的观点（Collentine，2004）。而在图片叙述任务之前，一般还设置一个热身任务（如关于被试的个体信息）。但图片叙述任务的一个明显缺点是：数据的收集是在一个非自然对话环境下完成的。为了弥补这个缺点，部分研究采用角色扮演任务（Mora & Valls-Ferrer，2012）。这个任务要求一对被试按照实验要求完成动态的交互交流。首先由一个被试向另一个被试提出问题，在对方完成任务后，两者互换角色，由首先提问的被试完成相同的任务。但显而易见，这个任务在避免图片叙述任务缺点的同时，亦存在一个致命的缺点：第一个完成任务的被试会影响第二个被试在任务上的表现。

五 研究问题与研究方法

由本章的研究综述可见，以中国外语学习者为被试的研究相对较少。即使有部分研究涉及中国外语学习者（Larsen-Freeman，2006；Jensen & Howard，2014；Robson，2015；崔丹，2013），这些研究也无一例外地排除了中国国内二语学习组。从文字系统来看，现有二语口语技能发展的研究多数是基于母语为字母文字系统的被试。一个较为明显的问题是：关于出国留学语境下的现有研究结论，特别是关于停顿模式的研究结论是否也适用于中国这些母语为非字母文字系统的外语学习者？由于相关研究的匮乏，目前仍迫切需要来自不同母语背景的二语学习者，如此才能更好地验证出国留学语境下二语口语研究发展的共通性。

另外，由于先前出国留学研究较少考虑长期出国留学语境（一年及以上）下的二语口语发展情况，研究者目前对长期出国留学语境下二语口语流利度、准确度、句法复杂度和词汇复杂度的发展情况仍不甚明了。同时，由于部分研究在各个维度上的指标较少，目前学界也无法完全了解长期出国留学语境下口语在CAF维度上的整体发展与互动情况。

最后，需要强调的是，由于时间、经费、被试群体等种种限制，出国留学语境下的研究目前仍然缺乏在长期出国留学语境下、以中国外语学习者为被试、设计较为完整（包括出国前二语水平较为一致的出国留学组与国内控制组）、同时关注两项产出技能（同时分析二语学习者的口语与写作发展情况）、多维度（包含CAF四个维度的多项指标）的整合性研究。而类似的研究设计无疑可以尽量避免不同实验在研究方法、数据分析同一性不强而较难比较的问题，并为出国留学语境下的产出型技能发展的研究提供较为系统的数据。

本研究的研究问题具体描述如下。

研究问题一：就二语口语流利度而言，在出国前后以及与国内二语学习组对比，中国外语学习者在口语发展上是否有显著变化?

研究问题二：就二语口语准确度而言，在出国前后以及与国内二语学习组对比，中国外语学习者在口语发展上是否有显著变化?

研究问题三：就二语口语词汇复杂性而言，在出国前后以及与国内二语学习组对比，中国外语学习者在口语发展上是否有显著变化?

研究问题四：就二语口语句法复杂性而言，在出国前后以及与国内二语学习组对比，中国外语学习者在口语发展上是否有显著变化?

（一）被试

被试同写作研究。但在口语研究中，国内二语学习组的 1 名被试因为有部分数据缺失而未被包括在内。因而国内口语组的被试最终为 15 名（2 男，13 女）。

（二）测试材料

本研究所采用的测试材料主要有口语数据收集任务，其他量表与写作研究相同，也采用了与写作研究类似的半结构化访谈方式，以下仅具体说明口语所采用的图片叙述任务。

口语任务

基于先前的文献综述，本书采用了图片叙述任务来收集口语数据（参见附件 2)。口语任务包括两个部分，任务一为描述任务，主要目的是为被试提供热身任务，此任务收集的数据在本研究中未加分析。任务二为叙述任务，该任务为本研究的数据收集任务。所有任务都进行了录音以备转写与分析。

前、后测口语描述任务分别为："新朋友"（"New Friend"，来自 DeRocco、Tufford，2005）与"考试日"（"Exam Day"，来自 DeRocco、Tufford，2005）。

前、后测分别口语叙述任务分别为："玩足球"（"Playing Ball"，改编自 Hill，1960）与"友好的狗"（"Friendly Dog"，改编自 Hill，1960）。

（三）研究过程

无论是前、后测，所有的被试都在同一间多媒体实验室的电脑上完成任务并录音。所有的电脑型号、录音设备、所使用的录音软件都完全相同。

口语任务开始后，在电脑屏幕上分别呈现对应任务。在任务一中，要求被试描述图片的所有细节。电脑向被试呈现一幅图，在准备一分钟的基础上，要求被试完成三分钟左右的故事描述。本任务为热身任务。

任务二要求被试基于八幅图完成故事的叙述。电脑向被试同时呈现八幅卡通图，在准备两分钟的基础上，要求被试完成五分钟左右的故事叙述。本任务所收集的数据被转写后进一步分析，以获取二语学习者的口语流利度、准确度、词汇复杂度和句法复杂度数据。

口语任务数据的收集与写作任务在同一阶段先后进行，其他研究过程与写作任务相同（访谈问题参见“附件7”）。

（四）数据收集与处理

基于上述关于口语研究测量框架的介绍，本研究同样按照CAF四个维度（句法复杂度、词汇复杂度、准确度、流利度）对数据进行整理与分析。

在正式数据处理前，本研究的两名主试先抽取口语数据中的1/10进行预分析，对于不同意见则将其提交给一名教学与研究经验丰富的英语教师，由三人讨论决定解决方案。在此基础上形成“口语数据分析编码方案”（附件9）。同时参考先前研究的建议，将停顿的阈值设定为0.3秒，而将长停顿的阈值设置为1秒。最后由两名主试完成数据的分析与处理，对于不一致处由两名评分者协商决定。评分者间信度的相关系数大于0.95。人工统计的各项指标的数值取两者的平均值。

数据处理程序如下：首先，两名主试将每位二语学习者的音频数据转换成“wav”格式的数字音频文件并保存；然后，所有声音文件被四名有经验的非本族语教师转写为word文本格式文件，在转写过程中，所有的停顿、非英语音节、笑声、重复和所有的文中错误，也都按要求保留下来（参见附件9：I）；随后两名研究主试采用Praat分析软件（Boersma & Weenink, 2014）按照Ullakonoja（2009）的方法完成每一位被试数据的停顿与音节的标记（参见图1-2），并统计停顿的次数与时长，由此计算出SR、AR、MLR、PTR、SPPM、MLSP、FPPM、MLFP等指标以及与大于等于1秒停顿相关的SLPF、NLSPR等指标（参见附件9：Ⅱ）；基于原始录音语料统计每一位被试数据中“自我修正”（包括重述、替换、重复、犹豫和错误启动）的次数，以及非流畅音节（Pruned Syllables）的数目，由此计算出R100、

RRR、RPL 等指标（参见附件 9：Ⅲ）；按照编码方案完成错误、T-unit、小句、从属小句、无错误 T 单位数、无错误小句数的统计（参见附件 9：Ⅳ、Ⅴ）；将“修改后无错误版本”的转写文本提交网络版 Coh-Metrix 3.0 分析后获得 106 项指数。

所有指标数值或者由 Coh-Metrix 自动计算获得，或者基于 Praat 软件由两名主试人工统计获得，而其他数据则根据附件 9 中所列的“口语数据分析编码方案”由两名主试分析处理获得。

1. 口语流利度

在进行数据预处理后，获得总音节数、总时长、无声与有声停顿总数、1 秒及以上停顿总数、自我修正总数、小句总数等基础数据后，根据表 1－13 完成以下各项流利度指标的计算。

在表 1－13 中，在停顿维度，按照 Drommel（1980）、Campione 和 Véronis（2002）的定义，根据对数据预处理情况的评估，本书增加了关于长停顿（1 秒及以上停顿）的 4 项相关指标（第 9 项～第 12 项）：SLPF、NSLPF、SLPR、NSLPR。具体描述如下。

（1）句法位置长停顿频率（Syntactic Long Pause Frequency，SLPF）：是按照 Drommel（1980）、Campione 和 Véronis（2002）的定义而在本研究中所采取的一种停顿计算指标，主要考虑到每分钟句法停顿的次数。“句法位置长停顿频率”计算方法为：“1 秒或以上句法（处于句法与结构的边界的）长停顿除以小句总数”。

（2）非句法位置长停顿频率（Non-syntactic Long Pause Frequency，NSLPF）：是按照 Drommel（1980）、Campione 和 Véronis（2002）的定义而在本研究中所采取的一种停顿计算指标，主要考虑到每分钟非句法停顿的次数。“非句法位置长停顿频率”计算方法为：“1 秒或以上句法（在名词或动词词组之内的）长停顿除以小句总数”。

（3）句法位置长停顿之比（Syntactic Long Pause Ratio，SLPR）：是按照 Drommel（1980）、Campione 和 Véronis（2002）以及 IPDR 指标的定义而在本研究中所采取的一种停顿计算指标，主要考虑到句法停顿与所有停顿之间的比例。本指标的计算方法为“句法长停顿的次数除以停顿总数（包括有声停顿）”。

表 1－13　本研究中口语流利度指标（共 18 项）

句法复杂度				计算方法	获取方式
子维度	No.	增益	具体指标		
时间	1.	+	SR	(Total Syllables/Total Length) ＊60	Praat + 人工
	2.	+	AR	(Total Syllables/Length without Silent Pauses) ＊60	
	3.	+	MLR	Total Syllables/The Num. of Silent Pauses	
	4.	+	PTR	Length without Silent Pauses/Total Length	
停顿	5.	－	SPPM	(The Num. of Silent Pauses/Total Length) ＊60	
	6.	－	MLSP	Length of Silent Pauses/Num. of Silent Pauses	
	7.	－	FPPM	(The Num. of Filled Pauses/Total Length) ＊60	
	8.	－	MLFP	Length of Filled Pauses/Num. of Filled Pauses	
	9.	+	SLPF	Number of Syntactic Long Pauses/Clauses	
	10.	－	NSLPF	Number of Non-Syntactic Long Pauses/Clauses	
	11.	+	SLPR	Num. of >1.0 between/Num. of >1.0 Pauses	
	12.	－	NSLPR	Num. of >1.0 within/Num. of >1.0 Pauses	
流畅性	13.	－	R100	Total Num. of Repairs/Total Syllables ＊100	
	14.	－	RRR	Num. of Reforms and Replaces/Num. of Repairs	
	15.	－	RPL	Pruned Syllables/Total Syllables	
	16.	－	DysR	Dysfluency/Minutes	
	17.	－	DysN	Dysfluency/Words	
	18.	－	RHR	Num. of Repetitions and Hesitations/Num. of Repairs	

注：增益表明该项指标为正向指标（标为“＋”）或负向指标（标为“－”）。下同。

（4）非句法位置长停顿之比（Non-syntactic Long Pause Ratio，NSLPR）：是按照 Drommel（1980）、Campione 和 Véronis（2002）以及 IPDR 指标的定义而在本研究中所采取的一种停顿计算指标，主要考虑到非句法停顿与非句法停顿之间的比例。本指标的计算方法为"非句法长停顿的次数除以停顿总数（包括有声停顿）"。

同时，在流畅性维度，本书除包括 Ellis、Yuan（2004）、Valls-Ferrer（2008）、Mora 和 Valls-Ferrer（2012）、张文忠、吴旭东（2001）等学者的非流畅性分析指标（第 13 项～第 17 项）外，还参照 Foster、Skehan（1996）的研究结果，增加了 1 项指标（第 18 项）。

（5）重复与犹豫比例（RHR）：所有重复、犹豫的总数与自我修正总数的比例。

2. 口语准确度

根据数据预处理后所获得的 T-unit 总数、小句总数、错误总数、无错误 T 单位数、无错误小句数等基础数据，完成了表 1－14 所示准确度指标的计算。

表 1－14　本研究中口语准确度指标（共 5 项）

句法复杂度				计算方法	获取方式
子维度	No.	增益	具体指标		
错误	1.	－	E/T	Total Num. of Errors/Total Num. of T-units	人工
	2.	－	E/C	Total Num. of Errors/Total Num. of Clauses	
正确	3.	+	EFT/T	Total Num. of EF-T-units/Total Num. of T-units	
	4.	+	EFC/C	Total Num. of EF-Clauses/Total Num. of Clauses	
	5.	+	W/EFT	Num. of Words in EF-T-units/Num. of EF-T-units	

3. 口语词汇复杂度

在获得 Coh-Metrix 3.0 的相关指数以及该软件所提供的单词型符与类符数后，完成 GI 指标的计算。根据 AntWordProfiler 软件提供的类型、型符以及最常用 1000 个单词的类符计算出 AG1K 指标，其他指标直接来自 Coh-Metrix 3.0。详见表 1 - 15。

表 1 - 15 本研究中口语词汇复杂度指标（共 8 项）

句法复杂度				计算方法	获取方式
子维度	No.	增益	具体指标		
词汇丰富性	1.	+	AG1K	The value of (types - 1k types) /the square root of tokens	AntWordProfiler
	2.	+	LSAGN	Index 46 of Coh-Metrix	Coh-Metrix 3.0
	3.	-	WRDFRQmc	Index 94 of Coh-Metrix	
	4.	-	WRDFRQa	Index 93 of Coh-Metrix	
	5.	+	WRDHYPnv	Index 103 of Coh-Metrix	
	6.	-	WRDFAMc	Index 96 of Coh-Metrix	
词汇多样性	7.	±	GI	Word Types/The Square Root of Word Tokens	Coh-Metrix 3.0
	8.	+	LDVOCD	Index 49 of Coh-Metrix	

4. 口语句法复杂度

句法复杂度中 C/T、DC/C 指标根据基础数据计算获得，而其他指标直接来自 Coh-Metrix 3.0。详见表 1 - 16。

表 1 - 16 本研究中口语句法复杂度指标（共 7 项）

句法复杂度				计算方法	获取方式
子维度	No.	增益	具体指标		
小句	1.	±	C/T	Clauses/T-units	手工
	2.	+	DC/C	Dependent Clauses/Clauses	
短语	3.	+	DRNP	The Incidence of Noun Phrases Density	Coh-Metrix 3.0
	4.	+	SYNNP	The mean number of modifiers per noun-phrase	
句法多样性	5.	-	SYNSTRUa	syntax similarity, adjacent sentences	
	6.	-	SYNSTRUt	syntax similarity, all combinations, across paragraph	
	7.	-	SMTEMP	Tense and Aspect Repetition	

（五）数据处理软件与数据分析

上述部分指标分别来自 Praat（主要为口语流利度数据）、Coh-Metrix 3.0（主要是口语复杂度数据）、AntWordProfiler（主要是词汇复杂度数据）三个软件提供的指标。最终的统计分析采用 SPSS 17.0 进行。

Praat 是用来进行音位分析和声音处理的一个软件（Boersma & Weenink, 2014）。笔者遵循了 Ullakonoja（2009）的方法标记并测量了言语样本的时长，特别是停顿时长。如图 1-2 所示，Praat 软件同时显示了“声音处理窗口”和“文本格标记窗口”。在最上面部分的窗口显示了声音的波形，中间部分的窗口显示了声谱图，下面的部分则显示了文本格标记窗口（在本示例中，标记共分为四层）。借助文本格，使用者可以清楚地找到被标记后声音文件中每个单词的确切位置。在文本格标记窗口中，显示了对声音文件所作间隔的各项标记和边界，文本格同时也包含了时间轴。因而音频中每个单词的位置、边界、时间以及时长都可以很容易、很清晰地获取。

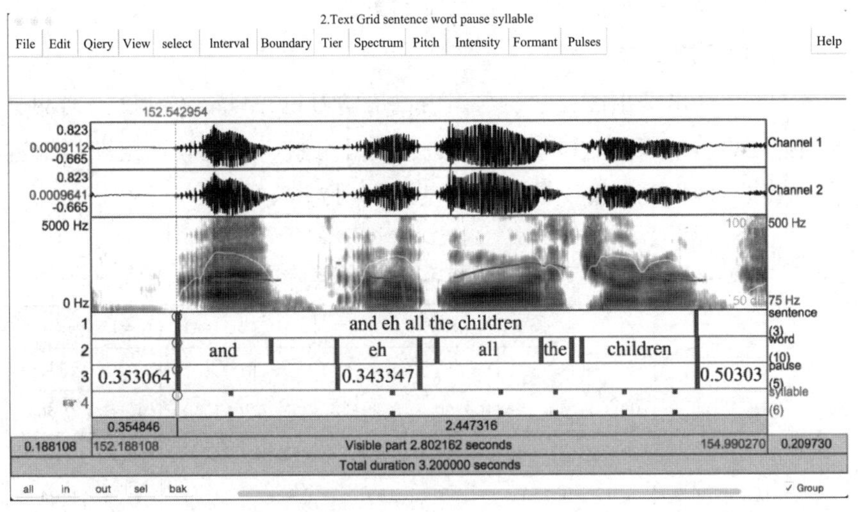

图 1-2　Praat 分析示例

在示例文本格中，被标记的四层分别为：句子（1）、单词（2）、停顿（3）、音节（4）。第一层“句子”是口语数据的转写，第二层“单词”被软件用明确的边界划分出来。第三层“停顿”包括了 0.3 秒及以上的无声停顿和有声停顿，这些也被软件自动检测出来，而且停顿的时长也被自动测量好并显示在这一层窗口右侧。在第四层“音节”中，每个音节用点的形式标记出来。各层的具体统计情况同样被放在各层的右侧后部。

研究者基于 Praat 软件的辅助，对口语数据中的 0.3 秒、1 秒及以上的有声停顿和无声停顿的位置、音节手工逐一进行标记、核对。标记完成后，有声停顿与无声停顿的时长、音节数可以由软件自动计算并显示出来。话语的起始与结束时间由软件自动统计，最后由人工核对。在使用 Praat 进行编码后，所得到的音节总数、停顿总时长以及话语的总时长，被用来计算速率指标和停顿指标。

Coh-Metrix 3.0、AntWordProfiler 数据的分析方法与写作研究相同。

六　研究结果

以下按照口语流利度、准确度、词汇复杂度、句法复杂度四个维度先呈现出国留学组、国内二语学习组的前测、后测的描述与统计数据，然后呈现以前测数据为协变量的组间比较的统计结果。

（一）口语流利度

表 1－17 列出了出国留学组与国内二语学习组在口语流利度上前测、后测的描述结果。采用成对样本 t 检验进行统计分析，以比较两组在口语流利度上一学年后的发展情况。研究结果见表 1－17。

表 1－17　SA 组与 AH 组口语流利度的各自发展情况（一学年）

			SA（N＝10）			AH（N＝15）		
			前测	后测		前测	后测	
时间	***SR***	+	109.60（14.12）	103.69（18.59）		98.26（17.40）	104.85（17.56）*	↑
	AR	+	171.79（21.04）	160.48（17.16）*	↓	162.56（26.20）	166.86（21.59）	
	MLR	+	4.19（0.75）	4.65（1.16）		3.88（1.19）	3.53（1.04）	
	PTR	+	63.93（4.71）	64.46（8.09）		60.84（8.40）	63.08（8.88）	
停顿	***SPPM***	－	26.47（2.97）	23.01（3.89）*	↓	26.28（4.19）	30.99（6.55）*	↑
	MLSP	－	0.83（0.15）	0.95（0.26）		0.91（0.21）	0.74（0.23）*	↓
	FPPM	－	5.57（4.39）	3.95（4.08）		5.32（3.77）	6.35（4.19）	
	MLFP	－	0.49（0.06）	0.50（0.13）		0.53（0.11）	0.49（0.06）	

续表

			SA（N=10）			AH（N=15）		
			前测	后测		前测	后测	
停顿	***SLPF***	+	0.25（0.11）	0.42（0.23）^	↑	0.48（0.26）	0.31（0.21）*	↓
	NSLPF	-	0.38（0.16）	0.38（0.34）		0.56（0.36）	0.50（0.31）	
	SLPR	+	0.41（0.15）	0.58（0.20）*	↑	0.49（0.20）	0.38（0.18）*	↓
	NSLPR	-	0.59（0.15）	0.42（0.19）*	↓	0.51（0.19）	0.62（0.18）*	↑
流畅性	R100	-	0.08（0.05）	0.08（0.03）		0.08（0.04）	0.08（0.04）	
	RRR	-	0.31（0.10）	0.28（0.09）		0.34（0.08）	0.35（0.17）	
	RPL	-	0.25（0.12）	0.18（0.10）**	↓	0.22（0.10）	0.25（0.10）	
	DysR	-	9.10（5.46）	8.72（4.03）		7.89（3.23）	7.96（3.89）	
	DysN	-	0.13（0.11）	0.11（0.07）		0.12（0.06）	0.12（0.07）	
	RHR	-	0.64（0.11）	0.65（0.11）		0.59（0.09）	0.53（0.25）	

注：表1-17分别采用“***”（$p<0.001$）、“**”（$p<0.01$）、“*”（$p<0.05$）、“^”（$0.05<p<0.1$）标出结果的不同水平的显著效应与边际效应。“+”与“-”表明语言的增益方向。上下箭头表示该指标在一年后是否有显著（或边际效应）的增长或者下降，黑色斜体部分表示两组在该指标上出现相反趋势。

从平均值可见，出国留学组在时间子维度SR、AR指标，停顿子维度SPPM、FPPM、NSLPR指标，流畅性子维度RRR、RPL、DysR、DysN指标后测平均值上都出现下降趋势；而在时间子维度MLR、PTR指标，停顿子维度MLSP、MLFP、SLPF、SLPR指标，流畅性子维度RHR指标后测平均值上都出现上升趋势。但是对国内二语学习组而言，在所有18项指标中，除在时间子维度PTR指标上与出国留学组同样出现增长趋势外，在其他14项指标上都与之完全相反（NSLPF、R100、DysN这三项指标则因部分数据持平而无法比较）。

而前后测的成对样本t检验表明，出国留学组在停顿子维度SPPM、SLPF、SLPR、NSLPR指标，流畅性子维度RPL指标等五项指标上出现与指标同向的显著改善或有所改善（SLPF指标为边际效应），$t(9)=2.76$，$p=0.022$；$t(9)=-2.10$，$p=0.065$；$t(9)=-2.97$，$p=0.016$；$t(9)=2.97$，$p=0.016$；$t(9)=3.32$，$p=0.009$。仅在时间子维度AR指标上出现与指标反向的退步趋势，$t(9)=2.31$，$p=0.046$。而国内二语学习组在时间子维度 SR 指标、停顿子维度 MLSP 指标上出现与指标同向的显著改善，t（14）= -2.65，p=0.019；t（14） =2.69，p=0.018。却在停顿子维度 SPPM、SLPF、SLPR、NSLPR 四项指标上出现与指标反向的退步趋势，t（14） = -2.59，p=0.021；t（14） =2.83，p=0.013；t（14） =2.69，p=0.018；t（14） = -2.69，p=0.018。

鉴于 Lennon（1990）、Ellis、Yuan（2004）、Gilabert（2007）、Lara（2014）等研究发现，若将速率（SR）、发音速率（AR）指标中的有声停顿和自我修正的音节数在计算中减去，该指标可以更为准确地反映二语学习者在时间维度的变化情况。经过对原始口语数据重新分析统计后，笔者重新计算了上述两项指标以及在 MLR 指标上的精简值：Pruned SR、Pruned AR、Pruned MLR。在对相应指标进行配对样本 t 检验后，其结果如表 1-18 所示。

由表 1-18 可见，与原始 SR、AR、MLR 指标相比，出国留学组与国内二语学习组在 Pruned SR、Pruned AR、Pruned MLR 指标平均值上都明显有所下降，这显然是因为在上述精简值中减去了有声停顿和自我修正的音节数。而在 Pruned SR、Pruned AR、Pruned MLR 这三项指标上，出国留学组的后测比前测都出现与指标同向的改善趋势，而国内二语学习组除在 Pruned SR 指标上出现同向改善趋势外，其他两项指标上出现与指标方向相反的退化趋势。

表 1-18 口语流利度时间子维度上三项指标的精简值分析结果

		SA（N=10）			AH（N=15）		
		前测	后测		前测	后测	
* SR	+	81.98（16.11）	84.40（17.67）		77.14（21.58）	78.93（21.45）	
* ***AR***	+	129.29（28.85）	131.21（22.83）		127.86（35.81）	125.56（29.94）	
* ***MLR***	+	3.13（0.71）	3.74（0.86）*	↑	3.09（1.34）	2.65（0.96）	

注：* SR 为精简后的速率、* AR 为精简后的发音速率、* MLR 为精简后的平均句长。其他标记与表 1-17 同。

配对样本 t 检验统计分析结果显示，在减去有声停顿和自我修正后，出国留学组在 * MLR 指标上，后测比前测有显著改善，t（9） = -2.72，p=0.024；而国内二语学习组在 * MLR 指标、* SR、* AR 这三项指标上，前后测相比都没有显著变化。

为了进一步了解出国留学组与国内二语学习组之间的差异，笔者进行了两组之间的比较。表 1－19 为一般线性模型（GLM）单变量分析结果的摘要。在分析中，笔者分别以各个指标的后测值为因变量，以出国留学组别（出国留学组、国内二语学习组）为自变量，将各个指标相应前测值作为协变量以控制被试前测表现的影响。

表 1－19　SA 组与 AH 组在口语流利度后测上的对比结果摘要

			均值差 SA－AH	df	F	Sig		净 η^2 值
时间	SR	±	－11.159	122	5.341	0.031	↓	***0.195***
	* SR	+	1.570	122	0.091	0.765		0.004
	AR	±	－12.414	122	5.802	0.025	↓	***0.209***
	* AR	+	4.653	122	0.543	0.469		0.024
	MLR	+	0.945	122	5.928	0.023	↑	***0.212***
	* MLR	+	1.073	122	11.274	0.003	↑	***0.339***
	PTR	+	－0.722	122	0.057	0.813		0.003
停顿	SPPM	－	－8.051	122	12.254	0.002	↓	***0.358***
	MLSP	－	0.240	122	6.292	0.020	↑	***0.222***
	FPPM	－	－2.561	122	3.575	0.072^	↓	***0.140***
	MLFP	－	0.010	122	0.065	0.801		0.003
	SLPF	+	0.194	122	3.895	0.061^	↑	***0.150***
	NSLPF	－	－0.054	122	0.169	0.685		0.008
	SLPR	+	0.251	122	14.209	0.001	↑	***0.392***
	NSLPR	－	－0.251	122	14.209	0.001	↓	***0.392***
流畅性	R100	－	0.006	122	0.287	0.597		0.013
	RRR	－	－0.063	122	1.075	0.311		0.047
	RPL	－	－0.088	122	9.355	0.006	↓	***0.298***
	DysR	－	－0.032	122	0.001	0.979		0.000
	DysN	－	－0.010	122	0.233	0.634		0.010
	RHR	－	0.090	122	1.006	0.327		0.044

注：上下箭头表明 SA 组相对于 AH 组在一年后在该指标上是否有显著（或边际效应）的增长或者下降。黑色斜体部分为两组比较的效果值 η^2 大于等于 0.06（中等效果值）的指标。

从效果值来看，两组之间的差异主要集中于停顿子维度的六项指标（SPPM、MLSP、FPPM、SLPF、SLPR、NSLPR）上，国内二语学习组除在MLSP指标上优于出国留学组外，其他五项指标上都逊于出国留学组。而在时间子维度＊MLR指标（根据上述分析，在此仅仅考虑了三项Pruned指标）、流畅性子维度RPL指标上，出国留学组的表现同样优于国内二语学习组。

而方差统计结果表明，在时间子维度上，虽然国内二语学习组在SR、AR两项指标上显著高于出国留学组，F（122）=5.341，p=0.031/F（122）=5.802，p=0.025。但是在减去有声停顿以及自我修正的音节数后，他们在此两项指标（＊SR、＊AR）上与出国留学组的差别不再显著。而在MLR、＊MLR这两项指标上出国留学组都显著高于国内二语学习组，F（122）=5.928，p=0.023；F（122）=11.274，p=0.003。两组在PTR的指标上没有显著差异。

在停顿子维度上，出国留学组除在MLSP指标上逊于国内二语学习组，F（122）=6.292，p=0.020，在其他五项指标上或显著优于国内二语学习组，SPPM：F（122）=12.254，p=0.002，SLPR：F（122）=14.209，p=0.001，NSLPR：F（122）=14.209，p=0.001，或这种优势具有边际效应，FPPM：F（122）=3.575，p=0.072，SLPF：F（122）=3.895，p=0.061。而两组之间不存在显著差异的指标为：MLFP、NSLPF。

而在流畅性子维度上，出国留学组仅在RPL指标上显著优于国内二语学习组，F（122）=9.355，p=0.006。在其他指标上两组之间没有显著差异。

总体而言，在口语流利度上可以清楚看到出国留学组在各个子维度上都有指标显著优于国内二语学习组，在停顿子维度指标上的优势则极为明显。而国内二语学习组仅在时间子维度两项指标上占优势，在减去无关音节数后这种优势便不再存在。

（二）口语准确度

表1－20列出了出国留学组与国内二语学习组在口语准确度上前测、后测的描述结果。采用成对样本t检验进行统计分析。

表 1－20　SA 组与 AH 组口语准确度的各自发展情况（一学年）

			SA（N＝10）			AH（N＝15）		
			前测	后测		前测	后测	
错误	***E/T***	－	0.85（0.14）	0.54（0.33）*	↓	0.89（0.37）	1.35（0.52）**	↑
	E/C	－	0.76（0.14）	0.44（0.28）**	↓	0.80（0.36）	1.04（0.41）^	↑
正确	***EFT/T***	＋	0.38（0.06）	0.67（0.15）***	↑	0.45（0.14）	0.28（0.11）**	↓
	EFC/C	＋	0.42（0.07）	0.70（0.16）***	↑	0.48（0.22）	0.32（0.12）*	↓
	W/EFT	＋	9.69（1.53）	11.52（3.07）		9.77（1.84）	9.49（2.42）	

从平均值可见，一学年之后，出国留学组在错误子维度 E/T、E/C 两项指标，正确子维度 EFT/T、EFC/C、W/EFT 三项指标平均值上与前测相比出现改善趋势。而国内二语学习组在上述所有指标上都与出国留学组刚好相反，在两个子维度各项指标上都出现退步趋势。

而成对样本 t 检验表明，出国留学一学年后，出国留学组在口语准确度五项指标中的四项指标（E/T、E/C、EFT/T、EFC/C）上与前测相比都出现显著改善，t（9）＝2.88，p＝0.018；t（9）＝4.00，p＝0.003；t（9）＝－5.65，p＝0.000；t（9）＝－6.02，p＝0.000。而与此同时，国内二语学习组在上述四项指标上，与前测相比却表现出显著（或边际效应）的恶化，t（14）＝－3.24，p＝0.006/t（14）＝－2.13，p＝0.052/t（14）＝3.34，p＝0.005/t（14）＝2.72，p＝0.016。两组在正确子维度的 W/EFT 指标上与前测相比都没有出现显著变化。

为了解出国留学组与国内二语学习组两组之间的差异，笔者采用相同方法对准确度各项指标进行了组间比较（以前测为协变量）。表 1－21 为一般线性模型（GLM）单变量分析结果的摘要。

表 1－21　SA 组与 AH 组在口语准确度后测上的对比结果摘要

			均值差 SA－AH	df	F	Sig		净 η^2 值
错误	E/T	－	－0.792	122	18.198	0.000	↓	***0.453***
	E/C	－	－0.580	122	16.805	0.000	↓	***0.433***

续表

			均值差 SA - AH	df	F	Sig		净 η^2 值
正确	EFT/T	+	0.378	122	45.752	0.000	↑	***0.675***
	EFC/C	+	0.391	122	50.097	0.000	↑	***0.695***
	W/EFT	+	2.036	122	3.268	0.084^	↑	***0.129***

注：上下箭头表明 SA 组相对于 AH 组在一年后在该指标上是否有显著（或边际效应）的增长或者下降。黑色斜体部分为两组比较的效果值 η^2 大于等于 0.06 的指标。

从效果值来看，出国留学组相对于国内二语学习组的优势在错误子维度 E/T、E/C 指标、正确子维度 EFT/T、EFC/C 指标上的效果值都较大（0.433～0.695），表明出国留学语境可以解释两组之间 43.3% 以上的变异，而在 W/EFT 指标上的优势也达到了中等以上。

从方差分析结果来看，在错误子维度 E/T、E/C 这两项指标上出国留学组都显著优于国内二语学习组，F（122）=18.198，p=0.000，F（122）=16.805，p=0.000。在正确子维度上，出国留学组在三项指标上相对于国内二语学习组的优势也都达到显著效应或边际显著效应，EFT：F（122）=45.752，p=0.000。EFC：F（122）=50.097，p=0.000。W/EFT：F（122）=3.268，p=0.084。

总体而言，出国留学一学年后，出国留学组在口语准确度的各项指标上都明显优于国内二语学习组。出国留学组整体上都呈现显著的改善趋势，而国内二语学习组却刚好相反，整体上呈现明显恶化的趋势。

（三）口语词汇复杂度

表 1-22 列出了出国留学组与国内二语学习组在口语词汇复杂度上前测、后测的描述结果。采用成对样本 t 检验进行了统计分析。

表 1-22　SA 组与 AH 组口语词汇复杂度的各自发展情况（一学年）

			SA（N=10）			AH（N=15）		
			前测	后测		前测	后测	
丰富性	AG1K	+	0.98（0.33）	0.97（0.30）		1.01（0.33）	0.87（0.26）	
	LSAGN	+	0.34（0.02）	0.37（0.03）***	↑	0.34（0.03）	0.33（0.03）	
	WRDFRQmc	−	1.47（0.18）	1.15（0.18）		1.53（0.19）	1.44（0.29）	

续表

			SA（N=10）			AH（N=15）		
			前测	后测		前测	后测	
丰富性	WRDFRQa	-	3.22（0.08）	3.17（0.06）		3.26（0.08）	3.20（0.06）	↓
	WRDHYPnv	+	1.59（0.17）	1.48（0.15）		1.62（0.11）	1.57（0.14）	
	WRDFAMc	-	589.41（4.89）	590.80（4.72）		589.36（3.25）	591.76（4.44）	
多样性	GI	±	7.05（0.75）	6.70（0.80）		6.68（0.96）	6.58（0.68）	
	LDVOCD	+	52.17（12.76）	44.24（9.32）*	↓	44.34（10.74）	47.36（11.06）	

从平均值可见，出国留学组在丰富性子维度 AG1K、WRDFRQmc、WRDFRQa、WRDHYPnv 指标，多样性子维度上的 GI、LDVOCD 指标平均值上与前测相比呈现下降趋势，仅在丰富性子维度 LSAGN、WRDFAMc 指标上与前测相比出现上升趋势。与指标方向相同的三项指标为 WRDFRQmc、WRDFRQa、LSAGN。而国内二语学习组在上述 8 项指标中有 2 项指标（丰富性子维度 LSAGN、多样性子维度 LDVOCD）与出国留学组表现出相反的发展趋势，与指标方向相同的三项指标为 WRDFRQmc、WRDFRQa、LDVOCD。

而成对样本 t 检验表明，出国留学一学年后，出国留学组在词汇多样性子维度 LDVOCD 指标上与前测相比显著下降，t（9）=2.48，p=0.035，而在丰富性子维度 LSAGN 上与前测相比显著上升，t（9）=-6.176，p=0.000；国内二语学习组在丰富性子维度 WRDFRQa 指标上与前测相比显著下降，t（14）=2.347，p=0.034。两组在后测的所有其他指标上，与前测相比都没有显著变化。

为进一步了解出国留学组与国内二语学习组之间的差异，笔者对口语词汇复杂度各项指标进行了组间比较（以前测为协变量）。表 1-23 列出了一般线性模型（GLM）单变量分析结果的摘要情况。

表 1-23　SA 组与 AH 组（一年后）在口语词汇复杂度上的对比结果摘要

维度指标			均值差 SA-AH	df	F	Sig		净 η^2 值
丰富性	AG1K	+	0.078	122	1.443	0.242		***0.062***
	LSAGN	+	0.034	122	6.882	0.016	↑	***0.238***

续表

维度指标			均值差 SA－AH	df	F	Sig		净 η^2 值
丰富性	WRDFRQmc	－	0.002	122	0.000	0.988		0.000
	WRDFRQa	－	－0.027	122	1.108	0.304		0.048
	WRDHYPnv	＋	－0.088	122	2.212	0.151		***0.091***
	WRDFAMc	－	－0.960	122	0.256	0.618		0.011
多样性	GI	±	－0.095	122	0.188	0.669		0.008
	LDVOCD	＋	－7.461	122	4.243	0.051^	↓	***0.162***

注：上下箭头表明 SA 组相对于 AH 组在一年后在该指标上是否有显著（或边际效应）的增长或者下降。黑色斜体部分为两组比较的效果值 η^2 大于等于 0.06 的指标。

由效果值可见，在丰富性子维度上，两组在 AG1K、LSAGN、WRDHYPnv 这三项指标上的差异都达到中等或较大效果值，其中出国留学组仅在 WRDHYPnv 指标上的表现不如国内二语学习组；在多样性子维度上，两组在 LDVOCD 指标上的差异达到了较大效果值，国内二语学习组在此指标上的表现更好。之前的研究曾表明，LDVOCD 以及 GI 指标容易受到单词高低频的影响，在 LDVOCD 指标上的提高并不必然表明二语学习者在词汇复杂度上的改善。本书将在讨论中进一步具体分析。

而方差分析结果表明，在丰富性子维度上，出国留学组仅在 LSAGN 指标上显著高于国内二语学习组，F（122）＝6.882，p＝0.016；在多样性子维度上，国内二语学习组仅在 LDVOCD 这项指标上高于出国留学组（边际效应），F（122）＝4.243，p＝0.051。

总体看来，出国留学组在词汇复杂度丰富性子维度上的总体表现优于国内二语学习组，但在个别指标（WRDHYPnv）上表现弱于国内二语学习组。但在多样性子维度上，由于两项指标的失真，两组之间的差异仍然难以确定。

（四）口语句法复杂度

表 1－24 列出了出国留学组与国内二语学习组在口语句法复杂度上前测、后测的描述结果。采用成对样本 t 检验进行统计分析。

表 1－24　SA 组与 AH 组口语句法复杂度的各自发展情况（一学年）

			SA（N＝10）			AH（N＝15）		
			前测	后测		前测	后测	
小句	C/T	+	0.13（0.10）	0.25（0.12）*	↑	0.15（0.07）	0.31（0.18）**	↑
小句	DC/C	±	0.11（0.07）	0.19（0.07）*	↑	0.13（0.06）	0.22（0.11）**	↑
短语	***SYNNP***	+	0.76（0.08）	0.77（0.14）		0.72（0.06）	0.65（0.12）^	↓
短语	DRNP	+	340.31（22.97）	319.42（21.88）^	↓	329.94（15.18）	328.64（20.25）	
句法多样性	SYNSTRUa	−	0.096（0.017）	0.101（0.017）		0.111（0.021）	0.113（0.035）	
句法多样性	***SYNSTRUt***	−	0.095（0.016）	0.105（0.015）		0.111（0.019）	0.109（0.021）	
句法多样性	SMTEMP	−	0.780（0.070）	0.783（0.087）		0.790（0.096）	0.802（0.108）	

由平均值可见，出国留学组在小句子维度 C/T、DC/C 指标上，在短语子维度 SYNNP 指标平均值上呈上升趋势，但在短语子维度 DRVP 指标、句法多样性子维度 SYNSTRUa、SYNSTRUt、SMTEMP 指标上呈下降趋势。国内二语学习组仅仅在 SYNNP、SYNSTRUt 指标上的趋势与出国留学组不同，其他五项指标都与出国留学组相似。

而成对样本 t 检验表明，出国留学组在小句子维度 C/T、DC/C 两项指标上与前测相比都显著改善，t（9）＝－3.16，p＝0.012；t（9）＝－3.21，p＝0.011，而在短语子维度 DRNP 指标上与前测相比有所下降（边际效应），t（9）＝2.186，p＝0.057。国内二语学习组在小句子维度 C/T、DC/C 两项指标上与前测相比同样都显著改善，t（14）＝－3.32，p＝0.005；t（14）＝－3.08，p＝0.008，而在短语子维度 SYNNP 指标上与前测相比有所下降（边际效应），t（14）＝2.03，p＝0.062。在其他指标上，与前测相比，两组都未发生显著变化。

为进一步了解出国留学组与国内二语学习组之间的差异，本书同样对口语句法复杂度各项指标进行了组间比较（以前测为协变量）。表 1－25 列出了一般线性模型（GLM）单变量分析结果的摘要情况。

表 1-25 SA 组与 AH 组在口语句法复杂度后测上的对比结果摘要

			均值差 SA - AH	df	F	Sig		净 η^2 值
小句	C/T	+	-0.046	122	0.487	0.493		0.022
	DC/C	±	-0.018	122	0.197	0.662		0.009
短语	SYNNP	+	0.118	122	4.566	0.044	↑	***0.172***
	DRNP	+	-10.149	122	1.259	0.274		0.054
句法多样性	SYNSTRUa	-	-0.016	122	1.532	0.229		***0.065***
	SYNSTRUt	-	0.00001	122	0.027	0.871		0.001
	SMTEMP	-	-0.016	122	0.156	0.697		0.007

注：上下箭头表明 SA 组相对于 AH 组在一年后在该指标上是否有显著（或边际效应）的增长或者下降。黑色斜体部分为两组比较的效果值 η^2 大于等于 0.06 的指标。

由效果值可见，两组之间在短语子维度 SYNNP 指标、在句法复杂性子维度 SYNSTRUa 指标上的净 η^2 值都大于 0.06，出国留学组在这两项指标上优于国内二语学习组。

方差分析结果表明，在控制前测的基础上，出国留学组在短语子维度 SYNNP 指标上显著高于国内二语学习组，F（122）=4.566，p=0.044，在其他指标上两组之间上没有显著差异。

总而言之，在口语句法复杂度上，出国留学组相对于国内二语学习组的优势仅仅体现在短语子维度、句法复杂性子维度的个别指标上。值得注意的是，两组在小句子维度上都出现显著改善，并在短语子维度上都产生与前测不同的变化，但在句法多样性子维度上没有显著变化。

七 分析与讨论

上述研究结果表明，在出国留学一学年后，与写作研究相似，出国留学组在口语准确度的错误、正确子维度上的提升极为明显。在口语流利度的所有三个子维度上都表现出了不同程度的提高，但在停顿子维度上的改善最为明显。在口语句法复杂度的小句子维度上出现明显改善，但在短语子维度个别指标上显著退步。在词汇复杂度的丰富性子维度个别指标上显著改善，在多样性子维度上由于指标效度问题难以确定，但总体改善并不明显。而国内二语学习组在写作准确度的两个子维度上、在口语流利度的停顿子维度上出现明显的退步，在口语句法复杂度的短语子维度个别指标上有所退步。而在口语句法复杂度的小句子维度上出现明显改善，在句法复杂度的句法多样性子维度个别指标上出现局部改善。两组在其他子维度的各项指标上都没有显著变化。

两组相比，出国留学组在写作准确度的两个子维度上都明显优于国内二语学习组，且优势在 CAF 四个维度中最为明显。这与写作研究极为相似。出国留学组在口语流利度的三个子维度上都具有局部或总体优势，而这种优势在停顿子维度上极为明显。在口语句法复杂度的短语子维度、句法多样性子维度上，出国留学组也同样表现出相对于国内二语学习组的一定优势，但在小句子维度上的表现两组较为类似，没有显著差异。在口语词汇复杂度的丰富性子维度上，出国留学组稍微优于国内二语学习组，但两组在多样性子维度上的表现仍有待确定。总体看来，与写作研究不同的是，出国留学组几乎在 CAF 维度的各个子维度上都展现出相对于国内二语学习组的总体或局部优势。再次证明了出国留学语境对二语口语技能发挥着强大的促进效应。

而与写作研究相似的是，除出国留学语境给二语口语技能带来了明显增益外，国内二语学习组在诸多指标上的明显退化也造就了出国留学组在二语口语技能上的整体优势。写作与口语技能研究的结果总体表明，在国内二语学习语境下，二语学习者这种“不进则退”的状况亟须研究者与教学工作者的大力关注。

（一）两种语境下的口语流利度

出国留学组在出国留学一学年后，在时间子维度的发音速率（AR）指标上显著下降，在“平均句长”（＊MLR）指标上显著上升。在停顿子维度的“每分钟的无声停顿数”（SPPM）、“句子之内 1 秒及以上的长停顿”（NSLPR）指标上显著减少，而在“句子之间 1 秒及以上的长停顿”（SLPF、SLPR）指标上显著增加（或达到边际效应）。在流畅性子维度“非流畅性音节数”（RPL）指标上显著降低。而国内二语学习组在时间子维度的速率（SR）指标上显著增长。在停顿子维度的“每分钟无声停顿”（SPPM）、“句子之内 1 秒及以上的长停顿”（NSLPR）指标上显著增加，在“无声停顿平均时长”（MLSP）、“句子之间 1 秒及以上的长停顿”（SLPF、SLPR）指标上显著下降。两组在各子维度其他指标上没有显著变化。

而两组比较，出国留学组分别在时间子维度 MLR、＊MLR，停顿子维度 SPPM、FPPM、SLPF、SLPR、NSLPR，流畅性子维度 RPL 等 8 项指标上都显著优于国内二语学习组。国内二语学习组在时间子维度 SR、AR，停顿子维度 MLSP 这 3 项指标上优于出国留学组。

1. 时间子维度

在本研究中，国内二语学习组在 SR、AR 两项指标上显著优于出国留学组，但两组在 Pruned AR、Pruned SR 两项指标上却不再存在显著差异。这种原始指标值与精简值相背离的情况也出现在先前的研究中。比如 Lennon（1990）的研究发现 4 名被试中只有 Dorothea 出国留学后在 SR 值上减少，却在 Pruned SR 值上有所增加。Pruned SR、Pruned AR 这类精简值是在 AR、SR 基础上减去有声停顿和自我修正的音节数计算得来。Dorothea 在各项口语流利度指标上都劣于另外 3 名被试，且她的自我修正情况、有声停顿频率都是 4 名被试中最多的。鉴于本研究中中、低水平被试在口语熟练程度上应该更接近于 Dorothea，对上述背离情况的一个较为合理的推断是：对于二语语言水平较低的学习者来说，其口语流利度的提高往往依然伴随着较多的自我修改情况（在本研究中平均值为每分钟 8 ~ 9 次）、有声停顿（在本研究中平均值为每分钟 4 ~ 5 次），而这些音节数会进而影响 SR、AR 这两项指标。由此删除这些音节数之后的 Pruned SR、Pruned AR 更能准确反映低水平二语学习者的口语流利度水平。而相对于二语语言水平较高的学习者，SR、AR 与 Pruned SR、Pruned AR 这两类指标不易出现与本研究以及 Lennon（1990）研究中类似的背离趋势。

为验证此推断，笔者观察了被试在上述指标平均值上所呈现的趋势。与前测相比，出国留学组在 SR、AR 后测平均值上都有减少趋势，并在 AR 指标上显著低于前测。但 Pruned SR、Pruned AR 这两项精简值的后测平均值反而都较前测为高。而国内二语学习组与此相反，在 SR、AR 指标后测平均值上较前测增加，且在 SR 指标上显著高于前测。Pruned AR 指标的后测平均值较前测为低，仅 Pruned SR 指标后测平均值较前测为高，但不再显著。结合被试在流利度子维度上其他指标所显示的趋势，Pruned SR、Pruned AR 这两项指标更能反映两组在流利度上的变化情况。因此本研究的结果表明，就二语语言水平中等偏下的学习者而言，有声停顿与自我修正干扰了原始的 SR、AR 指标，并对研究结果产生了一定的扭曲。而精简值指标可以更好地反映二语学习者在时间子维度上的变化情况。

在 MLR（平均句长）、Pruned MLR 指标上，出国留学组显著优于国内二语学习组。但仅出国留学组在 Pruned MLR 后测指标上显著提高。从效果值、显著性判断，与 SR、AR 指标一样，对于中、低语言水平的二语学习者而言，Pruned MLR 指标同样比 MLR 指标更为准确。这在 Segalowitz 和 Freed（2004）、Freed、Segalowitz 和 Dewey（2004）的研究中也得到部分证实。她们发现：在 MLR1（不包括 0.4 秒以上的无声停顿）与 MLR2（不包括有声停顿）两项指标中，出国留学一学期的西班牙语二语学习者仅在 MLR2 指标上与前测相比有显著改善；而在 MLR1、MLR2、MLR3（无重复、部分重复或错误启动）、MLR4（无自我修正）四项指标中，只有 MLR2 指标可以在前测中区分国内强化学习组与国内二语学习组。此外，国内强化学习组在 MLR3 指标上进步显著，国内二语学习组却在 MLR4 上出现显著退步，而出国留学组（12 周）在上述四项指标上没有任何显著进步。她们的研究由此表明：有声停顿以及自我修正会在一定程度上影响 MLR 指标对口语流利度的真实反映。比较而言，MLR 指标受到的影响相对 SR、AR 指标似乎更少一些。

在厘清原始指标与精简指标的效度后，较为容易地发现，采用不同的指标会影响研究的结论。就原始指标而言，本研究在 SR、AR、MLR 这些指标上的结果与现有众多研究结果并不一致。在出国留学一年后，Towell、Hawkins、Bazergui（1996）发现被试在 SR、AR、MLR 指标上都有显著提高。其他研究还发现在出国留学 3 ~ 4 周后（SR、AR 指标，Llanes & Muñoz，2009）、3 个月后（AR、MLR 指标上，Leonard & Shea，2017）、一学期后（SR 指标，Segalowitz & Freed，2004；Kim et al.，2015）、一年后（SR 指标，Serrano，Tragant & Llanes，2012），二语学习者在相应指标上都有显著改善。本研究的结论明显与上述结论完全相反。本研究中出国留学组在出国留学一学年后在上述三项指标上与前测相比不仅没有显著增长，在 AR 指标上反而显著下降。与此同时，国内二语学习组在 SR 指标上显著上升。最为合理的推断是：在本研究中，被试的有声停顿以及自我修正情况造成了上述三项原始指标的失真，因而 SR、AR、MLR 指标无法准确代表被试在二语口语流利度上的表现。

但就 Pruned SR、Pruned AR、Pruned MLR 这三项精简指标而言，本研究清楚地表明出国留学组在 Pruned MLR 指标上出现增长趋势，而国内二语学习组在三项指标上都停滞不前。在一学年之后，出国留学组还在 MLR、Pruned MLR 指标上显著优于国内二语学习组。上述结果与其他研究相比明显较为一致。先前采用类似指标的研究分别发现，在出国留学 2 ~ 3 个月后（Pruned SR 指标，11 岁西班牙双语儿童，Llanes，2012；Llanes & Muñoz，2013；大学生组，Llanes & Muñoz，2013），或一学期后（Pruned MLR2 指标，Segalowitz & Freed，2004），出国留学组在 Pruned SR 指标、Pruned MLR（MLR2）指标后测上都出现显著增长。

由此可见，精简后的指标（Pruned SR、Pruned AR、Pruned MLR）能更为准确地反映那些二语语言水平较低的被试出国留学后在口语流利度上的变化，而其中尤以 Pruned MLR 指标最为敏感。SR、AR、MLR 这三项指标可能更适合测量口语产出中自我修正与有声停顿较少的高语言熟练水平的被试。Lara（2014）的研究曾发现，出国留学 3 个月的翻译专业组在口语流利度的 SR、Pruned SR 两个指标上都有显著提高，而出国留学 6 个月的非专业组，上述两项指标在出国前后却没有显著变化。这也部分证实了上述指标对二语语言水平的敏感性。

至于为何本研究仅在 Pruned MLR 指标上出现显著变化，一个较为可能的解释是：Pruned SR、Pruned AR 反映了单位时间内口语产出的效率，而 Pruned MLR 则更多反映了平均句长。显然，二语学习者只要通过合适的句子构成策略就可以改变 Pruned MLR 指标，而 Pruned SR、Pruned AR 指标明显只能通过持续的练习才能出现改善，Pruned SR、Pruned AR 指标的改善需要更长的时间。总体而言，本研究的结果以及其他相关研究的结果似乎表明：SR、AR、Pruned SR、Pruned AR 指标比 MLR、Pruned MLR 指标的提升可能需要更长的时间或更多的语言训练。

而在PTR指标上，本研究的结果表明两组都没有显著变化，且两组之间的差异亦不显著。Towell、Hawkins、Bazergui（1996）的研究结果与本研究极其相似。他们发现，在二语学习者出国留学一年后，PTR指标后测平均值虽然较前测出现较小幅度的增长，但没有显著差异。而Towell（2002）的研究曾发现PTR指标在国内学习的第一年与第二年没有差异，但在第三年被试出国留学6个月后，与第一年、第二年相比有显著提高。相对而言，PTR指标可能与AR、SR指标更为相似，需要更长的二语语言学习时间才能得到提高。但也有研究发现，在短期出国留学情况下，二语学习者即可在该指标上显著改善。Valls-Ferrer（2008）、Mora和Valls-Ferrer（2012）都发现，赴英国留学3个月后，二语语言水平较高的被试在PTR指标上出现显著改善。这是否表明二语语言水平较高的被试更容易在PTR指标上产生变化，目前由于研究的匮乏仍无法做出定论。

总体看来，在时间子维度上，一学年之后，出国留学组在个别指标上出现改善，但在与口语产出密切相关的速率等指标方面，仍缺乏显著的改善，但出国留学组仍在部分指标上显著优于国内二语学习组。而国内二语学习组在该子维度上处于发展停滞状态。

2. 停顿子维度

在SPPM（无声停顿/分钟）指标上，出国留学组显著减少，而国内二语学习组则显著增长。此外，国内二语学习组在MLSP（无声停顿平均长度）指标上显著减少，而出国留学组在此指标上没有显著变化。两组在有声停顿FPPM、MLFP这两项指标上都没有发生变化。本研究结果部分支持了Valls-Ferrer（2008）、Mora和Valls-Ferrer（2012）、Leonard和Shea（2017）的研究结果。Valls-Ferrer（2008）、Mora和Valls-Ferrer（2012）的研究发现，出国留学3个月后，被试在平均句内停顿时长（IPDR，指“每次0.4秒以上句内停顿的平均时长”）上都显著低于前测。Leonard、Shea（2017）研究发现，出国留学3个月后，二语学习者在短停顿频率（为“每100个音节中0.25～0.49秒短停顿次数”）上没有显著变化，但在后测平均值上略有增长。而在长停顿频率（为“每100个音节中0.5秒及以上长停顿次数”）上显著下降。平均停顿时长指标也显著下降。但本研究发现出国留学一学年后二语学习者在无声停顿上显著改善。与之相对应，Lennon（1990）的研究则仅发现被试在出国留学 6 个月后，在“每个 T 单位的有声停顿次数”指标上显著减少。与此同时，被试在“无声停顿时长与总时长之比”“有声停顿时长与总时长之比”两项指标上均无显著降低。综合来看，各项研究都观察到出国留学组在停顿频率上的下降，差别主要是：这种下降或是体现在无声停顿，或是在有声停顿，或是在长停顿。但在平均停顿时长相关指标上的结论仍不太一致。

本研究同时还发现，出国留学组在无声停顿频率、有声停顿频率上都明显（显著效应或边际效应）优于国内二语学习组。这与上述各组的增长情况并不一致。将停顿频率与平均停顿时长结合进行分析，本研究发现，出国留学组在有声停顿、无声停顿频率指标平均值后测上较前测都出现降低趋势，同时在各自对应的平均停顿时长指标平均值上出现增长趋势。而国内二语学习组则在频率指标平均值上上升，在对应平均停顿时长指标平均值上下降。两组的趋势刚好相反。这似乎表明：停顿频率指标与停顿平均时长指标存在此消彼长的关系。正是这种对立的发展趋势，使得出国留学组一学年后在无声、有声停顿频率上都占相对优势。

在两组比较上，值得注意的一个例外是，国内二语学习组在 MLSP 指标上显著优于出国留学组。鉴于平均停顿时长指标受到停顿频率指标的明显影响，其效度问题值得仔细分析。Towell（2002）的研究曾发现被试在时间子维度其他指标上改善的同时，“平均停顿长度”却在三年内并未发生显著变化。Kim 等（2015）的研究发现，在出国留学一学期后，与前测相比，被试在有声停顿总数、无声停顿总数上显著增长，但在平均停顿时长上显著更短。综合来看，平均停顿时长指标在出国留学三年内（Towell，2002）、一学年内（本研究）都没有发生显著变化，却在出国留学一学期后显著变短。这确切表明该指标并未反映二语学习者在口语流利度上的改善情况，更多只能作为停顿频率的反向指标。由此可见，在口语流利度的停顿子维度上，国内二语学习组在该指标上的优势不可视为他们相对于出国留学组的优势。

在 SLPF、NSLPF、SLPR、NSLPR 这四个指标上，本研究发现在“1 秒及以上”的句法长停顿（SLPF）、“1 秒及以上”的非句法长停顿（NSLPF）、句法长停顿之比（NSLPR）这三项指标上，出国留学组都明显改善（显著效应或边际效应），而国内二语学习组在上述三项指标上的趋势刚好相反，且达到显著效应。由此可见，两组在一学年之后采用了截然不同的停顿策略。本研究结果与在不同的停顿阈值下其他学者的研究较为吻合。Leonard、Shea（2017）的研究发现被试在句内长停顿频率（为每 100 个音节中 0.5 秒及以上句内停顿次数）上显著下降，而在句间长停顿频率（为每 100 个音节中 0.5 秒及以上句间长停顿次数）上没有显著变化（但有下降趋势）。而同样在 Valls-Ferrer（2008）、Mora 和 Valls-Ferrer（2012）的研究中，在出国留学 3 个月后，二语学习者在句内停顿频率（PF）、句内停顿比例（PR，句内停顿时间与总时间之比）、平均句内停顿时长（IPDR，指“每次 0.4 秒以上句内停顿的平均时长”）都显著低于前测。总体看来，二语学习者在出国留学后明显改变了他们的停顿策略，减少了非句法长停顿的使用，而更多采用句法长停顿。

正如 Lennon（1990：408）在研究中所指出的那样，“在 T 单位边界的那些停顿，只要停顿时间不至于过长，更有可能被认为是可以接受的。而在 T 单位内部的那些停顿，更有可能被认为是阻碍流利度的”。而 Towell（2002：138）发现二语学习者“在早期阶段不能建构句法完整的话语，因而在言语中产生较短的、带有大量有声以及无声停顿的句子。直到下一个阶段，这些话语才在句法上更为完整”。本研究的结果以及 Lennon（1990）、Towell（2002）、Valls-Ferrer（2008）、Mora 和 Valls-Ferrer（2012）、Leonard 和 Shea（2017）等学者的研究结果总体表明：在停顿子维度上，研究者不应简单地关注停顿的频率或平均时长，还应注意区分有声停顿/无声停顿、长停顿/短停顿、句内/非句法停顿与句间/句法停顿，才可以更好地测量、评估不同二语语言熟练程度的被试在停顿模式发展上的具体规律与特点，并由此准确地判断他们在口语流利度上的具体表现。

此外，在讨论停顿子维度时，一个不可忽视的问题是停顿的阈值。仔细分析上述各项研究的具体停顿指标后发现，在相同的指标背后，各项研究对停顿的定义其实有很大的不同。在 Valls-Ferrer（2008）、Mora 和 Valls-Ferrer

(2012)、Leonard 和 Shea (2017)、Kim 等 (2015) 的研究中，停顿分别被定义为“0.4 秒及以上”“0.5 秒及以上”“0.2 秒及以上”。在本研究中，笔者将“1 秒及以上”的停顿定义为“长停顿”，并将其他停顿定义为“0.3 秒及以上”。Riggenbach (1991：426) 认为：“小于 0.4 秒的停顿，处于正常的或流利的话语范围之内。它不能反映话语的不流畅性。”具体对二语学习者而言，将停顿的阈值定义为“0.4 秒及以上”或“0.5 秒及以上”或更高（如本研究中的 1 秒）时，应该可以更为容易地发现在停顿频率、停顿时长上的改善。如果将其定义为较短的时间（如 0.2 秒及以上）则较难在二语学习者身上捕捉到停顿频率的改善。

总体看来，在停顿子维度上，在 0.3 秒及以上的短停顿上，出国留学组主要在无声/有声停顿频率上明显优于国内二语学习组；而在 1 秒及以上的长停顿上，出国留学组使用更多的句间长停顿来代替句内长停顿，国内二语学习组刚好相反。显然，出国留学组在停顿子维度上的优势极为明显。

而从指标体系来看，本研究结果显示，就二语语言水平不高的被试而言，停顿频率指标比平均停顿时长指标、无声停顿指标比有声停顿能更好地表征他们二语口语流利度的改善情况。本研究的结果似乎表明停顿指标在频率与时长上的双下降可能需要更长的出国留学或语言学习时间。

3. 流畅性子维度

在一学年后，出国留学组仅在流畅性子维度 RPL（非流畅音节比）指标上，与前测相比、与国内二语学习组相比都显著改善，而在其他指标上无论是组内相比还是组间相比都没有显著变化。本研究结果与先前研究关于流畅性的结论较为一致。Lennon (1990) 的研究发现被试在“每 T 单位中的重复数”“每 T 单位中的自我修改数”“重复与修改数占总字数之比”这三项指标前/后测上未出现显著差异。而 Leonard、Shea (2017) 的研究也发现二语学习者在“自我修正率”（每 100 个音节中的自我修正数，包括重复、替换、重述、错误启动）指标前测/后测上没有差异。

在 DysR 指标上，Mora、Valls-Ferrer (2012) 曾发现二语学习者在出国留学 3 个月后在此指标上与前测相比出现显著减少，但与本族语者相比，差别仍极大。而在本研究中，两组在此指标上都没有显著变化。两项研究的主要区别在于二语学习者的语言水平。由于二语学习者的自我修正只能在二语语言知识达到极高的自动化水平时方有可能发生，因而较为可能的是，本研究中被试的二语语言水平尚未达到触发自我修正的程度，即使在出国留学一年后，在 DysR 指标上也没有发生显著变化。而其他几项指标也都与 DysR 较为类似，可能基于上述相同原因而未发生显著变化。

综合流畅性子维度各项指标来看，可能流畅性子维度在更为宏观的程度上反映了二语口语产出与在线加工相关的容易度、熟悉度与自动化程度（参见 Wiese，1984；Temple 1992；Towell 等，1996），由此二语学习者难以在较短的出国留学时间内取得明显改善。而 RPL 指标之所以具有一定的指标意义，可能是因为该指标部分反映了时间与停顿子维度。从本研究结果来看，在流畅性子维度各项指标上难以找到合适指标来反映二语学习者在口语流利度上的进展情况。但作为二语口语产出在自动化程度上的特征指标，毫无疑问，它应该是区分本族语者与二语学习者口语流利度的最佳指标，一如 Mora、Valls-Ferrer（2012）的研究所发现的那样。

（二）两种语境下的口语准确度

一学年之后，在错误子维度、正确子维度五项指标中的四项上，出国留学组都出现显著改善，并显著优于国内二语学习组，而国内二语学习组在这四项指标上都出现显著恶化。仅在一项指标（W/EFT）上，两组前、后测之间没有显著变化，而出国留学组同样稍微优于国内二语学习组（边际效应）。可以明显看出出国留学组在口语准确度上的提高明显优于国内二语学习组，特别是在正确子维度指标上的优势极为明显，其次为错误子维度指标。

1. 错误子维度

一学年之后，出国留学组在 E/T、E/C 指标上显著降低，并在两项指标上显著优于国内二语学习组。这确切表明了出国留学组在口语准确度上的显著提高。这与先前的研究结果较为一致。比如，Serrano、Tragant、Llanes（2012）的研究也发现被试在出国留学一学期后在 E/T 指标上没有显著改善，但在一学年之后，无论是相对于出国前抑或是出国留学一学期后，E/T 指标都得到显著改善。上述结果表明，出国留学组的口语准确度需要一学年左右的时间才有明显改善。此外，Serrano、Llanes 和 Tragant（2011）、Llanes

和 Muñoz（2013）等学者发现，2～3 个月的短期出国留学后，出国留学组在 E/T 指标上与国内二语学习组没有显著差异。结合本研究结果，可以看出，两组之间的差异在短期出国留学项目中难以显现，但最多出国留学一学年二语学习者便可以取得相对于国内二语学习组的优势。

此外，E/T、E/C 以及类似的错误子维度指标可以较好地区分二语语言水平差异较大或习得年龄差异较大的学习群体。Pérez-Vidal、Juan-Garau、Mora（2011）的研究发现，西班牙二语学习者在 T1、T2、T3、T4 四个时间点上的准确度指标（E/T、E/C）上都显著劣于本族语大学生。虽然被试在 T3、T4 时在准确度上的表现接近目的语形式，但仍与本族语大学生相差甚远。Mora、Valls-Ferrer（2012）的研究发现，在 T3 时二语学习者在口语准确度的 EFAS、E/AS 指标上都显著劣于当地大学生。Pérez-Vidal 等人（2012）的研究发现，无论是在 T1、T2 还是 T3 阶段，二语学习者在口语准确度的 E/C、E/W 指标上显著劣于本族语大学生。Lara（2014）的研究发现，无论是在出国留学前还是出国留学后，出国留学 3 个月的翻译专业组、出国留学 6 个月的非专业组在准确度的 E/AS、E/C 两项指标上都显著劣于本族语大学生。可见，E/T、E/C 指标可以帮助区分本族语大学生与二语学习者。此外，Llanes、Muñoz（2013）的研究发现出国留学 2～3 个月的儿童组会在 E/T 指标上显著优于国内二语学习组。但 Serrano、Llanes 和 Tragant（2011）、Llanes 和 Muñoz（2013）等学者的研究未能在成人研究被试相同指标上发现显著差异。这表明，E/T 类错误子维度的指标可以帮助研究者区分习得年龄差异较大的二语学习者。

2. 正确子维度

出国留学组在 EFT/T、EFC/C 两项指标上显著提升，在 W/EFT 指标上的增长未达到显著效应，且在 EFT、EFC、W/EFT 三项指标上都明显优于国内二语学习组。而现有研究也发现，在出国留学 3～4 周或一学期之内就有可能在正确子维度的相关指标上出现明显改善（Llanes & Muñoz，2009；Mora & Valls-Ferrer，2012）。Llanes（2012）的研究结果也同样证明，在 EFT/T 指标上，出国留学 2 个月的儿童组显著优于国内二语学习组。从上述研究可见，与之前的错误子维度的指标不同，出国留学组在较短的出国留学时长下就可以产生显著优势。在正确子维度的指标上似乎更容易观察到出国留学组的优势。而 Serrano、Tragant、Llanes（2012）的研究以及本研究都发现，对于错误维度的指标，更有可能需要一学期以上、一学年左右的时间方能观察到出国留学组相对于前测、国内二语学习组的明显优势。因而，总体看来，出国留学组更有可能最先在 EFT/T、EFC/C 指标，然后在 E/T、E/C 指标上出现改善。

与写作准确度较为类似，出国留学组在口语准确度的错误子维度指标与正确子维度指标上的发展似乎同样并非同步、一致地发展。Llanes、Muñoz（2009）的研究（被试出国留学 3～4 周）发现被试在 EFC 指标上出现显著改善，但在 E/C 指标上只有部分改善。Robson（2015）的研究（出国留学 9 周）发现出国留学后被试在“错误率”（ER）上出现显著增长。此外，Mora、Valls-Ferrer（2012）的研究（被试出国留学 3 个月）同样发现，出国留学后被试在 EFAS 指标上出现显著改善，但在 E/AS 指标上没有变化。而以类似的二语学习者为被试，Lara（2014）发现 E/AS、E/C 指标在出国前后没有显著变化。但将被试分组仔细观察，则发现出国留学 3 个月的翻译专业组仅在 E/AS 指标上出现显著改善，而出国留学 6 个月的非专业组，在各项指标上没有任何显著变化。翻译专业组在 E/AS 指标上稍微优于非英语专业组（达到边际效应）。以上研究似乎说明，在口语准确度上，二语学习者在正确子维度指标上的发展快于错误子维度。

为了进一步验证这种非同步性，笔者进而计算了本研究的错误维度与正确维度中各项指标在前、后测统计检验中的效果值［Cohen's d，计算方法为：ES =（M1 - M2）/Sd］。出国留学组在错误子维度（E/T、E/C）上的 D 值分别为 0.94、1.14，在正确子维度（EFT、EFC、W/EFT）上的 D 值分别为 1.93、1.75、0.59，而国内二语学习组在错误子维度上的 D 值分别为 0.88、0.58，在正确子维度上的 D 值分别为 1.55、1.33、0.12。除 W/EFT 这项较为特殊的指标外，较为明显的是，出国留学组在错误维度上 D 值（0.94/1.14）总体低于在正确维度的 D 值（1.93/1.75）。比较有趣的是，在国内二语学习组的错误与正确子维度 D 值上，这种恶化趋势也遵循类似的规律。而在组间对比上，这种非同步性同样存在。

总体看来，出国留学组在口语准确度上的相对优势毋庸置疑。但在不同子维度的指标上，存在非同步发展的问题。

（三）两种语境下的口语词汇复杂度

出国留学组在口语词汇复杂度的各项指标上表现不如在流利度、准确度维度那样一致。出国留学组在口语词汇复杂度多样性子维度的 VocD（LD-VOCD）后测值上较前测显著下降，但在丰富性子维度的“句子间词汇衔接性”（LSAGN）指标上显著提升。而国内二语学习组仅在“CELEX 中所有单词的频率对数值”（WRDFRQa）指标后测上较前测显著下降。两组在 LD-VOCD、LSAGN 两项指标上出现显著差异。出国留学组分别在 LDVOCD、LSAGN 指标上显著低于、高于国内二语学习组。在其他指标上，两组之间各指标值前后测都没有显著差异。总体看来，在口语词汇复杂度上，出国留学组仅在局部指标上优于国内二语学习组。

1. 多样性子维度

在 GI 指标平均值上，与写作研究类似，两组都呈现下降的趋势。这显然与多数研究的结果有所不同。比如 Serrano、Tragant、Llanes（2012）在 GI 指标上发现，出国留学一学期即足以让二语学习者在该指标上有显著增长。但在出国留学一学年后，相对于流利度与准确度的进展，词汇复杂度上取得的进展要小得多。而 Leonard、Shea（2017）的研究则发现，出国留学 3 个月后，在 GI、VocD 两项指标中，二语学习者仅仅在 GI 指标后测上显著优于前测。而在以儿童为被试的研究中，Llanes（2012）、Llanes 和 Muñoz（2013）发现出国留学 2～3 个月后，出国留学组在 GI 指标上显著高于出国留学前，而国内二语学习组则在该指标后测上较前测或有所降低（为边际效应）（Llanes，2012）、或呈减少趋势但并不显著（Llanes & Muñoz，2013）。即使在出国留学成人组、国内学习成人组被试身上，Llanes、Muñoz（2013）也发现他们在该指标上呈增长趋势（没有显著效应）。上述研究多数被试在短期出国留学项目下就已在 GI 指标上出现显著改善，而本研究中二语学习者在出国留学一学年后，不仅没有在后测上出现显著改善，反而在指标平均值上出现降低趋势。

但也存在与本研究类似的研究结果。Kim 等（2015）发现参加一学期的出国留学项目后，二语学习者在 TTR 指标上显著降低。Mora、Valls-Ferrer（2012）的研究发现，出国留学 3 个月后，二语学习者在 GI 指标上出现上升趋势但不显著，而在“实词占总单词数之比”（LWR）指标上显著降低。更值得关注的是，Lara（2014）的研究发现，被试在 GI 指标上较出国留学前反而有所降低（达到边际效应）。从分组看来，出国留学 3 个月的翻译专业组在 GI 指标上有所降低（达到边际效应），而出国留学 6 个月的非专业组，在该指标上没有任何显著改变。更为奇怪的是，无论出国留学前、出国留学后，翻译专业组在 GI 指标上的得分都显著高于本族语者，而非英语专业组仅在出国留学前显著高于本族语者，在出国留学后这种优势仅达到边际效应。

在两组之间的对比上，本研究在此指标上的结果同样异于其他研究。Llanes（2012）发现，出国留学 2 个月后，二语学习者在 GI 指标上的后测显著高于国内二语学习组。而 Serrano、Llanes、Tragant（2011）则发现在出国留学 2 个月后，被试在该指标上显著高于国内半强化学习组。

上述明显异常的结果让研究者比较肯定地判断：口语研究中的 GI 指标可能与写作研究一样，因为最常用 1000 个单词的干扰而出现了效度问题。GI 指标上下波动的特征更多表明了 GI 指标因不同被试群体、不同二语语言发展阶段而产生失真效应。而 Larsen-Freeman（2006）、Serrano、Tragant 和 Llanes（2012）等学者的研究也曾揭示，GI 指标可能呈现一种非线性的特征，会在每个时间点、每位被试间存在个体间与个体内差异。

为了进一步验证上述判断，笔者如写作研究一样，使用 AntWordProfiler 软件统计了出国留学组、国内二语学习组在常用前 2000 个单词上类符、型符的使用情况。结果发现，在最常用的 1000 个单词中，在型符上，出国留学组从出国留学前的 90.37% 下降到出国留学后的 87.61%，而国内二语学习组则从 88.79% 增长到 89.11%；在类符上，出国留学组从 76.38% 下降到 76.06%，而国内二语学习组则从 73.56% 增长到 75.51%；与之相对应的，在次常用 1000 个单词中，在型符上，出国留学组从出国留学前的 5.64% 上升到出国留学后的 7.01%，而国内二语学习组则从 6.32% 增长到 6.37%；在类符上，出国留学组从 11.42% 上升到 13.98%，国内二语学习组则从

13.31%下降到12.9%。上述数据清楚地表明，出国留学组在GI指标上的下降源于出国留学组降低了最常用1000个单词的使用比例而提高了次常用1000个单词的使用比例，而国内二语学习组却刚好表现出相反的趋势。由此可见，最常用1000个单词的使用比例对GI指标产生了明显的影响。而在减去最常用1000个单词后，出国留学组在AG1K指标上没有明显的失真效应。

在VocD指标上，本研究结果与先前研究也不一致。比如Leonard、Shea（2017）的研究发现，在出国留学3个月后，二语学习者在VocD指标平均值上呈现增长趋势，但并不显著。这与本研究中出国留学组的表现相反，而接近本研究中国内二语学习组的表现。而在Tavakoli、Foster（2008）的研究中，其VocD指标值在几项不同口语任务中亦忽高忽低，表现不一。VocD与GI指标较为类似，同样受到最常用1000个单词的干扰，因而容易产生类似本研究以及其他研究结果中的波动。

总体看来，在词汇多样性子维度上，虽然出国留学组在两项指标平均值上都出现下降趋势，在一项指标上达到显著效应并显著劣于国内二语学习组，但结合两组在丰富性子维度上的表现以及本研究对被试在高频词使用状况上的分析结果，可以明确，这是因为两项指标都产生了效度问题，从而无法确切地表征两组在该子维度的真实发展情况。若仅依据本研究对被试在高频词使用状况方面的分析，出国留学组在该维度上反而应该稍微优于国内二语学习组。

2. 丰富性子维度

在LSAGN指标平均值上，两组呈相反的发展趋势，且出国留学组显著优于国内二语学习组。本研究结果发现两组在该指标上的得分不高，由此表明两组在句子之间的语义衔接性、在主题上接近程度并不高，而出国留学组表现出更好的句间语义衔接性。这与Collentine（2004）的研究发现较为一致。他同样发现，在出国留学一学期后，出国留学组在“叙事能力”“话语信息集中度”上显著高于国内二语学习组，表明出国留学组比国内二语学习组能更流利地产出语义密集的词汇。

在WRDFRQa（CELEX中所有单词的频率对数值）平均值上，出国留学组、国内二语学习组都出现下降趋势，但仅国内二语学习组在此指标上显著下降。这表明只有国内二语学习组显著增加了相对更低频率单词的使用，而出国留学组在此方面的进展不太明显。这一结果令人惊讶。从之前关于2000个常用高频词的分析结果看，应该是出国留学组在次常用1000个单词的使用上占优势。就该指标的具体数值进行分析发现，出国留学组、国内二语学习组在前、后测上的得分分别为：3.22/3.17、3.26/3.20。该数值表明国内二语学习组在此指标上显著改善的原因在于前测数值过高，因而下降明显。此外，本研究中两组之间在此指标上没有显著差异，这进一步证明出国留学组与国内二语学习组在低频词的使用上同步发展，在口语产出中都增加了低频单词的使用，两组在此指标上并没有质的不同。

在AG1K指标平均值上，两组同样出现下降趋势，但都不显著。如前所述，出国留学组在降低最常用1000个单词使用比例的同时，增加了次常用1000个单词的使用比例。虽然AG1K指标仍未能较好地反映这个趋势，但相比GI指标，出国留学组在AG1K指标平均值上的变化幅度不太明显，但国内二语学习组明显有下降趋势。由此可见，至少对于中等水平的二语学习者而言，AG1K指标比GI、LDVOCD这两项指标能更为准确地捕捉到他们在口语词汇复杂度丰富性子维度上的变化。

在WRDFRQmc、WRDHYPnv、WRDFAMc三项指标上，两组的表现则非常一致，且没有显著差异。这显然不同于Collentine（2004）、Mora和Valls-Ferrer（2012）等学者的结论。Collentine（2004）发现在出国留学一学期后，从形容词、名词这些实词的使用可以显著区分出国留学组与国内二语学习组，且国内二语学习组在名词与形容词的产出比例上比出国留学组更高。而Mora、Valls-Ferrer（2012）的研究发现二语学习者在出国留学3个月后，在“实词占总单词数之比”（LWR）指标上有显著降低。之所以在本研究中出现不同的结果，一个可能的原因是本研究的被试为中低水平的二语学习者群体。较为可能的是，由于二语口语产出的时限要求，本研究中的被试会把更多的认知资源分配到流利度与准确度维度上，还无法像Collentine（2004）、Mora和Valls-Ferrer（2012）研究中高水平二语学习者那样在紧张的口语产出过程中顾及词汇的丰富性问题。

（四）两种语境下的口语句法复杂度

出国留学组、国内二语学习组在小句子维度 C/T、DC/C 两项指标都显著上升。在短语子维度 DRNP 指标上出国留学组有所下降，达到边际效应，而国内二语学习组在短语子维度 SYNNP 指标上有所下降，达到边际效应。也正是在 SYNNP 指标上，出国留学组显著优于国内二语学习组。而从效果值上看，出国留学组在句法多样性的 SYNSTRUa 指标上明显优于国内二语学习组。在其他各项指标上，两组前、后测之间相比都没有显著变化。总体看来，出国留学组在口语句法复杂度小句子维度上的发展与国内二语学习组类似，但在另外两个子维度的个别指标上占优势。

1. 小句子维度

本研究在 C/T 指标上的结果与先前部分研究的结果较为一致。比如，Leonard、Shea（2017）发现出国留学 3 个月的被试在 C/T 指标后测上也显著优于前测。Llanes（2012）的研究发现儿童在出国留学 2 个月后，在 C/T 指标后测上出现显著增长。但与本研究不同的是，Llanes（2012）的研究中对应的国内二语学习组在后测上无显著变化。而 Llanes、Muñoz（2013）进而发现出国留学 2～3 个月后，在出国留学儿童组、成人组，国内学习儿童组、成人组中，仅出国留学儿童组在该指标后测上显著高于前测。但 Mora、Valls-Ferrer（2012）、Lara（2014）发现出国留学 3 个月后，被试在类似指标（C/AS）后测上并不显著。本研究的结果以及上述研究的结果总体表明，出国留学 2～3 个月及以上即有可能在 C/T 指标上观察到出国留学组被试在此指标上的增长，但这种增长仍然不太稳定，在其他类似指标上、在个别成人被试群体中可能无法捕捉到。国内二语学习组在相同时间内难以在该指标上出现显著改善。但在一学年之后，两组都会在 C/T 指标上出现显著增长。

而在两组之间的比较上，本研究的结果与之前的研究也较为相似。Serrano、Llanes、Tragant（2011）的研究发现二语学习者在出国留学 15 天、2 个月后，在 C/T 指标上与国内强化学习组、国内半强化学习组都没有显著差异。Collentine（2004）的研究结果亦显示，国内二语学习组在五项句法指标上反而增长更快，而出国留学经历并未显著提高二语学习者的总体句法能力。总体看来，即使在长期出国留学项目中，出国留学组也未能在 C/T 指标上占据明显优势。

较为例外的结果来自 Serrano、Tragant、Llanes (2012) 的研究。她们发现二语学习者在出国留学一学期、一学年后，虽然在 C/T 指标平均值上出现增长趋势，但与出国留学前、出国留学一学期相比，都没有显著差异。这显然与本研究的研究结果不太一致。一个可能的原因在于 Serrano、Tragant、Llanes (2012) 的研究中被试同质性较差：7 位被试为英语专业，另外 7 位为科技类或历史类专业；此外，这些被试中有 2 位来自二年级，8 位来自三年级或四年级，还有 4 位正在写学士学位论文。上述混杂的教学、课程学习语境可能导致被试出国留学一年之后仍未能在 C/T 指标总体上显著提高。正如本研究结果所发现的那样，出国留学语境与国内学习语境都有可能提高二语学习者的 C/T 指标值，而最终的增益仍取决于出国留学时长、具体课程安排以及二语语言使用情况等因素的交互作用。

基于 DC/C 指标的出国留学语境下口语句法复杂度研究不多。Lara (2014) 发现，出国留学 3 个月的翻译专业组、出国留学 6 个月的非英语专业组在 CoordC/AS（每个话语单元的并列小句数）这项类似指标上都没有显著改变。本研究的结果与 Lara (2014) 的研究结果并不一致。这或是因为本研究中出国留学时长明显长于 Lara (2014) 的研究。现有研究偏少，将来的研究可以继续就此进行探索。

总体而言，两组在小句子维度 DC/C、C/T 指标上的表现较为类似，无论是出国留学语境还是国内二语学习语境，一学年之后，二语学习者在此指标上得到显著改善。

2. 短语子维度

出国留学组在 DRNP 指标上、国内二语学习组在 SYNNP 指标上都有所下降，这表明其与名词短语、形容词短语相关的指标在口语句法复杂度上可以较好地区分两组不同的二语学习语境。这与 Collentine (2004) 的研究所发现的“形容词、名词可以区分出国留学组与国内二语学习组”结果是比较吻合的。

值得注意的是，在口语研究中 DRNP 指标与它在写作研究中的变化方向刚好相反。在口语研究中，出国留学组在此指标上异常下降，这似乎表明他们在二语口语产出中倾向于使用更少的名词短语。为了考察它与二语语言使用情况的关联，笔者采用相关分析来探索它与语言使用总体情况得分的关联。结果表明两者之间存在负相关，r = -0.481（出国留学组）/r = -0.475（国内二语学习组）。上述相关分析结果表明二语学习者使用语言的频率越高，在 DRNP 指标上下降越快。一个较为合理的解释是：随着二语学习者在口语流利度上的提高，他们不再简单地依赖复杂名词短语的使用，而可能的补偿策略是代之以其他短语（如动词、副词、介词等）。

为了验证这个推断，笔者分别对出国留学组、国内二语学习组在 DRVP、DRAP、DRPP 这三项指标上进行了统计分析。研究结果发现，与前测相比，出国留学组在 DRVP、DRPP 这两项后测指标上出现显著改善，DRVP，t（9）= -2.478，p = 0.035；或有所改善（边际效应），DRPP，t（9）= -1.874，p = 0.094。而国内二语学习组与前测相比在 DRVP、DRPP 这两项指标上的增长并不显著。而组间比较表明，两组在 DRAP、DRPP 这两项指标上的差异并不显著，但在 DRVP 指标上出现显著差异，出国留学组显著优于国内二语学习组，F（122）= 7.477，p = 0.012。由此可见，在一学年之后，出国留学组虽然显著减少了名词短语的使用，但显著增加了动词短语的使用，在介词短语的使用上也有所增长（边际效应），在后测中也比国内二语学习组使用了更多的动词短语。由于之前的研究并未提及类似的短语使用策略的改变，上述发现仍需在将来的研究中予以澄清、验证。

与此同时，SYNNP 指标表明，国内二语学习组在修饰名词短语的单词数目上显著减少。较为可能的是，与写作研究类似，国内二语学习组在短语子维度指标上总体出现退步趋势，只不过在 SYNNP 指标上更加明显而已。鉴于之前相关研究从未有类似报告，笔者期待将来的研究对上述相关指标开展进一步研究，以便证实或证伪。

总体看来，在短语子维度上，出国留学组、国内二语学习组发生变化的原因完全不同。出国留学组倾向于改变短语使用策略，减少了名词短语的使用，而代之以动词或介词短语。而国内二语学习组似乎在短语子维度上总体有所退步。

3. 句法多样性子维度

在 SYNSTRUa 指标上，出国留学组优于国内二语学习组。但在另外两项指标上，两组的区别不大。与写作研究相比，无论是出国留学组还是国内二语学习组，在口语句法多样性子维度三项指标得分上明显较低。这似乎表明被试在口语产出表现上更为复杂多样。

句法相似性的降低是二语学习者写作水平提高的鲜明标志（Crossley et al.，2011）。Wang（2011）曾发现低水平写作组在三项句法相似性指标上都表现出较高的数值，这意味着低水平二语学习者在句子上缺乏变换。Crossley、McNamara（2014）的研究结果也发现，在一学期后二语学习者在SYNSTRUa指标上显著降低。因而，出国留学组在SYNSTRUa指标上的相对优势表明他们在句法多样性子维度上的局部优势。出国留学一学年对他们的帮助匪浅。

总体看来，一学年之后，出国留学组在口语句法多样性子维度上基本保持不变。但他们在个别指标上较国内二语学习者存在相对优势，这表明国内二语学习组在此子维度上存在一定的退步趋势。

八　本节小结

就二语口语流利度而言，本研究结果初步呈现的结论是：中低水平的二语学习者在出国留学一学年之后，主要改善发生在平均句长、停顿频率、停顿模式、非流畅性音节数上。而国内二语学习组则会在上述各项指标上呈现与出国留学组完全相反的趋势。总体而言，出国留学组在停顿子维度上的改善最为明显，而时间子维度指标次之，变化较小的是流畅性子维度。出国留学组在口语流利度上相比国内二语学习组出现明显改善。上述结论也与被试对口语能力的自报评分相互印证。两组在自报评分前测上没有显著差别，但出国留学组在自报评分后测中却显著高于国内二语学习组。

为何出国留学组会在口语流利度上取得如此大的优势？这可能与出国留学语境是一种强制性二语学习语境有关。在此语境下，二语语言使用与接触无处不在。正如Stevens（2001）、Díaz-Campos（2004）、Stevens（2011）等其他学者的研究所指出的那样，出国留学语境下良好的语言使用/接触有利于二语学习者口语流利度的提高。而Larsen-Freeman（2006）的研究则发现，在国内学习的二语学习者由于缺乏良好的口语训练机会，他们的口语流利度显著下降。这在语言使用量表的相关数据中也有所体现。出国留学组在口语流利度时间子维度 Pruned AR、Pruned SR 这两项指标上与语言使用情况总分之间的相关系数分别为：0.67、0.56，达到显著效应与边际效应。而国内二语学习组与之显著相关的是口语流利度流畅性子维度 RRR、RPL 这两项指标上，分别为：0.521、-0.517。虽然两组的语言使用情况得分分别与口语流利度的不同子维度相关，但二语语言使用与口语流利度之间存在紧密关联却在意料之中。

此外，本研究还确切表明，二语学习者的语言水平、指标体系对关于二语口语流利度的结果影响巨大。出国留学短至一学期即可对二语学习者产生显著影响。一些研究发现，出国留学 2 个月（Serrano，Llanes & Tragant，2011）、2~3 个月（Llanes & Muñoz，2013）、一学期（Freed，So，& Lazar，2003；Segalowitz & Freed，2004；Hernández，2010b；Jochum，2014）后，就在口语流利度时间子维度、停顿子维度、流畅性子维度上显著高于国内二语学习组。与上述结果相比，本研究中被试在出国留学一学年后，依然仅在停顿子维度上取得相对于国内二语学习组的明显整体优势，在时间子维度、流畅性子维度上仅存在局部优势。且出国留学组在平均句长、停顿频率、停顿模式、非流畅性音节数上的这种优势更多是借助二语语言产出策略调整的结果，在二语产出的速率、流畅性上仍然没有显著改善。显然，本研究的结果与上述结果之间存在一定的差异。这或许是由于本研究中被试的二语语言水平较低，也或许是由于先前研究所采用的指标过于单一而无法描述全貌。但总体看来，关于出国留学语境下口语流利度的研究不仅应该考虑不同出国留学群体的二语语言水平，而且应考虑口语流利度的不同子维度。正如本研究所揭示的那样，即使被试在部分口语流利度指标上出现增长，考虑到各项单个指标的局限性，研究者还应该将此指标置于更大的指标体系中来整体描述。

就二语口语准确度而言，在一学年后，出国留学组在口语准确度的所有指标上都明显优于国内二语学习组。出国留学组总体呈现改善趋势，而国内二语学习组呈现退步趋势。

总体看来，口语准确度的改善一般在口语流利度发展之后。这在 Llanes、

Tragant (2011)、Serrano、Tragant 和 Llanes (2012)、Llanes、Muñoz (2013) 等学者的研究中都得到证明。虽然目前较少有研究探讨其中的原因，一个可能的推断是：口语流利度的提高来自语言的接触与使用，而口语准确度的提高在此基础上还有赖于本族语者或教师的持续纠正与自我监测程度的提升，因而后者明显需要特定的环境与更长的时间。一名出国留学组的被试在访谈中说道："虽然我们在国内就了解关于时态、单复数的语法知识，但只有在出国留学的情况下才使用。有时那些以英语为母语的朋友和同学会帮助我来纠正口语中的错误。我认为在每天这样多重复几次之后，我提高了很多。"相反国内二语学习组的被试则抱怨道："在高中毕业以后，我们就没有系统的语法课。而每次说英语的时候，我们仅仅是将中文翻译成英文。有时我甚至不知道我所说的英语是正确的还是错误的。我指的是，单词选择、习语搭配，还有整体结构这些。"正如 Ortega (2005) 所提到的那样，出国留学语境为二语学习者提供了一个与目的语群体交流的机会，提供了大量的口语锻炼机会，以及来自本族语者的纠正与反馈，所有这些都有助于他们减少在口语中犯错。简而言之，出国留学语境提供了海量的输入，要求进行强制性的训练，并随时进行反馈，这种特殊环境强化了二语学习者的自我检测能力。而国内二语学习者并不具备类似的语言条件，处于"无知者无畏"状态。如此一学年之后，两组在口语准确度上的差异就显而易见了。

值得注意的是，口语准确度不同子维度的非同步发展问题。显然，对于出国留学时长少于一学年或一学期的研究而言，如果在研究中选择不同子维度，可能会产生完全不同的研究结果。而在出国留学一学年及以上的研究设计中（如本研究），两类子维度的指标都会出现同步改善，因而不会出现类似问题。在将来的研究中，研究者应该注意分析 CAF 中准确度下不同子维度指标所体现的不同进展情况。

就二语口语词汇复杂度而言，两组在口语词汇复杂度上的差异明显比他们在准确度、流利度中要小得多。出国留学语境对二语学习者的促进效应主要体现在句子中语义衔接性以及次常用 1000 个单词使用比例的增长上。Dewey (2008) 曾经提出：出国留学语境是有效提高二语学习者词汇知识的一种手段。本书关于口语研究的结果似乎并不完全支持他的观点。出国留学组在词汇复杂度的两个子维度上的提升并不明显，且仅在一项指标上优于国内二语学习组。而在关于写作的研究中，两组在一学年后的差异同样不大，且国内二语学习组在部分指标上反而优于出国留学组。总体而言，笔者认为出国留学语境对中低等二语语言水平学习者的词汇复杂度的总体提高并不大，但对二语口语产出型词汇的增益总体仍稍微大于二语写作产出型词汇。上述结果可能与被试的二语语言水平较为相关：中低等二语语言水平的学习者可能会把有限的认知资源放在二语产出的流利表达以及准确表述上，因而可能难以同高水平二语学习者那样，借助强大的二语语言知识储备完成更为丰富、更为多样的二语产出。鉴于目前相关研究不多，关于二语口语词汇复杂度的发展情况，仍有待更多的研究来继续对此进行探索与探讨。

在本研究中，笔者发现，GI 指标、VocD 指标都未能捕捉到出国留学组、国内二语学习组在词汇复杂度多样性子维度上的不同变化，但在丰富性子维度上，借助 AG1K、LSAGN 指标以及 AntWordProfiler 软件的分析结果，本书可以较为清楚地观察到出国留学组总体在个别指标上优于国内二语学习组。因而笔者建议，研究者在将来的研究中如果使用以上两项指标，需要高度谨慎，必须考虑前、后测之间、不同组别的被试群体之间是否在二语语言水平上较为同质，且是否属于中低等二语水平的学习者。此外还应该参考 AG1K 指标并辅以 AntWordProfiler 软件进行必要的验证。将来的研究还可以考虑按单词词频清单计算出 GI、AG1K、AG2K 这样的系列指标，以便更为清晰地揭示指标背后的具体发展趋势。

就二语口语句法复杂度而言，本研究的结果表明出国留学语境虽然在从句子维度、短语子维度、句法多样性子维度上给二语学习者带来了不同程度的增益，但出国留学组在短语子维度上相对国内二语学习组具有更为明显的优势。这种优势主要体现在出国留学组在使用不同类型的短语上进行了明显的策略性调整。此外，出国留学组在句法多样性子维度的个别指标上也具有一定的优势，但这种优势是源于国内二语学习者在该指标上的退步。而在小句子维度上，出国留学组与国内二语学习组存在诸多相同之处。

此外，虽然本研究中未发现被试在 C/T 指标上出现类似写作研究中那样的句法策略应用，但出国留学组与国内二语学习组在 C/T 指标以及 DC/C 指标上的同步增长仍然较为令人印象深刻。出国留学组在写作研究的 C/T、DC/C 指标上未发生显著变化，却在口语研究中都显著提高。正如写作研究中所指出的那样，DC/C 指标一般极为稳定，难以发生显著变化。结合国内二语学习组在其他子维度上的总体表现，笔者认为，这可能更多表明了二语学习者在口语产出过程中对小句使用策略进行了某种特定改变，进而影响了上述两项指标。研究者不应将两组在上述指标上的增长简单解释为他们在句法复杂度上的显著提升。

本研究的结果总体表明，在出国留学一学年后，出国留学语境比国内二语学习语境更有利于促进二语学习者向目的语语言形式靠近。与国内二语学习组相比，出国留学组在准确度的正确与错误子维度上、流利度的停顿子维度上改善较为明显，在流利度的时间/流畅性子维度上、词汇复杂度的丰富性子维度上、句法复杂度的短语/句法多样性子维度上出现局部改善。但在句法复杂度的小句子维度、词汇复杂度的多样性子维度上，国内二语学习组与出国留学组的表现较为接近。

总体看来，无论是写作研究，还是口语研究，出国留学语境相对于国内二语学习语境的优势一览无余。两类语境的主要区别在于：①出国留学语境与母语习得语境较为类似，既包括了社会生活学习语境，也包括了学校学习语境。两类语境为二语学习者提供了一个“输入—产出—反馈—改善”的良性语言学习环境。②出国留学语境为强制性学习语境。由此可以让二语学习者进行有针对性的二语语言训练与强化，并有可能更多地依赖内隐学习机制而非外显学习机制。③出国留学语境避免了考试的反拨效应，因而二语学习者基于“内容”而学习，并可能由此改变他们的动机与其他社会心理认知因素。④出国留学语境可以提供大量的同侪反馈、教师反馈，有助于二语学习者在准确度上的提高。笔者将在第三章具体分析两类语境的不同之处。

在研究设计上，本研究结果提醒研究者：在研究设计中，应注意指标的效度与二语学习者的语言水平之间的关联。被试的二语语言水平越高，测量指标就应该越精细。而对于中低等二语语言水平的学习者，更为粗糙、区分度较大的指标才更为合适。以二语口语中的停顿指标为例，对于二语语言水平较高或本族语大学生的被试，停顿的阈值设置较低（如 0.28 秒左右）可能更为合适。与之相对应的是，对于中低水平的二语学习者，1 秒左右的长停顿可能更加有效，一如本研究所显示的那样。

在指标体系上，本研究结果表明，来自不同专业的二语学习者（如语言专业、非语言专业）、参加不同出国留学项目（有语言课程、专业类无语言课程）、不同年龄群体（如成人、儿童）、被试的二语初始语言熟练程度不同（低水平、高水平）、单词频率的高低都极有可能影响指标的效度，并进而影响最终的研究结果。一个较好的解决办法是：尽量包括多维度的指标，并辅以必要的数据验证。唯有如此，研究者才不会迷失在数据森林里。

第二章
社会、心理与认知因素研究

本章将从自尊与动机研究、二语使用研究、跨文化交流恐惧与跨文化敏感性研究以及情景民族身份认同研究这四个方面来分别探索出国留学时间和/或初始二语语言水平如何影响这些与出国留学语境密切相关的社会文化认知因素的变化。

第一节　出国留学语境下自尊与动机研究

在出国留学语境下的二语习得研究中，二语学习者的动机变化情况较早就得到了学者们的注意（Allen & Herron，2003；Isabelli-García，2006；DeKeyser，2010）。而与此同时，二语学习者在跨文化适应的过程中，其自尊如何变化也是众多学者关注的焦点。因而本研究将同时考察这两种与出国留学语境密切相关的心理变量。以下将分别从自尊和动机两个方面来简要介绍它们与出国留学相关的研究情况。

一　研究综述

（一）自尊

Rosenberg（1979）将“自尊”定义为“个体作为一个客体对自身观点与感觉的总和”（Totality of the individual's thought and feeling with reference to himself as an object）。Rosenberg 等（1995）进一步区分了“总体自尊”与“具体自尊”。前者测量了个体的心理状态及个体对自己的正面和负面的态度，而后者则可以预测个体的学习表现。而“Rosenberg 自尊量表”中所测量的为“总体自尊”。

出国留学一般都会涉及跨文化语境，而自尊的变化往往和二语语言学习以及跨文化身份认同相关。在自尊与二语语言学习方面，相关研究表明在自尊与二语习得之间存在一定的关联。Zhang、Brunton（2007）的研究发现，自尊与二语语言的准确度和流利度呈正相关，但是和复杂度呈负相关。而自尊也会与学业成绩、二语语言使用情况、二语语言使用频率有一定的关联。Portes、Zady（2002）以 5264 名儿童为被试（他们在美国至少有一位移民父母陪伴。他们用不同的方式适应了美国社会），研究表明，学业成绩越好，自尊程度也就越高。同时研究还发现父母儿童间的冲突和抑郁情况是自尊的两个重要的负面预测因素。Schnittker（2002）采用罗森伯格的自尊量表，考察了中国移民的自尊和使用英语初始时间之间的关联。研究发现，在跨文化语境下，在移民初期就使用英语的移民比那些在移民初期使用汉语的移民在自尊得分上更高。而 Ożańska-Ponikwia、Dewaele（2012）以 102 名住在爱尔兰和英国的波兰移民为被试，回归分析表明，开放心态和自尊都是二语使用频率的显著预测变量。

在自尊与文化身份认同方面，蔡华俭等（2011）发现文化身份认同与自尊呈正相关。而 Hoersting、Jenkins（2011）考察了跨文化语境下的跨文化身份认同与自尊之间的关联。研究结果发现，自尊的得分与文化的归属感、跨文化身份认同密切相关。Li，D. 等（2015）同样采用罗森伯格的自尊量表，分析了 342 名大学生在文化身份认同和自尊之间的关系。研究结果表明，文化身份认同和自尊呈正相关。

在自尊与跨文化适应性方面，Schnittker（2002）、Ullman 和 Tatar（2001）考察了新移民在移民国家的适应性和适应期间其自尊的变化情况。研究结果发现，新移民并未受到在国外生活或移民到国外这些过程的影响。Ullman、Tatar（2001）还发现，那些移民到不同文化中的青少年，其自尊亦未受到移民过程的影响。但是，自尊的初始水平会影响跨文化语境下的自尊变化情况。此外，自尊和性别也紧密相关，新移民的女性比男性表现出更高的自尊，但自尊和年龄并不相关。Berekbussunova 等（2014）在 2006 ~ 2010 年针对来自中国、蒙古国的 106 名学生进行了调查，研究结果表明，自尊是能否成功进行跨文化适应的一个重要的社会心理认知因素。此外，自尊的初始水平还决定了这些学生在不同学习阶段上自尊的变化。自尊水平较高的学生，比起平均水平的被试，在自尊的变化上更少。

在自尊与跨文化敏感性方面，按照 Chen（1997）的观点，自尊是跨文化敏感性（Intercultural Sensitivity，ICS）的一个构成成分，它和跨文化敏感性以及跨文化交流恐惧（Intercultural Communication Apprehension，ICA）紧密相关。West（2009）的研究也发现，自尊和跨文化敏感性呈正相关。同时自尊也和跨文化交流恐惧相关联，在人们感觉受到威胁的时候，自尊会帮助他们降低焦虑感。

（二）动机

不同学者对动机的定义和区分有所不同。Gardner、Lambert（1959，1972）将第二语言学习动机区分为两种：整合型（与兴趣及态度相关）和工具型（与实用性目标相关）动机。Ely（1986）将动机分为整合型动机、工具型动机以及满足外语要求动机。Noels 等（2001）则将动机区分为内在型动机、外在型动机以及去动机。Csizér、Kormos（2009）、Iwaniec（2014）等在此基础上提出知识动机、国际化动机等不同的建议。动机被认为是决定二语语言学习是否成功的一个重要因素（Dörnyei，2005；Gardner & Lambert，1959、1972）。也是区分二语学习者群体的一个有效变量（Yu & Watkins，2008）。早期研究也认为跨文化的接触可以改变人们的态度或动机（Allport，1954）。

在出国留学语境下的相关研究表明，在动机与二语语言学习之间存在一定的关联。Hernández（2010a）考察了动机与本族语文化交流和其他因素之间的关系。研究表明，在出国留学语境下二语学习者的动机和他们与本族语文化交流呈正相关，参加重要的学习活动可以提高学生的动机。但 Martinsen（2010）的研究却发现，学生的动机并不影响他们的二语口语技能发展。Isabelli-García（2006）、DeKeyser（2010）的研究则观察到出国留学语境下二语学习者的动机可能转向负面，而这可能与他们缺乏社会交际网络有关。而 Larson-Hall、Dewey（2012）以在日本的 44 名美国摩门教传教士为研究对象，基于 OPI 以及图片重复任务测试了他们的日语水平。回归分析发现除出国时间可以解释他们日语水平 30% ~40% 的差异外，动机可以解释其中 9% ~16% 的差异。

另外一些研究关注了出国留学后动机的变化情况。多数研究发现，在出国留学后出国留学群体的动机并未有所改变。Allen、Herron（2003）的研究发现，在出国留学 6 周后，法国学生的整合型动机并未显著改变。而 Hardison（2014）以 24 名来自美国中西部大学生为被试，研究发现在出国留学 6 周后，他们的工具型动机在短期内也并未显著改变。Nyaupane、Paris 和 Teye（2011）以来自美国的 136 名大学生为被试，他们参加两个不同的、为期 5 周的出国留学项目［太平洋项目（澳大利亚与新西兰）、欧洲项目（荷兰与奥地利）］。研究结果表明，他们在社会性动机上没有显著改变。但 Paris、Nyaupane、Teye（2014）以参加四个不同出国留学项目的大学生为被试，考察了他们在出国留学 3 ~5 周后态度和期待的变化。研究发现，出国留学后被试在对待外语重要性的态度上有显著提升。

还有少数研究关注了出国留学前后或不同群体间动机类型的变化。Gao（2008）认为学习者的动机是动态的，学习语境在学习者动机的形成方面极为重要。Chirkov 等（2007）的研究发现，二语学习者在出国留学上的自我决定型动机对学生适应新的文化和在留学目的国调整他们的行为更加有效。而 Li，Q.（2014）的研究考察了中国外语学习者与二语学习者在动机上的差异。研究发现，比起外语学习者，二语学习者倾向于在英语学习上花更多的时间和精力，对英语学习有更正面的态度。而在工具型动机上，外语学习者要强于二语学习者。

总体而言，上述研究表明自尊与动机与二语语言水平息息相关，它们在跨文化语境或出国留学语境下也会产生一定的变化。Li，Q.（2014）的研究曾发现二语语言水平不同的被试，在不同类型动机上的发展情况有所不同。此外，Portes、Zady（2002）的研究表明，学业成绩越好，自尊程度也就越高。而对于外语专业的二语学习者来说，二语语言水平可以与学业成绩直接挂钩。上述研究结论总体表明，二语语言水平与学习者的动机、自尊的变化紧密相关。鉴于短期出国留学语境一般难以迅速改变二语学习者的语言水平，一个较为明显的问题是：在二语语言水平保持相对恒定的情况下（短期出国留学语境)，不同的二语学习语境、不同的二语语言水平将如何影响二语学习者的动机与自尊。

二 研究问题与研究方法

本研究以中国某高校英语专业、非英语专业共 34 名研究生为研究对象，采用问卷调查和访谈，试图初步探索以下问题：不同的二语学习语境以及不同二语语言熟练程度是否会影响中国英语学习者的自尊和动机？本研究的具体研究问题如下。

研究问题一：不同的二语学习语境是否会影响二语学习者的自尊与动机？

研究问题二：不同的二语语言熟练程度是否会影响其自尊与动机？

（一）被试

被试为中国北京某高校 18 名英语专业研究生（其中一名被试因数据缺失而被剔除）和 16 名非英语专业研究生，他们分别前往以英语为母语的国家（美国与澳大利亚）参加为期 3 周的短期出国学习项目［按照 Engle，L.、Engle，J.（2003）的定义，3～8 个星期的出国留学为短期出国留学］。17 名英语专业研究生中男性 1 名，女性 16 名，被试年龄为 23～26 岁，所有被试皆通过英语专业 8 级考试；16 名非英语专业研究生中男性 2 名，女性 14 名，被试年龄为 23～42 岁。实验被试本着自愿原则参与并获得相应报酬。

研究要求上述两组被试对自己的英语听、说、读、写技能进行自报。对两组被试在四项英语技能的自报成绩进行系列独立样本 t 检验，结果表明在两组之间各项技能自报分数存在显著差异，在四项技能上英语专业组都显著高于非英语专业组。由此进一步验证了作为英语专业组的美国组在二语熟练程度上确实显著高于非英语专业组（澳大利亚组）。

美国组 17 名英语专业研究生参加了美国北亚利桑那大学为期 3 周的出国留学项目。所有被试都来自英语语言文学专业，包括五个不同的研究方向：理论语言学与应用语言学、英美文学、英美文化研究、跨文化研究、翻译。在出国留学期间，他们在美国北亚利桑那大学完成了 2 周的课程学习，并进行了 1 周的文化旅游，参观了历史与文化场所。

澳大利亚组16名非英语专业研究生参加了澳大利亚格里菲斯大学为期3周的出国留学项目。被试分别来自：旅游管理、旅游管理硕士（MTA）、商务管理硕士（MBA）、比较文学与世界文学四个专业。所有被试都以英语作为其外语。在出国留学期间，他们同样在澳大利亚格里菲斯大学完成了2周的课程学习，并进行了1周的文化旅游，参观了历史与文化场所。

（二）测试材料

测试材料包括三个部分：被试基本信息与英语技能自我评定表（见附件10）、Rosenberg自尊量表、动机量表。在测试后进行了随机采访，采访问题（见附件13）则围绕“罗森伯格自尊问卷”与“动机调查问卷”中相应问题设计。

1. 被试基本信息与英语技能自我评定表

“被试基本信息与英语技能自我评定表”中所收集的被试基本信息包括：姓名、性别、出生年月、年龄、专业、年级、学习英语的时间、是否有过出国经历。如果在“是否有过出国经历”选择“是”，被试需继续表明他们所去国家以及所待时长。本研究中仅非英语专业组的2名被试曾经去过韩国旅游，所有被试之前都未曾参加过类似的出国留学项目。

“英语技能自我评定表”要求被试对自己的英语听、说、读、写各项技能按1（极差）到10（极好）进行评定。由此获得的自我评定分数将被用于评估被试的英语熟练程度，总分为40分。

2. 罗森伯格自尊量表

“罗森伯格自尊问卷”（Rosenberg，1965）（见附件11）被广泛用于测试个体的自尊，其效度在许多研究中得到验证。被试被要求从1（完全不同意）到5（完全同意）中选择最符合他们情况的选项。量表共包括10道题，其中一半为反向计分题。总分为50分，分数越高表明被试的自尊越强。

在本研究中，无论是美国组还是澳大利亚组，无论是前测还是后测，该量表信度系数均高于0.80。

3. 动机量表

为了考察出国留学语境下的动机变化情况，本研究所采用的“动机调查问卷”（见附件12）由多个量表（Csizér & Kormos，2009；Gardner & Lambert，1972；Iwaniec，2014）改编而成。共 27 道题，包括四个维度：国际取向、知识取向、工具取向、内在性动机。

“国际取向维度”以及“知识取向维度”都改编自 Csizér、Kormos（2009）的量表，“工具取向维度”是基于 Gardner、Lambert（1972）的量表，而“内在性动机”则改编自 Iwaniec（2014）的量表。被试被要求从 1（完全不同意）到 5（完全同意）中选择最符合他们情况的选项。总分为 135 分，分数越高，表明被试更有学习英语的动机。

参考 Ely（1986）以及 Iwaniec（2014），“国际取向维度”指满足外语使用的要求，比如可以在跨文化语境中进行适当、得体的交流；参考 Csizér、Kormos（2009），“知识取向维度”指二语学习者的目的是获取更多的知识；参考 Gardner、Lambert（1972）以及 Hernández（2010a），“工具取向维度”指的是二语学习者学习语言主要是要达到一个实用性目标，比如找到更好的工作；参考 Noels 等（2001）、Ryan 和 Deci（2000），“内在性动机”指的是为了个人内心的愉悦而学习语言，这是一种寻求新奇与挑战、扩展与实现自身能力、勇于探索与学习的内在倾向。

在本研究中，“动机调查问卷”的总体信度系数以及各分项的信度系数，在各个组别、前/后测中都达到或超过 0.84。

（三）研究过程

在被试出国留学一周前，由两名研究主试主持完成他们的前测以及“被试基本信息与英语技能自我评定表”。所有被试在相同的环境下完成纸质问卷调查的填写，时间约为 30 分钟。

在被试回国前一天，由两名相同研究主试分别在美国以及澳大利亚当地主持完成后测，时间约为 30 分钟。

为更好地了解被试的自尊与动机变化，在被试回国后，两名相同研究主试随机抽取了 6 名被试进行了一对一访谈。访谈所使用语言为中文，每名被试持续时间约为 30 分钟。所有访谈都在征得被试同意后进行了录音。

（四）数据收集与处理

在对实验问卷中相关题项进行反向记分后，所有数据被输入 Excel 表格。访谈录音材料经转写后进行分析。

（五）数据分析

所有数据都采用 SPSS 17.0 进行分析。采用独立样本 t 检验分析美国组与澳大利亚组在英语听、说、读、写各项技能自我评定得分上的差异；采用配对样本 t 检验分析不同二语学习语境对自尊以及动机的影响，采用独立样本 t 检验分析不同二语语言熟练程度的两组（英语专业组、非英语专业组）在自尊与动机上的差异。

三　研究结果

被试二语语言技能自评分数、自尊、动机各变量的描述性数据见表 2－1。

表 2－1　各变量描述性数据（自尊与动机）

	组别	人数	M	S. D.
听	美国组	17	7.71	1.11
	澳大利亚组	16	5.81	1.47
说	美国组	17	7.29	0.92
	澳大利亚组	16	5.44	1.93
读	美国组	17	8.00	0.87
	澳大利亚组	16	6.44	1.41
写	美国组	17	7.35	1.06
	澳大利亚组	16	5.44	1.71
SE 前测	美国组	17	36.71	3.75
	澳大利亚组	16	34.69	4.32
SE 后测	美国组	17	38.47	4.16
	澳大利亚组	16	37.44	3.20
Mt 前测	美国组	17	110.00	12.30
	澳大利亚组	16	101.75	12.22
Mt 后测	美国组	17	111.53	13.20
	澳大利亚组	16	104.69	8.86

注：SE 指“自尊”，Mt 指“动机”。

由表 2-1 可见，无论是前测还是后测，美国组在自尊以及动机平均值上都略高于澳大利亚组；此外，无论是美国组还是澳大利亚组，两组在自尊以及动机后测平均值上都较前测为高。

（一）研究问题一：不同二语学习语境

以出国前、出国后为被试内变量，分别以自尊、动机为因变量，经成对样本 t 检验，结果见表 2-2。

表 2-2 成对样本 t 检验结果（前测 vs. 后测）

	组别	t	df	P（2-tailed）
SE	美国组	-3.315	16	0.004*
	澳大利亚组	-2.767	15	0.014*
Mt	美国组	-0.757	16	0.460
	澳大利亚组	-0.738	15	0.472
IO	美国组	-0.890	16	0.387
	澳大利亚组	-1.315	15	0.208
KO	美国组	0.105	16	0.917
	澳大利亚组	-0.313	15	0.759
INu	美国组	-0.196	16	0.847
	澳大利亚组	0.229	15	0.822
INi	美国组	-1.259	16	0.226
	澳大利亚组	-0.908	15	0.379

注：SE 指“自尊”，Mt 指“动机”，“IO”指“国际取向动机”，“KO”指“知识取向动机”，“INu”指“工具取向动机”，“INi”指“内在性动机”。“*”表明 $p<0.05$，后同。

由表 2-2 可见，无论是美国组还是澳大利亚组，在出国留学语境下，两组在自尊上都显著提升，t（16）=-3.315，t（15）=-2.767，ps<0.05。这表明出国留学语境可以引发被试自尊水平的提升。与之相应的是，两组的动机总分以及各个维度的分项得分都没有显著变化。在各个维度的动机变化中，一个值得关注的趋势是，“国际取向动机”与“内在性动机”平均值相对于另外两个维度的增长稍多一些，但均未达到显著水平。

（二）研究问题二：不同二语语言熟练程度

以二语语言熟练程度（英语专业、非英语专业）为自变量，分别以自尊、动机前、后测为因变量，经独立样本 t 检验，研究结果如表 2－3 所示。

表 2－3　独立样本 t 检验结果（英语专业组 vs. 非英语专业组）

	测试	t	df	P（2－tailed）
SE	前测	1.436	31	0.161
	后测	0.796	31	0.432
Mt	前测	1.932	31	0.063
	后测	1.753	31	0.089
IO	前测	1.484	31	0.148
	后测	0.625	31	0.537
KO	前测	2.162	31	0.038*
	后测	2.115	31	0.043*
INu	前测	0.350	31	0.729
	后测	0.570	31	0.573
INi	前测	2.349	31	0.025*
	后测	2.298	31	0.028*

由表 2－3 可见，无论是前测还是后测，英语专业组与非英语专业组在自尊得分上没有显著差别，这表明无论是在出国前还是在出国后，二语语言熟练程度的高低并未影响被试自尊的变化；而对于动机而言，二语语言熟练程度对动机总分的影响在前、后测都达到了边际效应，$t(31) = 1.932/1.753$，$p = 0.063/0.089$。此外，英语专业组还在“知识取向动机”以及“内在性动机”这两个维度上，在出国前、出国后都显著高于非英语专业组，$t(31) = 2.162/2.115/2.349/2.298$，$ps < 0.5$。

四　分析与讨论

接下来将结合上述研究结果，就各个研究问题进行具体分析与讨论。

（一）不同二语学习语境与自尊及动机

本研究结果表明，在出国留学语境下，被试的自尊水平得到明显提升。虽然先前的文献曾揭示自尊与二语产出（Zhang & Brunton，2007）、与移民学业成就（Portes & Zady，2002）、与跨文化语境下的身份认同（蔡华俭等，

2011；Hoersting & Jenkins，2011；Li et al.，2015）、跨文化适应（West，2009；Berekbussunova et al.，2014）之间存在紧密的联系。但上述研究多数是在移民语境或长期出国留学语境下发现的，而本研究为短期出国留学项目。两种语境对二语学习者语言知识的影响显然不同。因而一个可能的解释是，在出国留学语境下，二语学习者的二语使用可能会引发二语学习者自尊水平的改变。自尊与二语使用之间关系密切。Rumbaut（1994）在针对亚洲、拉丁美洲以及加勒比地区的二代移民研究中发现，英语的使用提高了这些二代移民的自尊水平。同时 Schnittker（2002）在针对在美中国移民的研究也发现，在非华人社区使用英语与自尊呈正相关。那些主要使用英语的中国移民要比主要使用汉语的移民在自尊得分上更高。此外，Ożańska-Ponikwia、Dewaele（2012）的研究还表明，自尊与移民使用英语频率呈正相关。

一名被试在随后的访谈中也提出："在短期出国留学项目后，我对自己有了更为正面的态度，我也更自信了。因为在过去，我害怕与老外说英语。但现在我知道我可以同其他国家的人进行交流。我最终意识到我也可以像其他人做的一样好！"上述访谈表明二语学习者并非因为二语能力提高而改变个人态度。此外，Portes、Rumbaut（1990）认为，语言是跨文化语境下二语学习者最大的初始障碍。而 Calhoun（1993）认为语言是身份认同的关键标志。这表明语言充当了身份认同的媒介。上述研究结果总体表明，二语使用情况或对二语本身的态度，而非二语知识对二语学习者自尊的影响至关重要。在出国留学语境下使用二语之所以可以增强被试的自尊，一个重要的潜在原因极有可能是它提升了个人对自身能力、对目标社团的某种认同感。

与自尊不同，在出国留学语境下，被试的动机水平并未产生显著变化。本研究的结果也与之前多数研究的结论相符。比如，相关研究发现，在短期出国留学后，被试的整合型动机（Allen & Herron，2003）、工具型动机（Hardison，2014）、社会性动机（Nyaupane，Paris & Teye，2011）并未显著改变。一些学者认为，这是由于动机更多属于认知层面或基于内在价值的引导，较难在短期内发生变化（Nyaupane，Paris & Teye，2011；Paris，Nyaupane & Teye，2014）。但也有少数研究认为二语学习者的动机是动态的，不同二语学习语境在学习者动机的形成方面极为重要（Gao，2008）。虽然本研究也注意到二语学习者在“国际取向动机”以及“内在性动机”上的微小变动，但变动并未达到显著水平。鉴于本研究中出国留学时间过短，二语学习语境的短期变化可能仍不足以及时触发二语学习者动机的变化，本研究亦无法对此进行验证。但总体看来，由不同二语学习语境所引发的自尊水平变化明显大于动机水平变化。

（二）二语语言熟练程度与动机及自尊

本研究结果同时表明，二语语言熟练程度影响了动机水平的变化。英语专业组在动机总体水平上、知识取向动机水平上、内在性动机水平上显著高于非英语专业组或达到边际效应。这与 Li，S.（2014）的研究结果较为一致。Li，S.（2014）的研究发现中国二语学习者（英语专业）的整合型动机要高于中国外语学习者（非英语专业）。比起外语学习者，二语学习者倾向于在英语学习上花费更多的时间和精力，对英语学习有更正面的态度。而在工具型动机上，外语学习者要强于二语学习者。一种动态观点的解释是：由于专业的区别，相对于其他专业，英语专业学生在学习的过程中会逐渐赋予二语学习更为重要的地位，由此对它产生更为正面的态度。Hernández（2010a）的研究就曾发现，参加比较重要的学习活动将提高二语学习者的动机。而另一种静态观点的解释则是：正是由于英语专业学生在大学入学前就有很高的学习英语的动机水平，才选择英语专业，而非英语专业亦出于类似的理由才未选择语言专业。无论是哪种解释，从本研究的结果来看，动机水平在出国留学前、后测的变化并不显著，但在英语专业与非英语专业之间，无论在前、后测上都存在明显差异。这进一步证明了动机水平的变化较为恒定。

值得注意的是，在四个动机维度中，两组被试仅仅在知识取向动机水平上、内在性动机水平上存在显著差异，在另外两个维度上没有显著差别。在知识取向动机水平上，本研究的结果与先前在波兰、匈牙利以及智利所进行的研究结果（Kormos & Csizér，2008；Kormos et al.，2011；Iwaniec，2014）相互印证。本研究结果表明：比起非英语专业，英语专业组似乎对将英语作为获取信息的一种渠道持有更为正面的态度。英语专业组似乎更加倾向于认为英语学习有助于他们与本族语者的交流，以及与英语国际社区的信息交流（Jenkins，1998；Yashima，2000）。而在内在性动机上，先前研究曾表明内在性动机体现了个体对某事件的享受与激动（Deci & Ryan, 1985），是自我控制的最佳预测变量（Iwaniec, 2014）。本研究结果由此表明，英语专业组从英语学习中获得了更多的乐趣（Csizér & Kormos, 2008；Ryan, 2009），这让他们更有动机进行持续的外语学习。总体看来，无论是在出国前，还是在出国后，英语专业组对二语学习的感受以及对二语学习作为知识获取方式的总体认知上与非英语专业组存在较为明显的不同。

本研究未发现二语语言熟练程度对自尊水平的影响。先前研究曾表明自尊与二语习得之间存在密切关联（Zhang & Brunton, 2007；Portes & Zady, 2002），但本研究结果表明：自尊与二语语言熟练程度的高低无关。虽然关于自尊与学业成就的研究很多（Rubio, 2007），但自尊与二语语言熟练程度的相关研究并不多。Dev、Qiqieh（2016）曾以阿联酋大学生为被试，研究发现其雅思成绩与自尊并不存在显著相关，这与本研究的结果相互印证。一个较为可能的解释是：自尊更大程度上与学业成就相关。而对于英语专业组、非英语专业组，二语语言熟练程度仅仅可以体现前者的学业成就，却基本很少或无法全面体现后者的学业成就，因为后者的学业成就并非主要体现在外语学习上。由此双方在英语熟练程度上的不同并不与他们的学业成就的高低对应，这可能是二语熟练程度未能引发他们自尊水平变化的原因所在。以上推断在 Milivojevic（2014）的研究中可以得到部分证实：他的研究发现，在以英语为第二语言的双语者的被试中，初级语言水平的学习者的自尊得分最低，而高级语言水平的自尊得分最高。在上述实验中，正是因为二语语言熟练程度更多地体现了被试的学业成就，因而在该研究中发现二语语言熟练程度影响了自尊的变化。当然，鉴于目前仍缺乏在实验设计中严格分离学业成就与二语语言熟练程度两项变量的研究，上述推断仍需将来的研究来验证。

五 本节小结

本研究旨在讨论不同二语学习语境以及不同二语语言熟练程度对中国英语学习者自尊和动机的影响。研究发现，不同二语学习语境影响了他们的自尊，却未而影响动机；而不同二语语言熟练程度影响了他们的动机，却未影响自尊。此外，研究还发现，英语专业组仅在动机的部分维度上显著高于非英语专业组。将来的研究需要考虑二语学习者在不同类型动机上的变化问题。

总体看来，出国留学语境可以在较短的时间内通过二语使用以及增强二语学习者对目标社区的认同感来改变二语学习者的自尊水平。而自尊水平的提高反过来可以增加二语使用频率（Ożańska-Ponikwia & Dewaele，2012）。由此看来，出国留学语境通过自尊水平的变化为二语学习者造就了一个二语使用的良好个体心理环境。对于国内二语学习语境下的教育工作者而言，可以尝试在课堂上创造类似的新奇而陌生的二语学习语境，由此改变二语学习者的个体心理环境。

但就动机而言，无论是出国留学语境，还是其他不同的二语学习语境对此无太大影响。不同二语熟练程度的二语学习者在知识取向动机、内在性动机上出现显著差异，但在国际取向动机、工具取向动机上并无显著差别。上述结果表明，教学工作者如果从专业知识角度（而非技能角度），基于外语学习的乐趣（而非考试、就业）来引导二语学习者，可能更有利于二语学习者知识取向动机、内在性动机的形成与强化，从而有助于二语学习的良性循环。

本研究也存在一些不足之处。首先，与国外其他出国留学研究相似，本研究的性质决定此类研究的被试较难达到理想的样本量要求，因而在研究结论的推断与概括上应该采取较为谨慎的态度；其次，本研究被试仅限于短期出国留学语境，今后的研究可将长期出国和短期出国的学生放在一起进行对比研究；最后，本研究未能在设计中将学业成就作为单独变量来考虑，这未尝不是一种遗憾。将来的研究可以在英语专业组、非英语专业组中各自增设学业成就高、低两组，在分离学业成就这个变量的基础上，厘清本研究中关于自尊与学业成就之间关系的推断。

尽管如此，本研究初步探索了出国留学语境下的自尊与动机的变化情况，并具体审视了动机在不同维度上的非平衡发展。研究结果对将来的研究具有一定的理论启示和实践指导意义，并为了解二语学习者在出国留学语境下的自尊和动机的变化情况提供了一定的借鉴与思考。而对于教育工作者来说，如何更好地设计出国留学语境下的各类项目，以提高二语学习者语言学习的个体感受、体验与认知，也是一个值得进一步深入思索的问题。

第二节　出国留学语境下第二语言使用研究

本章以中国外语学习者为被试，在对比、区分长期与短期出国留学语境的基础上，借助 ACTFL（美国外语教学委员会）语言使用量表并结合与被试的个别访谈，试图初步探索出国留学语境下中国外语学习者的语言使用情况及语言使用信心的变化，以期较为清晰地揭示出国留学大学生的实际二语语言使用情况。

一　研究综述

正如 Clément（1980）所指出的那样，二语学习的最终目的是语言使用，实际的语言应用才是提高二语学习者语言交流能力最有效的途径。Cundick（2007）曾发现在课外使用二语与二语熟练程度的发展存在紧密联系。在出国留学语境下，二语输入的数量和质量、二语产出的机会以及二语使用的机会相对其他学习语境要更为有利（Sanz，2014）。尽管出国留学语境所提供的二语使用机会极为有利，但研究表明，并非所有的二语学习者能够从这样的机会中平均地获益（DeKeyser，2010）。此外，Ranta、Meckelborg（2013）的研究还表明，在出国留学语境下二语使用情况也较为复杂。部分二语学习者比其他学习者使用二语的时间更多，而部分二语学习者则更倾向于练习他们的产出型技能（其中部分学习者会更多练习口语而非写作，部分则刚好相反），另外一些学习者则倾向于练习接受型技能。

由此可见，出国留学语境虽然可以为二语学习者提供更多在真实语境下使用二语交流的机会，但其影响仍远非清晰。Freed 等（2004）的研究发现不同的语言学习环境主要影响了二语学习者的语言使用情况和具体使用情景。以下将根据 Freed 等（2004）的研究从语言使用情况、语言使用情景两个方面来介绍出国留学语境下二语学习者语言使用的研究情况。

（一）语言使用情况

现有部分研究基于语言接触量表（LCP）发现，出国留学语境确实可以提高二语学习者的二语使用情况。Dwyer（2004）基于国际教育研究所（Institute for the International Education of Students，IES）对3400名出国留学学生的语言学习和使用情况调查，研究发现，长期和短期出国留学语境下二语使用情况都显著增多，但长期出国留学语境下的增长更为明显。Schmidt-Rinehart、Knight（2004）的研究也同样发现，短期暑期出国留学能显著提高二语学习者的二语使用情况。

但不少研究亦表明，出国留学语境并非必然影响二语学习者的二语使用情况。Kinginger（2008）的研究表明，出国留学语境下一些被试基本不使用二语，他们并没有从出国留学语境下获益。在其研究中，24名被试中有13名在二语语言水平上没有任何改变。但部分二语学习者融入了目的语社会，并由此得到锻炼二语技能的大量机会，其二语语言水平提升到高级。Wilkinson（1998）基于对两名以英语为母语的大学生的跟踪调查，发现在赴法国参加暑期项目后，由于二语学习者倾向于与同样使用母语的朋友交往，并且几乎没有与当地居民进行交流的机会，英语（母语）而非法语（二语）成为她们的主要交际语言，其结果是二语使用情况并未显著增多。Freed、Segalowitz、Dewey（2004）通过“语言接触调查”，记录了28名二语（法语）学习者，一个学期中在听、说、读、写四方面每周及每天的语言接触量（以小时为单位）。研究发现，国内浸入式语境下二语学习者的语言使用情况反而高于出国留学语境，而出国留学语境下二语学习者使用母语多于二语。Taguchi（2008）的研究亦表明，出国留学4个月后，二语学习者并不能获得较多的语言使用机会。

在关于什么因素影响二语使用的研究中，Ożańska-Ponikwia、Dewaele（2012）的研究发现，102名住在爱尔兰、英国的波兰移民的出国留学时长与英语作为二语的使用频率、自我感知的二语语言熟练程度呈正相关。回归分析进而表明，开放性和自尊都是二语使用频率的显著预测变量。Llanes、Muñoz（2013）的研究表明，出国留学语境的项目类型也会影响二语使用情况。被试赴爱尔兰留学3个月，和爱尔兰家庭居住在一起，并就读爱尔兰当地的常规学校。无论是在家庭还是在学校，由于周围没有使用被试母语的同伴，他们都被迫使用二语进行交流，由此极大地促进了二语的使用。Dewey等

（2014）以 118 名在马德里、墨西哥、巴黎、南京、开罗参加出国留学项目（8～16 周）的二语学习者为被试，研究发现，出国留学项目、年龄、出国前语言熟练程度、本族语朋友的数量、性别以及个性这些变量都可以预测他们在出国留学期间的二语语言使用情况。而 Serrano（2011）、Serrano、Llanes、Tragant（2011）也发现，课程学习强度不同也会影响二语学习者的二语使用情况。总体看来，影响二语使用情况的因素较为复杂多样，但主要和二语学习者所处社会生活环境、学校学习环境以及个体差异存在一定的联系。

上述研究主要考察了出国留学语境下不同社会交往网络、使用不同语言媒介、个体差异等因素对二语语言使用情况的影响。但上述研究并未在研究设计中明确区分长期、短期出国留学语境对二语使用情况的可能影响。此外，多数研究也并未具体区分不同类型的二语使用情况。较为明显的是，如果仅从时间上来计算二语使用情况，若将一小时的寒暄等日常交际活动与一小时的学术辩论等同起来，显然是不合适的。因而在二语使用情况的研究中，应该按照一定的标准，对不同类型的语言技能使用进行必要的区分。

（二）语言使用情景

一些学者讨论了出国留学语境下二语学习者所参与的不同类型的语言活动。Kaplan（1989）的研究发现，39 名二语为法语的学生在参加为期 6 周的短期出国留学项目后，二语会话主要发生在购物（向店员询问相关物品信息）、订餐、旅游问路或与陌生人打招呼问候时。被试很少参加阅读、玩游戏、去电影院看电影等其他活动。研究还发现，出国留学语境下二语学习者的数字使用是一个难题。Mendelson（2004）的研究发现，在赴西班牙留学 4 周后，德国大学生主要使用德语与他们的德国伙伴进行简单的话题交流、简短问候或者使用德语咨询所需信息。他们经常听歌、听广播、看电视，并且每周会出去看电影。而写作主要集中于完成作业，很少写信或者发邮件。阅读的主要内容是日程安排、广告和菜单，很少花时间阅读邮件、小说或报纸。Martinsen 等（2011）在为期一学年的语言使用情况调查中发现，78 名二语学习者中一半与外国家庭居住在一起，而另一半则住在宿舍。研究结果表明，与国内课堂相比，寄宿外国家庭的学生不仅在需要时（例如就餐）使用二语，还会在日常个人时间使用二语阅读邮件、上网、听音乐等；他们比那些住在宿舍的学生更倾向于参加一些需要复杂语法词汇知识的语言活动，如教堂礼拜、积极参与正式对话、阐述概念等。上述研究总体表明，在出国留学语境下，二语学习者多在与社会生活相关的场景下使用二语，主要涉及日常用语。而寄宿在外国家庭的二语学习者有可能在一些更为正式的场合使用二语。

还有一些研究从听说读写四项语言技能角度分析了出国留学语境下二语的具体使用情况。Mendelson（2004）的研究表明，短期出国留学语境下二语学习者的二语技能使用情况依次为听（67%）、说（35%）、写（18%）和读（15%）。Badstübner、Ecke（2009）的研究则发现，在赴德国留学1个月期间，30名学习德语的美国大学生中每一个留学生宿舍都安排1~2名德国学生作为室友，且每一位出国留学的美国大学生都有一名对英语感兴趣的德国学生帮助其学习德语。研究发现，二语学习者多数时间花费在听力技能上，其次是口语，而读写活动则较少。总体看来，听、说在出国留学语境下明显占优，因而出国留学语境更加类似母语习得的环境。

还有一些研究考察了不同语言接触类型对二语学习的影响，而研究总体表明，相关二语社交网络的参与程度在很大程度上左右了二语学习的进展。Cundick（2007）的研究表明，使用不同的二语学习任务可以显著影响二语熟练程度的发展。Pellegrino（1998）以赴俄罗斯留学的美国二语学习者为被试，考察哪种语言接触最有利于二语学习。研究发现与本族语者的非正式接触极为重要。Kinginger（2008）也发现，在二语学习上比较成功的学生一般是那些居住在比较欢迎他们的家庭，并参与他们日常交流的二语学习者，以及尽量与本族语者交流并避免使用母语交流的同学。那些开拓了自己的法语社交网络的同学在二语学习上显著进步。Kinginger（2011）还指出，为提高二语学习者在国外的二语语言学习参与度，语言教育者应该提倡二语学习者在本族语的社区实践中参与那些与教育相关的活动，并鼓励他们有针对性地利用好这些具体语言学习活动。

综上所述，上述研究多数关注了不同类型的二语使用场合，并发现二语社交网络在二语学习中具有重要的作用。较为明显的是，现有研究结论仅为对二语学习者所参与活动的描述性介绍，较为芜杂。不仅难以揭示出国留学语境下二语使用的规律性特征，也无法捕捉出国留学的二语学习者在语言使用上的确凿变化。总体看来，目前较少有学者关注中国大学生在出国留学语境下的二语使用情况。本研究将在区分长期与短期出国留学语境的基础上，在短期出国留学语境采用组内设计，比较相同二语学习者群体在二语使用上的发展情况，并在长期出国留学语境采用组间设计，以了解在两学年之后出国留学组与国内二语学习组在二语使用上的变化与差异。

二　研究问题与研究方法

本研究的具体研究问题如下。

研究问题一：在短期出国留学语境下，相同二语学习者群体在出国后是否会在二语语言使用上有所发展？

研究问题二：在长期出国留学语境下，出国留学组与国内二语学习组是否存在显著差异？

（一）被试

本研究以中国外语学习者为被试，包含两组实验群体。短期出国留学组被试 23 名（21 名女生、2 名男生），来自北京同一高校，暑假时赴美国与澳大利亚参加为期 3 周的夏季项目。被试分别来自英语、工商管理、比较文学专业。长期出国留学语境下包括出国留学组与国内二语学习组。出国留学组共 27 名（18 名女生、9 名男生），国内二语学习组共 39 名（34 名女生、5 名男生）。皆来自北京某高校。出国留学组与国内二语学习组在大学一至二年级在国内一起学习，出国留学组在大学三年级赴美国北亚利桑那大学学习两年，而国内二语学习组则继续在国内学习。被试分别来自英语、会计、新闻专业。

所有被试年龄为 21 ~ 25 岁。以汉语为母语，无语言障碍。以英语为第二语言，学习英语时间在 10 年以上。

（二）测试材料

本研究问卷采用“ACTFL 语言使用情况量表”（见附录 4）以及“ACT-

FL 语言使用信心量表”。“ACTFL 语言使用情况量表”中所有题目都与被试的日常语言交际任务（如“叙述讨论各种话题”）或所使用的交际策略（如“语码转换”）有关，共 24 题。为进一步了解长期、短期出国留学语境对二语学习者语言使用情况与语言使用信心的可能影响，根据因子分析结果，语言使用情况量表在数据分析时被进一步细化为高难度语言任务使用（7 题）、低难度语言任务使用（10 题）、语言策略使用（7 题）三个子维度（见附件 14）；“ACTFL 语言使用信心量表”考察了被试在完成不同语言交际任务时的舒适度，共 13 题。被试按 Likert 量表进行评分。以上量表经信度分析，信度系数（Cronbach's alpha）都大于 0. 80，符合统计分析要求。

半结构化访谈问题（见附件 15）则围绕“ACTFL 语言使用情况量表”中的题项设计。

（三）研究过程

在短期出国留学的研究中，对同一被试进行了前、后测两次测试。两次测试均采用相同问卷。在征得被试同意的情况下，23 名大学生在前往美国、澳大利亚前填写前测问卷，在完成短期出国项目（3 周后）、即将回国前一天填写后测问卷，并得到相应报酬。

在长期出国留学的研究中，由于种种因素所限，对被试进行了一次问卷调查。在征得被试同意的情况下，39 名国内二语学习组大学生与 27 名出国留学组大学生分别在中国与美国，于一周内完成问卷填写，并获得相应报酬。

问卷填写完成后，来自长期与短期出国留学研究中的 6 名被试自愿参加访谈，在征得被试同意的情况下访谈全程录音。每名被试访谈时间大约为 30 分钟。

（四）数据收集与处理

上述问卷收回后录入 Excel 表格，访谈录音材料经转写后进行分析。数据经因子分析，将二语使用情况进而细分为高难度语言任务使用、低难度语言任务使用、语言策略使用这三个维度。

（五）数据分析

研究数据采用 SPSS 17. 0 进行分析。本研究中长期出国留学组采用组间设计（国内二语学习组与出国留学组对比），使用独立样本 t 检验进行统计分析；而短期出国留学组则采用组内设计（前、后测对比），使用成对样本 t 检验进行统计分析。因变量同为二语语言使用情况以及语言使用信心。由于实验设计、被试群体不同，本研究并未在长期与短期出国组之间进行比较。

三　研究结果

以下分别列出短期、长期出国留学语境下的描述数据以及 t 检验分析结果。

（一）短期出国留学语境

表 2－4 为短期出国留学组前、后测的描述数据。由表 2－4 可见，短期出国留学组在语言使用情况总分、低难度语言任务、语言策略使用平均值上前测均稍逊于后测。但在其他两项平均值上前测等于或高于后测。

表 2－4　语言使用情况与语言使用信心描述统计结果（短期出国留学语境）

		M	S. D.	S. E.	N
LU	前测	68.13	15.832	3.301	23
	后测	72.43	12.324	2.570	23
LC	前测	41.65	5.581	1.164	23
	后测	40.35	6.965	1.452	23
LD	前测	28.57	6.973	1.454	23
	后测	31.48	5.583	1.164	23
HD	前测	19.57	4.747	0.990	23
	后测	19.57	4.450	0.928	23
LS	前测	19.91	4.804	1.002	23
	后测	21.26	3.646	0.760	23

注：LU 指语言使用情况；LC 指语言使用信心；LD 指低难度语言任务；HD 指高难度语言任务；LS 指语言策略使用。

短期出国留学组数据采用成对样本 t 检验对前测、后测进行比较。表 2－5 为整理后的统计结果。

表 2 - 5　短期出国留学组配对样本 t 检验结果（前测 vs. 后测）

		均差	S. E.	t	df	P (2 - tailed)
LU	前测 - 后测	-4.261	1.991	-2.140	22	0.040*
LC	前测 - 后测	1.304	1.315	0.992	22	0.332
LD	前测 - 后测	-2.913	1.065	-2.735	22	0.012*
HD	前测 - 后测	0.000	0.680	0.000	22	1.000
LS	前测 - 后测	-1.348	0.682	-1.977	22	0.061

注：* 表明显著性 $p < 0.05$，存在统计上的显著差异。

由表 2 - 5 可知，短期出国留学语境下二语学习者的总体语言使用情况显著增多，$t(22) = -2.140$，$p = 0.040$；而为期 3 周的短期出国留学并没有增强二语学习者的语言使用信心，$t(22) = 0.992$，$p = 0.332$；短期出国留学语境下二语学习者在各项语言任务中，只有低难度语言任务的使用显著增加，$t(22) = -2.735$，$p = 0.012$；短期出国留学并没有显著增加二语学习者在高难度语言任务上的使用，$t(22) = 0.000$，$p = 1.000$，但语言策略的使用有所增长，达到边际显著效应，$t(22) = -1.977$，$p = 0.061$。

（二）长期出国留学语境

表 2 - 6 为长期出国留学组以及对应国内二语学习组的描述数据。由表 2 - 6 可见，国内二语学习组在总分以及各分项平均值上均稍逊于长期出国留学组。

表 2 - 6　语言使用情况与语言使用信心描述统计结果（长期出国留学语境）

	组别	M	S. D.	S. E.	N
LU	AH	75.95	12.586	2.015	39
	SA	82.70	12.721	2.448	27
LC	AH	40.00	8.127	1.301	39
	SA	45.63	7.281	1.401	27
LD	AH	32.28	5.582	0.894	39
	SA	35.26	6.292	1.211	27

续表

	组别	M	S. D.	S. E.	N
HD	AH	20.95	4.279	0.685	39
	SA	23.15	4.330	0.833	27
LS	AH	22.72	3.879	0.621	39
	SA	24.30	3.921	0.755	27

注：AH 指国内二语学习组，SA 指出国留学组。

长期出国留学组采用独立样本 t 检验，对国内二语学习组和长期出国留学组进行比较。表 2－7 为整理后的统计结果。

表 2－7 独立样本 t 检验结果（长期出国留学组 vs. 国内二语学习组）

	组别	均差	S. E.	t	df	P (2－tailed)
LU	AH/SA	－6.755	3.165	－2.134	64	0.037*
LC	AH/SA	－5.630	1.951	－2.885	64	0.005*
LD	AH/SA	－2.977	1.472	－2.022	64	0.047*
HD	AH/SA	－2.199	1.077	－2.043	64	0.045*
LS	AH/SA	－1.578	0.975	－1.618	64	0.111

注：* 表明显著性 $p < 0.05$，存在统计上的显著差异。

由表 2－7 可知，长期出国留学语境下出国留学组的语言使用情况较国内二语学习组显著增多，t（64）＝－2.134，p＝0.037，而长期出国留学语境可以显著提升二语学习者的语言使用信心，t（64）＝－2.885，p＝0.005；出国留学组在长期出国留学语境下不仅在低难度语言任务的使用上得到显著提高，t（64）＝－2.022，p＝0.047，在高难度语言任务的使用上也显著增加，t（64）＝－2.043，p＝0.045。然而，长期出国留学语境下两组二语学习者在语言策略的使用上却没有发生显著变化。

四 分析与讨论

（一）语言使用情况及信心

本研究发现短期出国留学语境可以显著增加二语学习者的语言使用情

况，在此语境下二语学习者与出国前相比更加频繁地使用二语。此结果与Schmidt-Rinehart、Knight（2004）的研究结果一致。他们的研究亦发现为期一个暑假的短期出国留学可以显著增加二语学习者的语言使用情况。本研究的访谈数据也显示，出国前二语学习者基本只在二语课堂上使用英语，日常生活中很少有与本族语者交流的机会，即使使用英语也只是关于“Sorry”或者“Thanks”之类的寒暄。而短期出国留学项目可以为二语学习者提供一个浸入式二语环境，让他们有机会与当地居民接触，从而增加他们的二语使用机会。然而，仅3周的短期出国留学并不能提高二语学习者的语言使用信心。本研究的结果与之前研究的发现较为一致。Allen、Herron（2003）、Ball（2000）的研究发现，在短期出国留学语境下二语学习者的焦虑程度会增加，因而降低了二语语言使用信心。Whitworth（2007）的研究也发现，短期出国留学语境下二语学习者出于害羞，或者担心交际中出现错误而拒绝与当地居民进行交流。上述研究结果总体表明，二语学习者在短期出国留学语境下，在二语使用上并未出现质的变化。3周的时间并不足以影响二语学习者的语言使用信心。

对于长期出国留学语境下的二语学习者，与国内二语学习组相比，他们的二语使用情况不仅显著增多，其语言使用信心也显著增强。在此语境下二语学习者有更多的机会与当地居民进行交流。Freed（1995）的研究也证明了这一点。本研究中的被试在接受访谈时表示，他们与当地本族语同学住在同一宿舍、一同上课、一同就餐、一同外出参加各种活动。与此同时，他们还结交了许多当地的好朋友，因此大部分时间都在使用二语和他人进行交流。渐渐地，二语学习者不再担心和当地人有交流障碍，也不再畏惧交流时出错。在这样的二语环境中，他们已经很少使用母语，并已习惯用二语和别人进行交谈。由此，语言使用信心也树立起来了。正如Clément等（2003）所述，频繁而又愉悦的语言交际可以有效增强二语学习者的语言使用自信。Dewey（2004）的研究也证明长期出国留学语境确实能提高二语学习者的语言使用信心。

值得注意的是，在长期出国留学语境中，一些与语言学习无关的因素，也值得研究者在将来的研究中予以关注。在和赴美国北亚利桑那大学留学的一名被试（23 岁，中国女性）的访谈中，她提到她已经在美国学习两年。虽然她宿舍的同学也同样来自中国，但她有很多机会与来自他国的同学用英语交流。这是因为她在学校的“国际学生中心”兼职，因此需要经常与其他国际学生交流。她认为她在使用语言上很有信心，与她打交道的学生都使用英语。她和中国学生居住在一起是因为她想在校外居住，而那些在校外居住的学生通常都是中国人。在她看来，中国的同学仅是同一宿舍的伙伴，她们并不经常一同出去。以上访谈事实表明，由长期出国留学而带来的更多的兼职工作等社会交往机会也有助于二语学习者提高语言使用的频率，同时提升他们使用语言的信心。

而与另一名被试的访谈则提醒研究者，二语学习者的个体差异也需要研究者进一步关注。这名被试（男性，21 岁，专业为工业与系统工程）已经在美国学习两年，宿舍同伴来自巴西。但是他并不经常使用英语。他说他并不经常与室友交流，因为没有什么共同话题，他们在宿舍里都非常安静。在宿舍里经常使用的单词是“Hi”（从外面回来时）以及“See you later”（当他们离开宿舍时）。此外，他认为他并不是一个非常外向的人，他感到和中国学生在一起更为舒适，因而他在使用英语上并不十分自信。Lu、Hsu（2008）的研究曾表明，中国人一般避免与美国人交流。而这与上述被试的行为较为一致（虽然他的室友是巴西人）。而同样在 Yang、Kim（2011）的研究中，研究者发现与一名韩国学生住在一个宿舍的本族语者对开展对话毫无兴趣，也并不关注韩国同伴的语言能力的发展问题。上述事实提醒研究者，即使有很好的二语交流机会，也并不必然保证二语学习者可以更多地使用二语，并由此提升语言使用的信心。二语学习者自身的个体差异、文化背景、社会交际网络也极有可能明显影响他们的语言使用。

（二）语言任务使用及语言策略使用

本研究发现短期出国留学语境仅仅显著提高了二语学习者在低难度语言任务上的二语使用，但在高难度语言任务上没有显著差异。此研究结果部分验证了 Kaplan（1989）的研究结论。他发现短期出国留学语境下，二语学习者只在问路、就餐、咨询商品信息或者寒暄等相对简单的语言任务上使用二语和他人进行交流。根据本研究的访谈数据，多数被试表示，在为期 3 周的出国留学项目中，中国外语学习者被安排居住在一起，而上课听外国教授讲课时也是所有中国学生在一起，因此大部分时间他们都在使用母语进行交流。二语使用主要集中于课上简单的回答问题、课下与教授的简短交流、购物时咨询商品信息、餐馆点餐、参观游览时询问景点位置以及其他一些日常寒暄会话，如“Have a good day”“Excuse me”“Sorry”等。这与本研究结果相互印证。而出国留学时间过短可能为主要原因。Segalowitz、Freed（2004）曾发现二语社会网络的建立与出国留学时长存在相关性。他们的研究指出：出国留学一学期的时间过短，因而不足以建立起社会联系。而 Lafford（2006）也发现：有些二语学习者认为没有必要与当地居民进行交流，他们更愿意将闲暇时间花在不需要使用二语的其他活动上。因而在仅为 3 周的出国留学期间，本研究中被试在二语使用上很难扩展到比日常寒暄更为复杂、难度更高的交流任务上。

而长期出国留学语境不仅能促进二语学习者对低难度语言任务的使用，还可以显著增加他们对高难度语言任务的使用。此研究结果与 Martinsen 等（2011）的研究较为一致。他发现长期与外国家庭的接触可以促使二语学习者更为广泛地使用二语。他们不仅在必要时使用二语，更会主动用二语和他人交流，并且会参加教堂礼拜、概念解释、学术对话等需要复杂语法词汇知识的语言活动。本研究中接受访谈的另一名被试指出，她的室友为美国人，她们经常一起聊天，聊兴趣爱好、家庭故事以及国家的文化习俗；业余时间，她每周都会外出做一些志愿活动，渐渐地认识了许多当地的朋友，她们会一起去看足球赛、看电影；有些朋友还会请她去家里做客，朋友的家人则很友善地教她如何做饭、如何做蛋糕；另外，为了完成学术作业，她会经常泡在图书馆中，她们会在阅读和写作上花更多的时间。由此可见，长期出国留学语境可以为二语学习者提供更多与当地居民交流的机会，可以促使二语学习者在更多、更广泛的社会生活、学校学习场景中使用二语，并完成许多高难度语言任务，如学术讨论、辩论以及复杂的文化交流。

然而，无论是短期还是长期出国留学语境下，二语学习者在语言使用策略上都没有显著变化。此研究结果并不符合 Lafford（2004）的研究结果：出国留学语境可以减少二语学习者对语用策略的使用。然而，正如 Liskin-

Gasparro（1996）所指出的那样，缺少语言资源或语言水平较高都不会过多地使用语用策略。此外，Ren（2014）在研究中也证实：对语用信息的注意是语用能力提高的必要条件。因而，较为可能的推断是，在短期出国留学语境下，二语学习者经常在交流中面临准确遣词达意的问题，因而需要将有限的认知注意资源重新分配到信息与语义的表达上。这种对认知注意资源的再分配促使二语学习者在语用策略使用上有所提高，以便二语产出更加适应新的语境，更加高效；而在长期出国留学语境下，在目的语浸入式环境下学习二语时间较长，认知注意资源的再分配过程业已完成，由此二语学习者的二语语言使用水平达到较高的程度。因而较少或不再依赖语言使用策略来改善二语产出；而对于国内二语学习者而言，他们同样在国内二语学习语境下浸润良久，已经形成较为稳固的语言使用策略。因而与长期出国留学组相比，同样没有显著变化。与本研究结果较为相符的佐证来自 Ren（2013）以中国外语学习者为对象的研究。他发现，在一学年之后，出国留学组与国内二语学习组在具体语用言语行为（拒绝）上总体并不存在显著差别。由于相关研究仍然较少，以上推断仍需要将来更多研究的支持。

五 本节小结

本章从长期与短期出国留学语境出发，探索二语学习者在不同出国留学时长下二语语言使用情况的总体变化。研究发现短期出国留学能够促进二语学习者在低难度语言任务上的使用，而长期出国留学语境不仅可以促进二语学习者在低难度语言任务上的使用，还可以增强他们在高难度语言任务上的使用。此外，仅仅在长期出国留学语境下，二语学习者的语言使用信心显著增强。

总体看来，二语使用情况在很大程度上调节了二语学习者在出国留学语境下的增益，这明确表明"输入—产出—反馈"这个互动过程对二语学习发挥着重要作用。本研究发现，出国留学时长在很大程度上影响了二语学习者的二语使用情况以及使用信心。但与此同时，本研究还表明，在二语使用过程中还存在很多其他因素的干扰，而这些干扰都与个体如何在出国留学语境下与社会生活场景、学校学习场景进行互动有关。而一个更加有利的互动场景显然更容易促进二语使用的频率。

此外，本研究关于语言使用策略的研究结果也很有启示意义。在一个如同短期出国留学语境一样的二语学习语境下，学习者会有针对性地对认知注意资源进行再分配，以满足二语产出在新环境下的新要求。而在一段时间的学习后，这个认知资源再分配的过程会重新稳定下来。由于对二语学习中认知资源分配的研究不多，目前研究者对此仍知之甚少。但由此获得的一个重要启示是，如果教育工作者可以借助难度不同、复杂度不同、目标不同的二语产出任务来训练、调节二语学习者的语言使用策略，以促使它们在一个不同的、更有效率的水平上稳定下来，这应该同样会有助于二语学习者在二语语言技能上的整体提升。

本研究也存在一定的局限性。第一，针对出国留学大学生的数据收集极为困难，如果可以扩大本研究的样本数据，则研究结果会更具有说服力；第二，由于时间与条件所限，长期出国留学研究中无法做到针对同一组被试进行跟踪调查。明显的是，采用跟踪调查的设计将可以更为清晰地揭示二语学习者在二语语言使用上的动态变化规律。

尽管如此，本研究以中国外语学习者为研究对象，采用量化和质性研究相结合的方法，初步探索了短期与长期出国留学语境下的语言使用总体情况。研究结果也从侧面揭示了二语语言使用在二语语言能力发展上扮演极其重要的角色。在国内缺乏相关研究的情况下，此类探索性研究无疑将有助于国内外学者进一步了解出国留学语境下中国二语学习者的语言使用情况，并可能为国家留学政策的制定以及国内高校的国际化办学提供一定的借鉴与启示。

第三节　出国留学语境下跨文化交流恐惧与跨文化敏感性研究

本研究以中国某高校英语专业和非英语专业研究生为研究对象，采用问卷调查和访谈，试图初步探索不同二语学习语境以及不同二语熟练程度是否影响二语学习者的跨文化敏感性和跨文化交流恐惧。

一 研究综述

跨文化交流能力指个体有效、得体地与他国群体进行交互沟通的能力。一般认为它与知识、态度、技能和行为这四个维度息息相关（Perry、Southwell, 2011）。跨文化敏感性被众多学者视为体现跨文化交流能力最为重要的一个因素。而跨文化交流恐惧则指个体与他人，特别是与不同文化和种族的人，进行真实或想象的交流时所产生的恐惧或者焦虑的程度（Neuliep & McCroskey, 1997：147）。在几个理论影响较大的模型中，如 Byram（1997）的五种因素构成模型、Deardorff（2006）的“金字塔/过程模型”、Bennett（1993）的“跨文化交流敏感性发展模型”（简称 DMIS）以及 Chen 和 Starosta（1996, 2000）的三因素构成模型，跨文化敏感性都扮演着不同但极为重要的角色。如 Bennett（1993）认为跨文化敏感性体现了交际者在跨文化交流过程中从“拒斥”发展到“融合”这种情感、认知与行为上的转变能力，而 Chen、Starosta（1998）则认为跨文化交流能力体现在认知、情感与行为三个方面，而跨文化敏感性则体现在跨文化交流能力的情感方面。

现有研究证明，跨文化交流恐惧与跨文化交流能力/跨文化敏感性之间存在反向相关关系（Lin & Rancer, 2003；Tominaga et al., 2003；Chen, 2010）。但与跨文化敏感性侧重个体的跨文化交流能力不同，跨文化交流恐惧更注重跨文化交流过程中的焦虑、压力等个体特质，更有可能是跨文化敏感性发展过程中的一个重要中介变量。

以上两个研究领域具有较为紧密的联系，目前虽然有一些研究开始在出国留学语境理论框架下讨论二语学习者跨文化交流恐惧、跨文化交流能力的发展变化（Perry & Southwell, 2011；Lin, 2012；Vande Berg et al., 2012），但多数是以欧美国家和地区出国留学的大学生为研究对象。目前以中国出国留学群体为研究对象的研究仍相对较少。且在现阶段这些探索性的研究中，变量控制也很不一致，研究结论仍是众说纷纭；在国内，目前对跨文化交流能力的研究却没有涉及出国留学语境（参见吴建设等，2016），多数仍局限于国内大学生与教师群体的现状调查（如高永晨，2006、2014；钟华等，

2013；Gu，2016）。

Coleman（1998）立足于欧洲，提出欧洲区域内的出国留学相关研究应该关注语言学习过程中跨文化交流能力的发展。他认为，没有跨文化交流能力的学生也无法确保他们在与当地人交流的时候有良好的态度、交际策略、交际行为。因此，跨文化交流能力既是出国留学的成果又是旅居国外的学生所必须具备的能力。总体看来，现有跨文化交流恐惧与跨文化交流能力/跨文化敏感性研究多数集中于出国留学纵向研究，语言能力以及文化、民族背景与性别对跨文化敏感性的影响上。相对而言，探讨跨文化交流恐惧的研究较少。以下研究者将从上述三个方面总体介绍现有的相关研究。

（一）出国留学纵向研究

多数研究表明，出国留学时间对跨文化敏感性的提高有显著影响。如 Anderson 等（2006）对 23 名在欧留学学生的跨文化敏感性调查研究发现，经过 4 周的短期留学，学生的跨文化敏感性有了显著提高；Reza（2015）以留学俄罗斯、中国、印度三国一学期的美国东北部一所大学的 21 名工商管理专业本科生以及研究生为被试，研究发现他们的跨文化敏感性分数提高了 25%。

但少数对比研究发现，跨文化敏感性的发展变化在不同留学阶段似乎有所不同。Medina-Lo′pez-Portillo（2004a，2004b）对比了美国 28 名大学生参加的分别为期 7 周（18 名，前往墨西哥 Taxco 市）、16 周（10 名，前往墨西哥城）的学习活动，实验结果表明：两组学生的跨文化敏感性都有显著提高，但留学时间长的二语学习者的跨文化敏感性提高更为明显；Engle，L.、Engle，J.（2004）对比了为期一学期和一年前往法国学习法语的美国大学生的跨文化敏感性的变化情况，结果发现，出国留学一年的二语学习者比一学期的在跨文化敏感性上的提高程度更大。而在出国留学第二学期，跨文化敏感性的提高速度最为明显。

但是，很多研究也有相反的发现。Fabregas-Janeiro 等（2011，2012）在对比赴亚洲、南美、欧洲等诸多出国一学期的留学项目后，发现学生的跨文化敏感性并没有显著提高。Lin（2012）以 103 名在美中国大学生为被试，研究发现，性别、年龄、美国朋友的数量、教育水平都不是预测跨文化恐惧与跨文化敏感性的因素，出国留学时间的长短只会影响跨文化敏感性，却不会影响跨文化交流恐惧。学习者课外使用英语的频率越高，跨文化交流的恐惧会越低，跨文化敏感性越高。Martinsen（2011）以为期6周前往西班牙的美国大学生为对象，考察了被试的口语水平、动机、语言接触、跟寄居家庭的关系对跨文化敏感性的预测作用。结果表明，虽然被试跨文化敏感性有近乎显著的提高，上述因素都不能预测跨文化敏感性的增长程度，只有与当地人适度、适当的交流，才有利于跨文化敏感性的提高。

（二）学习者的语言能力

语言能力对跨文化敏感性的影响并非十分确定。Nokelainen、Tirri（2009）对芬兰12～16岁的高中生进行测试，发现学业成绩越好，跨文化敏感性越高。Jackson（2008）基于个案的研究，结果却发现跨文化敏感性并非与二语熟练程度同步提高。部分被试的跨文化敏感性有所提高，部分保持不变，还有些甚至降低了。

此外，相关研究还发现，英语学习时间、英语水平自我感知以及语言流利度也会影响第二语言交流的有效进行，从而产生跨文化交流恐惧（Long & Anarbaeva，2008；Yim，2014）。

（三）文化、民族、性别与民族中心主义

不同文化背景被认为会影响跨文化交流恐惧。如Merkin（2009）、Pan（2007）等的研究发现，来自韩国、中国的学生的跨文化交流恐惧明显高于来自美国的学生。他们由此认为，不同文化背景确实对跨文化交流有明显影响。

还有些研究考察了民族背景与跨文化敏感性之间的关联。Soltani（2014）以来自伊朗5个不同民族的大学生为被试，研究发现不同民族背景的伊朗学生表现出了不同的跨文化敏感性。

而性别差异也会影响学习者的跨文化交流恐惧与跨文化敏感性，多数研究表明女性的表现优于男性。Pan（2007）通过对比研究发现，虽然中国学生比美国学生的跨文化交流恐惧水平更高，但美国学生中男性更容易产生跨

文化交流恐惧，中国学生中则不存在这种性别差异。Lin、Rancer（2003）也发现，与女性相比男性更容易产生跨文化交流恐惧。Nokelainen、Tirri（2009）对芬兰12～16岁的高中生进行测试，发现女生的跨文化敏感性高于男生。但也有少数相反证据表明男性表现优于女性。如Long、Anarbaeva（2008）的研究发现，男性比女性具有更强的交际适应性，因而跨文化交流恐惧的水平更低。

此外，相关研究还发现，民族中心主义越强，跨文化交流恐惧水平就越高（Neuliep & McCroskey，1997；Lin & Rancer，2003；Pan，2007；Chen，2010）。

以上文献总体表明，虽然上述研究具体考察了时间、语言、社会与生理因素对跨文化敏感性与跨文化交流恐惧的不同影响，但研究结论仍不确定。从很多角度来看，出国留学语境下的跨文化交流恐惧、跨文化敏感性研究仍处于初级阶段。它们与语言能力之间、两者之间的关联仍较少有研究去探讨，而以中国大学生为被试的研究更少，目前亟须更多的研究来揭示中国外语学习者在出国留学语境下跨文化交流能力的发展变化过程。以上探索将部分有助于研究者进一步了解出国留学经历是否或如何“改变”中国出国留学的英语学习者。

二　研究问题与研究方法

本研究的具体研究问题如下。

研究问题一：不同二语学习语境是否会影响跨文化交流恐惧与跨文化敏感性？

研究问题二：不同二语熟练程度是否会影响跨文化交流恐惧与跨文化敏感性？

研究问题三：跨文化交流恐惧与跨文化敏感性是否存在相关性？跨文化交流恐惧是否可以预测跨文化敏感性？

（一）被试

与本章第一节被试相同，他们分别来自中国北京某高校18名英语专业研究生（其中一名被试因数据缺失而被剔除）和16名非英语专业研究生，他们分别前往以英语为母语的国家（美国与澳大利亚）参加为期 3 周的短期出国学习活动。实验被试本着自愿原则参与并得相应报酬。

（二）测试材料

实验量表包括：被试基本信息与英语技能自我评定表（见附件 10）、跨文化敏感性调查（见附件 16）与跨文化交流恐惧量表（见附件 17）。被试基本信息与英语能力自我评定在问卷测试同时完成。采访问题（见附件 18）则根据“跨文化敏感性量表”与“跨文化交流恐惧量表”中相关题项设计。

跨文化敏感性采用 Chen、Starosta（2000）的“跨文化敏感性量表”（ISS）。该量表被 Perry、Southwell（2011：461）认为“克服了 IDI 量表的许多缺点”，也被证明适用于不同文化背景的群体（Fritz et al.，2005）。量表共 24 道题，总分为 120 分，分数越高，表明被试跨文化敏感性越高。Ruiz-Bernardo 等（2014）学者的研究证明它具有较高的信度。本实验中该量表的前后测信度都高于 0.85。

跨文化交流恐惧采用 Nueliep、McCroskey（1997）的“跨文化交流恐惧量表”（PRICA）。该量表共 14 题，总分为 70 分，分数越高，表明被试跨文化交流恐惧越高。根据 Neuliep、McCroskey（1997）等学者的研究，该量表具有较高的信度（Cronbach's $\alpha > 0.90$）。本实验中该量表的前后测信度都高于 0.94。

（三）研究过程

与本章第一节相同。前、后测分别于被试出国前一周、回国前一天进行，用时各 30 分钟。测试分别由两名主试完成。对被试的访谈于回国后进行，主试随机从两组被试中抽取 6 名进行访谈。

（四）数据收集与处理

在对实验问卷中相关题项进行反向记分后，所有数据被输入 Excel 表格。访谈录音材料经转写后进行分析。

（五）数据分析

所有数据都采用 SPSS 17.0 进行分析。采用配对样本 t 检验分析不同二语学习语境对跨文化交流恐惧（前、后测）、跨文化敏感性（前、后测）的影响，采用独立样本 t 检验分析不同二语熟练程度的两组（英语专业组、非英语专业组）在跨文化交流恐惧、跨文化敏感性上的差异，采用相关分析检验了跨文化交流恐惧、跨文化敏感性两项变量之间的相关性。

三　研究结果

被试语言技能自评分数、跨文化交流恐惧、跨文化敏感性各变量的描述性数据见表 2 -8。

表 2 -8　各变量描述性数据（跨文化交流恐惧与敏感性）

	组别	人数	M	S. D.
听	美国组	17	7. 71	1. 11
	澳大利亚组	16	5. 81	1. 47
说	美国组	17	7. 29	0. 92
	澳大利亚组	16	5. 44	1. 93
读	美国组	17	8. 00	0. 87
	澳大利亚组	16	6. 44	1. 41
写	美国组	17	7. 35	1. 06
	澳大利亚组	16	5. 44	1. 71
ICA 前测	美国组	17	34. 24	10. 85
	澳大利亚组	16	35. 94	6. 95
ICA 后测	美国组	17	30. 35	8. 66
	澳大利亚组	16	33. 19	9. 39
ICS 前测	美国组	17	92. 59	10. 03
	澳大利亚组	16	85. 44	8. 38
ICS 后测	美国组	17	93. 59	8. 85
	澳大利亚组	16	87. 88	7. 77

注：“ICA” 代表跨文化交流恐惧，“ICS” 代表跨文化敏感性；M 为平均值，S. D. 为标准差。

（一）研究问题一：不同二语学习语境

以出国前、出国后为被试内变量，分别以跨文化交流恐惧、跨文化敏感性为因变量，经成对样本 t 检验，结果见表 2 -9。

表 2-9　成对样本 t 检验结果（前测 vs. 后测）

	组别	t	df	Sig.（2-tailed）
ICA	美国组	2.961	16	0.009*
	澳大利亚组	1.018	15	0.325
ICS	美国组	-0.862	16	0.401
	澳大利亚组	-0.939	15	0.363

注：ICA、ICS 同表 2-8。*表明显著性 $p<0.05$。

由表 2-9 可见，两组被试在短期出国留学后，只有英语专业组在跨文化交流恐惧得分上相比出国前显著下降，而非英语专业组虽然出国后在跨文化交流恐惧得分上呈现下降趋势，却未达到显著效应。进一步的统计分析表明，两组总体上在跨文化交流恐惧得分上相比出国前亦显著下降。但被试的跨文化敏感性并没有显著改变。

（二）研究问题二：二语熟练程度

为了进一步验证英语专业（美国组）与非英语专业（澳大利亚组）两组被试之间的二语熟练程度是否存在显著差异，以被试的听说读写能力自评为因变量，独立样本 t 检验结果表明：英语专业组被试在听说读写自评成绩上皆显著优于非英语专业（t 值分别为 4.198、3.491、3.802、3.840，$p<0.01$）。上述结果证实英语专业组在二语熟练程度上要明显优于非英语专业组。

以不同二语熟练程度（英语专业、非英语专业）为自变量，分别以跨文化交流恐惧、跨文化敏感性前、后测为因变量，经独立样本 t 检验，研究结果见表 2-10。

表 2-10　独立样本 t 检验结果（美国组 vs. 澳大利亚组）

	测试	t	df	P（2-tailed）
ICA	前测	-0.533	31	0.598
	后测	-0.902	31	0.374
ICS	前测	2.215	31	0.034*
	后测	1.965	31	0.058

注：ICA、ICS 同表 2-8。*表明显著性 $p<0.05$。

由表 2－10 可见，不同二语熟练程度对跨文化交流恐惧没有显著影响，英语专业组与非英语专业组在出国前后没有显著差异；但二语熟练程度对跨文化敏感性的影响较为明显：出国留学前英语专业组显著高于非英语专业组；而出国留学后，英语专业组仍高于非英语专业组，但仅存在边际效应。

（三）研究问题三：跨文化交流恐惧与跨文化敏感性

以跨文化交流恐惧为自变量，以跨文化敏感性为因变量的回归分析结果摘要见表 2－11。

表 2－11　回归分析结果摘要（跨文化交流恐惧与敏感性）

	B	R^2	df	F	P
1	－0. 762	0. 581	1	42. 997	0. 000
2	－0. 637	0. 405	1	21. 141	0. 000

注：①跨文化交流恐惧前测为自变量、跨文化敏感性前测为因变量；②跨文化交流恐惧后测为自变量、跨文化敏感性后测为因变量。

由表 2－11 可见，跨文化交流恐惧与跨文化敏感性呈显著负相关，且跨文化交流恐惧在短期出国留学前后能解释跨文化敏感性 40. 5% ～58. 1% 的差异。

四　分析与讨论

接下来结合上述研究结果，就各个研究问题进行具体分析与讨论。

（一）短期出国留学与跨文化交流恐惧及跨文化敏感性

研究问题一的结果与 Allen、Herron（2003）的研究结论较为契合，他们发现出国留学会在很大程度上减轻学生学习过程中的语言焦虑。虽然 Lin（2012）的研究发现出国留学时间的长短并不影响跨文化交流恐惧，但本研究结果并不与之冲突。它反而表明：在短期出国留学后跨文化交流恐惧会显著降低，出国留学时间的延长应该不再影响跨文化交流恐惧的进一步变化。结合 Merkin（2009）、Pan（2007）等学者的研究结果可以推断，跨文化交流恐惧变化并非来自出国留学时间的长短，更有可能源于不同文化背景的学习者对文化差异认知的变化。正如 Long、Anarbaeva（2008）以及 Richmond、McCroskey（1998）所指明的那样：不同的文化模式和传统会造成跨文化交流恐惧。而 Wang（2004）的研究结果亦表明：缺乏对对象国社会、教育制度及背景知识的了解会产生跨文化交流恐惧，并导致学生不能融入国外课堂的集体学习。这种对对象国文化与制度的了解即使在短期出国留学后也会得到很大加强，并由此降低学习者的跨文化交流恐惧。在事后采访中，英语专业组的被试 Z 表示："通过出国，我可以亲自感受英语国家的社会与文化，并在外国大学学习，这些经历让我把书本中所学知识与真实的文化结合起来，与外国教师和当地居民交流起来也感觉更轻松一些。"

但值得注意的是，与跨文化交流恐惧不同，短期出国留学对被试的跨文化敏感性没有显著影响。正如 Behrnd、Porzelt（2012）、Medina-Lo'pez-Portillo（2004a，2004b）等学者的研究所指出的那样，出国留学时间的长短对跨文化敏感性及跨文化交流能力的提高有重要影响。出国留学时间越长，提高越为明显。鉴于在本研究中被试出国留学时间仅为 3 周，为短期出国留学的下限，本研究的结果也在意料之中。但与 Anderson 等（2006）的 4 周、Medina-Lo'pez-Portillo（2004a，2004b）的 7 周与 16 周、Reza（2015）的一学期相比，上述研究却都发现出国留学显著提高了学习者的跨文化敏感性，且其中 Anderson 等（2006）与 Medina-Lo'pez-Portillo（2004a，2004b）的研究也都属于短期出国留学。一个可能的解释是，出国留学对跨文化敏感性的影响可能存在阶段性，在初始阶段其提升并不一定显著。如 Medina-Lo'pez-Portillo（2004a、2004b）（对比 7 周与 16 周）、Engle，L.、Engle，J.（2004）（对比一学期和一学年）的研究都发现，和出国留学时间较短的被试相比，被试在出国留学的第二个时间段内跨文化敏感性提升得更为明显。当然这一推断仍需将来研究的对比与验证。

（二）二语熟练程度与跨文化交流恐惧、跨文化敏感性

二语熟练程度并不影响学习者的跨文化交流恐惧，这从侧面反证了上述研究问题一中的推断：跨文化交流恐惧可能更多源自不同文化模式和传统对学习者造成的困扰，与外语学习者的出国留学时间或二语熟练程度的关联不是很大。但就跨文化敏感性而言，出国留学前，二语熟练程度对它的影响显著，这与 Nokelainen 等（2009）的研究结论相一致。但在出国留学后，二语熟练程度的影响仅存在边际效应，这表明二语熟练程度与跨文化敏感性存在发展上的非同步性，而这种非同步性也曾出现在 Jackson（2008，2009）的研究中。它进而表明：除了二语熟练程度，其他因素（如语言使用）也影响着外语学习者的跨文化敏感性（参见 Martinsen 等，2011；Lin，2012）。一个可能的解释是：英语专业在出国之前相对于非英语专业的这种优势与他们开设较多的西方文化课程有关。Sample（2013）曾发现，通过国际性课程的学习，学生的跨文化敏感性有很大幅度的提高。Su（2011）针对台湾大学生的研究也发现，经过一学期的文化组合课程的学习，被试更尊重、更了解文化差异。而在 Fabregas-Janeiro 等（2011，2012）的研究中，被试仅学习了与专业相关的课程而没有专门学习文化课程，研究并未发现被试的跨文化敏感性有显著提高，这也从反面证明文化课程学习对跨文化敏感性发展的重要性。一般认为，英语专业组的学生对跨文化相关课程的接触在某种程度上会帮助他们了解和感知西方文化（常俊跃等，2013）。英语专业组 L 同学表示："本科学校开设的西方文化课程很管用，它们让我们对美国、英国、澳大利亚、加拿大等英语国家的文化，包括政治、经济、历史、地理等基本上有了全面的了解。"而非英语专业组的 C 同学则表示："没有接受过西方文化的专业学习，对西方文化的学习比较零散，不成体系。"而在短期出国留学后，对象国的文化课程的学习可能在一定程度上弥补了这种专业差异。这正如 Jackson（2008）所言，西方文化课程的学习有利于学生了解更多的文化知识，从而增强他们的跨文化敏感性。

由以上结果可知，二语熟练程度和跨文化交流恐惧与跨文化敏感性之间的联系比 Bennett 等（2003）学者设想的更为复杂。跨文化交流恐惧并不随着二语熟练程度的提高而降低，而跨文化敏感性似乎也并不总是随着二语熟练程度的提高而提高。对对象国文化背景的了解、文化课程的学习与交流沟通频率可能是其中的重要中介变量。这一点也是 Byram（1997）、Park（2006）以及 Jackson（2008，2009）等学者一再强调的。正如 Durocher（2007：155）所言："学习好一门外语并不必然地革除学习者的民族中心主义并培养出他们的民族相对主义。"

（三）跨文化交流恐惧与跨文化敏感性之间的关联

研究问题三的结果表明，跨文化交流恐惧较低的学习者，其跨文化敏感性相对较高。本研究与 Chen（2010）以未出国留学的美国大学生为被试的研究结论较为一致（r = -0.60），也与 Lin（2012）以在美国大学学习的中国籍大学生为被试的研究结论相吻合（r = -0.71）。这表明在短期出国留学语境下，跨文化交流恐惧仍然可能是影响跨文化敏感性的一个重要中介变量。正如 Rudd、Lawson（2007）研究所表明的：个人的交际恐惧会影响跨文化交流能力。鉴于短期出国留学与二语熟练程度对跨文化交流恐惧与跨文化敏感性的影响并非同步，它们与上述因素之间以及两者之间的互动关系仍期待更多的研究来揭示。

五　本节小结

本研究旨在讨论短期出国留学语境以及二语熟练程度对中国英语学习者的跨文化交流恐惧和跨文化敏感性的影响。研究发现，短期出国留学影响了他们的跨文化交流恐惧，却未影响其跨文化敏感性；而二语熟练程度影响了他们的跨文化敏感性，但未影响其跨文化交流恐惧；此外，研究还发现，跨文化交流恐惧较低的学习者，其跨文化敏感性更强，两者存在显著的负相关。

总体看来，跨文化交流恐惧变化似乎与出国留学时间的长短无关，更有可能与二语学习者对不同文化背景、不同文化差异在认知上的改变有关。因而英语专业组在出国留学后变化更大，由此可以说明为何只有英语专业组在该变量上出现显著变化。而跨文化敏感性则明显与二语知识系统紧密相关，且比较恒定，它是一种更深层次的二语文化解释机制。从本研究结果可知，在出国留学语境下，二语学习者在这些相关的多项个体变量上，或多或少地都在发生迅速改变或缓慢变化。

本研究也存在一些不足之处。首先，与国外其他出国留学研究相似，本研究的性质决定此类研究的被试较难达到理想的样本量要求，因而在研究结论的推断与概括上应该采取更为谨慎的态度；此外，本研究没有具体测量被试的二语熟练程度、具体文化接触时间等因素。在以后的设计中可以考虑以上因素，并通过结构方程模型来全面、具体考察它们与跨文化交流恐惧及跨文化敏感性之间的互动。

尽管如此，本研究初步探索了出国留学语境下的跨文化交流恐惧与跨文化敏感性的发展问题，并具体审视了可能影响它们的相关因素，本研究结果对将来的研究具有一定的理论启示和实践指导意义，为研究短期出国对留学生的跨文化交流恐惧和跨文化敏感性的影响提供了一定的借鉴。而对于教育工作者来说，如何更好地设计短期出国留学活动，如何更好地利用跨文化课程教学促使学生更好地融入对象国语言文化氛围之中，更深刻地了解他国文化，增强跨文化交流能力，也是一个值得深入思索的问题。

第四节　出国留学语境下情景民族身份认同研究

本研究将基于 Berry 的文化适应模型以及 Clément 的“情景民族身份认同”量表，描述在出国留学语境下，国际留学生所采取的文化适应策略以及其情景民族身份认同情况。此外，出国留学时间长短是否与国际留学生的文化适应策略的选择与情景民族身份认同的形成存在关联也是本研究探讨的问题。

一　研究综述

按照 Redfield、Linton、Herskovits（1936：149）的定义，“文化适应”（Acculturation）指“来自不同文化背景的群体进行持续直接接触，并导致某个或多个群体初始文化模式发生改变的现象”；而在 1954 年，社会科学研究会（Social Science Research Council，SSRC）扩展了其含义，认为它是由两种或多种独立文化系统合并而形成的文化动态变化。这种动态变化是对价值体系的一种选择性适应，是整合与差异化的过程，涉及个体发展、角色定位与个体特质等因素。基于以上定义，Berry（1980）认为应该从群体、个体两个层面来看待文化适应。文化适应不仅是双语者对二语文化态度的问题，也涉及双语者对其母语文化的态度。在此基础上，Berry（1990、2002、2005、

2009）指出，主流（majority 或 dominant）文化民族群体可能采用四种不同的文化适应策略：多元文化、隔离主义、熔炉政策、排外主义；而非主流（minority 或 non-dominant）文化民族群体则会采用以下四种：分离型（只具有母语的民族身份认同，拒绝了二语民族身份认同或文化适应）、同化型（放弃母语民族身份认同，而发展出高水平的二语民族身份认同或文化适应）、边缘型（同时放弃母语与二语民族身份认同或文化适应）、整合型（同时具有高水平的母语与二语民族身份认同或文化适应）。

“民族身份认同”（Ethnic Identity）则是属于文化适应现象中的一部分。按照 Berry（2002）的归类，Phinney（1990）提出的“民族身份认同”，与 Padilla（1980）提出的“文化意识”（Cultural Awareness）、“民族忠诚”（Ethnic Loyalty），Camilleri（1990、1991，转引自 Berry，2002）提出的“本体功能”与“实用功能”，以及他自己提出的“文化偏好”（Dona & Berry，1994；Berry & Sabatier，1996）都是测量文化适应的一种构成维度（参见 Berry，2002；Nguyen、Benet-Martínez，2007 关于此问题的综述）。“民族身份认同”指的是个体关于自己如何与本源民族或其他相关族群相联系的一种自我认知（Phinney，1990）。它试图测量个体是如何将自己归类为某个或几个语言社团，或是个体对某个群体的依附感（Berry，2002：27）。而 Clément 等学者则声称，民族身份认同可能会根据情景因素的改变而有所变化。鉴于此，他们提出“情景民族身份认同”（Situated Ethnic Identity）概念，并基于 22 种不同的生活情景来测量个体的具体身份认同情况（参见 Clément、Noels，1992；Noels、Pon、Clément，1996）。此量表得到较为广泛的运用（Damji，Clément & Noels，1996；Noels & Clément，1996；Rubenfeld et al.，2006，2007；Gaudet & Clément，2009；Freynet & Clément，2015）。

（一）不同文化背景下的文化适应策略

正如 Sam、Berry（2006）所指出的那样，文化适应研究的核心问题是不同文化群体之间的接触所带来的文化适应性改变。在过去 30 多年中，众多研究都持续证明文化适应是一种双线性（不是单线性）、双向（不是单向）、多领域的、复杂的过程（参见 Sam、Berry，2006；Schwartz 等，2010）。换言之，拒绝本源文化（或民族身份认同）并代之以主流文化并非唯一的文化适应途径。

按照 Berry（1984）以及 Berry 等（1989）的研究，少数族群最倾向于采用的文化适应策略是“整合”，即同时保持与两个群体的联系。而其他后续以加拿大法语少数族群的研究也都发现存在这种双语认同现象（Dallaire，2003、2006；Duquette，2004；Dallaire & Denis，2005），而 Landry、Allard、Deveau（2010）的研究则发现：加拿大全国法语少数族群中，66% ~93% 说法语的人口都维持双语认同。

但 Clément 等学者的研究却发现，加拿大法语少数族群（Clément & Noels，1992；Clément，Gauthier & Noels，1993）与汉语少数族群（Noels & Clément，1996；Noels，Pon & Clément，1996）更多地采用同化型或分离型的民族身份认同模式。而 Clément、Gauthier、Noels（1993）的研究结果则支持了 Berry 等学者的结论，他们发现加拿大安大略省某地法语少数族群（仅占人口的 5%）倾向于采用整合型文化适应策略。

这种截然不同的结果促使研究者进而考虑相关因素如何影响文化适应策略的选择。Moise、Bourhis（1997）发现一个语言群体的活力是该群体采用文化适应策略的重要预测因素，一个群体的语言重要性加上它对另一个群体的最低限度歧视可以预测该群体更有意愿采用整合策略。Berry（2002）对此也予以认同，指出语言重要性可能会强化某个群体维护自身文化的倾向，由此导致该群体采用整合策略或分离策略；Noels、Clément（1996）以加拿大渥太华说英语与法语的大学生为被试，以被试所居住时间最长城市中“母语群体的人口数”与“该城市总人口数”之比作为语言重要性的指标，研究发现低语言重要性法语组采取了整合型策略，但高语言重要性英语组、低语言重要性英语组、高语言重要性法语组都采用了分离型策略。他们推断母语认同与二语认同之间的区别将会随着语言重要性的降低而减弱；Gaudet、Clément（2009）则发现，法语少数族群在英语与法语民族身份认同上没有显著区别，采取了整合型策略，但主流英语群体的英语民族身份认同却高于法语民族身份认同，采取了分离型策略。

总体而言，以上研究表明，主流文化民族群体学习少数族群的语言时，更容易选择分离型（Noels & Clément，1996；Gaudet & Clément，2009）、整合型（Moise & Bourhis，1997）策略；而少数文化民族群体学习主流群体的语言，更倾向于选择整合型（Berry 等学者的研究；Clément，Gauthier & Noels，1993；Noels & Clément，1996；Gaudet & Clément，2009）、同化型（Clément & Noels，1992；Clément et al.，1993；Noels & Clément，1996，Freynet & Clément，2015）、分离型（Noels & Clément，1996）策略。

（二）不同文化背景下的民族身份认同

现有关于少数族裔与民族身份认同的一个重要推断是：随着母语语言重要性的降低，少数文化民族群体对自己母语民族身份的认同也随之降低。以加拿大法语少数族群为研究对象，Landry、Allard（1997）发现在家庭以及学校中使用法语正面影响了法语少数族群的母语民族身份认同与法语的使用；此外，Landry、Deveau、Allard（2006）发现，若将"主流群体身份认同 - 双语认同 - 少数族群身份认同"视为连续体，它与该地区法语人口、自我感知的法语能力、法语日常使用之间存在线性正相关。而 Freynet、Clément（2015）以加拿大魁北克省外的法语群体以及省内的英语群体为被试，以问卷（共 17 道问题）测试得分来衡量被试的主观语言重要性，研究亦发现随着语言重要性的降低，对少数语言群体的认同也随之降低，而这种倾向在语言重要性低时尤为明显。他们由此指出语言重要性对民族身份认同的影响至关重要，在极端情况下，语言重要性水平单独决定着双语者的民族身份认同。上述研究皆表明，少数文化民族群体的人口、语言等语言重要性程度与该群体的母语身份认同呈正相关。

但也有研究发现在少数族群内部，母语语言重要性对双语身份认同程度不同的群体，影响也有所不同。在以加拿大法语少数族群为研究对象的一项研究中，Landry、Allard、Deveau（2013）把少数族群在一个社团中的比例作为语言重要性指数，他们发现在语言重要性相对较高的环境，双语身份认同程度高会导致英语特征的强化并减少法语的使用，因为法语群体想提高英语（主流语言）的流利性；在语言重要性较低的情况下，双语身份认同会与英语以及法语特征的同时强化有关。极有可能法语群体因为自己是少数派而试图去维护一种法语身份；而在语言重要性中等时，两者之间呈 U 形相关，中等程度双语身份认同者表现的模式与在高语言重要性环境下类似，而高双语身份认同者的表现与低语言重要性环境下的双语者相似。这似乎表明语言重要性有可能通过语言等其他中介因素影响双语者的身份认同。

此外，还有一些研究考察了母语与二语民族身份认同之间的互动。研究表明，双语者两种民族身份认同之间存在反向相关（Elias & Blanton，1987；Elizur，1984；Clément & Noels，1992；Clément，Gauthier & Noels，1993）。Bernard（1997）也指出双语认同会导致母语民族身份认同、语言与文化的渐行性退化。Allard、Landry（1992）等学者的研究亦显示：二语学习会转化为二语民族身份认同并同时提升学习者的心理调节能力，而在此过程中母语民族身份认同会随之降低。

但上述结果在语言重要性有所不同时受到挑战。在高语言活力（high linguistic vitality）重要性环境下，主流英语群体在认同二语群体身份的同时，并不丧失对母语群体身份的认同，从而表现出一种"加法"过程（Lambert，1978；Clément，1980）；而在低语言重要性环境下，母语群体在认同二语群体身份的同时逐渐失去对母语群体的认同而表现出一种"减法"过程（Clément，Noels & Deneault，2001）。但上述结论却未在Rubenfeld等（2006）（以渥太华大学的英语大学生与法语大学生为被试）、Rubenfeld等（2007）（以渥太华大学一年级法语学生为被试）的研究中得到证实。

总体而言，以上多数研究发现母语民族身份认同受到所在语言环境的影响，一般与母语语言重要性成正比，这种倾向在低语言活力（low linguistic vitality）重要性环境下尤为明显。而母语与二语民族身份认同之间存在反向相关，这在低语言活力重要性环境下得到更多的证实。

综上所述，上述结论多数都源自对双语群体、移民群体的研究，现有研究极少关注国际留学生在出国留学语境下文化适应策略的使用以及民族身份认同的变化情况。而这正是本研究将要讨论的问题。

二　研究问题与研究方法

本研究的具体研究问题如下。

研究问题一：出国留学语境下，来自不同国家的国际留学生在文化适应策略上具有什么模式？

研究问题二：出国留学时间的长短是否会影响国际留学生所采取的文化适应策略？

研究问题三：在出国留学语境下，国际留学生的母语、二语情景民族身份认同之间是否存在显著差异？

研究问题四：出国留学时间长短是否会影响国际留学生的母语与二语情景民族身份认同？

（一）被试

本研究被试为在美国印第安纳州立大学学习的 55 名国际留学生。在剔除无效数据以及未完成全部问卷填写的被试后，正式实验包括 38 名被试。接受测试的被试来自不同的国家，具有不同的文化背景。其中 17 名学生来自中国，11 名学生来自沙特阿拉伯，3 名学生来自墨西哥，2 名学生来自韩国，2 名学生来自印度，2 名学生来自巴西，1 名学生来自塞尔维亚。年龄区间为 17～25 岁，在美国留学时间从 1 个月到 60 个月不等，所有被试都以英语作为第一外语。

鉴于国际留学生主要来自中国（17 名）、阿拉伯国家（11 名），其他国家仅为 10 名，本书在部分研究问题的分析中会将上述 38 名被试按上述分类分为三组。

（二）测试材料与分类方法

本研究采用了 Clément 的“情景民族身份认同”问卷（Clément & Noels, 1992）来考察被试的情景民族身份认同情况。并在此基础上根据 Berry 关于文化适应策略的理论（Berry，2002）分析他们所采取的不同文化适应策略。

1. 情景民族身份认同

国际留学生分布在世界各地，特定的社会生活与学校学习情境对他们的民族身份认同的影响可能会较大。而 Clément 的“情景民族身份认同”问卷则考虑到具体情景对某一个体或群体的民族身份认同的影响，在多个研究中被证明不受文化因素的影响，因而本研究将采用这一问卷。

由于被试的国籍不同，所使用母语不尽相同，但其英语熟练程度都较高，本研究因而采用英语版问卷（参见附件 19）。问卷采用 Likert 量表（1～

7 分，从“非常不像盎格鲁 - 撒克逊人”到“非常像盎格鲁 - 撒克逊人”)，要求被试评估自己在 22 个不同的生活场景中对母语以及二语民族身份认同的程度。此量表在 Clément 等学者的研究中都有极好的信度，在本研究中，母语量表与英语量表的信度系数（Cronbach's α）分别为 0.94、0.96。

2. 文化适应策略

本研究参考 Noels、Clément 以及 Berry 在文化适应研究中所采用的分类方法（Noels & Clément，1996；Berry，2002)，以情景民族身份认同问卷总分（154 分）的中间数 77 分分别作为母语与英语情景民族身份认同的中间数，由此区分他们所采用的文化适应策略。具体方法为：如果被试两种情景民族身份认同的得分都在中间数以上，即为整合型，得分相反则为边缘型；如果英语情景民族身份认同得分在中间数以上，母语情景民族身份认同得分在中间数以下，即为同化型，得分相反则为分离型。

（三）研究过程

调查问卷的填写全部在美国印第安纳州立大学完成，调查问卷采用随机发放的形式。所有国际留学生在填写问卷前，研究主试需要国际留学生回答一个问题：英语是否为其第一外语？只有回答“是”的国际留学生才会被邀请去回答问卷中的问题。

调查问卷采用电子版或纸质版填写方式。研究主试前往印第安纳州立大学的教室、餐厅、图书馆、休息中心等场所，并同时携带个人电脑（电子版问卷）以及纸质版问卷，由被试自愿选择在电脑或纸质版上完成问卷填写。问卷调查持续两个月（从 2014 年 12 月初到 2015 年 1 月末)，共有 55 名被试完成了问卷调查。

在调查问卷收集完成后，研究主试分别将调查问卷的 Word 电子版以及由纸质版转换的 PDF 文档以电子邮件的方式发回国内，由另一名研究主试进行数据的后期整理与处理。

（四）数据收集与处理

在收到原始调查问卷的数据后，由另一名研究主试进行数据的整理与处理，关于问卷填写中发现的任何问题，由国内的研究主试与国外的研究主试进行交流。所有调查问卷按所收集的时间顺序进行编号，所有被试的国籍、出国留学时间长短以及“情景民族身份认同问卷”中的填写内容都被直接输入 Excel 表格。采用相同分值回答问卷占 2/3 以上题项的，被视为无效问卷。此外，信息不完整的问卷也同时被剔除。最后得到有效问卷 38 份。

（五）数据分析

在剔除缺省数据后，所有数据输入 Excel 表格，最终使用 SPSS 17.0 分析。被试的文化适应策略采用本节“文化适应策略”中所描述方式进行定性分析以及卡方检验，而被试母语与英语情景民族身份认同之间的差异则采用配对样本 t 检验进行分析，出国留学时长对情景民族身份认同的影响采用独立样本 t 检验进行分析。

三　研究结果

各组国际留学生的出国留学时长、母语与英语情景民族身份认同的描述性数据见表 2 - 12。

表 2 - 12　不同国别组国际留学生描述性数据（情景民族身份认同）

变量	中国		阿拉伯国家		其他国家	
	M	S. D.	M	S. D.	M	S. D.
LOS	28. 77	19. 53	15. 64	20. 23	20. 50	20. 82
L1 - SID	90. 76	22. 71	80. 18	35. 70	102. 10	12. 84
E - SID	87. 94	29. 69	85. 36	32. 58	91. 60	35. 27

注：“LOS”代表“出国留学时长（月）”；“L1 - SID”代表“母语情景民族身份认同”，“E - SID”代表“英语情景民族身份认同”。

表 2 - 12 显示，各组的出国留学时长平均值为 15. 64 ~ 28. 77 个月。各组的母语情景民族身份认同平均值为 80. 18 ~ 102. 10 分；而各组的英语情景民族身份认同则为 85. 36 ~ 91. 60 分。在两项情景民族身份认同的得分中，来自中国的留学生处于中等，来自阿拉伯国家的留学生得分最低。

（一）研究问题一：不同国别的文化适应策略

在对每个被试的文化适应策略按研究方法中所述方法进行归类后，计算出每组和全体被试中四种情景民族身份认同模式的分布比例，结果见表 2 - 13。

表 2-13 不同国别组所采用的文化适应策略分布

策略类型	中国		阿拉伯国家		其他国家	
	人数	占比（%）	人数	占比（%）	人数	占比（%）
整合型	8	47.1	5	45.5	8	80.0
分离型	5	29.4	1	9.1	2	20.0
同化型	2	11.8	0	0.0	0	0.0
边缘型	2	11.8	5	45.5	0	0.0

注：百分数由于四舍五入，可能会出现1%左右的计算误差。

由表 2-13 可见，在出国留学语境下，所有国别组多数采用整合型与分离型两种文化适应策略，很少选择同化型或边缘型策略，仅阿拉伯国家组有较多被试选择边缘型。具体而言，选择了整合型与分离型文化适应策略的在各组的比例分别达到 76.5%、54.6%、100%。

针对整合型与分离型文化适应策略两个类别进行卡方检验，结果表明，无论是在整合型策略的采用上，抑或是在分离型策略的采用上，抑或是在采用整合型与分离型策略的总体人数上，三组之间没有显著差异，$\chi^2 = 0.888/1.126/0.810$，$p > 0.1$。

研究结果由此表明，无论是来自中国、阿拉伯国家还是其他国家，不同国家的国际留学生在采用整合型以及分离型文化适应策略上，并无显著差别，他们在采用文化适应策略上都存在较为一致的倾向。

（二）研究问题二：出国留学时长与文化适应策略

根据国际留学生的出国留学时长，本书按其中位数（12 个月）进而将其分为长期组、短期组。两组被试所采用的文化适应策略见表 2-14。

表 2-14 不同出国留学时长组所采用的文化适应策略分布

策略类型	长期组		短期组	
	人数	占比（%）	人数	占比（%）
整合型	12	63.2	9	47.4
分离型	4	21.1	4	21.1

续表

策略类型	长期组		短期组	
	人数	占比（%）	人数	占比（%）
同化型	2	10.5	0	0.0
边缘型	1	5.3	6	31.6

注：百分数由于四舍五入，可能会出现1%左右的计算误差。

由表2－14可见，长期与短期出国留学组在整合型与分离型上的比例分别为84.3%、68.5%。长期组采用整合型文化适应策略的比例要高于后者，两组相差15.8个百分点。

此外，值得注意的是，在采用同化型文化适应策略的比例上，长期出国留学组为10.5%，而短期组为0.0%；在采用边缘型文化适应策略的比例额上，长期组仅仅为5.3%，而短期组高达31.6%。

对上述三种策略类型（同化型因为存在0值，无法进行卡方检验）分别进行卡方检验。结果表明，长期与短期出国留学组仅仅在采用边缘型文化适应策略上存在边际显著效应，$\chi^2=3.054$，$p=0.0806$。

上述结果表明，虽然长期组相比短期组有更高比例被试采用整合型与分离型策略，但两组并无显著差别。仅在边缘型策略的采用上，长期组少于短期组且达到了边际效应。出国留学时间越长，国际留学生会倾向于更少采用边缘型文化适应策略。

（三）研究问题三：母语与二语情景民族身份认同

以母语与英语情景民族身份认同为被试内因变量，配对样本t检验分析结果见表2－15。

表2－15　情景民族身份认同配对样本t检验结果（母语vs. 英语）

	M	S. D.	S. E.	t	df	P（2－tailed）
SID	2.526	28.757	4.665	0.542	37	0.591

注：“SID”代表“情景民族身份认同”。

由表2－15可见，在出国留学语境下，国际留学生的母语情景民族身份认同与英语情景民族身份认同并没有显著差别，$t(37)=0.542$，$p>0.05$。

（四）研究问题四：出国留学时长与情景民族身份认同

以出国留学时长（长期与短期）为自变量，分别以母语及英语情景民族身份认同为因变量进行独立样本 t 检验，研究结果见表 2－16。

表 2－16　情景民族身份认同独立样本 t 检验结果（长期 vs. 短期）

	均差	S. E.	t	df	P（2－tailed）
L1－SID	17. 263	8. 050	2. 144	36	0. 039*
E－SID	15. 579	9. 942	1. 567	36	0. 126

注："L1－SID"代表"母语情景民族身份认同"，"E－SID"代表"英语情景民族身份认同"。"*"表明 $p<0.05$。

由表 2－16 可见，虽然长期组在两种情景民族身份认同的得分上均高于短期组，但不同出国留学时长仅仅影响了国际留学生的母语情景民族身份认同，$t(36)=2.144$，$p<0.05$。它对英语情景民族身份认同的影响并不显著。

四　分析与讨论

由于目前仍缺乏关于出国留学语境下的文化适应策略研究与情景民族身份认同研究，以下将结合在双语使用语境下的相关研究来具体分析本研究的上述结论。

（一）文化适应策略

在不同文化适应策略选择上，本研究结果与 Berry 等学者（2006）、Noels 和 Clément（1996）、Gaudet 和 Clément（2009）在双语使用语境下的研究结论较为相似：少数族群学习主流群体的语言时，更倾向于采取整合型文化适应策略。同时，在本研究中，笔者还如 Freynet、Clément（2015）等学者研究的那样，发现部分国际留学生采用了同化型策略。本研究的结果表明，出国留学语境与使用双语的语境较为类似，国际留学生会像使用双语语境下的少数族群那样，倾向于采用整合型、分离型策略。

在长期出国留学的情况下，国际留学生可能会增加使用同化型策略，并倾向于减少边缘型策略的使用。值得注意的是，在本研究中，部分来自阿拉伯国家的国际留学生有一小部分采用了边缘型文化适应策略，这在先前的研究中并不多见。这或许是因为他们的出国留学时间较短（上述国际留学生都属于短期出国留学组），或是由于阿拉伯国家学生在美国并不存在稳定的社会网络（本研究的数据收集时间为 2015 年），或是由于所感知的文化差异较大（Perceived cultural distance）（参见 Suanet、Van de Vijver，2009；Galchenkoa、Van de Vijver，2007）。具体的原因只能留待后续研究的进一步验证。

值得注意的是，先前在双语使用语境下 Noels、Clément（1996）、Gaudet、Clément（2009）等学者发现某一社团的主流群体学习少数族群的语言时，更容易采取分离型策略。但本研究却在出国留学语境下发现：国际留学生主要使用整合型策略，但采用分离型策略的仍占据第二位。本研究中的被试为少数群体学习主流语言，这与 Noels、Clément（1996）、Gaudet、Clément（2009）等学者的研究被试刚好相反。但本研究的结果却部分接近上述研究。一种较为可能的解释是：在出国留学语境下，除在学校学习场景外，国际留学生很难与主流社会群体建立起正常的社交网络并进而完成文化适应过程。他们因而保持与母语社区的联系，维系自身的母语情景民族身份认同，但会随着留学时间的延长而更多采用整合型策略。上述推断与本研究的结果较为吻合，但鉴于现有研究尚未探讨过类似发现，以上推断仍有待将来研究的进一步的验证。

此外，本研究还发现，随着出国留学时间的延长，边缘型策略使用量有逐渐减少的趋势。而与此同时，选择同化型、整合型策略的比例则有所增加。而关于社会支持对留学生的文化适应模式的影响研究（Sullivan & Kashubeck-West，2015）也表明来自二语群体的社会支持，能促进学生选择同化型或整合型的文化适应策略。本研究结果由此表明，国际留学生在美国留学时间越长，更容易抛弃边缘型策略，而代之以同化型、整合型策略。这也侧面表明，国际留学生的二语情景民族身份认同随着参与留学目的国社会生活程度的加深而逐渐提升。

（二）情景民族身份认同

本研究表明，国际留学生的母语与二语情景民族身份认同之间并不存在显著区别，但国际留学生的母语情景民族身份认同平均值仍明显高于后者。

显然，国际留学生在二语情景民族身份认同上提高较快。鉴于本研究被试的出国留学的平均时长为20多个月，该结果也在意料之中。

本研究同时发现：国际留学生的长期出国留学组在母语情景民族身份认同上显著高于短期出国留学组，但在二语情景民族身份认同上没有显著差异。此外，长期出国留学组在母语情景民族身份认同上反而显著高于短期出国留学组。而进一步的分析表明，国际留学生的母语与二语情景民族身份认同之间总体存在显著正相关，$r = 0.508$，$p < 0.01$。上述结果显然与之前关于移民群体以及双语语境下少数群体的研究明显不同（Clément，1980；Elias & Blanton，1987；Elizur，1984；Clément & Noels，1992；Allard & Landry，1992；Clément et al.，1993；Bernard，1997；Clément et al.，2001）。上述研究都发现双语语言文化语境下少数族群的母语与二语情景民族身份认同之间存在反向相关。而 Landry、Allard（1994a，1994b）、Noels、Clément（1996）、Landry、Allard（1997）、Landry、Deveau、Allard（2006）、Landry、Allard、Deveau（2013）等学者的研究也同时发现少数族群会逐渐降低自身的母语情景民族身份认同。本研究结果由此表明，在出国留学语境下，国际留学生的母语与英语情景民族身份认同呈正向相关关系发展，并达成某种平衡。此种研究结论上的不相一致可能表明，国际留学生这个特殊群体更容易与母语所在国的群体保留极为频繁而密切的联系，其与母语社会交往网络依然十分稳固，因而在母语情景民族身份认同上仍然得到较好的保持。

另一种可能的解释是，与双语环境下的少数族群、移民群体不同，国际留学生在学习二语时，无论是在与学校同学、教师的语言交流中，还是在留学目的国的社会生活体制下，始终觉察到因自己与本族语学生在身份上的不同而带来的种种差异与不便。这种由二语语言使用与学习、社会生活融入而引发的对民族身份的双重反思与双语环境下的少数族群、移民群体并不相同。由于双语环境下的少数族群、移民群体具有国民身份，因而更多仅对语言使用问题产生一定的民族身份反思，而较少像国际留学生那样对社会生活融入等问题产生民族身份警觉。出国留学时间较短的国际留学生可能仍然需要更多时间才能更好地觉察到这种由语言之外的因素所触发的对自身情景民族身份认同的反思。而长期出国留学组在倾向于增强二语情景民族身份认同的同时，也强化了对母语情景民族身份的认同，由此表现出一种“加法”的过程。这同 Rubenfeld 等（2006）、Rubenfeld 等（2007）的结论较为吻合。但鉴于目前仍缺乏此方面的研究，这种现象仍期待更多的研究予以解释。

总体看来，国际留学生在母语与二语情景民族身份认同之间的互动上明显受到出国留学时长的调节。但在出国留学语境下，随着时间的推移国际留学生更有可能在母语情景民族身份认同上得以强化，而非在二语情景民族身份认同上。需要思考的是，这种特殊的情景民族身份认同发展模式不仅与出国留学时长相关，还可能与国际留学生在留学目的国所处的社会生活语境等其他因素的调节与互动有关。比如 Schroeder、Lam、Marian（2015）的研究曾发现，较高的二语语言能力、较小的学习者年龄和更多的学校正式学习都能促进二语学习者的情景民族身份认同的转变。鉴于出国留学时长并不是影响国际留学生在情景民族身份认同上变化的唯一因素，今后的研究可以进一步验证出国留学时长是否会通过上述社会生活场景、年龄、语言与心理等因素而引发了国际留学生的情景民族身份认同的强化、转变、弱化或丧失。

五　本节小结

本研究以出国留学语境下的国际留学生为研究对象，考察了不同留学时长对文化适应情况以及情景民族身份认同的可能影响。本研究的结果表明，在出国留学语境下，二语学习者多选择整合型、分离型策略。而随着出国留学时间的延长，选择边缘型策略有逐渐减少的倾向，而选择整合型策略的比例逐渐增加；另外，在出国留学语境下，国际留学生的母语与英语情景民族身份认同之间没有显著差异，但长期出国留学组在母语情景民族身份认同上显著高于短期出国留学组。综合而言，母语与二语情景民族身份认同之间存在显著正相关，呈现一种“加法”的过程。

总体看来，出国留学语境下国际留学生与双语语境下少数族群/移民群体的相同之处在于，两者都逐渐采用了更多的整合型文化适应策略。而不同之处在于，出国留学语境下，国际留学生还倾向于采用较多的分离型文化适应策略。这种情况与双语语境下主流群体学习少数族群的语言时比较相似。而在情景民族身份认同上，两者的相同之处在于，出国留学语境明显有助于二语情景民族身份认同的提高。而不同之处在于，母语情景民族身份认同在长期出国留学语境下反而高于短期出国留学语境。可能的原因在于：国际留学生与双语语境下少数族群/移民群体在留学目的国的国民身份不同，因而在社会生活场景中极难像后者那样融入目的语学习语境。此外较为可能的原因还有，国际留学生与母语社会维持着较为强大的社会网络，而这也与双语语境下少数族群/移民群体的情况明显不同。

本研究也存在一些缺陷。首先，数据收集艰难以及资源有限，本研究仅涵盖了美国一所大学中的部分国际留学生，在可行的情况下，将来的研究可考虑包括美国更多大学或全球更多国家的国际留学生，以使研究更具有代表性与概括力；其次，本研究仅考虑出国留学时长的影响，将来的研究可以考虑将与社会支持等相关因素纳入考察范围，可以更为细致地追踪与出国留学时长相关的调节变量；最后，本研究由于客观条件所限，采用横向研究设计，将来可以考虑进行动态追踪研究，以便更系统地描述不同出国留学时长对国际留学生的历时影响。

尽管如此，本研究也自有其理论与实践意义。在理论意义上，不同于以往多数关于文化适应以及情景民族身份认同的研究，本研究是在出国留学语境下，考察了出国留学时间对文化适应策略选择以及情景民族身份认同造成的影响，因而本研究可为情景民族身份认同研究提供一种不同的视角，研究结果可供日后相关研究参考。而在实践意义上，本研究关于国际留学生的实证研究结果可以为语言规划、语言政策制定提供一定的参考与借鉴。

第三章
出国留学语境与二语学习：结论与启示

本书通过对中国外语学习者出国留学一年前后的写作与口语技能的对比分析，首次较为系统地揭示了中国外语学习者在出国留学语境下写作与口语技能发展的规律与特点。此外，本书还包括了对出国留学语境下其他相关社会心理认知因素的探索性考察。由于我国在出国留学语境下考察二语学习者产出型技能发展的纵向、系统化研究极少，本研究旨在为将来相关研究提供初步的借鉴。本书的系列研究拟回答以下问题。

1. 在出国留学语境下，中国外语学习者的二语写作与口语这两项产出型技能是否均衡地发展？

2. 在出国留学语境下，基于 CAF（复杂度、准确度、流利度）视角，中国外语学习者在二语写作与口语技能发展上具备什么规律与特点？

3. 在出国留学语境下，中国外语学习者的相关社会心理认知因素有什么变化或发展？

本章将在总结上述系列研究主要结论的基础上，提炼出国留学语境的构成性特征、影响因素，并构建一个简要模型来描述出国留学语境下二语学习的工作机制。最后，本章讨论了出国留学语境对国内外语学习与教学的可能启示。

第一节　关于产出型技能发展研究的主要结论

关于二语写作与口语的对比研究结果清楚地表明，在一学年之后，出国留学语境比国内二语学习语境更有利于促进二语学习者在口语与写作两项技能上向目的语的语言形式靠近。但在这个似乎显而易见的结论背后，研究者与教育工作者应该关注以下事实：在出国留学语境下，二语学习者的语言技能并非均衡地发展。这种差异化发展不仅体现在不同语言子技能（口语与写作）上的非平衡发展，而且更为明显地体现在准确度、流利度、词汇复杂度以及句法复杂度这四个维度的不均衡发展上。

具体而言，本研究发现，出国留学语境对二语学习者的口语、写作技能的准确度存在极为明显的影响，且出国留学组与国内二语学习组在此维度上的差异最大。出国留学一学年后，出国留学组无论是在错误子维度还是在正确子维度上，在绝大部分指标后测上较前测都产生显著改善，而国内二语学习组则在相同指标上呈显著退步趋势。总体看来，就准确度指标而言，无论是口语技能还是写作技能，出国留学语境帮助二语学习者产出了更多正确的小句与 T-unit，并减少了其中错误的发生。如果出国留学项目持续较长的时间（比如本研究中的一学年左右），两项技能在准确度上都可以得到较好的发展。

出国留学语境对口语技能流利度的影响同样尤为明显。在出国留学一学年后，出国留学组在口语流利度停顿子维度上改善最多。相对国内二语学习学习组，他们在无声、有声停顿频率上更低。更值得关注的是：相对于国内二语学习组，他们在两句之间的长停顿（指大于 1 秒的停顿）上频率增高，总体表现出采用更多的句间长停顿代替句内长停顿的趋势。而国内二语学习组则呈截然相反的趋势。在时间/速率维度上，出国留学组所产出的平均句长高于国内二语学习组，但在平均速率上两组差异并不明显。而在自我修正、重复与犹豫、重述与替换这些流畅性维度上，两组的改善都同样不显著，出国留学组仅在非流畅性音节数上优于国内二语学习组。但对于写作技能而言，出国留学语境的增益显然没有它在口语技能上那样明显。出国留学组相对于国内二语学习组产出了更多的 T-unit 总数，在自我修正/重复与犹豫/重述与替换情况上也明显做得更好，但在单词总数、小句总数、小句中平均句长上两组依然相差不大。值得注意的是：与出国留学前相比，出国留学组在写作流利度总体指标上都表现出优化趋势，而国内二语学习组却表现出退步趋势。国内二语学习组仅在 W/T 指标上优于出国留学组，这更多反映了国内二语学习组在句法使用策略上的改变：若考虑他们在写作句法复杂度上的表现，这似乎表明国内二语学习组倾向于将更多的单词包装在一个 T-unit 中。总体看来，两组在写作流利度上呈现截然不同的趋势，而多数指标表明出国留学语境在其中发挥了一定的促进作用。较为肯定的是：就流利度而言，出国留学语境对两类产出型技能都产生了促进性影响，但对口语技能的帮助明显大于写作技能。

此外，出国留学语境对写作句法复杂度有明显的促进作用。出国留学一学年后，出国留学组在写作句法复杂度上的表现较为符合 Norris、Ortega（2009）所提出的句法复杂度发展的“三阶段模式”。相对于国内二语学习组，比较特殊的是，出国留学组在短语子维度上的名词短语密度、简化结构（名词性、形容词性、副词性短语的总称）总数、小句中复杂名词短语数目、小句中并列结构短语数目这些指标上都优于国内二语学习组；但在从属小句子维度上，他们仅在“从属小句中的表语性从属小句数目”这个指标上稍稍优于国内二语学习组。两组在每个 T-unit 中的小句数目、每个小句中的从属小句数目、每个/每种从属小句中的高级（指形容词性与名词性）从属小句数目、每个从属小句中的副词性/表语性从属小句数目这些指标上都相差无几；此外，两组在句子构成子维度（如简单句比例、复合句比例、复杂句比例、复合复杂句比例）、句法多样性子维度（如邻近句子的句法相似性、所有句子的句法相似性、邻近句子时与体的重复程度）上也相差不大。总体而言，与出国留学前相比，出国留学组在本书所采用的 18 项句法复杂度指标中的 7 项上都有显著改善，在其他多数指标上都有改善的趋势；而国内二语学习组则在其中 4 项指标上有显著改善，1 项指标上有显著退步，在短语子维度的多数指标上却停滞不前或退化。综合两组在各项指标上的表现，可以判断出国留学组正从 Norris、Ortega（2009）句法复杂度发展的“三阶段模式”中的第二阶段（依赖从属小句实现句法复杂化）努力转向句法复杂度发展的第三阶段（依赖短语而实现句法复杂化）。而国内二语学习组的这种转化特征并不十分明显。与之相比，在口语技能的句法复杂度上，出国留学组在短语子维度上明显不同于国内二语学习组。出国留学组减少了名词短语的使用而增加了动词短语以及介词短语的使用。而在小句子维度、句法多样性子维度上，国内二语学习组与出国留学组相比出现同向改善的趋势，且两组之间在小句子维度上没有显著差异，在句法多样性子维度仅有一项指标有所不同。较为明显的是，就句法复杂度而言，出国留学语境对两种产出型技能的短语子维度都发挥了促进作用，但它对写作技能的帮助明显大于口语技能。

在词汇复杂度上，无论是写作还是口语技能，一学年之后，出国留学组与国内二语学习组之间的差异最微不足道。在写作词汇复杂度上，两组仅在词汇丰富性子维度、词汇多样性子维度 7 项指标中的 1 项指标（CELEX 语料库中低频率实义词的对数值）上有较小的区别，出国留学组稍逊于国内二语学习组（达到边际显著效应）。两组在诸如词汇多样性指数（GI）、所有词汇的 D 值（LDVOCD）、减去 1000 个单词后的词汇多样性指数（AG1K）这些重要的词汇复杂度指标上，以及在“CELEX 语料库中所有单词频率的对数值”“名词与动词的上/下义词指数”“实义单词的熟悉度”指标上都没有显著差别。更为重要的是，与出国留学前相比，两组的发展轨迹同样极为类似：两组在词汇复杂度的两个维度上的所有指标都呈现同向发展趋势。而就口语技能而言，仅从词汇多样性维度的两项数据指标来看，出国留学组稍弱于国内二语学习组。但考虑到词汇多样性维度的 GI 以及 LDVOCD 这两项指标的失真，上述差异的实际意义仍较难确定。但对被试口语转写文本进行具体的词汇频率分析，结果表明出国留学组在最常用 1000 个单词的重复使用（型符）比例上降低了，而在次常用 1000 个单词的类型使用（类符）比例却增长了，国内二语学习组却总体上恰好相反；而在词汇丰富性子维度上，一学年之后，出国留学组在句间词汇衔接性（LSAGN）上显著优于国内二语学习组。因而就词汇复杂度而言，两组在该维度上的区别最小，出国留学语境似乎对口语技能更为有利，让出国留学组取得一定的微弱优势；但对写作技能发展影响则不太明显，出国留学组反而在此维度微弱落后于国内二语学习组。

由上述总结可见，相同的被试、相同的出国留学语境、相同的出国时长，却分别对二语写作和口语的四项语言测试维度产生了明显差异化的影响，两组在准确度、流利度上的发展总体都优于词汇复杂度、句法复杂度。

先前研究多数仅关注了出国留学语境是否促进了二语学习者在语言技能上的发展，显而易见的是：目前更为迫切的问题应该是去探索它如何促进二语学习者在语言技能上的发展。

第二节　关于社会、心理与认知因素研究的主要结论

正如本书第二章所发现的那样，在出国留学语境下二语语言技能的发展很有可能是众多社会心理认知因素综合作用的结果。置身于出国留学语境下的个体，其自尊、动机、二语语言使用情况、跨文化交流恐惧/敏感性以及民族身份认同方面可能与跨文化交流语境产生微妙的互动。

一　自尊与动机

在自尊与动机的研究（第二章第一节）中，本研究考察了不同二语学习语境以及二语熟练程度对二语学习者的自尊与动机水平的影响。研究发现赴美参加为期 3 周留学项目的英语专业组以及赴澳大利亚参加类似项目的非英语专业组在出国留学后自尊水平都显著提升，但在动机水平上没有发生变化。先前的研究曾表明非母语环境下的二语语言使用情况可能触发自尊水平的变化，本研究因而推断：短期出国留学语境所引发的二语学习者自尊水平的变化更有可能与他们通过二语使用而产生的对自身能力和成就的认同相关。而动机水平未发生变化也曾在先前关于出国留学研究的很多文献中有所记载，一般学者都倾向于认为这是由于动机更多属于认知层面，或基于内在价值的引导而产生，因而具有一定的恒定性。本书的上述研究结果一方面进一步验证了个体对自尊与动机的构建确实存在不同的渠道，两者运作机制沟壑分明；而另一方面也表明，即使是短期出国留学项目，对二语学习者的社会心理的影响也不容忽视。

而研究结果亦表明二语熟练程度也会调节二语学习者的动机。英语专业组的动机水平在出国留学前后都稍稍高于非英语专业组（达到边际显著效应）。而对动机的不同维度进一步分析表明，这种组间的差异主要存在于动

机的知识取向维度、内在性动机，而在国际取向维度、工具取向维度上两组在出国留学前后没有显著差别。本项研究结果似乎表明：相对于非英语专业组，英语专业组更倾向于将英语视为获取信息的一种重要渠道，也从英语学习中获得更多的享受与乐趣。但两组在使用外语进行交流上具有类似的满意度，即在利用外语达到某种实用性目标上看法较为一致。本研究的结果由此验证了动机本身确实具有复杂而多维的构建维度，但对于这些不同的维度如何在长期或短期出国留学语境下变化与发展，研究者仍知之甚少。本研究同时还发现，无论是在出国留学前还是在出国留学后英语专业组与非英语专业组在自尊水平上没有显著差异。虽然此前关于自尊与二语语言熟练水平的研究曾发现一些截然相反的结论，但本研究的结果却进而确认在出国留学语境下，自尊水平并未受到二语语言熟练水平的影响。基于 Milivojevic（2014）以及其他学者的研究，笔者推断：自尊水平极有可能与被试的学业成就息息相关。之前的不同研究之所以形成互相冲突的结论，极有可能是因为没有很好地区分二语学习者的学业成就与二语语言熟练水平之间的差异。而本研究的英语专业组与非英语专业组虽然在二语语言熟练水平上存在差异，但这种差异并非体现了两组学生不同的学业成就。由于专业不同，他们在各自不同专业上所取得的学业成就无法比较，也就没有显而易见的区别。因而最终导致两组在自尊水平上并不存在显著差异。

二　第二语言使用

在第二语言使用的研究（第二章第二节）中，本研究考察了不同出国留学时长（长期项目与短期项目）对二语学习者语言使用情况以及语言使用信心的影响。研究发现在短期出国留学语境（3 周）下，二语学习者出国后在语言使用情况总体得分上相比出国前显著增长，但在语言使用信心上没有变化。而就语言使用情况的不同维度而言，仅“低难度语言任务使用”在得分上有显著增长，“语言策略的使用”上有所增长（达到边际显著效应），而“高难度语言任务使用”在得分上没有任何增长。先前的研究（如 Kaplan，1989）也曾发现在短期出国留学语境下二语学习者只在问路、就餐、咨询商品信息或者寒暄等这类简单语言任务上使用二语与当地居民进行交流。这与本研究中关于“低难度语言任务使用”的结果相互印证。但对于“高难度语言任务使用”所出现的不同情况，笔者推断这可能与留学时间长短有关。同时，本研究还发现，在短期出国留学语境下二语学习者在语言使用信心上保持不变，并在语言策略使用上呈现增长趋势，上述结果与先前研究结果并非完全一致［如 Clément 等，2003；Dewey，2004（语言使用信心）；Lafford，2004；Ren，2014（语言策略使用参考）］。为了进一步回答上述问题，本研究在实验二中考察了长期出国留学语境对二语学习者语言使用情况以及语言使用信心的影响，并设置了国内二语学习组作为对比。

关于长期出国留学语境（平均时长为 2 年）的研究发现，长期出国留学组不仅在语言使用情况总体得分上高于国内二语学习组，还与笔者所预期的那样，在“低难度语言任务使用”“高难度语言任务使用”得分上皆高于国内二语学习组。但在“语言策略的使用”得分上与国内二语学习组没有显著差异。此外，长期出国留学组在“语言使用信心”得分上也显著高于国内二语学习组。本研究借助对语言使用情况进行具体区分，基于不同出国时长项目的对比，可以很好地解释先前研究中部分相互冲突的研究结论，并具体描述了二语学习者语言使用情况以及语言使用信心的微观发展情况。

三　跨文化交流恐惧与跨文化敏感性

在跨文化交流恐惧与跨文化敏感性的研究（第二章第三节）中，本研究进一步考察了不同二语学习语境以及不同二语熟练程度对二语学习者跨文化交流恐惧与跨文化敏感性的影响，并同时分析了两者之间的关联。研究发现在短期出国留学（3 周）后，相比出国前仅仅英语专业组在跨文化交流恐惧得分上显著下降。而非英语专业组虽然出国后在跨文化交流恐惧得分上呈现下降趋势，但未达到显著效应。两组在跨文化交流恐惧的总体得分上相比出国前亦显著下降。在跨文化敏感性上，无论是英语专业组、非英语专业组还是两组总体，相比出国前，在出国后没有显著变化。结合先前的研究结果，笔者判断：上述跨文化交流恐惧水平的变化可能源于不同文化背景的二语学习者对所在留学国文化差异的认知变化。这也较好地解释了为何非英语专业组在跨文化交流恐惧水平上的下降要小于英语专业组：他们不像英语专业组那样具备所在留学国应有的文化积淀，赴目的国留学后，这种由文化差异认知变化所引发的跨文化交流恐惧水平的下降幅度相比英语专业组就小得多。上述判断在出国前后两组之间从跨文化交流恐惧上的得分差异中也得到部分印证。而就跨文化敏感性而言，本书的研究结果表明它与跨文化交流恐惧明显存在不同的心理构建，它并未受到短期出国留学项目的影响。而根据先前研究的结果，这极有可能与跨文化敏感性存在阶段性发展有关，之前关于出国留学一学期及以上的众多研究都曾表明观察到跨文化敏感性的提高。

而关于二语熟练程度的研究结果发现，出国前英语专业组在跨文化敏感性上显著高于非英语专业组。而在出国后，上述差异仅仅达到边际显著效应。上述研究结果表明：二语熟练程度上的不同确实影响了二语学习者的跨文化敏感性，但两组在跨文化敏感性上的差异在短期出国留学后也明显缩小。结合 Sample（2013）等学者的研究（国际性课程有助于提升学生的跨文化敏感性），笔者推断，二语熟练程度对跨文化敏感性的影响极有可能是通过文化课程来调节的，英语专业较非英语专业学习了更多的西方文化课程。而在短期出国留学项目中，学习目的国的文化课程可能有助于非英语专业组迅速弥补部分差距，由此他们在出国留学后比英语专业组更大幅度地提升了跨文化敏感性。这在两组的出国前后的跨文化敏感性得分变化趋势上也部分得以证实。而在跨文化交流恐惧水平上，虽然在出国后英语专业组相对于非英语专业组的优势比出国前更大，但无论出国前后，两组之间的差异皆不显著。这表明虽然二语熟练程度可能通过其他因素或多或少地调节跨文化交流恐惧水平的高低，更高的二语熟练程度似乎对降低跨文化交流恐惧水平较为有利，但跨文化交流恐惧水平并未受到二语熟练程度的决定性影响。

此外，研究还发现，跨文化交流恐惧与跨文化敏感性存在显著负相关。跨文化交流恐惧较低的学习者，其跨文化敏感性更强，且前者能解释后者 40.5% ~58.1% 的差异。本书的研究结果符合 Rudd、Lawson（2007）等学者的判断：个人的交际恐惧会影响跨文化交流能力。而跨文化交流恐惧与跨文化敏感性之间的反向相关性在其他一些研究中也有所证实（如 Lin、Rancer，2003；Tominaga 等，2003）。本研究的研究对象为中国外语学习者，与之前的研究对象有所不同，由此进一步证明跨文化交流恐惧与跨文化敏感性之间的这种联系在不同文化背景下依然存在，它极有可能是一种稳固的、非文化特异性的心理联系。

总体而言，即使是短期出国留学项目下的文化课程的学习，也应该可以降低二语学习者的跨文化交流恐惧水平，但它对跨文化敏感性的提高却没有立竿见影的效果。

四　民族身份认同

在情景民族身份认同的研究（第二章第四节）中，本研究考察了不同留学时长对文化适应以及民族身份认同的可能影响。结果发现，在赴美留学的国际留学生中，二语学习者多数选择整合型、分离型的文化适应策略。但在不同的母语文化背景下，采用上述两类策略的比例会在 54.6% ~100% 波动。而将赴美留学的国际留学生按出国时间的长短（以 12 个月为分界线）分开来看，选择整合型与分离型文化适应策略的国际留学生从短期出国留学组的 68.5% 增长到长期出国留学组的 84.3%，选择同化型文化适应策略的则从 0.00% 增长到 10.5%，而选择边缘型文化适应策略的则从 31.6% 下降到 5.3%。本研究的结果与之前 Berry 等（1989）、Clément、Noels（1992）等学者关于双语社会中少数族群的文化适应策略的研究结果并不完全一致。这表明出国留学语境与双语环境下的少数族群的语言环境存在明显的不同，它们对文化适应策略的选择产生不同的影响。结合先前研究的结果，笔者认为，出国留学语境下国际留学生选择上述文化适应策略是因为随着出国留学时间的增长，他们逐步建立起更为稳固的社会交往网络，得到更为广泛的社会支持，而这些越来越稳固的二语社会网络与社会支持触发他们更多选择整合型文化适应策略。

而在情景民族身份认同上，赴美国际留学生的母语民族身份认同与二语民族身份认同之间没有显著差异，且他们的母语与二语民族身份认同之间存在显著正相关。但研究却意外发现：长期出国留学组在母语民族身份认同的得分上高于短期出国留学组。上述研究结果与多数双语环境下的民族身份认同研究的结论并不一致。多数研究发现在少数族群的母语与二语民族身份认同呈现反向相关关系，其母语民族身份认同会随着二语民族身份认同的提升而降低呈现一种“减法”关系（Allard & Landry，1992）。笔者认为，正是因为出国留学语境并不完全等同于双语环境，而国际留学生这个特殊群体可能更容易与母语所在国群体保持极为频繁而密切的联系。或因为他们的母语社会交往网络依然十分稳固，或因为他们对民族身份的认同机制不同于双语环境下的少数族群，这都使得他们的母语民族身份认同与英语民族身份认同在总体上表现为一种“加法”的过程。Lambert（1978）、Clément（1980）针对高语言活力群体的研究中也有类似发现。

简而言之，在出国留学语境下，国际留学生的文化适应策略以及情景民族身份认同都发生了明显的变化。这些变化主要与出国留学的时长有关，也与他们所建立的社会网络有关，甚至有可能与他们的文化背景有关。

第三节　出国留学语境：构成性特征、影响因素与工作机制

出国语境对外语学习的积极作用似乎不言而喻，一些研究者认为上述研究结果大多只是证明了人们的一些“感知设想”。但正如本书在开篇所强调的那样，通过对看似合理但略显杂乱无章的数据进行详细分析，可以将数据之后的规律、隐含的轨迹揭示出来。

此类分析最好的起点是依据现有理论而展开，但比较遗憾的是，目前学界仍未能对出国留学语境下的二语学习提出一种较为适切的理论框架。Sunderman、Kroll（2009）曾基于工作记忆用“内部资源假设”“外部线索假设”“互动假设”“阈值假设”来解释出国留学语境下词汇认知加工的学习机制。其模型显示认知资源与二语学习者的学习经历影响了二语加工，但两者的互动对二语产出的贡献最大。较为明显的是，该模型的主要目的是从个体认知因素的角度来验证是否存在一个工作记忆的门槛效应，那些工作记忆未达到一定门槛的二语学习者是否无法在出国留学语境下获益。该模型试图将出国留学语境全部打包在所谓“出国留学经历”（Study Abroad Experience，SAE）中，将它与工作记忆并列作为模型的两大支柱。较为明显的是，虽然基于工作记忆等认知资源来解释出国留学语境下的二语学习是学者们积极思

考的一个可能的努力方向，但将出国留学语境放在自变量中，更多仅是一种简化主义或权宜之计，它仍然无助于研究者进一步了解出国留学语境下二语学习的内在工作机制。

现有的主流二语学习理论主要涉及普遍语法（UG：White，1989）、概念导向理论（Concept-oriented Approach：von Stutterheim & Klein，1987；Bardovi-Harlig，2000）、基于使用理论（Usage-based Approach：Ellis，1994；Ellis & Collins，2009；Tyler，2012）、技能习得理论（Skill Acquisition Theory：Anderson，et al.，2004；DeKeyser & Criado-Sánchez，2012）、输入加工理论（Input-processing Approach：VanPatten，2004）、陈述/程序记忆模型（Declarative/Procedural Model：Ullman，2004）、可及性理论（Processibility Theory：Pienemann，1998）、互动假设（Interaction Approach：Gass，1997；Mackey，2012）、复杂系统理论（Complexity Theory：Larsen-Freeman & Cameron，2008；Verspoor et al.，2011）、社会文化理论（Socio-cultural Theory：Lantolf & Thorne，2006）等。上述理论与假设分别从中介句法能力、概念、频率、技能学习、认知资源、记忆系统、语言加工层级、输入/互动/反馈/输出、动态适应系统、中介/自我调控/内化等不同角度分析了二语学习的过程。值得注意的是，上述理论与假设虽然可能从不同角度部分涉及出国留学语境下二语学习的典型特征，但没有任何理论与假设特别考虑到出国留学研究这个领域，其中一些理论甚至并不特意区分语言学习与一般技能学习（如技能习得理论、陈述/程序记忆模型）。虽然阐述“技能习得理论”的 DeKeyser 教授本人同时也从事出国留学语境下的二语习得研究，他却更为重视“练习”“个体认知差异”“技能”这些在二语学习研究领域中更具有普遍性的特征（参见 DeKeyser，2007）。此外，在现有关于出国留学研究的文献中，Geeslin、Garrett（2018）、McCormick（2018）等学者也曾初步讨论“基于使用理论”是否适合用来分析出国留学语境下的二语学习，但都没有给出具体的建议。

较为清晰的是，我们无法简单地套用上述二语学习理论与假设，否则只能是削足适履。因而，在本节中，笔者将试图基于本书的研究结果以及之前的研究文献，综合上述二语学习理论与假设的多重视角，针对出国留学语境下二语学习的构成性特征、影响因素与工作机制分别进行初步探索与分析。

一　出国留学语境下二语学习的构成性特征

与国内二语学习语境相比，出国留学语境明显更接近儿童的母语习得环境，这应该是出国留学语境下二语学习的主要特征。首先，与儿童母语习得语境相似，出国留学语境为二语学习者提供了社会生活、学校学习这两个不同却互补的语言习得场景。在两种场景中，社会生活场景下的语言习得多数采用以“听 - 说”为主的输入 - 输出模式，而学校学习场景则以“读 - 写”为主。相比而言，国内二语学习语境仅仅强化了学校学习场景，通常难以兼顾以“听 - 说”为主的输入 - 输出模式。其次，出国留学语境也像儿童母语习得环境一样，可以为二语学习者提供真实的、标准的、海量的、聚焦的输入。即使国内二语学习语境可以在课堂上对上述语境进行仿真，但这种理想化的、虚拟的场景常常是规范性的、严格受时间限制的。它不仅缺乏真实语境中对经济与法律后果、人际关系、社会责任与影响等因素的语用考量，也因为时间有限、场景/任务可重复性弱而较难实现基于二语的概念内化或自动化的过程。因而在信息输入方面，出国留学语境明显与儿童母语习得语境较为接近。最后，出国留学语境提供了与儿童母语习得语境较为类似的动机强化环境。身在异域，二语学习者可以尝试使用一门不太熟悉的语言重新构建周围的世界，在此过程中经常会有类似儿童母语习得那样的新奇体验。此外，作为“外国人”，他们在二语使用上所取得的“伟大成就”经常会得到本地老师或同学的鼓励。这种由于“例外”或“不对等”而附带产生的新奇或者正向激励，更接近儿童的母语习得环境，从而强化了二语学习的整合型动机。而在国内二语学习语境中，母语的无处不在驱离了这份新奇。同时在充满竞争的成人世界，二语学习者也难以从同伴或标准严格的老师那里经常性地获得类似的激励。

出国留学语境下二语学习的第二个典型特征是：二语一般作为学习的工具，而非学习的目标。以二语为学习目标的教学容易强调练习与操作，注重熟练性与自动化，更多遵循了技能学习的规律；但以二语为工具的学习一般突出知识的理解与运用，注重系统性、逻辑性与创新性，更多符合思维学习的规律。在出国留学语境下，由于专业内容与二语学习较好地结合起来，技能学习本身所产生的重复与单调、动机乏力被思维训练的挑战性与创新性所替代。二语学习成为附带习得的过程，二语学习者的动机系统也无须经受日复一日的滑坡考验。国内二语学习语境，与之较为相似的是“以内容为依托的教学”（Content-based Instruction），但显而易见的是，此类教学对师资的专业水平以及二语水平要求都极高，对教材中专业知识、教学过程控制的要求也极高。如果达不到出国留学语境的相应标准，此类教学仍然会流于形式，成为技能学习的一种变体。

此外，在出国留学语境下，二语学习的效能不再被视为学业成就。除部分语言类专业外，它通常也不被纳入考试体系中。在课堂上，老师的反馈一般也都不会落在语法上，而是就内容进行反馈。这种考核机制的变化具有强大的反拨效应：二语学习者的认知资源由此得以优化配置。二语学习的考核机制常常强调准确性、丰富性、流利性，这是技能学习的内在要求。但无疑这种考核机制迫使二语学习者将较多的认知资源分配到以上几个维度，较难同时顾及其他。而在出国留学语境下，考核机制转向知识或思维导向。这种变化无疑会减少二语学习者的压力，让他们将更多的认知资源集中在思考本身，较少受语言形式的束缚。多名被试在访谈中提到他们在课堂上可以想说什么就说什么，只要明确表达出意思就够了；而在小论文或汇报中也是更多集中于内容表达，较少顾及语言形式问题。上述变化更多与考核机制的变化相关，是出国留学语境的附带产品。显然，对于母语为非英语的国家而言，在国内二语学习语境下，无论是外语类专业还是非外语类专业，以技能学习为核心的二语学习考核机制在短期内仍然较难改变或被其他考核体系取而代之。

最后，出国留学语境还创造了一种“强迫性”的社会生活与学习环境，为二语学习者提供了一些较为独特的社会认知心理体验。首先，在出国留学语境下，由于二语的绝对主导地位，二语学习者常常会陷入“几乎无法使用二语描述而母语却无能为力”的境地，而国内二语学习语境从来没有这种压迫感。这种认知体验帮助二语学习者更快地形成二语思维习惯，有意识地强化了对母语思维的抑制，并在一定程度上形成双语认同。其次，二语学习者虽然仍然与母语社会网络保持一定联系，但被强迫在一定程度上融入与学校紧密相关的二语社会网络。这种功能相对单一的二语社会网络可以更加有效地避免干扰，将二语学习者从一定的社会与家庭事务中分离出来，形成更加独立的“学习友好型”环境，更有利于培养二语学习者的自觉性、独立性，提高二语学习者的自尊水平，同时培养他们的跨文化敏感性。最后，由语言导致的天然劣势，多数出国留学的二语学习者在入校之初就能意识到自己是一个“落后者”。归因理论表明，这种天然的劣势并不会转化为二语学习者的心理压力或学习焦虑。相反，这种心理上的持续暗示一般都能转换为谦虚、进取的态度，同时由于可以模仿的语言范例唾手可得，这种心理体验最终会帮助二语学习者提高动机水平。

总体而言，出国留学语境的上述特征造就了一个不同于国内二语学习语境的二语学习环境。笔者将在第二部分中进行有针对性的讨论。

二　出国留学语境下二语学习的影响因素

笔者认为影响出国留学语境下二语学习的主要因素显然是社会生活场景因素与学校学习场景因素，而非个体认知因素。虽然先前的研究表明记忆系统与出国留学语境存在较高的关联。但笔者综合本课题研究结果后判断，它并非出国留学语境的决定力量，而仅仅是中介变量。正如笔者在本章上一部分中所指出的那样，正是出国留学语境所构造的独特环境首先改变了输入情况。它由此“强迫”二语学习者从一个不同的角度审视自己，并进而重新对认知资源进行了优化配置，由此最终左右了二语学习者的表现。

总体看来，出国留学语境涉及的社会生活场景因素主要有以下几项：社会交流网络、留学输出国与输入国的关系、出国留学时长、住宿情况、日常生活方式等。而涉及学校学习场景的因素主要有：出国项目类型、留学专业类别、教学方法、母语使用情况等。在出国留学语境中，上述社会生活因素或学校学习因素的设置千差万别，从而改变了二语学习者“强迫性”使用二语的时间与接受二语信息输入的情况。根据 Larson-Hall、Dewey（2012）的研究，出国时间可以解释被试二语水平 30% ~40% 的差异，而类似关于出国留学语境下“时间因素”的重要性在诸多文献中都可以看到（参见 Sanz、

Morales-Front，2018）。以上分析确切表明社会生活场景因素与学校学习场景因素通过改变“二语使用时间”这个关键变量，进而不同程度地影响二语学习过程与结果。

除了上述外部环境因素外，一些二语学习者的个体因素显然对出国留学语境下二语学习的影响也至关重要。动机因素因为可以很好地将上述“被动式”“强迫式”的二语使用转化为“主动式”“顺从式”学习，它的作用显然在出国留学语境中极为重要。现有研究多次表明，在出国留学语境下，动机可以促进二语语言学习（Hernández，2010a），也可能产生相反的效果（Isabelli-García，2006；DeKeyser，2010）。而 Larson-Hall、Dewey（2012）的研究明确指出，动机可以解释被试二语语言水平 9%～16%的变异。由于动机在二语学习中的作用早有定论，它对出国留学语境下二语学习者的巨大作用不难理解。

但在出国留学语境下，动机水平的改变并非一蹴而就的。正如本研究的结果以及 Allen、Herron（2003）、Hardison（2014）、Nyaupane、Paris、Teye（2011）等研究所表明的那样，短期出国留学项目对二语学习者动机水平的影响并不明显。更为重要的是，在出国留学语境下，发挥重要作用的动机并非整合型或工具型动机（参见 Martinsen，2010）。这种动机需要将二语学习者从环境因素所造就的“被动式”“强迫式”学习转化为个体自我“主动式”二语学习，这与一般整合型或工具型动机的激励机制显然有所不同。从现有研究结果来看，这个动机转换过程显然需要时间（参见 Isabelli-García，2006；Lord，2009），或来自个体自身的强力干预［参见 Chirkov 等（2007）、Gao（2008）等学者关于环境调节型动机与自我决定型动机的论述］，或来自个体自身对二语文化的强烈认同［参见 Worp（2011）、Serrano、Tragant、Llanes（2012）关于目的语和目标社团态度的论述］。

在出国留学语境中发挥重要作用的另一个个体因素是初始二语语言水平。Dewey 等（2014）的研究曾发现“出国前语言水平”为出国留学增益中的一个显著的预测变量。现有的一些研究也表明，与高水平的二语学习者相比，低水平、中等水平的二语学习者更容易从出国留学语境下获益（Dyson，1988；Freed，1990，1995；Milton & Meara，1995；Lapkin，Hart & Swain，1995；

Llanes & Muñoz，2009；Pérez-Vidal & Juan-Garau，2011；Barquin，2012），而高水平组较难取得很大的进步（Brecht et al.，1995；Dewey，Bown & Eggett，2012；Robson，2015）。上述研究结果总体表明初始二语语言水平在出国留学语境下发挥一定的调节作用，但此内在机制目前仍不清楚。笔者认为：初始二语语言水平应该设定了二语学习者加工系统与储存系统之间的互动模式，从而影响了二语学习与加工的效率。二语语言水平低的学习者由于储存系统中的二语词汇等语言要素不足以支撑高效率的二语加工，更多依赖加工系统、语义系统；相反，二语语言水平高的学习者则可以更大程度地依赖储存系统、句法系统来辅助二语学习与加工，因而效率更高。在出国留学语境下，二语语言水平低的学习者由于需要“强迫”抑制母语才能顺利进行二语加工，储存系统中二语词汇等要素的容量会明显提升。同时，他们在出国留学语境中也从依赖语义加工系统转向依赖句法加工系统，加工系统的效率也会随之提高。由于上述两类系统分别在容量以及效率上同时改进，在二语加工中加工系统与储存系统之间的互动会更有效率。因而在出国留学后，即使时间较短，也容易观察到低水平的二语学习者的显著改善。与之不同的是，二语语言水平高的学习者由于其储存系统中的二语语言要素已经具备一定的规模，只有在极长的时间内才可能增加储存系统中的容量。此外，二语语言水平高的学习者在依赖句法加工的策略上早已有所成就，也很难迅速提升。因而在较短的出国留学时间内，二语语言水平高的学习者相对而言取得的进步肯定不太明显。总体而言，在出国留学语境下，在相同的条件下（特别是年龄相仿的情况下），虽然初始二语水平的不同影响了不同群体所取得的成就，但是二语语言水平高的被试仍然会在二语加工的表现上总体优于低水平组。

而与初始二语语言水平较为相关的另一个个体因素是出国留学年龄。现有研究也发现，在较短的出国留学时间（11 天～9 个月不等，中数为 2～3 个月）内，儿童在写作上（Llanes & Muñoz，2013）、口语上（Llanes，2012；Llanes & Muñoz，2013），青少年在写作上（Evans & Fisher，2005；Kristian，2013；Llanes，Tragant & Serrano，2018）、听力上（Evans & Fisher，2005）、口语上（Llanes & Muñoz，2009）取得显著进展。在上述一些研究中，同时存在大学生组作为对比组。此类对比毫无例外地发现儿童组或青少年组都优于大学生组。上述研究结果表明，在出国留学语境下，儿童与青少年在二语学习上的改善明显优于成年人。鉴于普遍语法曾经以“语言习得装置”（LAD）来解释儿童在母语习得上的优势，且在本章上一部分中笔者也曾提到出国留学语境下的二语学习环境更接近于儿童的母语习得环境。因而上述结果似乎同样可以借助“语言习得装置”来说明。问题在于：同样是儿童与青少年，为何在国内二语学习语境下，这种优势没有出国留学语境下那么明显？显而易见的答案是：问题不在“语言习得装置”本身（如果确实存在的话），而应该在于两种不同语境下运作的机制。

在分析此机制之前，我们先了解一下大脑从出生到成年前的总体变化情况。根据现有认知神经研究的结果，在从儿童到青少年到成年的发展过程中，人类大脑容量在出生后的前两年增长迅速，达到成人重量的80%左右（大约108万立方毫米），而到5岁左右，达到90%（Dekaban & Sadowsky，1978；Lenroot & Giedd，2006；Faria et al.，2010），随后增长极其缓慢并呈现灰质容量减少而白质增加的总体平衡趋势，直至成年。其他研究同时表明，其中灰质的容量增长呈现“倒U”形，一般在10～17岁达到高峰（Giedd et al.，1999；Shaw et al.，2008；Faria et al.，2010）（见图3－1），而白质则在5～32岁仍然继续缓慢地增长（Lebel & Beaulieu，2011）。值得注意的是，现有神经影像研究还表明，在大脑容积增长的阶段，大脑并未产生类似“语言习得装置”消失的突发性结构变化。关于这些新增长皮层（Neocortex）发育的主要动因，一些研究认为，大脑皮层的发育可能与认知能力（Fuster，2002）、记忆系统（Nelson et al.，2015）的发展有关。但另一些研究认为它与人类社会交流的增加密切相关。人类学家Dunbar与其同事通过对38个灵长类动物种类的比较，发现出生后大脑中新增长的皮层的体积与大脑其他皮层之比随着社会群体规模的增长而增长。比如南美洲的绢毛猴（Tamarin monkey）的这个比例为2.3，其社会群体规模大约为5个成员；而猕猴（Macaque monkey）的比例为3.8，其社会群体规模增长到约40个成员。由此他们按照人类大脑新皮层的比例推算出其社会群体规模应该在150个左右。他们的结论是：人类大脑的发育是受社会交往的需要而影响和

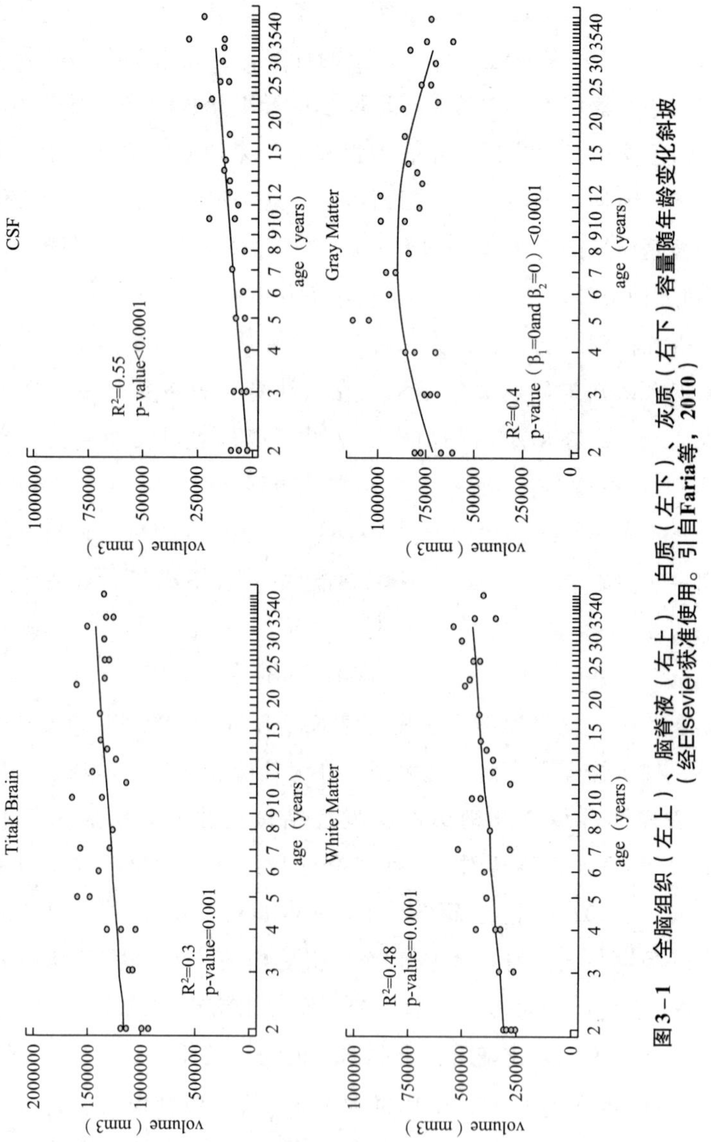

图3-1 全脑组织（左上）、脑脊液（右上）、白质（左下）、灰质（右下）容量随年龄变化斜坡（经Elsevier获准使用。引自Faria等，2010）

进化的（Dunbar，1992、1993；Powell et al.，1992；Lewis et al.，2011；Sarkar et al.，2020）。

由上述研究结论可以看出，大脑在青少年时期发生的最大变化应该是灰质从增长状态变为减少状态。由于现有研究认为陈述记忆系统与皮层下结构海马区、颞叶内侧皮层（mTL）有关，而程序记忆系统与额叶皮层、皮层下基底神经节有关（Ullman，2004），除皮层下结构外，上述颞叶与额叶都属于灰质，且正是容量变化较大的部分。因而一个较为合理的假设是：与所谓"语言习得装置"失效紧密相关的大脑结构变化应该是：灰质与白质在5岁之前迅猛增长后，同步缓慢增长到青少年期，此后灰质开始转向负增长，而白质则缓慢增长到成年。按照笔者的假设模型（见下一部分），加工系统与储存系统的互动对二语学习的效率极为重要。随着青少年期的到来，灰质从增长逐渐转向减少，二语学习者储存系统的结构性增长遇到瓶颈，从而使得储存系统对加工系统的支持从加法过程转向稳定或减法过程。由此，在青少年期过后，大脑储存系统的容量不再在结构上稳定增长，二语学习者在丧失这种发展上的优势后，在二语学习上便立即变得明显低效、缓慢。上述机制可以较好地解释儿童习得优势、出国留学语境下儿童与青少年的二语学习优势以及普遍语法中的"关键期假设"。

最后需要阐明的是，儿童与青少年在国内二语学习语境中为何没有类似的表现。前面曾经提到由于出国留学语境与国内二语学习语境存在极大的差异，即使处于相同的脑发育关键期，输入的质与量的不同、对母语语言系统的抑制程度不同、加工的机制不同，都会影响储存系统内二语语言要素的增长效率。显然，出国留学语境这种"强迫式"二语学习、海量的/聚焦的/真实的/标准的输入、内隐式工作机制、意义优先的机制都更有利于儿童与青少年的储存/记忆系统的发展，从而让储存系统对加工系统形成有力支撑，促进两者良性互动，最终改善二语语言输出的结果。

总而言之，在本节中所提到的外部社会环境因素与二语学习者的动机系统、二语初始水平/习得年龄都是出国留学语境下影响二语学习效率的重要影响变量。而它们在出国留学语境的驱使下，通过与二语学习者的加工系统与储存系统互动，才改善了出国留学语境下二语学习者的总体加工效率。在下一部分，笔者将集中阐明出国留学语境下二语学习的工作机制，特别是二语学习者的加工系统与储存系统的互动机制问题。

三　出国留学语境下二语学习的工作机制

综合先前二语学习理论与前期文献、本书的研究结果与本章上述分析，笔者构建了以下出国留学语境下二语学习的工作机制模型，见图 3－2。

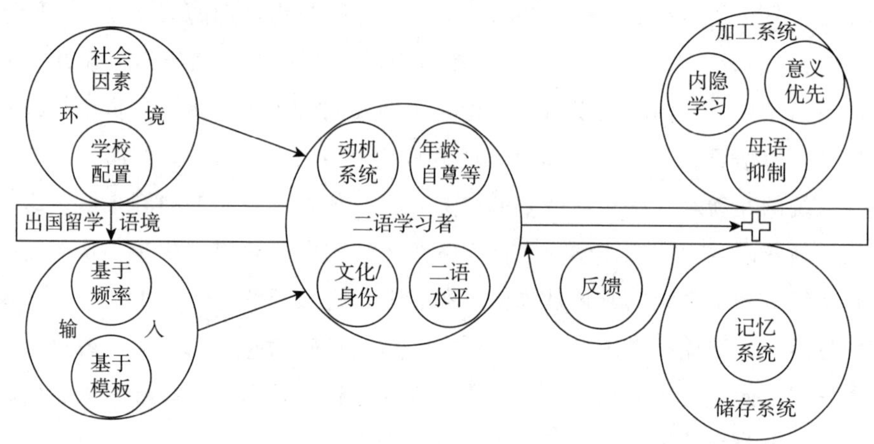

图 3－2　出国留学语境下二语习得模型

注：左上侧为环境单元，包括社会因素与学校配置情况；左下侧为输入单元，分为基于频率的输入、基于模板的输入。中间为二语学习者单元。右上侧为二语学习加工系统单元，包括内隐学习加工、意义优先加工、母语抑制控制等；右下侧为储存系统/记忆系统单元。加工/储存系统同时还反向反馈二语学习者。

依据该模型假设，出国留学语境所构造的与儿童母语习得类似的独特环境首先改变了输入情况，同时逐渐改变了二语学习者的社会心理与认知状态，并进而“强迫”加工系统在二语加工时对认知资源进行重新优化配置，提高了加工系统与储存系统之间互动的效率，而加工与储存的认知加工模式反过来会影响二语学习者的心理认知状态，并最终改善二语学习者的加工表现。由于“环境单元”与“二语学习者单元”已在本节前两个部分进行了重点阐释，以下笔者仅简要说明其输入、加工、储存与反馈机制，然后结合本书的研究结果对该模型进行初步理论验证。

在输入单元，不同于国内二语学习语境，出国留学语境提供了海量的、聚焦的信息，改变了国内二语学习语境那种人为定制的、分散的信息输入。由此输入机制可以根据输入信息的焦点进行基于频率的筛选，最终的输入信息与二语词汇、句法、主题、社会交往模式等概率性的分布较为匹配，因而在输入上更为有效、合理；与此同时，不同于国内二语学习语境所构建的理想化的、虚拟的场景，出国留学语境所输入的信息也是标准的、真实的（基于标准模板的输入），由此输入机制可以进行动态评估，而最终的输入信息包含了对现实世界社会交往的语用信息、情绪信息以及预测信息等。较为明显的是，出国留学语境下的二语信息输入明显更为自然、多元，因而有效降低了二语加工与储存系统的预加工负担（参考 Pérez-Vidal、Juan-Garau，2011；Gurzynski-Weiss 等，2018）。

在加工系统单元，出国留学语境由于多数以听力 - 口语为输入 - 输出模式，不同于国内二语学习的离线加工，它更多依赖实时与在线加工，由此更多调用了基于内隐学习的加工机制。由此可以释放出外显加工中由于意识参与所占用的认知资源，从而保证了输入 - 输出的连续性（Ellis，1994；Larsen-Freeman，2006）；同时由于出国留学语境下实时与日常交流的需要，二语的功能性与工具化特征更加突出，单位时间的信息量成为加工系统的一项长期挑战，加工系统由此不得不牺牲一定的句法与词汇复杂性，而转向“意义优先”。由此确保单位时间内传达一定数量的有效信息，保证交流意图的完整实现［可参考“输入加工理论”以及“浅层结构假说”（SSH）］；此外，在出国留学初期，二语学习者还不得不将有限的认知资源用于抑制强大的母语使用冲动。在国内二语学习语境中，母语使用一般会促进对话者信息的完整交流，但面对本地居民，母语使用的冲动成为日常交流的首要障碍。随着出国留学时间的延长，二语学习者加工系统对母语的抑制会越来越娴熟，逐渐从初学者的“概念 - 母语 - 二语”的加工模式切换到正常的“概念 - 二语”加工模式。

在储存系统单元，记忆系统负责将那些输入重复性高、重要程度高的焦点及凸显信息、语言要素信息在经过原型加工、归类、联想、合并、情景化等整体进行加工后储存，以方便加工系统及时调用。在出国留学语境，由于输入量以几何量级增长，关于二语语言要素信息的储存速度明显比国内二语学习语境更快。由此在加工系统中，原先需要牺牲认知资源进行预处理整合的二语语言要素信息逐渐减少，慢慢可以从储存系统中直接调用越来越多的整合之后的语言信息，由此自动化程度越来越高（参考“技能学习理论”“陈述－程序记忆模型”；Llanes、Tragant、Serrano，2012）。

出国留学语境的强迫性迫使认知资源进行了重新优化配置，两类系统之间的这种良性互动最终提高了加工系统的工作效率，加工系统可以将有限的认知资源分配到更为复杂、更具有挑战性的任务上。而二语学习的加工也会从初期的“基于加工系统”的模式逐渐转向“基于储存系统”的模式。毫无疑问，加工系统与储存系统之间的良性互动极大地依赖输入量的多少与质量的高低，而正是出国留学语境才使得这种良性互动不再“难于上青天”。

最后，反馈机制将加工系统所产生的处理完成的信息、认知负荷、情绪信息、逻辑信息、主观评价信息、策略与处理模式信息以及储存系统中的整合后的背景信息等反馈给二语学习者。如此循环，从而在不同程度上调节了二语学习者的社会心理认知因素。在出国留学语境下，二语标准模板的输入不断增强，它所包含的语用信息、情绪信息以及预测信息也持续不断地影响储存系统的信息整合过程。因而出国留学时间越长，与本地社区的交流越多，融合到本地社区或所在国的意愿也随之提高。这种反馈机制对二语文化与身份认同的调节尤为明显（参考 Clément 等，2001；Regan 等，2003、2009；Storch、Hill，2008；Mackey，2012）。

以下笔者将结合现有文献结果以及本研究结果来验证上述模型的适切性。现有研究表明，以工作记忆为代表的加工系统在出国留学语境中确实发挥了独特的促进作用（Tokowicz, Michael & Kroll, 2004；Segalowitz & Freed, 2004；O'Brien et al. , 2006, 2007；Sunderman & Kroll, 2009；Leonard & Shea, 2017）。一些研究曾报告，工作记忆（非词识别任务）可以解释在国外生活多年的被试（传教士）二语水平 14% ~16% 的差异（Larson-Hall & Dewey, 2012）。虽然也有一些研究表明二语学习者出国留学后（出国留学 5 周）在二语加工任务上的改善与工作记忆无关（Grey et al. , 2015），但这应该与出国留学时间较短有关。总体看来，上述研究结果较为确凿地证明：加工系统构成了出国留学语境下二语学习工作机制的一个核心环节，它的效能影响了二语学习与加工的效率。

关于出国留学语境下储存系统作用的研究目前仍然较少。Faretta-Stutenberg、Morgan-Short（2017）以 20 名赴西班牙出国留学 12～15 周的美国大学生以及 29 名在国内学习的大学生为被试，发现陈述性记忆（配对联想任务、持续视觉记忆任务）、程序性记忆（系列反应时任务、天气预测任务）以及工作记忆（三种不同的记忆广度任务）这三种不同类型的记忆系统中，仅程序性记忆、工作记忆可以部分预测出国留学组（出国留学时长：12～15 周）的二语加工能力的变化，但无法预测国内二语学习组的变化。上述结果表明出国留学语境下二语学习工作机制涉及加工系统（以工作记忆为代表）与记忆系统（程序性记忆）的互动。意外的是，陈述性记忆的贡献并不显著。这可能表明程序性记忆在出国留学语境下相比陈述性记忆更早介入了二语学习机制。但由于该实验的上述认知能力的测试都在出国前完成，且程序性记忆具有一定的稳定性，出国前、后有一定的延续性，而陈述性记忆在出国前、后应该变化相对较大。因而另一种可能则是：陈述性记忆所测量的仍然是出国前的状态，所以它难以准确反映出国后的情况。因而它才会对出国留学后的二语加工能力没有显著贡献，一如国内二语学习组的表现那样。总体看来，在长期出国留学后，储存/记忆系统对提升二语加工能力的贡献会越来越大，而加工系统的作用会越来越小。

在反馈机制上，Cohen、Shively（2007）发现出国留学组在学术请求、道歉上的语用能力向本族语者的方向发展。Lafford（2004）发现随着出国留学时间的推移，二语学习者逐渐减少了交际策略的使用。并且倾向于采用自我修正、自我准确度检查、信息重构类策略。Ren（2013、2014）则发现出国留学经历对二语学习者的称谓语以及缓和语的发展有独特的促进性影响，他们也会更多地关注语境中的社会语用因素，并对语用知识有更好的理解。上述研究较为清晰地表明在出国留学语境下，二语学习与加工会将加工所获取的信息与经验反馈给二语学习者个体，并促使个体在加工策略、语用能力、信息评估与预测上更加向留学目的国的方向靠拢。

就本书的研究结果而言，中国外语学习者在出国留学一学年之后，二语口语技能与写作技能的发展不平衡，口语技能的发展总体好于写作技能，而在国内二语学习语境下，控制组的口语与写作技能都出现一定的退步。这总体表明：正是由于出国留学语境强迫二语学习者切换到“听力－口语”这种实时交流的输入－输出模式，出国留学组不管是与出国前相比，还是与国内二语学习语境下的同伴相比，在口语技能上都出现明显改善。

此外，在CAF不同维度上，出国留学后，中国外语学习者在准确度、流利度上的发展总体优于句法复杂度和词汇复杂度。这种不平衡体现了出国留学语境下二语加工中意义与信息优先的策略。在句法复杂度上，也可以观察到出国留学组在写作、口语的短语子维度上都有所改变。在写作技能上，二语学习者经历从多使用小句过渡到多使用短语的改变［参考Norris、Ortega（2009）所提出的句法复杂度发展的“三阶段模式”］；而在口语技能中，二语学习者在出国留学后更多使用动词与介词词组来代替名词词组。上述改变也反映了二语学习者在加工时更多依赖意义优先策略来处理写作与口语中的语言组织问题，这种策略促使他们在语言交流中更注意信息量的传输，在意义表达上也变得更加多元，更加丰富。

值得注意的是，在口语流利度上，出国留学组的停顿模式与国内二语学习组不再相同，前者倾向于采用更多的句间长停顿而非句内长停顿。同时出国留学组在其他多项停顿指标上也优于国内二语学习组。这表明出国留学组的二语学习者在信息加工与提取之间的切换明显更为流畅。在出国留学语境下，由于储存系统内可供调用的二语语言要素逐渐增长，储存系统可以更为快速、及时地为加工系统提供这些预先整合的信息，以保证加工系统可以连续、较为完整地传送信息。此外，储存系统为二语加工所提供的这些预先整合的二语语言要素多数都是通过二语标准模板输入，因而在产出过程中二语学习者的准确度也得以大大提高。

而词汇复杂度的改善程度最小，这仍然与储存系统有关。陈述性记忆的改变显然需要长期的输入积累、更高频率的加工、更大范围的参与。如此才能总体增强词汇－语义信息在记忆系统中的激活状态以及他们在大脑联想、分类、原型等网络中的连接强度。显然，由于本研究中的被试并非青少年，二语水平总体处于中下水平，出国时间又仅为一学年左右，上述环境设置无法给他们的储存系统带来质的改变。总体看来，词汇复杂性的提高应该更加依赖储存/记忆系统的总体改善。与之相对应，流利性与句法复杂性在出国留学初期都可以通过加工系统来获得一定程度的改进。

而从社会心理认知这些因素来看，本研究结果表明动机系统并未在不同二语学习语境下出现明显变化，但二语语言水平却影响了动机水平的高低。动机系统具有一定的稳定性与惰性，且在出国留学语境下二语学习者需要将动机系统从“环境依赖性”转向“自我决定性”，这都需要一定的时间。因而它未能在短期出国留学期间发生变化，这是较为容易理解的。但二语语言水平对动机水平的影响更加令人瞩目。可能的原因在于：较高的二语语言水平让学习者更有能力、更有意愿来适应出国留学语境的“强迫式”二语学习。只有既具备一定的二语语言水平，又具备一定的意愿，二语学习者才可能更好地适应新的学习环境。总体看来，出国留学语境对动机的影响应该是一个缓慢的、长期的过程。它可能与二语语言水平一起影响了动机系统的最终变化。

本研究还表明，自尊、跨文化交流恐惧水平类社会个体心理因素，即使在短期出国留学语境下也会发生积极的改变。而那些与社会文化认知因素相关的变量，如民族身份认同只在长期出国留学语境下才会产生变化，跨文化敏感性则受到二语语言水平高低的影响。这是由于个体心理因素更容易受到二语加工难度、加工完成度等实时加工机制的影响，同时短期出国留学项目很少给二语学习者施加高利害关系的任务或要求。正如本研究所表明的那样，多数二语学习者在短期出国留学项目下一般接触的是低难度而非高难度语言任务。因而总体来看，加工系统的负荷不大，完成度也会较高，自尊、跨文化交流恐惧水平等社会个体心理因素因而会随之积极改变。但社会文化认知因素的变化更多是储存系统日积月累的结果，在短期出国留学期间几乎难以发生改变。在长期的出国留学语境的“强迫”中，伴随加工－储存系统与反馈机制的互相作用，二语学习者形成新的二语语言学习体验，改变了他们的语言使用习惯，强化了他们的二语语言水平，提高了加工效率，增强了二语学习者融入本地社区的意愿，最后储存系统把所有这些都渐渐固化为程序性记忆，由此二语学习者形成新的文化/民族身份认同。

第四节　出国留学语境对外语学习与教学的可能启示

第三节初步探索了出国留学语境如何促进二语语言技能的发展以及如何改变二语学习者的社会心理认知因素。但也许更为现实的问题是，对众多无法出国留学学习目的语的学习者而言，如何在国内二语学习语境中通过教学设计来创造类似语境、弥补国内二语学习语境不充分的缺陷，从而更好地促进二语学习者语言能力与其他相关社会心理认知因素的发展。

出国留学语境的重要特点是，它构建了一个与儿童母语习得环境类似的“强迫性”的、以二语为思维工具的社会生活与学习环境以及由此带来的认知资源再分配的工作机制。在中国现有的英语学习环境中，如何尽量复制出国留学语境下的二语学习机制，这对中国广大外语教育工作者来说应该是一个极大的挑战。但毫无疑问，结合出国留学语境下二语学习机制并针对现有外语学习与教学实践进行反思，必然会有助于研究者在总结现有教学进展与不足的同时，通过相应的优化与调整来提高中国的外语教学总体效率。

首先需要思考的是，如何在二语学习与教学中竭力构建一个“强迫式”实时交流的学校学习语境。由于外语学习的社会生活语境与出国留学语境完全不同，类似二语学习语境几乎无法再现。但在学校学习环境中，外语教师或学校管理人员可以通过在校内、学院内、年级内甚至学习小组内部建立较为广泛的“第二生活课堂”网络，由教师与学生共同对内部的日常交流（诸如邮件/微信使用）、学习活动安排、时事讨论、团体竞赛、激励机制等进行总体规划，总体上建立一个二语学习者自我管理、个体与团体互动的二语学习微生态系统，由此部分模拟出国留学语境下的“强迫式”二语学习机制。

其次，与出国留学语境相比，国内学习课堂时间有限，两者在输入量上相差很大。如何通过合理手段弥补有效输入量的差距变得至关重要。除了上述“第二生活课堂”与教学课堂之外，一些真实的、具有一定挑战性与趣味性的“并行思维训练课堂”项目（如访谈、调查、重大事件解析等）可以帮助二语学习者主动采用二语进行思考，集中于意义与信息传输，培养有效抑制母语思维的认知机制。此外，建立“并行思维训练课堂”的激励机制，指导并鼓励二语学习者使用二语在“并行思维训练课堂”中基于团队讨论完成信息检索、信息分析与总结、数据整理与分析、报告撰写等整个研究流程，由此增加二语输入与二语加工－储存系统之间的互动量。

再次，为了提高加工－储存系统的加工效率，在教学设计以及教学课堂上应该优先注意对个体二语加工系统与储存系统的认知训练。如上述“出国留学语境下二语习得模型”所描述的那样，二语学习机制效率的提高取决于加工－储存系统的良性互动。为了让二语学习者的储存系统在尽可能短的时间内为加工系统提供有效支撑，在二语教学中教师应该注意选择具有一定难度的（对加工系统中的认知资源施加一定的压力）、以意义与信息传输为优先的（有助于加工系统对母语的抑制）、设定有明确任务目标的（促进加工－储存系统之间的高频率互动）实时交流任务。同时教师在教学中应注意提供关于内容而非形式的反馈，以促进内隐学习机制的运行。由于国内学习语境的考试机制对二语学习产生强大的反拨作用，国内二语学习语境总体过于强调显性教学模式，偏向注重传授二语语言知识本身，强调技能性的训练而非思维与认知的训练。上述这些教学实践显然在一定程度上将二语储存系统与加工系统割裂开来。储存系统中的大多数二语语言要素信息并不是由加工系统中转化而来，因而缺乏内隐学习机制所进行的归类、联想与整合，最终这些信息总体呈现孤岛化、碎片状特征。在二语实时加工时，加工系统仍然无法或难以调用。

一个较为合理的处理模式是：在设计总体培养方案时，可以将不同课程进行合理分类，并将一定比例的课程设定为以认知与思维训练为主；另外，还可以根据每门课程的特点，对其中的认知思维训练/隐形学习与知识讲解/显性学习比例进行总体规定。由此可以在兼顾考试机制的同时，最大限度地发挥课堂教学对二语学习者加工－认知－反馈系统的训练。与此同时，在教学模式上，也可以根据课程需要考虑采用“Content-based”、“Task-based”以及“Project-based”等教学法，以便引导二语学习者将认知资源集中于意义与信息交流，进而尽可能地调用内隐学习机制完成二语学习与加工。

最后，对二语学习者自身而言，了解国内二语学习语境与出国留学语境下二语学习加工机制的异同很有必要。无论是出国留学语境还是如上述建议“改良”后的国内二语学习语境，它们都并非包治百病的万能药。对于二语学习者来说，更为重要的是，怎样合理利用周围的社会生活环境与学习语境，最大化接收并吸收二语信息，并在二语学习加工过程中，有意识地培养“自我决定性”动机，引导二语加工迅速从“母语思维”切换到“二语思维”，进而通过积极有效的认知训练促进加工－储存系统的良性互动。

第四章

出国留学语境与二语习得研究：创新与展望

本书有助于中国从事外语教学的教研人员更加关注二语学习者在产出型技能各个维度上不均衡发展的情况，跟踪二语学习者的实际语言使用情况以及他们的社会心理认知因素的变化情况，由此开展有针对性的教学安排与调整。与此同时，它还可以帮助研究者进一步了解出国留学语境下的二语学习工作机制，为国家对外以及对内留学政策的制定者、学校国际化政策制定者以及教育工作者等提供一些前瞻性的建议。但由于本课题自身的多重限制，笔者期待将来有更多研究继续探索中国外语学习者在出国留学语境下的二语习得进展。接下来笔者分别总结一下本书研究的意义与不足，并指出未来研究的可能方向。

第一节　创新之处、研究不足与可能影响

本书的创新之处有以下几点。

首先，本书是针对中国外语学习者在长期出国留学语境下产出型技能发展的纵向研究，为国内产出型技能的发展研究提供了一种不同的视角。国际上出国留学语境下的研究多数以母语为英语、西班牙语、日语、法语的被试为主要研究对象，虽然也有部分针对中国外语学习者的研究（Larsen-Freeman，2006；Liu，2013；Li，Q.，2014；Li S.，2014；Jensen & Howard，2014；Robson，2015；Liu，Xu & Ran，2015），但这些或是将出国留学的中国留学生与来自其他国家的留学生放在一起考察（如 Storch & Hill，2008；Storch，2009；Knoch et al.，2015），或是进行简单的横截面分析。国内学者

所完成的出国留学语境下的二语习得研究主要涉及二语学习者的语用能力发展（Ren，2013；Ren，2014），二语学习者的总体写作能力发展（Wu & Zhang，2017）、二语学习者口语技能在短期出国留学语境下的发展（崔丹，2013）。上述三项研究中，崔丹（2013）的研究结果与本研究中的二语口语技能发展研究互相补充。但需要注意的是，崔丹（2013）的研究基于短期出国留学语境，且并未设置国内二语学习组作为控制组，在结果比较时读者应该注意以上研究设计上的不同。

其次，本研究对中国外语学习者在出国留学语境下的产出型技能的发展情况进行了多维度多指标的系统考察。这种系统性不仅体现在本研究囊括了出国留学组与国内二语学习组的对比、口语技能与写作技能的对比，还体现在本研究涵盖了CAF四个维度以及在各个维度中包括了尽可能多的主流指标（最多在一个维度中包括了18项指标）。这种全面而系统的考察可能更方便研究者一窥出国留学语境下二语学习者在产出型技能上发展的全貌。在研究中笔者还较为详细地分析了相关指标的可能效度问题，为之后的研究提供了一定的借鉴与参考。

再次，在产出型技能之外，笔者还试图对出国留学语境下的其他社会心理认知因素进行初步的探索。这其中包括自尊与动机、二语语言使用情况与语言使用信心、跨文化交流恐惧与跨文化敏感性、文化适应策略与民族身份认同。本研究由此竭力为其他研究者描述了在出国留学语境下二语学习者在社会心理认知因素上的可能变化，并基于上述研究结论试图阐明出国留学语境下的二语学习工作机制。但明显的是，由于此类因素的繁杂与多维，更重要的是资源所限，本研究仅止步于此，只能留待将来的研究来完成更为深入的探索。

最后，在研究时间与研究被试上，本研究是在出国留学语境下针对中国外语学习者历时最长、涵盖出国留学群体最多的研究。在产出型技能的研究上，笔者跟踪被试出国留学情况长达一学年；在被试群体上，笔者在研究中尽可能地考察了不同的研究群体。在本研究中最终包括了赴美国留学的四批学生群体（赴美国北亚利桑那大学长期出国留学的本科生群体、赴北亚利桑那大学短期出国留学的研究生群体、赴美国印第安纳州立大学出国留学的本科生群体以及赴美国长期出国留学的产出型技能研究中的本科生群体）、赴澳大利亚短期出国留学的研究生群体与本科生群体、赴英国长期出国留学的产出型技能研究中的本科生出国群体，还有众多在北京某高校的国内二语学习群体。在设计之初，本书还试图囊括在英国与美国大学的更多的样本，但由于出国留学研究异常艰难，加之研究跨越时间较长，最终样本流失极多。现有研究的被试已经是在穷尽了本研究所有资源的情况下才获得的。

但如前所述，由于本研究的资源、时间所限，本研究也有一些遗憾以及不足之处。

首先，在产出型技能发展的测试中，按照原计划应该进行三次测试（T1、T2、T3），T2 则安排在两个学期中间完成。但在研究的实际过程中，由于被试接受测试的时间无法统一，同时因被试在国外而难以组织完成相关测试，最终笔者不得不放弃 T2 测试。而如果可以顺利完成的话，在数据分析时就可以采用层级线性模型（HLM）对数据进行分析，进而较好地测量被试的阶段增长情况。在将来的研究中，也可以考虑在出国留学回国后一学期或一学年后完成延迟测试。限于条件，这些都无法在本研究中实现，不得不说是一个遗憾。

其次，一如国际上其他关于出国留学语境下的研究，此类研究一般都因数据收集困难而样本数量偏少。由于中国目前没有类似欧洲的 Erasmus 或 SALA 类的二语语言学习交换项目，大规模收集相关出国留学语境下的数据并不可能。本研究借助所在学校的国际交换项目，在出国留学前的测试中包括了来自同一学院的 45 名被试，但在一年之后的出国留学回国后的测试中，愿意参加并完成所有测试的有效被试只剩 26 人。尽管存在以上难以克服的客观原因，但样本数量偏少仍是本研究的一个遗憾。在可能的情况下，将来的研究者可以考虑涵盖尽可能多的被试以确保此类纵向研究的样本量达到较为满意的水平。此外，还可以考虑在研究设计中纳入本族语者作为参考群体，由此研究者可以根据本族语者的数据来判断二语学习者的所有指标是否向本族语者的方向发展。

最后，在关于社会心理认知因素的研究中，同样由于被试资源的限制，笔者无法按照比较统一的研究设计来对比、考察不同出国留学时长对各个社会心理认知因素的影响。而在测量时间上也如上述产出型技能一样无法实现在一学期或一学年后的延迟测试。在理想状态下，如果可以按出国留学的不同年度批次或在相同情况下以不同大学的出国留学生为研究对象，并在出国留学回国一段时间后进行延迟测试，同时增加对应的质性数据，则相关研究的结论会更为深入全面，更有解释力，也更具有推广性。

尽管本研究存在上述不足之处，但本研究的可能影响有如下几点。

首先，本研究从中国外语学习者的视角出发，丰富了出国留学语境下的二语写作研究、口语研究以及社会心理认知因素相关研究的研究成果。有利于研究者从跨文化的视角来总体审视出国留学语境下的二语习得研究。

其次，本研究关于产出型技能的研究包含 CAF 四个维度的多项指标，在口语的流利度维度以及写作的复杂度维度方面，笔者根据 Ortega（2003）等学者的建议考察了尽可能多的子维度等。此外，在口语研究中笔者还有针对性地提出“句内长停顿与句间长停顿（ >1 秒）之比”这项新指标来描述口语停顿的变化趋势；笔者还具体讨论了 GI 指标、C/T 指标、停顿指标等在出国留学语境下常用指标的具体效度问题。因而本研究在研究设计的系统性和所包含指标的广泛性上有利于澄清先前出国留学研究中由于采用不同指标、单一维度而产生的一些结论上的冲突，也更有利于其他研究者比较不同指标的潜在优势。

再次，本研究针对中国外语学习者的产出型技能、动机与自尊、语言使用情况与语言使用信心、跨文化交流恐惧与跨文化敏感性以及情景民族身份认同所得出的结果，以及由此建立的出国留学语境下二语学习工作机制模型，为政策制定者、学校管理者、出国项目的设计者和相关研究与教学人员提供了一定的参考信息，它无疑将有助于相关人员在设计出国留学项目时做出更为均衡、更为合理的决策。

最后，从教学意义上看，本研究的结果将有助于中国从事外语教学的教研人员更加关注二语学习者在产出型技能各个维度上的不均衡的发展情况，跟踪二语学习者的实际语言使用情况以及其他社会心理认知因素的变化动机，由此开展有针对性的教学安排。

第二节　对未来研究的建议

如引言所述，与国外相比，无论是在研究广度还是研究深度上，目前国内出国留学语境下二语习得研究尚未完全起步，国内语言学界在出国留学语境下的二语习得研究亟须加强。笔者有理由相信：在中国当下出国留学活动繁荣发展的时期，出国留学语境下的二语习得研究可以为现行的外语教学改革和国际汉语教学提供一定的解释和佐证，并为我国出国留学政策与留学教育的评估提供实证参考。因而，国内语言学界的重视、国内重要核心期刊的引导、学者们的关注显然迫切而必要。

显而易见，中国未来的研究无须也不应该完全重复国外的现有研究。结合国外与国内的现有研究，笔者认为未来出国留学语境下的二语习得研究应注意以下几个问题。

首先，应结合中国的外语教育、国际汉语教育以及留学教育的实践，开展以解决中国实际问题为目的的二语习得研究，以更好地服务于国家的语言政策规划、出国留学教育评估、外语教学改革以及国际汉语教学。

其次，现有国外研究仅聚焦于具体的出国留学项目，仍缺乏必要的理论构建。研究虽多，但仍然较为芜杂，呈碎片化趋势。在某种程度上这缘于出国留学研究的跨学科特征，需要更多综合性的研究来探索其特征与规律。将来的研究可以考虑结合语言学、心理学、教育学、社会学等学科知识与智力资源在理论维度上尝试进行出国留学语境下二语习得研究的体系构建。

最后，借鉴国外现有研究成果，从具体的研究视角来看，未来的研究可以在以下几个方面进一步拓展与挖掘。

（1）长期的纵向研究或被试内设计的跟踪研究。Sasaki（2004、2009、2011）在系列研究中比较了不同留学时长下二语写作能力的发展。除此之外，国内外较少有研究考察为期一年以上的二语语言技能的发展。而 Pérez-Vidal、Juan-Garau（2009）、Barquin（2012）以及本研究采用被试内设计，分别比较了相同被试在国内学习阶段与国外学习阶段的二语语言技能发展情况。除此之外，国内外较少有研究采用类似研究设计。

（2）基于大规模样本的研究。正如 Kinginger（2009）所提到的那样，现有出国留学语境下的研究多数只有较小的样本量。这虽然是由出国留学研究收集数据过于困难所造成的，但较小规模的研究显然也影响了样本的可概括性。而目前的文献显然缺少此类研究。

（3）基于出国留学项目中课程设计的对比研究。现有研究不同程度地表明，课程学习对出国留学语境下的语言技能发展以及社会心理认知因素存在一定的影响。在此方面的研究并不多见。

（4）“外国口音”的发展研究。目前国内外研究仅对个别音位进行了研究，鉴于“外国口音”涉及语调、音调、韵律等方面，出国留学语境下“外国口音”研究有待进一步加强。

（5）跨文化交流能力发展研究。目前的研究多数以二语语言技能发展为研究对象，较少在出国留学语境框架下考虑学习者的跨文化能力的发展变化情况。将来的研究可在此方面有所拓展。

（6）民族身份认同发展研究。出国留学语境下二语学习者是否会发展双语或多语身份认同，这在目前仍然欠缺必要的研究。只有极少数研究考察了原籍所在国语言学习者（Heritage Language Learner）在出国留学语境下的身份认同变化（Quan，Pozzi，Kehoe & Menard-Warwick，2018），但关于民族身份认同的发展研究少之又少。

（7）以儿童为对象的研究。现有绝大多数研究多集中于大学生或成年人，而探讨出国留学儿童、青少年的二语语言技能发展的研究极少。鉴于出国留学的低龄化趋势，将来的研究可适当扩大研究对象。

（8）与本族语者的对比研究。未来研究可考虑以本族语者的语料作为基线水平，将二语学习者的语料与之进行对比分析，从而探讨留学生到底在多大程度上接近本族语者水平。

（9）基于教学干预的研究。由于目前难以对出国留学课堂进行实验性操作，现有出国留学语境下的研究多数为描写性研究。但随着出国留学项目的增多，国内可以针对国际汉语教学等课堂中的变量进行一定的研究，以更好地理解出国留学语境下各个因素的具体影响。

（10）其他类型出国留学项目下的研究。比如出国留学实习项目、出国服务项目、国外志愿者项目等。总体看来，上述项目下的出国留学研究目前仍处于无人问津的状态。

(11）其他语种研究以及语言类型学研究。现有出国留学研究对象大多为英语、日语、西班牙语以及法语，以其他语种或汉语为研究对象的成果极少。无论是丰富研究还是基于语言类型学的考虑，将来出国留学语境下的二语习得研究都应包括对更多语种的考察。而与之相关的是，关于在中国以汉语为二语/外语的出国留学研究仍少之又少，存在广阔的发展空间。

(12）定性研究或定量与定性相结合的研究。除少数研究外，前文提及的研究多数为考察二语语言技能发展的定量研究，多数研究采用 OPI 或 LCP 收集数据，研究方法比较单一。个案研究、定性研究并不多见，现有研究结果目前仍普遍缺乏定性研究的支撑。

(14）基于更为精确测量、不同媒体技术或基于交叉验证的多维数据分析的研究。现有研究多数采用纸笔测验或问卷调查，未来的研究可更多借助不同计算机分析软件（如 Praat、Coh-Metrix、VocabProfile、L2SCA、CLAN)，或采用更为精确的心理研究方法［如眼动仪（LaBrozzi，2012）、神经成像设备（Faretta-Stutenberg & Morgan-Short，2017）等］，或依据不同的技术［如计算机媒介交流（CMC，Computer-Mediated Comunication)］，或基于多维度的数据采集方法。这些将是今后出国留学语境下二语技能研究的重要拓展方向。

(15）交叉研究。鉴于出国留学语境下学习者的二语技能发展受到语言、心理、社会以及个体因素等多方面的影响，未来研究应适当考虑进行多学科、综合性的分析与考察。

总体看来，在出国留学的研究中，由于不同出国留学时间的设定、不同留学群体的参与、不同的数据收集方式的使用、不同维度指标的采用，现有研究虽然总体较多，但结论纷纭，出国留学研究仍缺乏整体化的构建。此外，现有研究多数集中于二语语言技能的比较与发展，对社会心理认知因素的研究仍稍显不足。无论是立足国际汉语教学，还是外语教学研究，出国留学研究在中国仍是一个未被完全探索的世界，其前景广阔，亟须更多研究者的参与。

参考文献

1. 鲍贵，2009，《英语学习者作文句法复杂性变化研究》，《外语教学与研究》第4期。

2. 蔡华俭、丰怡、岳曦彤，2011，《泛文化的自尊需要：基于中国人的研究证据》，《心理科学进展》第1期。

3. 常俊跃、赵永青、赵秀艳，2013，《关于我国高校英语专业培养目标、培养要求和核心课程的思考》，《外语教学与研究》第6期。

4. 陈昌贵，2007，《1978－2006：我国出国留学政策的演变与未来走向》，《高教探索》第5期。

5. 陈昌贵、粟莉，2004，《1978～2003：中国留学教育的回顾与思考》，《中山大学学报》（社会科学版）第5期。

6. 陈学飞等，2003，《留学教育的成本与收益：我国改革开放以来公派留学效益研究》，教育科学出版社。

7. 崔丹，2013，《我国留学生在加拿大短期学习经历中英语熟练度变化的研究》，博士学位论文，上海外国语大学。

8. 高永晨，2006，《大学生跨文化交际能力的现状调查和对策研究》，《外语与外语教学》第11期。

9. 高永晨，2014，《中国大学生跨文化交际能力测评体系的理论框架构建》，《外语界》第4期。

10. 桂诗春，2004，《以语料库为基础的中国学习者英语失误分析的认知模型》，《现代外语》第2期。

11. 卢敏，2015，《学习环境与语言习得——海外交流经历对外语学习的影响》，《西安外国语大学学报》第4期。
12. 马蓉、秦晓晴，2013，《二语写作流利性研究趋势》，《现代外语》第3期。
13. 蒙有华，2005，《当前我国留学教育的现状、问题及解决思路》，《当代教育论坛》第23期。
14. 苗丹国、程希，2010，《1949－2009：中国留学政策的发展、现状与趋势（上）》，《徐州师范大学学报》（哲学社会科学版）第2期。
15. 秦晓晴、文秋芳，2007，《中国大学生英语写作能力发展规律与特点研究》，中国社会科学出版社。
16. 沈明德，1991，《短期外语教学的特点和教学原则——以对出国留学预备人员的外语培训为例》，《语言教学与研究》第2期。
17. 王宏伟，2011，《文本特征与二语写作水平关系研究——基于Coh-Metrix的分析》，硕士学位论文，国防科学技术大学。
18. 文秋芳、胡健，2010，《中国大学生英语口语能力发展的规律与特点》，外语教学与研究出版社。
19. 吴建设，2014，《“出国留学”与二语习得研究：回顾及展望》，《北京第二外国语学院学报》第12期。
20. 吴建设、刘青、郎建国、荣永昌，2017，《短期出国留学与语言熟练程度对跨文化交流恐惧和跨文化敏感性的影响》，《外语与外语教学》第3期。
21. 吴建设、罗小娜，2016，《出国留学语境下的二语习得研究》，《第二语言学习研究》第1期。
22. 徐晓燕、孙念红，2012，《英语紧缩子句教学中认知因素的调动》，《西南交通大学学报》（社会科学版）第1期。
23. 徐晓燕、王维民、兰萍，2014，《子句成分与名词词组成分——评测二语学习者英语句法复杂性的两个新视角》，《中国外语教育》第2期。
24. 徐晓燕、王维民、熊燕宇、蒋婧、潘小燕、孙念红，2013，《中国英语专业学生英语议论文句法复杂性研究》，《外语教学与研究》第2期。
25. 杨元辰，2014，《出国交换前后清华大学学生英语写作水平变化以及成因探究》，学士学位论文，清华大学。

26. 郁小萍，2001，《中国学生留英学习体验调查》，《现代外语》第3期。
27. 张文忠、吴旭东，2001，《第二语言口语流利性发展定量研究》，《现代外语》第4期。
28. 张雪蓉，2010，《浅析建国60来我国留学教育的历史变迁和时代特点》，《南京邮电大学学报》(社会科学版) 第1期。
29. 赵成涛，2009，《我国留学生产业现状及影响因素研究》，《世界经济情况》第7期。
30. 郑珮、许晓雯，2011，《在港内地学生身份认同调查——以香港大学的内地学生为例》，《高教研究与实践》第2期。
31. 钟华、白谦慧、樊葳葳，2013，《中国大学生跨文化交际能力自测量表构建的先导研究》，《外语界》第3期。
32. 周金燕、钟宇平、孔繁盛，2009，《全球化背景下的教育不平等：中国高中生留学意愿影响因素的研究》，《清华大学教育研究》第6期。
33. Allard, R., & Landry, R. 1992. "Ethnolinguistic Vitality Beliefs and Language Maintenance and Loss," In W. Fase, K. Jaespaert, & Kroon, S. (Eds.). *Maintenance and Loss of Minority Languages*. Amsterdam: Benjamins, 171 – 195.
34. Allen, H. W., & Herron, C. 2003. "A Mixed-methodologyInvestigation of the Linguistic and Affective Outcomes of Summer Study-abroad," *Foreign Language Annals*, 36 (3): 370 – 383.
35. Allport, G. W. 1954. *The Nature of Prejudice*. Cambridge: Addison Wesley.
36. Amuzie, G. L., & Winke, P. 2009. Changes in Language Learning Beliefs as a Result of Study Abroad. *System*, 37: 366 – 379.
37. Anderson, J. R., Bothell, D., Byrne, M. D., Douglass, S., Lebiere, C., & Qin, Y. 2004. "An Integrated Theory of the mind," *Psychological Review*, 111: 1036 – 1060.
38. Anderson, J. R. 1983. *The Architecture of Cognition*. Cambridge, MA: Harvard University Press.

39. Anderson, P., Lawton, L., Rexeisen, R., & Hubbard, A. 2006. "Short-term Study Abroad and Intercultural Sensitivity: A Pilot Study," *International Journal of Intercultural Relations*, 30: 457 - 469.

40. Andrade, H. 2016. "Changes in English Proficiency Resulting from Study A-broad in an English-medium Program in a Non-English Speaking Country (Sweden)," *Departmental Bulletin Paper*, 3 - 33.

41. Avello, P., Mora, J., & Pérez-Vidal, C. 2012. "Perception of Fa by Non-native Listeners in a Study Abroad Context," *Research in Language*, 10 (1): 63 - 78.

42. Badstübner, T., & Ecke, P. J. 2009. "Student Expectations, Motivations, Target Language use, and Perceived Learning Progress in a Summer Study A-broad Program in Germany," *Die Unterrichtspraxis / Teaching German*, 42 (1): 41 - 49.

43. Ball, M. 2000. " PreparingNon-specialist Language Students for Study A-broad," *Language Learning Journal*, 21: 19 - 25.

44. Bardovi-Harlig, K., & Bofman, T. 1989. "Attainment of Syntactic and Morphological Accuracy by Advanced Language Learners," *Studies in Second Language Acquisition*, 11: 17 - 34.

45. Bardovi-Harlig, K. 2000. *Tense and Aspect in Second Language Acquisition: Form, Meaning, and Use.* Oxford, England: Blackwell.

46. Baro, A. L., & Barcelona, R. S. 2011. "Length of Stay and Study Abroad: Language Gains in two Versus Three Months Abroad," *REALA*, 24: 95 - 110.

47. Baron, B., & Smith, A. (eds.). 1987. *Higher Education in the European Community: Study Abroad in the European Community.* Luxembourg.

48. Barquin. E. L. 2012. *Writing Development in a Study Abroad Context.* Barcelona: Unpublished PhD Dissertation of University Pompeu Fabra.

49. Behrnd, V., & Porzelt, S. 2012. "Intercultural, Competence and Training Outcomes of Students with Experiences Abroad," *International Journal of In-*

tercultural Relations, 36: 213 - 223.

50. Bennett, J. , Bennett, M. , & Allen, W. 2003. " DevelopingIntercultural Competence in the Language Classroom," In D. Lange & M. Paige (Eds.). *Culture as the core*: *Perspectives on culture in second language learning*. Greenwich, CT: Information Age Publishing.
51. Bennett, M. 1993. "Towardsethnorelativism: A Developmental Model of Intercultural Sensitivity," In R. M. Paige (Ed.). *Education for the intercultural experience*. Yarmouth, ME: Intercultural Press, 21 - 71.
52. Berekbussunova, G. , Kussainova, M. , Zharylgassova, P. , Aidjanova, Z. , Tajibaeva, Z. , & Turarova, G. 2014. "Specifics of Personal Self-esteem During Intercultural Adaptation of Repatriated Students in high School," *Procedia-Social and Behavioral Sciences*, 114: 493 - 499.
53. Bernard, R. 1997. "LesContradictions Fondamentales de L'école Minoritaire," *Revue des sciences de l'éducation*, 23: 509 - 526.
54. Berry, J. W. , & Sabatier, C. 1996. "Comparative Study of Acculturation of Four Groups of Second Generation Youth in Montreal," *Paper presented at the biennial meeting of the International Association for Cross-Cultural Psychology Congress*. Montreal, Canada.
55. Berry, J. W. , Kim, U. , Power, S. , Young, M. , &Bujaki, M. 1989. "Acculturation Attitudes in Plural Societies," *Applied Psychology*: *An International Review*, 38: 185 - 206
56. Berry, J. W. , Phinney, J. S. , Sam, D. L. , &Vedder, P. 2006. *Immigration Youth in Cultural Transition*: *Acculturation*, *Identity*, *and Adaptation Across National Contexts*. Mahwah, NJ: Lawrence Erlbaum.
57. Berry, J. W. 1980. "Acculturation as Varieties of Adaption," In A. M. Padilla (Ed.). *Acculturation*: *Theory*, *Models and Some New Findings*. Boulder, CO: Westview Press, 9 - 25.
58. Berry, J. W. 1984. "Multicultural policy in Canada: ASocial Psychological Analysis," *Canadian Journal of Behavioral Science*, 6: 353 - 370.

59. Berry, J. W. 1990. "Psychology ofAcculturation," In J. J. Berman (Ed.). *Nebraska Symposium on Motivation, 1989: Cross-cultural Perspectives.* Lincoln: University of Nebraska Press, 201 – 234.

60. Berry, J. W. 2002. "ConceptualApproaches to Acculturation," In K. Chun, P. Balls-Organista, & Marin, G. (Eds.). *Acculturation: Advances in Theory, Measurement, and Applied Research.* Washington, D. C.: American Psychological Association, 17 – 38.

61. Berry, J. W. 2005. "Acculturation: Living Successfully in two Cultures," *International Journal of Intercultural Relations*, 29: 697 – 712.

62. Berry, J. W. 2009. "A Critique of Critical Acculturation," *International Journal of Intercultural Relations*, 33: 361 – 371.

63. Biber, D. E., Gray, B., & Poonpon, K. 2011. "Should we use Characteristics of Conversation to Measure Grammatical Complexity in L2 Writing Development?" *TESOL Quarterly*, 45 (1): 5 – 35.

64. Boersma, P., &Weenink, D. 2014. Praat: Doing Phonetics by Computer (Version 5. 3. 78). Retrieved from http://www. praat. org/.

65. Brainerd, B. 1982. "The Type-token Relation in the works of S. Kierkegaard," In R. W. Bailey (Ed). *Computing in the Humanities.* North-Holland, Amsterdam, 97 – 109.

66. Brecht, R. D., Davidson, D. E., & Ginsberg, R. B. 1995. "Predictors of-Foreign Language Gain During Study Abroad," In: B. F. Freed (Ed.). *Second language acquisition in a study abroad context.* Amsterdam, Netherlands: John Benjamins Publishing, 37 – 66.

67. Briggs, J. G. 2015. "Out-of-classLanguage Contact and Vocabulary Gain in a Study Abroad Context," *System*, 53: 129 – 140.

68. Bulté, B., & Housen, A. 2012. Defining and Operationalising L2 Complexity. In A. Housen, F. Kuiken, & I. Vedder (Eds.), *Dimensions of L2 Performance and Proficiency-Investigating Complexity, Accuracy and Fluency in SLA* (pp. 21 – 46). Amsterdam: John Benjamins.

69. Bulté, B., & Housen, A. 2014. "Conceptualizing and Measuring Short-term Changes in L2 Writing Complexity," *Journal of Second Language Writing*, 26: 42-65.

70. Byram, M. 1997. *Teaching and Assessing Intercultural Communicative Competence*. Clevedon: Multilingual Matters.

71. Calhoun, C. 1993. "Nationalism and Ethnicity," *Annual Review of Sociology*, 19: 211-39.

72. Campione, E., & Véronis, J. 2002. "A Large-scale Multilingual Study of Silent Pause Duration," In: B. Bel & I. Marlien (Eds). *Proceedings of the Speech Prosody 2002 Conference*. Aix-en-Provence: Laboratoire Parole et Langage, 199-202.

73. Carroll, J. 1967. "Foreign Language Proficiency Levels Attained by Language Majors near Graduation From College," *Foreign Language Annals*, 1: 131-51.

74. Chen, G. M., & W. J. Starosta. 1998. *Foundations of Intercultural Communication*. Boston, MA: Allyn & Bacon.

75. Chen, G. M., &Starosta, W. J. 1996. "Intercultural Communication Competence: A synthesis," *Communication Yearbook*, 19: 353-384.

76. Chen, G. M., &Starosta, W. J. 2000. "The Development and Validation of the Intercultural Communication Sensitivity Scale," *Human Communication*, 3: 1-15.

77. Chen, G. M. 1997. "A Review of the Concept of Intercultural Sensitivity," *Paper presented at Biennial Convention of the Pacific and Asian Communication Association*. Honolulu, HI.

78. Chen, G. M. 2010. "The Impact of Intercultural Sensitivity on Ethnocentrism and Intercultural Communication Apprehension," *Human Communication*, 19 (1): 1-9.

79. Chenoweth, A. N., & Hayes, John, R. 2001. "Fluency in Writing," *Written Communication*, 1: 80.

80. Chirkov, V., Vansteenkiste, M., Tao, R., & Lynch, M. 2007. "The Role of Self-determined Motivation and Goals for Study Abroad in the Adaptation of International Students," *International Journal of Intercultural Relations*, 31 (2): 199 – 222.

81. Churchill, E., & DuFon, M. 2006. "Evolving Threads in Study Abroad Research," In M. DuFon & E. Churchill (eds.). *Language Learners in Study Abroad Contexts.* Clevedon: Multilingual Matters, 1 – 30.

82. Clément, R., &Noels, K. A. 1992. "Towards a Situated Approach to Enthnolinguistic Identity: The Effects of Status on Individuals and Groups," *Journal of Language and Social Psychology*, 11 (4): 203 – 232.

83. Clément, R., Baker, S., &MacIntyre, P. 2003. "Willingness to Communicate in a Second Language: The Effects of Context, Norms, and Vitality," *Journal of Language and Social Psychology*, 22 (2): 190 – 209.

84. Clément, R., Gauthier, R., & Noels, K. 1993. "Choix Langagiers en Milieu Minoritaire: Attitudes et Identité Concomitantes," *Revue canadienne des sciences du comportement*, 25, 149 – 164.

85. Clément, R., Noels, K. A., &Deneault, B. 2001. "Interethnic Contact, Identity, and Psychological Adjustment: The mediating and moderating roles of communication," *Journal of Social Issues*, 57 (3): 559 – 577.

86. Clément, R. 1980. "Ethnicity, Contact and Communicative Competence in a Second Language," In H. M. Giles, W. P. Robinson, & P. M. Smith (Eds.). *Language: Social Psychological Perspectives.* Oxford, UK: Pergamon, 147 – 154.

87. Cohen, A. D., &Shively, R. L. 2007. "Acquisition of Requests and Apologies in Spanish and French: Impact of Study Abroad and Strategy-building Intervention," *Modern Language Journal*, 91 (2): 189 – 212.

88. Cohen, J. 1988. *Statistical Power Analysis for the Behavioral Sciences (2nd ed.)*. Hillsdale, NJ: Lawrence Earlbaum Associates.

89. Coleman, J., &Rouxeville, A. (Eds.). 1993. *Integrating new Approaches:*

Association for French Studies in Association with the Center for Information on Language Teaching and Research. Bedfordbury, London.

90. Coleman, J. A. 1998. "Language Learning and Study Abroad: The European Perspective," *Frontiers: The Interdisciplinary Journal of Study Abroad*, IV: 167 - 203.

91. Collentine, J., & Freed, B. F. 2004. "Learning Context and its Effects on Second Language Acquisition," *Studies in Second Language Acquisition*, 26: 153 - 171.

92. Collentine, J. 2004. "The Effects of Learning Contexts on Morpho Syntactic and Lexical Development," *Studies in Second Language Acquisition*, 26: 227 - 248.

93. Collentine, J. 2009. *Study Abroad Research: Findings, Implications, and Future Directions*. Oxford: Blackwell.

94. Crookes, G. 1989. "Planning and Interlanguage Variation," *Studies in Second Language Acquisition*, 11: 367 - 383.

95. Crossley, S. A., & McNamara, D. S. 2014. "Does Writing Development Equal Writing Quality? A Computational Investigation of Syntactic Complexity in L2 Learners," *Journal of Second Language Writing*, 26: 66 - 79.

96. Crossley, S. A., Salsbury, T., & McNamara, D. S. 2010. "The Development of Polysemy and Frequency use in English Second Language Speakers," *Language Learning*, 60: 573 - 605.

97. Crossley, S. A., Salsbury, T., & McNamara, D. S. 2012. "Predicting the Proficiency Level of Language Learners Using Lexical Indices," *Language Testing*, 29: 240 - 260.

98. Crossley, S. A., Weston, J., McLain, Sullivan, S. T., & McNamara, D. S. 2011. "The Development of Writing Proficiency as a Function of Grade Level: A Linguistic Analysis," *Written Communication*, 28: 282 - 311.

99. Csizér, K., & Kormos, J. 2008. "An Overview of Hungarian Secondary School Students' Foreign Language Motivation," In H. V. Knudsen (Ed.).

Secondary school education. Hauppauge, NY: Nova Science Publishers, 65 - 87.

100. Csizér, K., & Kormos, J. 2009. "Learning Experiences, Selves and Motivated Learning Behavior: a Comparative Analysis of Structural Models for Hungarian Secondary and University Learners of English," In Z. Dörnyei, & E. Ushioda (eds.). *Motivation, Language Identity and the L2 Self*. Bristol: Multilingual Matter, 98 - 119.

101. Cubillos, J. H., Chieffo, L., & Fan, C. 2008. "The Impact of Short-term Study Abroad Programs on L2 Listening Comprehension Skills," *Foreign Language Annals*, 41 (1): 157 - 185.

102. Cundick, D. 2007. *The Relationship Between Reported Out-of-class English use and Proficiency Gains in English*. Unpublished master's thesis, BrighamYoung University, Provo, UT.

103. Dallaire, C., & Denis, C. 2005. "Asymmetrical Hybridities: Youths at Francophone Games in Canada," *The Canadian Journal of Sociology*, 30: 143 - 168.

104. Dallaire, C. 2003. "Not just Francophones: The Hybridity of Minority Francophone Youths in Canada," *International Journal of Canadian Studies*, 28: 163 - 199.

105. Dallaire, C. 2006. "I am English too: Francophones Youth Hybridities in Canada," In: P. Nilan & C. Feixa (eds.). *Global Youth? Hybrid Identities, Plural Worlds*. Florence: Routledge, 32 - 52.

106. Daller, H., Hout, R. V., & Treffers-Daller, J. 2003. "Lexical Richness in the Spontaneous Speech of Bilinguals," *Applied Linguistics*, 24 (2): 197 - 222.

107. Damji, T., Clément, R., & Noels, K. A. 1996. "Acculturation Mode, Identity Variation, and Psychosocial Adjustment," *The Journal of Social Psychology*, 6 (4): 493 - 500.

108. Deardorff, D. K. 2006. "Assessing Intercultural Competence in Study Abroad

Students," In M. Bryam & A. Feng (Eds.). *Living and studying abroad: Research and practice.* Clevedon: Multilingual Matters, 232 – 256.

109. Dechert, H. W., & Raupach, M. 1980a. *Temporal Variables in Speech.* New York: Mouton.

110. Dechert, H. W., & Raupach, M. 1980b. *Towards a Cross-linguistic Assessment of Speech Production.* Frankfurt: Lang.

111. Dechert, H. W., & Raupach, M. 1987. *Psycholinguistcs Models of Production.* New Jersey: Ablex.

112. Deci, E. L., & Ryan, R. M. 1985. *Intrinsic Motivation and Self-determination in Human Behaviour.* New York and London: Plenum Press.

113. Dekaban, A. S., & Sadowsky, D. 1978. "Changes in Brain Weight During the span of Human life: Relation of Brain Weights to body Heights and body Weights," *Annals of Neurology*, (4): 345 – 356.

114. DeKeyser, R., &Criado-Sánchez, R. 2012. "Automatization, Skill Acquisition, and Practice in Second Language Acquisition," In C. A. Chapelle (Ed.). *The encyclopedia of applied linguistics.* Oxford, England: Wiley-Blackwell, 323 – 331.

115. DeKeyser, R. 1986. *From Learning to Acquisition? Foreign Language Development in a US and During a Semester Abroad.* Unpublished Diessertation. Stanford University.

116. DeKeyser, R. 1990. "From Learning to Acquisition? Monitoring in the Classroom and Abroad," *Hispania*, 73 (1): 238 – 247.

117. DeKeyser, R. 1991. "Foreign Language Development During a Semester Abroad," In B. F. Freed (Ed.). *Foreign Language Acquisition Research and the Classroom.* Lexington, MA; D. C. Health, 104 – 119.

118. DeKeyser, R. 2007. "Study Abroad as Foreign Language Practice," In R. DeKeyser (Ed.). *Practicing in a second language: Perspective from applied linguistics and cognitive psychology.* New York, NY: Cambridge University Press, 208 – 226.

119. DeKeyser, R. 2010. "Monitoring Processes in Spanish as a Second Language During a Study Abroad Program," *Foreign Language Annals*, 43: 80 – 92.

120. DeRocco, D., & Tufford, J. 2005. Spot the Differences: Puzzles for Language Learning Fun. Full Blast Productions.

121. Dev, S., &Qiqieh, S. 2016. "The Relationship Between English Language Proficiency, Academic Achievement and Self-Esteem of Non-native-English-speaking Students," *International Education Studies*, 9 (5): 147 – 155.

122. Dewey, D., Bown, J., & Eggett, D. 2012. "Japanese Language Proficiency, Social Networking, and Language use During Study Abroad: Learners' perspectives," *The Canadian Modern Language Review*, 68 (2): 111 – 137.

123. Dewey, D. 2004. "A Comparison of Reading Development by Learners of Japanese in Intensive Domestic Immersion and Study Abroad Context," *Studies in Second Language Acquisition*, 26: 303 – 328.

124. Dewey, D. 2008. "Japanese Vocabulary Acquisition by Learners in Three Contexts," *Frontiers: The Interdisciplinary Journal of Study Abroad*, *XV*: 127 – 148.

125. Dewey, D. P., Bown, J., Baker, W., Martinsen, R. A., Gold, C., & Eggett, D. 2014. "Language use in six Study Abroad Programs: An Exploratory Analysis of Possible Predictors," *Language Learning*, 64: 36 – 71.

126. Dona, G., & Berry, J. W. 1994. "AcculturationAttitudes and Acculturative Stress of Central American Refugees in Canada," *International Journal of Psychology*, 29: 57 – 70.

127. Drommel, R. H. 1980. "Towards a Subcategorization of Speech Pauses," In H. W. Dechert & M. Raupach (Eds.). *Temporal variables in speech*. The Hague: Mouton, 227 – 238.

128. Dunbar, R. I. M. 1992. "Neocortex Size as a Constraint on Group Size in Primates," *Journal of Human Evolution*, 22 (6): 469 – 493.

129. Dunbar, R. I. M. 1993. "Coevolution of Neocortical Size, Group Size and

Language in Humans," *Behavioral and Brain Sciences*, 16 (4): 681 –735.

130. Duquette, G. 2004. "Les Différentes Facettes Identitaires des élèves âgés de 16 ans et Plus Inscrits dans les écoles de Langue Franc, Aises en Ontario," *Francophonies d'Amérique*, 18: 77 –92.

131. Durocher, D. O. 2007. "Teaching Sensitivity to Cultural Difference in the First-year Foreign Language Classroom," *Foreign Language Annals*, 40 (1): 143 –160.

132. Dwyer, M. 2004. "More isBetter: The Impact of Study Abroad Program Duration," *The Interdisciplinary Journal of Study Abroad*, X: 151 –163.

133. Dyson, P. 1988. *The year Abroad: Report for the Central Bureau for Educational Visits and Exchanges.* Oxford: Oxford University Language Teaching Centre.

134. Dörnyei, Z. 2005. *The Psychology of the Language Learner: Individual Differences in Second Language Acquisition.* Mahwah, N. J.: Lawrence Erlbaum Associates.

135. Díaz-Campos, M. 2004. "Context of Learning in the Acquisition of Spanish Second Language Phonology," *Studies in Second Language Acquisition*, 26 (2): 249 –273.

136. Díaz-Campos, M. 2006. "The Effect of Style in Second Language Phonology: An Analysis of Segmental Acquisition in Study Abroad and Regular-classroom Students," In C. A. Klee & T. L. Face (Eds.). *Selected proceedings of the 7th conference as first and second languages.* Somerville, MA: Cascadilla Press, 26 –39.

137. Elias, N., &Blanton, J. 1987. "Dimensions of Ethnic Identity in Israeli Jewish Families Living in the United States," *Psychological Reports*, 60: 367 –375.

138. Elizur, D. 1984. "Facet Analysis of Ethnic Identity: The case of Israelis Residing in the United States," *The Journal of General Psychology*, 111: 259 –269.

139. Ellis, N. C. (Ed.). 1994. *Implicit and Explicit Learning of Languages.* San Diego, CA: Academic Press.

140. Ellis, N. C., & Collins, L. (Eds.). 2009. "Input and Second Language Construction Learning: Frequency, Form, and Function [Special issue]," *Modern Language Journal*, 93 (3): 329 – 335.

141. Ellis, R., & Barkhuizen, G. 2005. *Analyzing learner language.* Oxford: Oxford University Press.

142. Ellis, R., & Yuan, F. 2004. "The Effect of Planning on Fluency, Complexity and Accuracy in Second Language Narrative Writing," *Studies in Second Language Acquisition*, 26 (1): 59 – 84.

143. Ellis, R. 2003a. "Task-based Language Learning and Teaching," *Studies in Second Language Acquisition*, 26: 268 – 481.

144. Ellis, R. 2003b. *Task-based Language Learning and Teaching.* Oxford: Oxford University Press.

145. Ely, C. M. 1986. "Language Learning Motivation: A Descriptive and Causal Analysis," *Modern Language Journal*, 70: 28 – 35.

146. Engle, L., & Engle, J. 2003. "Study Abroad Levels: Toward a Classification of Program Types," *Frontiers: The Interdisciplinary Journal of Study Abroad*, XIX: 1 – 20.

147. Engle, L., & Engle, J. 2004. "Assessing Language Acquisition and Intercultural Sensitivity Development in Relation to Study Abroad Program Design," *Frontiers; The Interdisciplinary Journal of Study Abroad*, X: 219 – 236.

148. European Commission. 2015. *Erasmus Facts, Figures & Trends: The European Union Support for Student and Staff exchanges and University Cooperation in 2013 – 2014.* Retrieved March 1, 2017 from: http://ec. europa. eu/dgs/education_ culture/repository/education/library/statistics/erasmus-plus-facts-figures_ en. pdf.

149. Evans, M., &Fisher, L. 2005. "Measuring Gains in Pupils' Foreign Language Competence as a Result of Participation in a School Exchange Visit:

The case of Y9 Pupils at Three Comprehensive Schools in the UK," *Language Teaching Research*, 9 (2): 173 -92.

150. Fabregas-Janeiro, M. G, Kelsey, K. D. , & Robinson, S. J. 2011. "Assessing Changes in Intercultural Sensitivity Among Agricultural Students Exposed to International Experiences," *JLAEE*, 18 (1): 34 -44.

151. Fabregas-Janeiro, M. G. , & Kelsey K. D. 2012. "Evaluation of Changes in Intercultural Sensitivity in College Students From Four American Institutions that Participated in the Spanish Immersion Summer Program in Peubla, Mexico," *Revista Panamericana de Pedagogiasaberes Y Quehaceres del Pedagogo*, 19: 97 -117.

152. Faretta-Stutenberg, M. , & Morgan-Short, K. 2017. "The Interplay of Individual Differences and Context of Learning in Behavioral and Neurocognitive Second Language Development," *Second Language Research*, 1: 1 -35.

153. Faria, A. V. , Zhang, J. , Oishi, K. , Li, X. , Jiang, H. , Akhter, K. , Hermoye, L. , Lee, S. K. , Hoon, A. , Stashinko, E. , Miller, M. I. , van Zijl, P. C. , & Mori, S. 2010. "Atlas-based Analysis of Neurodevelopment From Infancy to Adulthood Using Diffusion Tensor Imaging and Applications for Automated Abnormality Detection," *Neuroimage*, (52): 415 -428.

154. Fathman, A. 1980. "Repetition and Correction as an Indication of Speech Planning and Execution Processes Among Second Language Learners," In H. W. Dechert & M. Raupach (Eds.). *Towards a cross-linguistic assessment of speech production*. Frankfurt: Lang.

155. Foster, P. , &Skehan, P. 1996. "The Influence of Planning and task type on Second Language Performance," *Studies in Second Language Acquisition*, 18: 299 -323.

156. Foster, P. , Tonkyn, A. , & Wigglesworth, G. 2000. Measuring spoken language. *Applied Linguistics*, 21 (3): 354 -375.

157. Freed, B. F. (Ed.). 1995. *Second Language Acquisition in a Study Abroad*

context. Amsterdam /Philadelphia: John Benjamins Publishing Company.

158. Freed, B. F., Segalowitz, N., & Dewey, D. P. 2004. *Context of Learning and Second Language Fluency in French: Comparing Regular Classroom, Study Abroad, and Intensive Domestic Immersion Programs*. Cambridge University Press.

159. Freed, B. F., So, S., & Lazar, N. A. 2003. "Language Learning Abroad: How do Gains in Written Fluency Compare with Gains in oral Fluency in French as a Second Language?" *ADFL Bulletin*, 34 (3): 34 – 40.

160. Freed, B. F. 1990. "Language Learning in a Study Abroad Context: The Effect of Interactive and Non-interactive Out-of-class Contact on Grammatical Achievement and oral Proficiency," In J. Alatis (Ed.), *Linguistics, Language Teaching and Language Acquisition: The Interdependence of Theory, Practice, and Research, Georgetown University Round Table on Language and Linguistics*. Washington, DC: Georgetown University Press, 459 – 477.

161. Freed, B. F. 1998. "AnOverview of Issues and Research in Language Learning in a Study Abroad Setting," *Frontiers*, 4: 31 – 60.

162. Freynet, N., & Clément, R. 2015. "Bilingualism in Minority Settings in Canada: Integration or Assimilation?" *International Journal of Intercultural Relations*, 46: 55 – 72.

163. Fritz, W., Graf, A., Hentze, J., Mollenberg, A., & Chen, G. M. 2005. "An Examination of Chen and Starosta's Model of Inter-cultural Sensitivity in Germany and the United States," *Intercultural Communication Studies*, 15 (1): 53 – 65.

164. Fuster, J. M. 2002. "Frontal lobe and Cognitive Development," *Journal of Neurocytology*, 31: 373 – 385.

165. Félix-Brasdefer, J. C. 2004. "Interlanguage Refusals: Linguistic Politeness and Length of Residence in the Target Community," *Language Learning*, 54 (4): 587 – 653.

166. Gaies, S. J. 1980. "T-unit Analysis in Second Language Research: Applica-

tion, Problems and Limitations," *TESOL Quarterly*, 1: 53 - 60.

167. Galchenkoa, I., & Van De Vijver, F. J. R. 2007. "The role of Perceived Cultural Distance in the Acculturation of Exchange Students in Russia," *International Journal of Intercultural Relations*, 31: 181 - 197.

168. Gao, X. 2008. "ShiftingMotivational Discourses Among Mainland Chinese Students in an English Medium Tertiary Institution in Hong Kong: A Longitudinal Inquiry," *Studies in Higher Education*, 33 (5): 599 - 614.

169. Gardner, R. C., & Lambert, W. E. 1959. "MotivationalVariables in Second Language Acquisition," *Canadian Journal of Psychology*, 13: 266 - 272.

170. Gardner, R. C., & Lambert, W. E. 1972. *Attitudes and Motivation in Language Learning*. Rowley, MA: Newbury House.

171. Gass, S. M. 1997. *Input, Interaction, and the Second Language Learner*. Mahwah, NJ: Lawrence Erlbaum.

172. Gaudet, S., & Clément, R. 2009. "Forging an Identity as a Linguistic Minority: Intra-and inter-group Aspects of Language, Communication and Identity in Western Canada," *International Journal of Intercultural Research*, 33: 213 - 227.

173. Geeslin, K., & Garrett, J. 2018. "Variationist Research Methods and the Analysis of Second Language data in the Study Abroad Context," In C. Sanz & A. Morales-Front (Eds.). *The Routledge handbook of Study Abroad research and practice*. New York, NY: Routledge, 19 - 35.

174. Geeslin, K. L., & Guijarro-Fuentes, P. 2005. "The Acquisition of Copula Choice in Instructed Spanish: The role of Individual Characteristics," *Fuentes*, 1: 66 - 67.

175. Giedd, J. N., Blumenthal, J., Jeffries, N. O., Castellanos, F. X., Liu, H., Zijdenbos, A., Paus, T., Evans, A. C., & Rapoport, J. L. 1999. "Brain Development During Childhood and Adolescence: A Longitudinal MRI Study," *Nature Neuroscience*, 2 (10): 861 - 863.

176. Gilabert, R. 2007. "Effects of Manipulating task Complexity on Self-repairs

During L2 oral Production," *International Review of Applied Linguistics in Language in Language Teaching*, 45: 215 -240.

177. Godfrey, L., Treacy, C., & Tarone, E. 2014. "Change in French Second Language Writing in Study Abroad and Domestic Contexts," *Foreign Language Annals*, 47 (1): 48 -65.

178. Goldman-Eisler, F. 1958. "Speech Production and the Predictability of Words in Context," *Quarterly Journal of Experimental Psychology*, 10: 96 -106.

179. Goldman-Eisler, F. 1968. *Psycholinguistics Experiments in Spontaneous Speech*. London: Academic Press.

180. Goodwin, C., &Nacht, M. 1988. *Abroad and Beyond: Patterns in American Overseas Expansion*. Cambridge: Cambridge University Press.

181. Graesser, A. C., McNamara, D. S., Louwerse, M. M., & Cai, Z. 2004. "Coh-Metrix: Analysis of text on Cohesion and Language," *Behavior Research Methods*, 36 (2): 193 -202.

182. Grey, S., Cox, J. G., Serafini, E. J., & Sanz, C. 2015. "The role of Individual Differences in the Study Abroad Context: Cognitive Capacity and Language Development During Short-term Intensive Language Exposure," *Modern Language Journal*, 99: 137 -157.

183. Griffiths, R. 1991. "Pausological Research in an L2 Context: A Rationale, and Review of Selected Studies," *Applied Linguistics*, 12/4: 345 -64.

184. Grosjean, F., & Deschamps, A. 1972. "Analyse des Variables Temporelles du Francais Spontane," *Phonetica*, 26: 129 -56.

185. Grosjean, F., & Deschamps, A. 1973. "Analyse des Variables Temporelles du Francais Spontane II Comparaison du Francajs Oral dans la Description avec 1 Anglais (description) et avec le Francais," *Phonetica*, 28: 191 -226.

186. Grosjean, F., & Deschamps, A. 1975. "Analyse Contrastive des Variables temporelles de I'anglais et du Francais Vitesse de Parole et Variables Composantes, Phenomenes D'hesitation," *Phonettca*, 31: 144 -84.

187. Gu, X. 2016. Assessment of intercultural communicative competence in fl education: a survey onEFL teachers' perception and practice in China. *Language & Intercultural Communication*, 16 (2): 254 – 273.

188. Gurzynski-Weiss, L., Geeslin, K. L., Daidone, D., Linford, B., Long, A. Y., Michalski, I., & Solon, M. 2018. "L2 Classrooms as Multifaceted Sources of Input: The Synergy of Variationist and Usage-based Approaches," In A. Tyler, L. Ortega, M. Uno, & H. I. Park (Eds.). *Usage-inspired L2 instruction: Researched pedagogy*. Amsterdam: John Benjamins, 293 – 313.

189. Hardison, D. M. 2014. Changes in second-language learners' oral skills and socio-affective profiles following study abroad: a mixed-methods approach. *Canadian Modern Language Review*, 70 (4): 415 – 444.

190. Harley, B., & Hart, D. 2002. "Age, Aptitude, and Second Language Learning on a Bilingual Exchange," In P. Robinson (Ed.). *Individual differences and instructed language learning*. Amsterdam: Benjamins, 301 – 330.

191. Heatley, A., Nation, I. S. P., & Coxhead, A. 2002. Range. Retrieved from http://www. victoria. ac. nz/lals/staff/paul-nation/nation. aspx.

192. Hernández, T. A. 2010a. "Promoting Speaking Proficiency Through Motivation and Interaction: the Study Abroad and Classroom Learning Contexts," *Foreign Language Annals*, 43 (4): 650 – 70.

193. Hernández, T. A. 2010b. "The Relationship Among Motivation, Interaction, and the Development of Second Language oral Proficiency in a Study-abroad Context," *The Modern Language Journal*, 94 (4): 600 – 617.

194. Hill, L. A. 1960. *Picture Composition Book*. London: Longman.

195. Hoersting, R. C., & Jenkins S. R. 2011. "No place to call home: Cultural Homelessness, Self-esteem and Cross-cultural Identities," *International Journal of Intercultural Relations*, 35: 17 – 30.

196. Housen, A., Kuiken. F., & Vedder. I. 2012. *Dimension of L2 Performance and Proficiency Complexity, Accuracy and Fluency in SLA*. John Benjaminns B. V.

197. Hout, R. V., & Vermeer, A. 2007. "Comparing Measures of Lexical Richness," In H. Daller, J. Milton, & J. Treffers-Daller (Eds.), *Modelling & Assessing Vocabulary Knowledge.* Cambridge University Press, 93 – 115.

198. Howard, M. 2005. "Second Language Acquisition in a Study Abroad Context: A Comparative Investigation of the Effects of Study Abroad and Foreign Language Instruction on the L2 Learner's Grammatical Development," In A. Housen & M. Pierrard (eds). *Investigations in Instructed Second Language Acquisition.* Berlin: Mouton de Gruyter, 495 – 530.

199. Hunt, K. W., 1965. GrammaticalStructure Written at Three Grade Levels (*NCTE Report*, 3). Champaign, Ⅲ.: National Council of Teachers of English.

200. Højen, A. 2003. *Second Language Speech Perception and Production in Adult Learners Before and After Short-term Immersion.* Denmark, University of Aarhus, Unpublished Doctoral Dissertation.

201. Ife, A., Vives, G., &Meara, P. 2000. "The Impact of Study Abroad on the Vocabulary Development of Different Proficiency Groups," *Spanish Applied Linguistics*, 4 (1): 55 – 84.

202. Institute of International Education. 2015. Opendoors data. Retrieved on March 1 2017 from: https://www.iie.org/Research-and-Insights/Open-Doors/Data/US-Study-Abroad.

203. Isabelli-García, C., & Nishida, C. 2005. "Development of the Spanish Subjunctive in a Nine-month Study-abroad Setting," In D. Eddington (ed.). *Selected proceedings of the sixth Conference on the Acquisition of Spanish and Portuguese As First and Second Languages.* Sommerville, MA: Cascadilla Press, 78 – 91.

204. Isabelli-García, C. 2004. "Study Abroad for Advanced Foreign Language Majors: Optimal Duration for Developing Complex Structures," In Byrnes, H., & Maxim, H. (Eds.). *Advanced Foreign Language Learning, A Challenge to College Programs.* Heinle, Canada, 114 – 130.

205. Isabelli-García, C. 2006. "Study Abroad Social Networks, Motivation and Attitudes: Implications for Second Language Acquisition," In M. A. DuFon & E. Churchill (Eds.). *Language Learners in Study Abroad Contexts*. Clevedon: Multilingual Matters, 231 –258.

206. Ishikawa, S. 1995. "ObjectiveMeasurement of Low-proficiency EFL Narrative Writing," *Journal of Second Language Writing*, 4 (1): 51 –69.

207. Iwaniec, J. 2014. "Motivation of Pupils From Southern Poland to Learn English," *System*, 45: 67 –78.

208. Jackson, J. 2008. "Globalization, Internationalization, and Short-term Stays Abroad," *International Journal of Intercultural Relations*, 32: 349 –358.

209. Jackson, J. 2009. "InterculturalLearning on Short-term Sojourns," *Intercultural Education*, 20: 59 –71.

210. Jarvis, S. 2002. Short texts, best-fitting curves and new measures of lexical diversity. *Language Testing*, 19 (1): 57 –84.

211. Jenkins, J. 1998. "Which Pronunciation Norms and Models for English as an International Ianguage?" *ELT Journal*, 52: 119 –126.

212. Jensen, J., & Howard, M. 2014. "The Effects of Time in the Development of Complexity and Accuracy During Study Abroad: A Study of French and Chinese Learners of English," *Eurosla Yearbook*, 14 (3): 288 –300.

213. Jochum, C. J. 2014. "Measuring the Effects of a Semester Abroad on Students' oral Proficiency Gains: A Comparison of At-Home and Study Abroad," *Frontiers: The Interdisciplinary Journal of Study Abroad*, XXIV: 93 –104.

214. Johnson, M. D., Mercado, L. & Acevedo, A. 2012. "The Effect of Planning Sub-processes on L2 Writing Fluency, Grammatical Complexity, and Lexical Complexity," *Journal of Second Language Writing*, 21 (3): 264 –282.

215. Kaplan, M. A. 1989. "French in the Community: A Survey of Language use Abroad," *The French Review*, 63 (2): 290 –301.

216. Kim, J., Dewey, D. P., Baker-Smemoe, W., Ring, S., Westover, A., & Eggett, D. L. 2015. "L2 Development During Study Abroad in Chi-

na," *System*, 55: 123 - 133.

217. Kinginger, C., & Blattner, G. 2008. "Histories of Engagement and Socialinguistic Awareness in Study Abroad," In L. Ortega, & H. Byrnes, (Eds.). *The Longitudinal Study of Advanced L2 Capacities.* Taylor and Francis, 223 - 246.

218. Kinginger, C. 2008. "Language Learning in Study Abroad: Case studies of Americans in France," *Modern Language Journal*, 92 (s1): 1 - 124.

219. Kinginger, C. 2009. *Language learning and study abroad: A critical reading of research.* UK: Palgrave Macmillan.

220. Kinginger, C. 2011. "Enhancing Language Learning in Study Abroad," *Annual Review of Applied Linguistics*, 31: 58 - 73.

221. Knoch, U., Rouhshad, A., & Storch, N. 2014. "Does the Writing of Undergraduate ESL Students Develop After one year of Study in an English-medium University?," *Assessing Writing*, 21: 1 - 17.

222. Knoch, U., Rouhshad, A., Su, P. O., & Storch, N. 2015. "What Happens to ESL Students' Writing After Three Years of Study at an English Medium University?" *Journal of Second Language Writing*, 28: 39 - 52.

223. Koester, J. 1985. *A profile of the U. S. Student Abroad.* New York: Council on International Exchange.

224. Kohro, Y. 2001. "A Pilot study of the Linguistic Impact of Study Abroad Experiences on the Writing of Japanese College ESL Learners in America," *The Japan Association of College English Teachers (JACET)*, 33: 57 - 72.

225. Kormos, J., & Csizér, K. 2008. "Age-related Differences in the Motivation of Learning English as a Foreign Language: Attitudes, Selves, and the Motivated Language Behaviour," *Language Learning*, 58: 327 - 357.

226. Kormos, J., & Dénes, M. 2004. "Exploring Measures and Perceptions of Fluency in the Speech of Second Language Learners," *System*, 32: 145 - 164.

227. Kormos, J., Kiddle, T., & Csizér, K. 2011. "System of Goals, Atti-

tudes, and Self-related Beliefs in Second-language Learning Motivation," *Applied Linguistics*, 32: 495 - 516.

228. Krashen, S. 1985. *The input hypothesis Issues and implications.* London, UK Longman Publishing Press.

229. Kristian Adi Putr. 2013. "The Effects of Study Abroad on Grammatical Accuracy of Indonesian Students' Oral and Written Performance," *Parole*, 3 (2): 84 - 94.

230. LaBrozzi, R. M. 2012. "The role of Study Abroad and Inhibitory Control on Processing Redundant Cues," In K. Geeslin & M. Díaz-Campos (Eds.). *Selected proceedings of the 14th Hispanic Linguistics Symposium.* Somerville, MA: Cascadilla Press, 228 - 241.

231. Lafford, B. 1995. "Getting into, through, and out of a Survival Situation: A Comparison of Communicative Strategies used by Students Studying Spanish-abroad and 'at home'," In B. Freed (ed.), *Second Language Acquisition in a Study Abroad Context.* John Benjamins: Philadelphia, 97 - 122.

232. Lafford, B. 2004. "The Effects of the Context of Learning on the use of Communication Strategies by Learners of Spanish as a Second Language," *Studies in Second Language Acquisition*, 26: 201 - 225.

233. Lafford, B. 2006. "The Effects of Study Abroad vs. Classroom Contexts on Spanish SLA: Old Assumptions, New Insights and Future Research Directions," In C. Klee & T. Face (Eds.). *Selected Proceedings of the 7th Conference on the Acquisition of Spanish and Portuguese as First and Second Languages.* Somerville, MA: Cascadilla Proceedings Project, 1 - 25.

234. Lambert, W. E. 1978. "Cognitive andSocio-cultural Consequences of Bilingualism," *Canadian Modern Language Review*, 34: 537 - 547.

235. Landauer, T. K., McNamara, D. S., Dennis, S., & Kintsch, W. (Eds.). 2007. *Handbook of Latent Semantic Analysis.* Mahwah, NJ: Lawrence Erlbaum.

236. Landry, R., & Allard, R. 1994a. "Diglossia, Ethnolinguistic Vitality and

Language Behaviour," *The International Journal of the Sociology of Language*, 108: 15 -42.

237. Landry, R., & Allard, R. 1994b. "The Acadians of New Brunswick: Demolinguistic Realities and the Vitality of the French Language," *The International Journal of the Sociology of Language*, 105/106: 181 -215.

238. Landry, R., & Allard, R. 1997. "L'exogamie et le Maintien de deux Langues et de deux Cultures: Le rôle de la Francité Familioscolaire," *Revue des sciences de l'éducation*, 23: 561 -592.

239. Landry, R., Allard, R. &Deveau, K. 2010. *Schooling and Cultural Anatomy. A Canada-wide Study in Francophone Minority Schools.* Ottawa: Canadian Heritage.

240. Landry, R., Allard, R., &Deveau, K. 2013. "Bilinguisme et Métissage Identitaire: Vers un Modèle Conceptuel," *Minorités Linguistiques et Société*, 3: 56 -79.

241. Landry, R., Deveau, K., & Allard, R. 2006. "Vitalité Ethnolinguistique et Construction Identitaire: Le cas de L'identité Bilingue," *Éducation et francophonie*, 1: 54 -81.

242. Lantolf, J. P., & Thorne, S. L. 2006. *Sociocultural Theory and the Genesis of Second Language Development.* Oxford, England: Oxford University Press.

243. Lapkin, S., Hart, D., & Swain, M. 1995. "A Canadian Interprovincial Exchange: Evaluating the Linguistic Impact of a Three-month stay in Quebec," In B. Freed (Ed.), *Second Language Acquisition in a Study Abroad Context.* Amsterdam: John Benjamins, 67 -94.

244. Lara, A. 2014. *Complexity, Accuracy and Fluency Development Through Study Abroad Programmes Varying in Duration.* Doctorial Dissertation of Universitat Pompeu Fabra Barcelona.

245. Larsen-Freeman, D., & Cameron, L. 2008. *Complex Systems in Applied Linguistics.* Oxford, England: Oxford University Press.

246. Larsen-Freeman, D. 1978. "An ESLIndex of Development?" *TESOL Quarterly*,

12 (4): 439 -448.

247. Larsen-Freeman, D. 2006. "The Emergence of Complexity, Fluency, and Accuracy in the oral and Written Production of five Chinese Learners of English," *Applied Linguistics*, 27 (4): 590 -619.

248. Larsen-Freeman, D. 2009. "Adjusting Expectations: The study of Complexity, Accuracy, and Fluency in Second Language Acquisition," *Applied Linguistics*, 30 (4): 579 -589.

249. Larson-Hall, J., & Dewey, D. P. 2012. "Investigating the Effects of Input, Aptitude, and Motivation on Language Proficiency of Missionaries Learning Japanese as a Second Language," In L. Hansen (Ed.). *Second language acquisition abroad: The LDS missionary experience.* Amsterdam/Philadelphia: John Benjamins, 51 -90.

250. Latif, M. M. M. A. 2013. "What do we mean by Writing Fluency and how can it be Validly Measured?," *Applied Linguistics*, 34 (1): 99 -105.

251. Laufer, B., & Nation, P. 1995. "Vocabulary size and use: Lexical Richness in L2 Written Production," *Applied Linguistics*, 16 (3): 307 -322.

252. Lebel, C., &Beaulieu, C. 2011. "Longitudinal Development of Human Brain Wiring Continues From Childhood into Adulthood," *The Journal of Neuroscience*, 31: 10937 -10947.

253. Lennon, P. 1990. "InvestigatingFluency in EFL: A Quantitative Approach," *Language Learning*, 40 (3): 387 -417.

254. Lennon, P. 1995. "Assessing Short-term Change in Advanced Oral Proficiency: Problems of Reliability and Validity in Four Case Studies," ITL *Review of Applied Linguistics*, 109 -110: 75 -109.

255. Lenroot, R. K., & Giedd, J. N. "Brain Development in Children and Adolescents: Insights from Anatomical Magnetic Resonance Imaging," *Neuroscience and Bio Behavioral Reviews*, 2006, 30 (6): 718 -729.

256. Leonard, K. R., & Shea, C. E. 2017. "L2Speaking Development during Study Abroad: Fluency, Accuracy, Complexity, and Underlying Cognitive

Factors," *Modern Language Journal*, 101 (1): 1 - 15.

257. Levelt, W. 1989. *Speaking from Intention to Articulation*. Cambridge, MA: MIT Press.

258. Lewis, P. A., Rezaie, R., Brown, R., Roberts, N. & Dunbar, R. I. M. 2011. "Ventromedial Prefrontal Volume Predicts Understanding of Others and Social Network Size," *NeuroImage*, 57: 1624 - 1629.

259. Li, D., Lin, C. D., Li, T. G., Dou, D. H. & Zhou, L. Q., 2015. " The Relationship Between Cultural Identity and Self-esteem Among Chinese Uyghur College Students: The Mediating Role of Acculturation Attitudes," *Psychological Reports: Sociocultural Issues in Psychology*, 117 (1): 302 - 318.

260. Li, Q. 2014. "Differences in the Motivation of Chinese Learners of English in a Foreign and Second Language Context," *System*, 42: 451 - 461.

261. Li, S. 2014. "The Effects of Different Levels of Linguistic Proficiency on the Development of L2 Chinese Request Production During Study Abroad," *System*, 45: 103 - 116.

262. Lin, Y., &Rancer, A. S. 2003. " Ethnocentrism, Intercultural Communication Apprehension, Intercultural Willingness-to-communicate, and Intentions to Participate in and Intercultural Dialogue Program: Testing a Proposed Model," *Communication Research Reports*, 20: 62 - 72.

263. Lin, Y. 2012. *Chinese International Students' Intercultural Communication Competence and Intercultural Communication Apprehension in the USA*. Unpublished Dissertation of East Tennessee State University.

264. Lisker, L., & Abramson, A. S. 1964. A cross-language study of voicing in initial stops: Acoustical measurements. *WORD*, 20 (3): 384 - 422.

265. Liskin-Gasparro, J. 1996. "Circumlocution, Communication Strategies, and the ACTFL Proficiency Guidelines: An Analysis of Student Discourse," *Foreign Language Annals*, 29: 317 - 330.

266. Liu, C. Y. 2013. "From Language Learners to Language users: A Study of

Chinese Students in the UK," *International Journal of Applied Linguistics*, 23 (2): 123 - 143.

267. Liu, L. 2014. " Language Proficiency, Reading Development, and Learning Context," *Frontiers: The Interdisciplinary Journal of Study Abroad*, 12: 72 - 92.

268. Liu, M., Xu, W., & Ran, Q. 2015. "An Empirical Study of Writing Feedback Analysis of Non-English Majors in China with Natural Language Processing Technologies," *International Journal of e-Education, e-Business, e-Management and e-Learning*, 5 (2): 85 - 93.

269. Llanes, A., & Muñoz, C. 2013. "Age Effects in a Study Abroad Context: Children and Adults Studying Abroad and at home," *Language Learning*, 63 (1): 63 - 90.

270. Llanes, A. 2012. "The Short-and Long-term Effects of a Short Study Abroad Experience: The case of children," *System*, 40: 179 - 190.

271. Llanes, À., & Muñoz, C. 2009. "A Short stay Abroad: Does it make a Difference?" *System*, 37 (3): 353 - 365.

272. Llanes, À., & Prieto Botana, G. 2015. "Does Listening Comprehension Improve as a Result of a Short Study Abroad Experience?" *Revista Española de Lingüística Aplicada*, 28 (1): 199 - 212.

273. Llanes, À., & Serrano, R. 2011. " Length of Stay and Study Abroad: Language Gains in two Versus Three Months Abroad," *RESLA*, 24: 95 - 110.

274. Llanes, À., Tragant, E., & Serrano, R. 2012. "The Role of Individual Differences in a Study Abroad Experience: The Case of Erasmus Students," *The International Journal of Multilingualism*, 3: 18 - 42.

275. Llanes, À., Tragant, E., & Serrano, R. 2018. "Examining the role of Learning Context and Individual Differences in Gains in L2 Writing Performance: The case of Teenagers on an Intensive Study-abroad Programme," *The Language Learning Journal*, 46 (2): 201 - 216.

276. Llanes, À. 2010. Children and Adults Learning English in a Study Abroad Context. Unpublished Doctoral Dissertation of Universitat de Barcelona.

277. Long, B. L., &Anarbaeva, S. M. 2008. "Communicative Adaptability and Intercultural Communication Apprehension: Gender and Cultural Differences in College Students," *Paper presented at the annual meeting of the NCA 94th Annual Convention*, San Diego, CA.. http://citation. allacademic. com/meta/p256688_index. html.

278. Lord, G. 2009. "Second Language Awareness and Development During Study Abroad: A Case Study," *Hispania*, 92 (1): 127 – 141.

279. Lounsbury, F. G. 1954. "TransitionalProbability, Linguistic Structure and Systems of Habit-family Hierarchies," In C. E. Osgood & T. A. Sebeok (Eds). *Psycholinguistics: A Sunvy of Theory and Research Problems.* Indiana: Indiana University Press, 93 – 101.

280. Lu, X. F. 2011. "A Corpus-based Evaluation of Syntactic Complexity Measures as Indices of College-level ESL Writers' Language Development," *TESL Quarterly*, 45 (1): 36 – 62.

281. Lu, Y., & Hsu, C. 2008. "Willingness to Communicate in Intercultural Interactions Between Chinese and Americans," *Journal of Intercultural Communication Research*, 37 (2): 75 – 88.

282. Mackey, A. 2012. *Input, Interaction, and Corrective Feedback in L2 Learning.* Oxford, England: Oxford University Press.

283. Magnan, S. S., & Back, M. 2007. "Social Interaction and Linguistic gain During Study Abroad," *Foreign Language Annals*, 40: 43 – 61.

284. Martinsen, R., Baker, W., Bown, J., & Johnson, C. 2011. "The Benefits of Living in Foreign Language Housing: The Effect of Language use and Second-language Type on Oral Proficiency Gains," *The Modern Language Journal*, 95 (2): 274 – 290.

285. Martinsen, R. 2010. "Short-term Study Abroad: Predicting Changes in oral Skills," *Foreign Language Annals*, 43: 504 – 530.

286. Martinsen, R. 2011. "Predicting Changes in Cultural Sensitivity Among Students of Spanish During Short-term Study broad," *Hispania*, 94 (1):

121 – 141.

287. McCormick, T. 2018. "Psycholinguistic, Cognitive, and Usage-based Approaches to Study Abroad Research," In C. Sanz & A. Morales-Front (Eds.). *The Routledge handbook of Study Abroad research and practice.* New York, NY: Routledge, 36 – 46.

288. Meara, P. 1994. "The year Abroad and its Effects," *Language Learning Journal*, 10 (1): 32 – 38.

289. Medina-Lo'pez-Portillo, A. 2004a. "Intercultural Learning Assessment: The link Between Program Duration and the Development of Intercultural Sensitivity," *Frontiers: The Interdisciplinary Journal of Study Abroad*, X: 179 – 199.

290. Medina-Lo' pez-Portillo, A. 2004b. *College Students' intercultural Sensitivity Development as a Result of Their Studying Abroad: A Comparative Description of two Types of Study Abroad Programs.* Unpublished Dissertation of University of Maryland.

291. Mehnert, U. 1998. "The Effects of Different Lengths of time for Planning on Second Language Performance," *Studies in Second Language Acquisition*, 20: 83 – 108.

292. Mendelson, V. 2004. Spain or bust? *Assessment and Student Perceptions of Out-of-class Contact and oral Proficiency in a Study Abroad Context.* Unpublished Doctoral Dissertation of University of Massachusetts, Amherst.

293. Merkin, R. S. 2009. "Cross-cultural Differences in Approach-avoidance Communication in South Korea and the US," *Human Communication*, 12 (2): 199 – 213.

294. Milivojevic, V. 2014. *Examining the Relationship Between English as a Second Language on Self esteem, Self-efficacy, Confidence, Stress and Anxiety.* Unpublished BA Thesis of Dublin Business School, Ireland.

295. Milleret, M. 1990. "Evaluation and the Summer Language Program Abroad: A Review Essay," *The Modem Language Journal*, 74 (3): 483 – 488.

296. Milton, J. , &Meara, P. 1995. " How Periods Abroad Affect Vocabulary Growth in a Foreign Language," *ILT Review of Applied Linguistics*, 107/108: 17 -34.

297. Möhle, D. , & Raupach, M. 1987. "The Representation Problem in Interlanguage Theory," In W. Lorscher & R. Schulze (eds.). *Perspectives on Language in Performance.* Tubingen Gunter Narr, 1158 -1173.

298. Moise, C. , & Bourhis, R. 1997. "Correlates of Acculturation Orientations of Haitian and West Indian Immigrants in Montreal," *Paper presented at the Conference of the Canadian Ethnic Studies Association.* Montreal, Canada.

299. Mora, J. C. , &Valls-Ferrer. 2012. "Oral Fluency, Accuracy, and Complexity in Formal Instruction and Study Abroad Learning Contexts," *TESOL Quarterly*, 4 (46): 610 -641.

300. Mora, J. C. 2008. "Learning Context Effects on the Acquisition of a Second Language Phonology," In C. Pérez-Vidal, M. Juan-Garau, & A. Bel (Eds.). *A portrait of the young in the new multilingual Spain.* Clevedon, UK: Multilingual Matters, 241 -263.

301. Muñoz, C. (Ed.). 2006. *Age and the rate of Foreign Language Learning.* Multilingual Matters, Clevedon.

302. Muñoz, C. , & Llanes, À. 2014. "Study Abroad and Changes in Degree of Foreign Accent in Children and Adults," *The Modern Language Journal*, 98: 432 -449.

303. Möhle, D. 1984. "A Comparison of the Second Language Speech of Different Native Speakers," In H. Dechert, D. Möhle, & M. Raupach (Eds.). *Second language productions.* Tubingen: Gunter Narr, 26 -49.

304. Nelson, C. A. , deHaan, M. , & Thomas, K. M. 2015. *Neuroscience of Cognitive Development: The role of Experience and the Developing Brain.* Oboken, New Jersey: John Wiley & Sons, Inc.

305. Neuliep, J. W. , & McCroskey, J. C. 1997. "The Development of Intercultural and Interethnic Communication Apprehension Scales," *Communication*

Research Reports, 14: 145 – 156.

306. Nguyen, A. M., & Benet-Martínez, V. 2007. "Biculturalism Unpacked: Components, Individual Differences, Measurement, and Outcomes," *Soc. Pers. Psychol. Compass*, 1: 101 – 114.

307. Noels, K A., Pon, G., & Clément, R. 1996. "Language, Identity and Adjustment: The role of Linguistic Self-confidence in Acculturation Process," *Journal of Language and Social Psychology*, 15 (3): 246 – 264.

308. Noels, K. A., & Clément, R. 1996. "Communicating Across Cultures: Social Determinants and Acculturative Consequences," *Canadian Journal of Behavioural Science*, 27: 214 – 228.

309. Noels, K. A., Clément, R., & Pelletier, L. G. 2001. "Intrinsic, Extrinsic, and Integrative Orientations of French Canadian Learners of English," *Canadian Modern Language Review*, 57 (3): 424 – 42.

310. Nokelainen, H. K., & Tirri, K. 2009. "Relationship of Gender and Academic Achievement to Finnish Students' intercultural Sensitivity," *High Ability Studies*, 20 (2): 187 – 200.

311. Norris, J. M., & Ortega, L. 2009. *Applied Linguistics*, 30 (4): 555 – 578.

312. Nyaupane, G., Paris, C. & Teye, V. 2011. "Study Abroad Motivations, Destination Selection and Pre-trip Attitude Formation," *International Journal of Tourism Research*, 13 (3): 205 – 217.

313. Oh, S. 2005. "Fluency inESL Writing: Length of Writing and Length of T-unit as Measures," *Placement Test*, 1: 1 – 26.

314. Opper, S., Teichler, U., & Carlson, J. (Eds.). 1990. *Impact of Study Abroad Programme on Students and Graduates*. London: Jessica Kingsley Publishers.

315. Ortega, L. 1995. "The Effect of Planning in L2 Spanish Narratives," *Studies in Second Language Acquisition*, 21: 1 – 37.

316. Ortega, L. 2003. "Syntactic Complexity Measures and Their Relationship to

L2 Proficiency: A Research Synthesis of College-level L2 Writing," *Applied Linguistics*, 24 (4): 492 – 518.

317. Ortega, L. 2005. Methodology, epistemology, and ethics in instructed SLA research: An introduction. *The Modern Language Journal*, 89: 317 – 327.

318. O'Brien, I., Segalowitz, N., Collentine, J., & Freed, B. F. 2006. "Phonological Memory and Lexical, Narrative, and Grammatical Skills in Second-language oral Production by Adult Learners," *Applied Psycholinguistics*, 27: 377 – 402.

319. O'Brien, I., Segalowitz, N., Freed, B. F., & Collentine, J. 2007. "Phonological Memory Predicts second Language oral Fluency Gains in Adults," *Studies in Second Language Acquisition*, 29: 557 – 582.

320. O'Connell, D. 1980. "Cross-linguisticInvestigation of some Temporal Dimensions of Speech," In H. W. Dechert & M. Raupach (eds.). *Towards a cross-linguistic assessment of speech production.* Frankfurt: Lang, 23 – 28.

321. Ożańska-Ponikwia, K., & Dewaele, J. 2012. "Personality and L2 use: The Advantage of Being Openminded and Self-confident in an Immigration Context," *EUROSLA Yearbook*, 12: 112 – 134.

322. Paananen-Porkka, M. M. 2007. *Speech Rhythm in an Interlanguage Perspective: Finnish Adolescents Speaking English.* PIC monographs. Doctoral Dissertation of University of Helsinki.

323. Padilla, A. 1980. "The role of Cultural Awareness and Ethnic Loyalty in Acculturation," In A. Padilla (eds.). *Acculturation* [C]. Boulder, CO: Westview, 47 – 84.

324. Pallotti, G. 2009. "CAF: Defining, Refining and Differentiating Constructs," *Applied Linguistics*, 30 (4): 590 – 601.

325. Pan, S. 2007. "InterculturalCommunication Apprehension, Ethnocentrism and Their Relationship with Gender: A Cross-cultural Comparison Between the US and China," *Paper presented at the annual meeting of the NCA 93rd Annual Convention*, Chicago, IL. http://citation.allacademic.com/meta/p18

6785_index. html.

326. Paris, C., Nyaupane, G., & Teye, V. 2014. "Expectations, Outcomes and Attitude Change of Study Abroad Students," *Research Notes and Reports / Annals of Tourism Research*, 48: 266-291.

327. Park, M. 2006. *A Relational Study of Intercultural Sensitivity with Linguistic Competence in English-as-a-Foreign-language (EFL) Pre-service Teachers in Korea.* Unpublished Doctoral Disertation of The University of Mississippi.

328. Pellegrino, V. 1998. "Students'perspectives on Language Learning in a Study Abroad Context," In B. Freed (Ed.). *Second Language Acquisition in a Study abroad Context.* Amsterdam: Benjamins, 91-120.

329. Perry, L. B., & Southwell, L. 2011. "Developing Intercultural Understanding and Skills: Models and Approaches," *Intercultural Education*, 22 (6): 453-466.

330. Phinney, J. S. 1990. "Ethnic Identity in Adolescents and Adults: Review of Research," *Psychological Bulletin*, 108: 499-514.

331. Pienemann, M. (1998). *Language Processing and Second Language Development: Processability Theory.* Amsterdam, Netherlands: John Benjamins.

332. Polio, C. G.. 1997. "Measures of Linguistic Accuracy in Second Language Writing Research," *Language Learning*, 47 (1): 101-143.

333. Portes, A., & Rumbaut, R. G. 1990. *Immigrant America: A Portrait.* Berkeley: University of California Press.

334. Portes, P. R., & Zady, M. F. 2002. "Self-esteem in the Adaptation of Spanish-speaking Adolescents: The role of Immigration, Family Conflict, and Depression," *Hispanic Journal of Behavioral Sciences*, 24 (3): 296-318.

335. Powell, J., Lewis, P. A., Roberts, N., García-Fiñana, M., & Dunbar, R. I. M. 2012. "Orbital Prefrontal Cortex Volume Predicts Social Network size: An Imaging Study of Individual Differences in Humans," *Proc Biol Sci*, 279: 2157-2162.

336. Pérez-Vidal, C., & Barquin, E. L. 2014. "Comparing Progress in Academic

Writing After Formal Instruction and Study Abroad," In C. Pérez-Vidal (Ed.). *Language acquisition in study abroad and formal instruction contexts.* John Benjamins Publishing Company, 217 -234.

337. Pérez-Vidal, C., & Juan-Garau, M. 2004. "The Linguistic Interest of Mobility on the Written Production of Advanced Spanish/Catalan Bilingual Learners of English as an L3," *Paper presented at the Eurosla Conference.* Spain: San Sebastián.

338. Pérez-Vidal, C., & Juan-Garau, M. 2007. "Learning Context Effects and Attitudes on L3 English Written Competence After SA: Contrasting Native and Non-native Competence," *Paper presented at the 2007 Eurosla Conference.* Newcastle.

339. Pérez-Vidal, C., & Juan-Garau, M. 2009. "The Effect of Study Abroad on Written Performance," *Eurosla Yearbook*, 9: 269 -295.

340. Pérez-Vidal, C., & Juan-Garau, M. 2011. "The Effect of Context and Input Conditions on oral and Written Development: A Study Abroad Perspective," *International Review of Applied Linguistics in Language Teaching*, 49 (2): 157 -185.

341. Pérez-Vidal, C., Juan-Garau, M., & Mora, J. C. 2011. "The Effects of Formal Instruction and Study abroad Contexts on Foreign Language Development: The SALA Project," In C. Sanz & R. P. Leow (Eds). *Implicit and explicit language learning. conditions, processes and knowledge in SLA and bilingualism.* Washington, DC: Georgetown University Press, 115 -128.

342. Pérez-Vidal, C., Juan-Garau, M., Mora, J. C., & Valls-Ferrer, M. 2012. "Oral and Written Development in Formal Instruction and Study Abroad: Differential Effects of Learning Context," In Muñoz, C. (Ed.). *Intensive exposure experiences in second language learning.* Bristol: Multilingual Matters, 213 -233.

343. Pérez-Vidal, C. 2014. *Language Acquisition in Study Abroad and Formal Instruction Contexts.* John Benjamins Publishing Company.

344. Quan, T., Pozzi, R., Kehoe, S., & Menard-Warwick, J. 2018. "Spanish Heritage Language Learners in Study Abroad Across Three National Contexts," In C. Sanz & A. Morales Front (Eds.). *Routledge handbook of study abroad.* Abingdon, UK: Routledge, 329 – 343.

345. Ranta, L., & Meckelborg, A. 2013. "How much Exposure to English do International Graduate Students Really get: Measuring Language use in a Naturalistic Setting," *The Canadian Modern Language Review*, 69: 1 – 33.

346. Raupach, M. 1980. "Temporal Variables in First and Second Language Speech Production," In H. D. Dechert & M. Raupach (Eds.). *Temporal Variables in Speech.* New York: Mouton, 271 – 285.

347. Raupach, M. 1987. "Procedural Knowledge in Advanced Learners of a Loreign Language," In J. Coleman and R. Towell (eds.) *The Advanced Language Learner.* London: AFSL/CILT, 123 – 157.

348. Redfield, R., Linton, R., & Herskovits, M. J. 1936. "Memorandum on the Study of Acculturation," *American Anthropologist*, 38: 149 – 152.

349. Regan, V., Howard, M., & Lemée, I. 2009. *The Acquisition of Socialinguistic Competence in a Study Abroad Context.* Bristol, UK: Multilingual Matters.

350. Regan, V. 2003. "Sociolinguistics and Language Learning in a Study Abroad Context," *Frontiers: The Interdisciplinary Journal of Study Abroad*, 4: 61 – 90.

351. Ren, W. 2013. "The Effect of Study Abroad on the Pragmatic Development of the Internal Modification of Refusals," *Pragmatics*, 23 (4): 715 – 41.

352. Ren, W. 2014. "A Longitudinal Investigation into L2 Learners' cognitive Processes During Study Abroad," *Applied Linguistics*, 35 (5): 575 – 594.

353. Reza, A. 2015. *Fostering Intercultural Competence: Impacts of a Multi-destination Study Abroad Program.* Boston College Electronic Thesis or Dissertation.

354. Richmond, V. P., & McCroskey, J. C. 1998. *Communication: Apprehension,*

Avoidance, and Effectiveness (*5th ed.*). Boston, MA: Allyn & Bacon.

355. Riggenbach, H. 1991. "Towards an Understanding of Fluency: A Microanalysis of Nonnative Speaker Conversations," *Discourse Analysis*, 14/4: 423 - 43.

356. Roach, P. 2004. "British English: Received Pronunciation," *Journal of the International Phonetic Association*, 34 (02): 239 - 245.

357. Robb, T., Ross, S., & Shortreed, I. 1986. "Salience of Feedback on Error and its Effect on EFL Writing Quality," *TESL Quarterly*, 20 (1): 83 - 95.

358. Robson, G. 2015. "The Relationship Between WTC and oral Proficiency Measurements in the Study Abroad Context," *International Education Studies*, 8 (12): 56 - 69.

359. Rosenberg, M., Schooler C., Schoenbach, C., & Rosenberg, F. 1995. "Global Self-esteem and Specific Self-esteem: Different Concepts, Different Outcomes," *American Sociological Review*, 60: 141 - 156.

360. Rosenberg, M. 1965. *Society and Adolescent Self-image*. Princeton, NJ: Princeton University Press.

361. Rosenberg, M. 1979. *Conceiving the Self*. New York: Basic Books.

362. Rubenfeld, S., Clément, R., Lussier, D., Lebrun, M., & Auger, R. 2006. "Second Language Learning and Cultural Representations: Beyond Competence and Identity," *Language Learning*, 56 (4): 609 - 632.

363. Rubenfeld, S., Clément, R., Vinograd, J., Lussier, D., Amireault, V., Auger, R., & Lebrun, M. 2007. "Becoming a Cultural Intermediary: A Further Social Corollary of Second-language Learning," *Journal of Language and Social Psychology*, 26 (2): 182 - 203.

364. Rubio, F. 2007. *Self-esteem and Foreign Language Learning*. UK: Newcastle, Cambridge Scholars Publishing.

365. Rudd, J. E., & Lawson, D. R. 2007. *Communication in Global Business Negotiations: A Geocentric Approach* [M]. Los Angeles, CA: Sage.

366. Ruiz-Bernardo, P. , Sanchiz-Ruiz, M. L. , & Gil-Gómez, J. 2014. "Study of Intercultural Sensitivity Among Young People in the Province of Castellón, Spain," *Procedia-Social and Behavioral Sciences*, 132: 318 - 323.

367. Rumbaut, R. G. 1994. "The Crucible Within: Ethnic Identity, Self-Esteem, and Segmented Assimilation among Children of Immigrants," *International Migration Review*, 28: 748 - 94.

368. Ryan, R. M. , &Deci, E. L. 2000. "Self-determination Theory and the Facilitation of Intrinsic Motivation, Social Development, and Well-being," *American Psychologist*, 55: 68 - 78.

369. Ryan, S. 2009. "Self and Identity in L2 Motivation in Japan: The Ideal L2 self and Japanese Learners of English," In Z. Dörnyei, & E. Ushioda (Eds.). *Motivation, language identity and the L2 self.* Bristol: Multilingual Matters, 120 - 144.

370. Sajavaara, K. 1987. "Second Language Speech Production Factors Affecting Fluency," In H. W. Dechert & M. Raupach (eds): *Psycholinguistcs models of production.* New Jersey: Ablex, 45 - 65.

371. Sam, D. L. , & Berry, J. W. (eds.). 2006. *The Cambridge Handbook of Acculturation Psychology.* Cambridge, UK: Cambridge Univer. Press.

372. Sample, S. G. 2013. "DevelopingIntercultural Learners Through the International Curriculum," *Journal of Studies in International Education*, 17: 554 - 572.

373. Sanz, C. , & Morales-Front, A. (Eds.). 2018. *The Routledge Handbook of Study Abroad Research and Practice.* New York, NY: Routledge.

374. Sanz, C. 2014. "Contributions of Study Abroad Research to our Understanding of SLA Processes and Outcomes: The SALA Project, an Appraisal," In C. Pérez Vidal (Ed.), *Language acquisition in study abroad and formal instruction contexts.* Amsterdam: John Benjamins, 1 - 16.

375. Sarkar, A. , Harty, S. , Johnson, K. V. A. , Moeller, A. H. , Carmody, R. N. , Lehto, S. M. , Erdman, S. E. , Dunbar, R. I. M. , & Burnet, P. W. J. 2020, "The Role of the Microbiome in the Neurobiology of Social Be-

haviour," *Biol Rev*, in press. doi: 10.1111/brv.12603.

376. Sasaki, M. 2004. "A Multiple-data Analysis of the 3.5 – year Development of EFL Student Writers," *Language Learning*, 54: 525 – 582.

377. Sasaki, M. 2007. "Effects of Study-abroad Experiences on EFL Writers: a Multiple-data Analysis," *The Modern Language Journal*, 91 (4): 602 – 620.

378. Sasaki, M. 2009. "Changes in English as a Foreign Language Students' writing over 3.5 years: A Sociocognitive Account," In R. Manchón, (Eds.). *Writing in foreign language contexts: Learning, teaching, and research.* Multilingual Matters, Clevedon, 49 – 76.

379. Sasaki, M. 2011. "Effects of Varying Lengths of Study Abroad Experiences on Japanese EFL Students' L2 Writing Ability and Motivation: A Longitudinal Study," *TESOL QUARTERLY*, 45 (1): 81 – 102.

380. Schmidt-Rinehart, B., & Knight, S. 2004. "The Homestay Component of Study Abroad: Three Perspectives," *Foreign Language Annals*, 37: 254 – 262.

381. Schnittker, J. 2002. "Acculturation in Context: The Self-esteem of Chinese Immigrants," *Social Psychology Quarterly*, 65 (1): 56 – 76.

382. Schroeder, S. R., Lam, T. Q., & Marian, V. 2015. "LinguisticPredictors of Cultural Identification in Bilinguals," *Applied Linguistics*, 1: 1 – 27.

383. Schwartz, S. J., Unger, J. B., Zamboanga, B. L., &Szapocznik, J. 2010. "Rethinking the Concept of Acculturation: Implications for Theory and Research," *American Psychologist*, 65: 237 – 251.

384. Segalowitz, N., & Freed, B. F. 2004. "Context, Contact, and Cognition in oral Fluency Acquisition: Learning Spanish at home and Study Abroad Contexts," *Studies in Second Language Acquisition*, 26: 173 – 199.

385. Segalowitz, N. 2007. "Access Fluidity, Attention Control, and the Acquisition of Fluency in a Second Language," *TESOL Quarterly*, 41 (1): 181 – 185.

386. Segalowitz, N. 2010. *Cognitive bases of second language fluency*. New York, NY: *Routledge*.

387. Serrano, R., Llanes, A., & Tragant, E. 2016. "Examining L2 Development in two Short-term Intensive Programs for Teenagers: Study Abroad vs. 'at home'," *System*, . 57: 43 – 54.

388. Serrano, R., Llanes, À., & Tragant, E. 2011. "Analyzing the Effect of Context of Second Language Learning: Domestic Intensive and Semi-intensive Courses vs. Study Abroad in Europe," *System*, 39: 133 – 143.

389. Serrano, R., Tragant, E., & Llanes, À. 2012. "A Longitudinal Analysis of the Effects of one year Abroad," *The Canadian Modern Language Review*, 68: 138 – 163.

390. Serrano, R., Tragant, E., & Llanes. À. 2014. "Summer English Courses Abroad Versus 'at home'," *ELT Journal*, 68 (4): 397 – 409.

391. Serrano, R. S. 2011. "TheEffect of Program Type and Proficiency Level on Learners' written Production," *Revista Espanola De Linguistica Aplicada*, 24: 211 – 226.

392. Shaw, P., Kabani, N. J., Lerch, J. P., Eckstrand, K., Lenroot, R., Gogtay, N., Greenstein, D., Clasen, L., Evans, A., & Rapoport, J. L. 2008. "Neurodevelopmental Trajectories of the Human Cerebral Cortex," *The Journal of Neuroscience*, 28 (14): 3586 – 3594.

393. Sichel, H. S. 1986. "Word Frequency Distributions and Type-token Characteristics," *Mathematical Scientist*, 11: 45 – 72.

394. Skehan, P. 1996. "A Framework for the Implementation of Task-based Instruction," *Applied Linguistics*, 17 (1): 38 – 62.

395. Skehan, P. 1998. *A Cognitive Approach to Language Learning*. Oxford University Press.

396. Skehan, P. 2006. "Task and Language Performance Assessment," In M. Bygate, P. Skehan, & M. Swain (Eds.), *Researching pedagogic tasks*. Harlow, England: Longman, 167 – 85.

397. Skehan, P. 2009. "Modelling Second Language Performance: Integrating Complexity, Accuracy, Fluency, and Lexis," *Applied Linguistics*, 30 (4): 510 – 532.

398. Soltani, A. 2014. "Impact of Ethnic Background on Iranian EFL University Students' Intercultural Sensitivity Level," *Procedia-Social and Behavioral Sciences*, 136: 222 – 227.

399. Stevens, J. 2001. "Study Abroad Learners' acquisition of the Spanish Voiceless Stops," *MIFLC Review*, 10: 137 – 151.

400. Stevens, J. 2011. "Vowel Duration in Second Language Spanish Vowels: Study Abroad Versus At-home Learners," *Arizona Working Papers in SLA & Teaching*, 8: 77 – 104.

401. Storch, N., & Hill, K. 2008. "What Happens to International Students' English After one Semester at University?" *Australian Review of Applied Linguistics*, 31 (1): 1 – 17.

402. Storch, N., & Tapper, J. 2009. "The Impact of an EAP Course on Postgraduate Writing," *Journal of English for Academic Purposes*, 8 (3): 207 – 223.

403. Storch, N. 2007. "Development in L2 Writing after a Semester of Study in an Australian University," *Language Teaching*, 3 (2): 173 – 190.

404. Storch, N. 2009. "The Impact of Studying in a Second Language (L2) Medium University on the Development of L2 Writing," *Journal of Second Language Writing*, 18: 103 – 118.

405. Strangert, E. 1991. "Pausing in Texts read aloud," In: Congress Committee and Organizing Committee (Ed.) *Proceedings of the 12th International Congress of Phonetic Sciences, 19 – 24 August 1991*. Aix-en-provence: Université de Provence, 238 – 241.

406. Su, Y. C. 2011. "The Effects of the Cultural Portfolio Project on Cultural and EFL Learning in Taiwan's EFL College Classes," *Language Teaching Research*, 15 (2): 230 – 252.

407. Suanet, I. , & Van De Vijver, F. J. R. 2009. "Perceived Cultural Distance and Acculturation Among Exchange Students in Russia," *Journal of Community &Applied Social Psychology*, 19: 182 – 197.

408. Sullivan, C. , &Kashubeck-West, S. 2015. "The Interplay of International Students' Acculturative Stress, Social Support, and Acculturation Modes," *Journal of International Students*, 5 (1): 1 – 11.

409. Sunderman, G. , & Kroll, J. F. 2009. "When Study Abroad Experience Fails to Deliver: The Internal Resources Threshold Effect," *Appl Psycholinguist*, 30 (1): 79 – 99.

410. Taguchi, N. 2008. "Cognition, Language Contact, and the Development of Pragmatic Comprehension in a Study-abroad Context," *Language Learning*, 58 (1): 33 – 71.

411. Tavakoli, P. , & Foster, P. 2008. "Task Design and Second Language Performance. The Effect of Narrative Type on Learner Output," *Language Learning*, 58 (2): 439 – 473.

412. Teichler, U. , & Steube, W. 1991. "The Logics of Study Abroad Programmes and Their Impacts," *Higher Education*, 21: 325 – 349.

413. Temple, L. 1992. "Dysfluencies in Learner Speech," *Australian Review of Applied Linguistics*, 15: 29 – 44.

414. Tokowicz, N. , Michael, E. , & Kroll, J. 2004. "The Roles of Study-abroad Experience and Working-memory Capacity in the Types of Errors made during Translation," *Bilingualism: Language and Cognition*, 7 (3): 255 – 272.

415. Tominaga, J. , Gudykunst, W. B. , & Ota, H. 2003. "Perceptions of Effective Communication in the United States and Japan," *Papers presented at the International Communication Association conference*, San Diego, California.

416. Towell, R. , Hawkins, R. , & Bazergui, N. 1996. "The Development of Fluency in Advanced Learners of French," *Applied Linguistics*, 17 (1): 84 – 119.

417. Towell, R. 1987. Approaches to the analysis of the oral language development of the advanced learner. In J. Coleman & R. Towell (eds.) *The Advanced*

Language Learner (157 - 181). London: AFLS/CILT.

418. Towell, R. 2002. "Relative Degrees of Fluency: A Comparative case Study of Advanced Learners of French," *International Review of Applied Linguistics*, 40: 117 - 150.

419. Tyler, A. 2012. *Cognitive Linguistics and Second Language Learning.* New York, NY: Routledge.

420. Ullakonoja, R. 2009. *Fluency development in L2 during study abroad: Finnish students of Russian.* Doctorial dissertation of University of Jyväskylä.

421. Ullman, C., & Tatar, M. 2001. "PsychologicalAdjustment Among Israeli Adolescent Immigrants: A Report on life Satisfaction, Self-concept, and Self-esteem," *Journal of Youth and Adolescence*, 30 (4): 449 - 463.

422. Ullman, M. T. 2004. "Contributions of Memory Circuits to Language: The Declarative/Procedural Model," *Cognition*, 92 (1 - 2): 231 - 270.

423. Uppstad, P. H., & Solheim, O. J. 2007. Aspects of fluency in writing. *Journal of Psycholinguistic Research*, 36 (2): 79 - 87.

424. Uppstad, P. H., & Wagner, Å. K. H. 2006. "Approaching the Skill of Writing," In L. V. Waes, M. Leijten, & C. Neuwirth (Eds.), *Writing and digital media.* Elsevier, 236 - 251.

425. Valls-Ferrer, M. 2008. *Language Acquisition During a stay Abroad Period Following Formal Instruction.* Doctorial Dissertation of University of Pompeu Fabra Barcelona.

426. Vande Berg, M., Paige, R. M., & Lou, K. H. 2012. *Student Learning Abroad: What our Students are Learning, What they're not, and What We Can do about it.* Sterling, VA: Stylus Publications.

427. VanPatten, B. (Ed.). 2004. *Processing Instruction: Theory, Research, and Commentary.* Mahwah, NJ: Lawrence Erlbaum.

428. Vermeer, A. 2000. "Coming to Grips with Lexical Richness in Spontaneous Speech data," *Language Testing*, 17 (1): 65 - 83.

429. Verspoor, M., & Sauter, K. 2000. *English Sentence Analysis.* e-Book ISBN

9789027297976.

430. Verspoor, M. , de Bot, K. , & Lowie, V. (Eds.). 2011. *A Dynamic Approach to Second Language Development*. Amsterdam, Netherlands: John Benjamins.

431. vonStutterheim, C. , & Klein, W. 1987. "A Concept-oriented Approach to Second Language Studies," In C. W. Pfaff (Ed.). *First and second language acquisition processes*. Cambridge, MA: Newbury House, 191 - 205.

432. Waes, L. V. , & Leijten, M. 2015. "Fluency in Writing: a Multidimensional Perspective on Writing Fluency Applied to L1 and L2," *Computers & Composition*, 38: 79 - 95.

433. Wang, Y. 2004. "PursuingCross-cultural Graduate Education: A Multifaceted Investigation," *International Education*, 33: 52 - 72.

434. Weigle, S. C. 2002. *Assessing Writing*. Cambridge University Press.

435. West, L. C. 2009. *Evaluating the Intercultural Sensitivity Scale with Counselors in International Schools*. Ph. D. Dissertation of Regent University.

436. White, L. 1989. *Universal Grammar and Second Language Acquisition*. Amsterdam, Netherlands: John Benjamins.

437. Whitworth, K. F. 2007. *Access to Language Learning During Study Abroad: The Roles of Identity and Subject Positioning*. Unpublished Doctoral Dissertation of The Pennsylvania State University, University Park.

438. Wiese, R. 1984. "Language Production in Foreign and Native Languages: Same or Different?" In H. W. Dechert, D. Möhle & M. Raupach (Eds.). *Second Language Productions*. Tübingen: Gunter Narr, 11 - 26.

439. Wigglesworth, G. , & Storch, N. 2009. "Pair Versus Individual Writing: Effects on Fluency, Complexity and Accuracy," *Language Testing*, 26 (3): 445 - 466.

440. Wilkinson, S. 1998. "Study Abroad from the Participants' Perspective: A Challenge to Common Beliefs," *Foreign Language Annals*, 31: 23 - 36.

441. Willis, F. , Doble, G. , Sankarayya, U. , & Smithers, A. 1977. "Resi-

dence Abroad and the Student of Modern Languages: A Preliminary Survey," *Bradford, UK: Modern Languages Centre, University of Bradford.*

442. Wolfe-Quintero, K., Inagaki, S., & Kim, H. 1998. *Second Language Development in Writing: Measures of Fluency, Accuracy & Complexity.* Second Language Teaching & Curriculum Center, University of Hawai'i at Mānoa; Distributed by University of Hawai'i Press.

443. Worp, K. 2011. *Language Development Abroad: Development of Complexity, Accuracy and Fluency in Spanish Writing Skills of International Students Abroad.* Unpublished Dissertation of University of Groningen.

444. Wu, H., & Zhang, L. J. 2017. "Effects of Different Language Environments on Chinese Graduate Students' Perceptions of English Writing and Their Writing Performance," *System*, 65: 164 – 173.

445. Yager, K., 1998. "Learning Spanish in Mexico: The Effect of Informal Contact and Student Attitudes on Language gain," *Hispania*, 81 (4): 898 – 913.

446. Yang, J. S., & Kim, T. Y. 2011. "SocioculturalAnalysis of Second Language Learner Beliefs: A Qualitative case Study of two Study-abroad ESL Learners," *System*, 39 (3): 325 – 334.

447. Yang, W., Lu, X., &Weigle, S. C. 2015. "Different Topics, Different Discourse: Relationships Among Writing Topic, Measures of Syntactic Complexity, and Judgments of Writing Quality," *Journal of Second Language Writing*, 28: 53 – 67.

448. Yashima, T., & Zenuk-Nishide, L. 2008. "The Impact of Learning Contexts on Proficiency, Attitudes, and L2 Communication: Creating an Imagined International Community," *System*, 36: 566 – 585.

449. Yashima, T. 2000. "Orientations and Motivation in Foreign Language Learning: A Study of Japanese College Students," *JACET Bulletin*, 31: 121 – 133.

450. Yim, S. Y. 2014. "An Anxiety Model for EFL Young Learners: A path Anal-

ysis," *System*, 42: 344 -354.

451. Yu, B., & Watkins, D. A. 2008. "Motivational and Cultural Correlates of Second Language Acquisition: An Investigation of International Students in the Universities of the People's Republic of China," *Australian Review of Applied Linguistics*, 31 (2): 1 -17.

452. Zampini, M. L., & Green, K. P. 2001. "The Voicing Contrast in English and Spanish: The Relationship Between Perception and Production," In J. Nicol (ed.). *One mind, two languages*. Oxford: Blackwell, 23 -48.

453. Zhang, Z. B., &Brunton, M. 2007. "Differences in Living and Learning: Chinese International Students in New Zealand," *Journal of Studies in International Education*, 11: 124 -140.

附件 1

写作任务

I Pretest-Writing: Description and Narrative Task（叙述任务）: For this task, you will be completing a personal narrative（150 字或以上）in 30 minutes.

姓名: ________ 班级: ________ 出生年月: ________

性别: ________ 座位号: ________

My Best Friend

____

____

____

____.

II Posttest: Writing: Narrative Task（叙述任务）: For this task, you will be completing a personal narrative（150 字或以上）in 30 minutes.

姓名: ________ 班级: ________ 出生年月: ________

性别: ________ 座位号: ________

My Favorite Teacher

____

____

____

____.

附件 2

口语任务

I Pre-test-Description Tasks：Part 1：Describe this picture in 3 minutes，you have 1 minute to prepare.

II Post-test Description Tasks：Part 1：Describe this picture in 3 minutes, you have 1minute to prepare.

III Pre-test-Narration Tasks：Part 2："Playing Ball"：Please tell a story for 5 minutes about what has happened. You have 2 minutes to prepare.

IV Posttest-Narration Tasks: Part 2: "Friendly Dog". Please tell a story for 5 minutes about what has happened. You have 2 minutes to prepare.

open

J·BELL
TOYS

附件 3

语言技能调查问卷

姓名：________ 班级：________ 出生年月：________

性别：________ 座位号：________

I 请根据自己实际情况对自己的英语技能水平进行自我评估。

A English proficiency subscales：请按 1～10 分打分，1 代表完全不符合情况，10 代表完全符合情况。

1. In face-to-face interaction with an English speaker, I can participate in a conversation at a normal speed. (　　)

2. I know the necessary strategies to help maintain a conversation with an English speaker. (　　)

3. I feel comfortable using English in my English class. (　　)

4. I can watch English news or English films without subtitles. (　　)

5. I understand the meaning of common idiomatic expressions used by English speakers. (　　)

6. I can understand when two native English speakers talk at a normal speed. (　　)

7. I can understand English magazines, newspapers, and popular novels. (　　)

8. I can draw inferences/conclusions from what I read in English. (　　)

9. I can figure out the meaning of unknown words in English from context. (　　)

10. I can easily write business and personal letters in English and can always

find the right words to convey what I want to say. (　　)

11. I can fill in different kinds of application forms in English such as a bank account application. (　　)

12. I can write a short essay in English on a topic of my knowledge. (　　)

B English skills：请按听、说、读、写四个方面进行自我评估，按 1 ~ 10 分打分，1 代表对此技能掌握得极差，10 代表掌握得极好。

1. Speaking (　　)
2. Listening (　　)
3. Reading (　　)
4. Writing (　　)

II 请根据单词形态、参考例句将以下各个单词的词根用下画线标注出来。以下 A 与 B 为示例。

Example：A. Teacher

B. Undamaged

1. Noncombatant	2. Mistreating	3. Allegorical	4. Believable
5. Discredited	6. Unmitigated	7. Correspondence	8. Decadence
9. Hypothetically	10. Explanatory	11. Impiety	12. Presumptuous
13. Readmission	14. Indefatigable	15. Bedevilment	16. Diversification
17. Enduring	18. Detestable	19. Reciprocity	20. Commendable
21. Irreverent	22. Provocation	23. Despicable	24. Expensive
25. Protestation	26. Licensure	27. Despotism	28. Incomparable
29. Apparently	30. Fundamental	31. Liberation	32. Demolition
33. Improvisational	34. Contender	35. Reacting	36. Operationalize
37. Presentiment	38. Bravery	39. Indecision	40. Opacity
41. Incessant	42. Demotion	43. Reforestation	44. Dependable
45. Obliterating	46. Addressing	47. Coordination	48. Discovery
49. Placidity	50. Defamation		

III 请根据字形、参考例句判断以下英语单词是正确的还是错误的，请在你认为是正确的单词下面画"√"，在错误的字下画"×"。以下第一行

为示例。

Example:

Resourse	accommodation
(×)	(√)

scair (1)	prescient (　)	grone (　)	demiurge (　)	condence (　)	complimant (　)	crevise (7)
cantical (8)	chauffeur (　)	repartee (　)	mannequin (　)	navigater (　)	roat (　)	moccasin (14)
contemptable (15)	leutenant (　)	commodious (　)	tomalley (　)	deamon (　)	fayne (　)	rackoon (21)
asseigh (22)	abscond (　)	pendulumn (　)	ustulate (　)	wanten (　)	gork (　)	nebbish (28)
paroxism (29)	transister (　)	ramous (　)	napifor (　)	extirpate (　)	vilipend (　)	nostrels (35)
apotheosis (36)	exort (　)	gauche (　)	comit (　)	gainsay (　)	sluggerd (　)	maunder (42)
encomium (43)	aplause (　)	marplot (　)	enervate (46)			

IV **请根据语法、参考例句判断以下英语句子是正确的还是错误的，请在你认为是正确的句子前面画“√”，在错误的句子前面画“×”。以下A与B为示例。**

Example:

× **A. John F. Kennedy was President of United States in 1961.**

√ **B. Please do not smoke until after the plane has taken off.**

1. Susan is more intelligent than Mary.

2. The boat that my father bought it has sunk.

3. Naturally, as a beginner, he isn't a good driver yet.

4. We entered for a contract with a Japanese firm.

5. An accident was happened on the motorway.

6. Heavy storms occurred in the area this summer which caused serious damage to the crops.

7. If you travel often, keep a collection of necessities pre-packed.

8. He reported his father the bad news.

9. The line can't have been engaged all the time. There could be a fault on it.

10. It is a good idea not to permit smoking in this area.

11. She always test drives several different cars.

12. We carved their names on the stone so that future generations might know what they had done.

13. My boss is a very considerate person, what his predecessor was not at all.

14. The boys went to bed late last night, is it?

15. Excessive exposure to violence on TV is more harmful to children than expected.

16. If he hadn't come to New Zealand, he will stay in Japan.

17. She always compares different makes and models carefully.

18. It was at the party that Jack revealed Tom's scandal.

19. Have you finished the assignment the teacher gave us last week yet?

20. I've won a holiday for two to Florida. I take my mum.

21. Kim went to the school to speak to her children teacher.

22. Traffic accidents often occur at crossroads.

23. If it had not been for the quick action of a neighbor, the fire would have spread to the other floors.

24. I saw very funny movie last night.

25. I am surprised that you should have been fooled by such a simple trick.

26. I have been studying English since a long time.

27. Twenty horses that were to be trained for riding were put into the corral.

28. Don't mention that at the beginning of the story, or it may give away the

shocking ending.

V 请根据语义、参考例句把以下英语句子中缺少的单词填写出来，横线前字母为该英语单词的前几个字母。以 A 与 B 为示例。

Example：

A. He was riding a bicycle.

B. The dress you are wearing is lovely.

1. This work is not up to your usu ________ standard.

2. After two years in the Army, he received the rank of lieu ________.

3. The statue is made of mar ________.

4. Some aristocrats believed that blue blood flowed through their ve ________.

5. The secretary assi ________ the boss in organizing the course.

6. The telegram was deli ________ two hours after it had been sent.

7. People were whir ________ round on the dance floor.

8. We'll have to be inventive and de ________ a scheme for earning more money.

9. You must wear a bathing suit on a public beach. You're not allowed to be na ________.

10. He perc ________ a light at the end of the tunnel.

11. The garden was full of fra ________ flowers.

12. Many people feel depressed and gl ________ about the future of the mankind.

13. She has been changing partners often because she cannot have a sta ________ relationship with one person.

14. She wanted to marry nobility: a duke, a baron, or at least a vis ________.

15. She showed off her sle ________ figure in a long narrow dress.

16. She has contributed a lot of money to various charities. She is known for her generosity and bene ________.

17. He has a successful car ________ as a lawyer.

18. The thieves threw ac ________in his face and made him blind.

19. Many people are inj ________in road accidents every year.

20. She wore a beautiful green go ________to the ball.

21. The government tried to protect the country's industry by reducing the imp ________of cheap goods.

22. The children's games were amusing at first, but finally got on the parents' ner ________.

23. The lawyer gave some wise coun ________to his client.

24. Children are not independent. They are att ________to their parents.

25. The farmer sells the eggs that his he ________lays.

26. Sudden noises at night sca ________me a lot.

27. Phil ________examines the meaning of life.

28. A considerable amount of evidence was accum ________during the investigation.

VI 请将以下固定搭配译为中文。

1. in light of ________________
2. in any case ________________
3. to begin with ________________
4. by virtue of ________________
5. given that ________________
6. in terms of ________________
7. for the time being ________________
8. to tell the truth ________________
9. something like that ________________
10. that kind of thing ________________
11. take into account ________________
12. to sum up ________________
13. to break down ________________
14. have nothing to do with ________________

15. the fact is ________________

16. as far as ________________

17. in addition to ________________

18. come up with ________________

19. with regard to ________________

20. comply with ________________

21. on the whole ________________

22. as a result of ________________

23. at any rate ________________

24. refer to ________________

25. to start with ________________

26. to make a point ________________

27. as a matter of fact ________________

28. take your time ________________

附件 4

ACTFL 语言使用情况量表

姓名：________ 班级：________ 出生年月：________

性别：________ 留学时长：________ 留学国家：________

请根据自身情况如实填写

I Directions：Please rate yourself on how often you perform the following tasks IN THE LANGUAGE YOU ARE LEARNING.

Never	Hardly ever	Sometimes	Often	Very often
1	2	3	4	5

How often do you：

1. initiate conversations 1 2 3 4 5

2. actively participate in formal conversations 1 2 3 4 5

3. actively participate in informal conversations 1 2 3 4 5

4. apologize 1 2 3 4 5

5. code switch（switch between Chinese and the language you are learning） 1 2 3 4 5

6. complain about a situation 1 2 3 4 5

7. discuss your daily activities 1 2 3 4 5

8. discuss your personal information，including yourself，home，daily activities，interests，and personal preferences 1 2 3 4 5

9. elaborate on your ideas 1 2 3 4 5

10. employ conversational strategies like rephrasing 1 2 3 4 5

11. explain something in detail 1 2 3 4 5

12. use generic vocabulary 1 2 3 4 5

13. have predictable conversations 1 2 3 4 5

14. hypothesize 1 2 3 4 5

15. narrate (talk at the paragraph level vs. sentence-level interactions) e. g. , tell stories instead of asking/answering simple questions 1 2 3 4 5

16. participate in formal conversations on professional, and abstract topics 1 2 3 4 5

17. participate in informal conversations on practical matters 1 2 3 4 5

18. respond to direct questions 1 2 3 4 5

19. self-correct 1 2 3 4 5

20. debate topics and support your opinions 1 2 3 4 5

21. talk about yourself or your family 1 2 3 4 5

22. translate literally from Chinese to the language you are learning 1 2 3 4 5

23. use cohesive devices (conjunctions to connect your language) 1 2 3 4 5

24. use communicative strategies, such as pause fillers, stalling devices, and different rates of speech until you can think of what to say 1 2 3 4 5

II Confidence Survey

Directions: Please rate yourself on how comfortable you feel performing the following tasks IN THE LANGUAGE YOU ARE LEARNING.

Very uncomfortable	1
Somewhat uncomfortable	2
Neutral	3
Somewhat comfortable	4
Very comfortable	5

How comfortable do you feel:

1. communicating with someone who uses a different regional dialect than what you speak 1 2 3 4 5

2. completing language tasks relating to work, school, recreation, interests, and the areas you are competent in 1 2 3 4 5

3. discussing routine topics 1 2 3 4 5

4. handling complications or challenges 1 2 3 4 5

5. linking your ideas to what others are saying 1 2 3 4 5

6. narrating (talking at the paragraph level; telling stories) 1 2 3 4 5

7. speaking with native speakers who are not used to speaking with nonnative speakers 1 2 3 4 5

8. using communicative strategies such as circumlocution 1 2 3 4 5

9. using the major tenses 1 2 3 4 5

10. distinguishing main ideas from supporting information 1 2 3 4 5

11. resolving problems in communication when you didn't expect the situation to change like it did 1 2 3 4 5

12. using rich, descriptive vocabulary 1 2 3 4 5

13. using the correct tenses and aspects 1 2 3 4 5

附件 5

语言接触量表

姓名：________ 班级：________ 出生年月：________

性别：________ 留学时长：________ 留学国家：________

请根据自身情况如实填写

1. Which situation best describes your living arrangements while in Abroad?

a. ____I lived in the home of a English-speaking family.

i. List the members of the family (e. g. , mother, father, one4 – year-old daughter, one 13 – year-old son): ________________

ii. Did they speak English? Circle one: Yes/No

iii. Were there other nonnative speakers of English living with your host family?

Circle one: Yes/No

b. ____I lived in the student dormitory.

i. I had a private room.

ii. I had a roommate who was a native or fluent English speaker.

iii. I lived with others who are NOT native or fluent English speakers.

c. ____I lived alone in a room or an apartment.

d. ____I lived in a room or an apartment with native or fluent English speakers.

e. ____I lived in a room or an apartment with others who are NOT native or fluent English speakers.

f. ____Other. Please specify: ________________

For the following items, please specify: How many days per week you typically used English in the situation indicated and on average how many hours per day you did so. Circle the appropriate numbers.

2. On average, how much time did you spend speaking, in English, outside of class with native or fluent English speakers while abroad?

Typically, how many days per week? 1 2 3 4 5 6 7

On those days, typically how many hours per day?

0 – 1 1 – 2 2 – 3 3 – 4 4 – 5 more than 5 *

3. While abroad, outside of class, I tried to speak English to:

a. my instructor

b. friends who are native or fluent English speakers

c. classmates

d. strangers with whom I thought could speak English

e. a host family, English roommate, or other English speakers in the dormitory

f. service personnel

g. other (specify): ________________

4. How often did you use English outside the classroom for each of the following purposes?

a. to clarify classroom-related work

b. to obtain directions or information (e. g., "Where is the post office?", "What time is the train to...?", "How much are stamps?")

c. For superficial or brief exchanges (e. g., greetings, "Please pass the salt," "I'm leaving," ordering in a restaurant) with my host family, English roommate or acquaintances in a English-speaking dormitory.

d. extended conversations with my host family, English roommate, friends or acquaintances in a English-speaking dormitory, native speakers of Chinese with whom I speak English.

5. How often did you try deliberately to use things you were taught in the classroom (grammar, vocabulary, expressions) with native or fluent speakers outside the classroom?

6. How much time did you spend doing the following each week?

a. speaking a language other than Chinese or English to speakers of that language (e. g. , French with a French-speaking friend)

b. speaking English to native or fluent speakers of English

c. speaking Chinese to native or fluent speakers of English

d. speaking English to nonnative speakers of English i. e. , classmates!

e. speaking Chinese to nonnative speakers of English i. e. , classmates!

f. speaking English to a language exchange partner from the university. (If you did not participate in the language exchange program mark N/A below.)

7. How much time did you spend doing each of the following activities outside of class?

a. overall, in reading in English outside of class

b. reading English newspapers outside of class

c. reading novels in English outside of class

d. reading English language magazines outside of class

e. reading schedules, announcements, menus, and the like in English outside of class

f. reading e-mail or Internet web pages in English outside of class

g. overall, in listening to English outside of class

h. listening to English television and radio outside of class

i. listening to English movies or videos outside of class

j. listening to English songs outside of class

k. trying to catch other people's conversations in English outside of class

l. overall, in writing in English outside of class

m. writing homework assignments in English outside of class

n. writing personal notes or letters in English outside of class

o. writing e-mail in English outside of class

p. filling in forms or questionnaires in English outside of class

8. On average, how much time did you spend speaking in Chinese outside of class while abroad?

9. How often did you do the following activities in Chinese during your time abroad?

a. reading newspapers, magazines, or novels or watching movies, television, or videos

b. reading e-mail or Internet web pages in Chinese

c. writing e-mail in Chinese

d. writing personal notes and letters in Chinese

附件 6

写作访谈问题

采访者：________ 被采访者：________ 性别：________

专业年级：________ 出国时长：________

开场白：同学你好，首先，非常感谢你能参与本次采访，这次采访大概需要占用你 30 分钟的时间。听说你刚留学回来，那么对留学期间的经历一定记忆犹新。今天的采访主要是关于留学期间的英语使用情况，下面请你谈谈自己的相关经历。好的，现在采访开始。

1. 请问你是哪个专业的学生？学习英语多长时间了？你对英语学习感兴趣吗？为什么？

2. 请问你是什么时间出国留学的，一共在国外待了多久，能谈谈你刚到国外时的感受吗？

3. 你留学期间在哪里居住？和寄宿家庭或者室友交流情况如何？你和当地人接触的多吗？平时都和谁在一起行动？

4. 你的主要课程是怎样安排的呢？一周有几节课？你对所学课程感兴趣吗？课程的主要特点是什么？老师的授课方式是怎样的呢？这些课程对你的写作能力影响大吗？

5. 课堂气氛活跃吗？在课堂上你积极发言吗？能谈一谈你在课上和老师、同学的互动吗？

6. 你们课程作业多吗？你在课下会认真完成老师布置的作业吗？除了这些，你会自己主动学习吗？阅读和写作接触的多吗？

7. 能谈谈你是在什么情况下进行写作吗？你在课下经常用英语进行写作吗？

8. 你多久写一次小论文、报告？老师或者本族语者会对你写作中的一些错误进行反馈吗？你愿意写作吗？

9. 留学期间用英文进行写作和国内学习时写作有什么区别吗？你比较注重哪些方面呢？词汇，语法？会注意行文流畅吗？会用比较复杂的结构吗？

10. 留学期间的课程对你的写作有影响吗？主要表现在哪些方面呢？

11. 平时用英文写邮件时都是给谁写的呢？会经常用英文发微博，发朋友圈吗？你觉得对你的写作有没有什么影响呢？

12. 能谈谈你的日常活动吗？你在课下经常用英语进行交流吗？都是在什么情景下，大概一周会有多长时间呢？

13. 经过这次出国留学，你有结交一些当地的好朋友吗？你们是怎么认识的，在一起都会做些什么？

14. 出国前都是在什么情况下用英语写作呢，有机会接触到外国人或者外教吗？出国后用英文进行写作机会多一些吗？

15. 你认为出国后你的英语水平有提高吗，就听说读写四个方面而言，哪个最显著？

16. 你认为这次出国留学对你的词汇量有什么影响吗，比如使用更多样的词汇和更丰富的表达？

17. 你认为出国留学期间你的写作有进步吗？有学到一些新的表达方法吗？或者新的语法知识吗？和本族语者相比，你们的写作有什么区别吗？会慢慢地倾向于他们的写作习惯吗？

18. 你跟别人用英语交流是会更加注重说得比较快，还是比较准确？会用一些结构很复杂的句子吗？

19. 用英文进行写作时，会将在国内学习到的语法知识用起来吗？之前国内所上的课程对你在留学期间的写作有影响吗？

20. 用英文进行写作时，会将在留学期间课程中或者日常生活中学习到的新的语言表达和知识有效运用起来吗？

21. 出国留学期间你有遇到什么困难吗，有向他人寻求过帮助吗？

22. 留学期间你经历的让你印象最深的事是什么？

23. 你认为这次出国留学经历给你最大的收获是什么？

24. 最后，谈谈你对未来出国留学的学生以及国外接待留学生的学校的一些建议吧！

结束语：再次感谢你参与此次访谈，谢谢！

附件 7

口语访谈问题

采访者：________ 被采访者：________ 性别：________

专业年级：________ 出国时长：________

开场白：同学你好，首先，非常感谢你能参与本次采访，这次采访大概需要占用你 30 分钟的时间。听说你刚留学回来，那么对留学期间的经历一定记忆犹新。今天的采访主要是关于留学一年期间自己的相关经历。好的，现在采访开始。

1. 请问你是哪个专业的学生？学习英语多长时间了？你对英语学习感兴趣吗？为什么？

2. 请问你是什么时间出国留学的，一共在国外待了多久，能谈谈你刚到国外时的感受吗？

3. 你留学期间在哪里居住？和寄宿家庭或者室友交流情况如何？你和当地人接触的多吗？平时都和谁在一起行动？

4. 你的主要课程是怎样安排的呢？一周有几节课？你对所学课程感兴趣吗？课程的主要特点是什么？老师的授课方式是怎样的呢？

5. 课堂气氛活跃吗？在课堂上你积极发言吗？能谈一谈你在课上和老师同学的互动吗？

6. 你们课程作业多吗？你在课下会认真完成老师布置的作业吗？除了这些，你会自己主动学习吗？阅读和写作接触的多吗？

7. 能谈谈你的日常活动吗？你在课下经常用英语进行交流吗？都是在什么情景下？大概一周会有多长时间呢？

8. 经过这次出国留学，你有结交一些当地的好朋友吗？你们是怎么认识的，在一起都会做些什么？

9，出国前都是在什么情况下用英语呢，有机会接触到外国人或者外教吗？出国后交流机会多一些吗？

10. 你认为出国后你的英语水平有提高吗，就听说读写四个方面而言，哪个最显著？

11. 你认为这次出国留学对你的词汇量有什么影响吗，比如使用更多样的词汇和更丰富的表达？

12. 你认为出国留学期间你的口语有进步吗？有学到一些新的表达方法吗？

13. 你跟别人用英语交流是会更加注重说得比较快，还是比较准确？会用一些结构很复杂的句子吗？

14. 出国留学期间你有遇到什么困难吗，有向他人寻求过帮助吗？

15. 留学期间你经历的让你印象最深的事是什么？

16. 你认为这次出国留学经历给你最大的收获是什么？

17. 最后，谈谈你对未来出国留学的学生以及国外接待留学生的学校的一些建议吧！

结束语：再次感谢你参与此次访谈，谢谢！

国内学习访谈问题

开场白：同学你好，首先，非常感谢你能参与本次采访，这次采访大概需要占用你 30 分钟的时间。今天的采访主要是关于这一年的英语学习和口语练习情况，下面请你谈谈自己的相关经历。好的，现在采访开始。

1. 请问你是哪个专业的学生？学习英语多长时间了？你对英语学习感兴趣吗？为什么？

2. 请问你这学期都上了些什么英语课程？一周有几节课？你对所学课程感兴趣吗？课程的主要特点是什么？老师的授课方式是怎样的呢？

3. 你平常有机会跟英语母语者用英语沟通吗？有机会参加一些英语角之类的活动吗？

4. 课堂你们用英语跟老师沟通还是汉语？能谈一谈你在课上和老师、同学的互动吗？

5. 你们英语课程作业多吗？你在课下会认真完成老师布置的作业吗？除了这些，你会自己主动学习吗？阅读和写作接触的多吗？

7. 能谈谈你的日常活动吗？你在课下经常用英语进行交流吗？都是在什么情景下，大概一周会有多长时间呢？

8. 你认为这一年你的英语水平有提高吗，就听说读写四个方面而言，哪个最显著？

9. 你认为这一年的学习对你的词汇量有什么影响吗，比如使用更多样的词汇和更丰富的表达？

10. 你认为这一年期间你的口语有进步吗？有学到一些新的表达方法吗？

11. 你跟别人用英语交流是会更加注重说得比较快，还是比较准确？会用一些结构很复杂的句子吗？

12. 你认为你口语准确度高吗？如果不高的话通常会犯一些什么类型的错误？为什么会犯这些错误？

13. 你会不会在口语交际中使用一些类似“eh，um”这样的停顿或者重复或替代自己所说的话来为自己多争取一点时间。

14. 你觉得自己在口语交际中，停顿多吗？为什么停顿？

结束语：再次感谢你参与此次访谈，谢谢！

附件 8

写作数据分析编码方案

I. clauses and T-units 编码方案

本编码方案改编自 Polio（1997）（附录 C）以及 Cummings et al.（2006）（附录 C）。

a. A T-unit equals an independent clause with all its dependent clauses.

例：My school, which I liked very much, was in Saudi Arabia.

1 T-unit = 1T

1 clause/1clause/（continuation of 1st clause） = 2C

Number of clauses/T = 2.0

b. A clause equals an overt subject and a finite verb. The following are to be counted as only one clause（and of course, one T-unit）each:

例：He left the house and drove away.

例：He wanted John to leave the house.

c. Run-on sentences and comma splices have as many T-units are there independent clauses.

*** count run-on sentences and comma splices as two T-units with an error in the first T-unit（算成一个句法错误）.

例：My school was in Saudi Arabia, I liked it very much.

1 T-unit/1T-unit = 2T

1clause/1clause = 2C

1error/1error-free

*** If several comma-splices occur in a row, count only the last as error-free. (error)

例：My school was in Saudi Arabia, I liked it very much, I will always remember it.

1T-unit/1T-unit/1T-unit = 3T.

1 clause/1clause/1clause = 3C.

1 error-free/1error-free/1 error.

d. Follow these rules for sentence fragments:

1. If the verb or copula is missing, count the sentence as one T-unit (and, of course, as one clause) with an error (句法错误).

例：My school the best in Saudi Arabia.

1T-unit with error

1clause with error

2. If an noun phrase (NP) is standing alone, attach it to the preceding or following T-unit as appropriate with an error.

例：My school in Saudi Arabia, I like it very much.

1 T-unit with error (句法错误)

1 clause with error (句法错误)

3. If a subordinate clause is standing alone, attach it to the preceding or following S and count it as 1T-unit with an error. (句法错误), but count it as a separate clause.

例：I lived in Saudi Arabia. Because my father worked there.

1 T-unit with error (句法错误)

1clause/1clause with one syntactic error.

e. When there is a grammatical subject deletion in a coordinate clause, count the entire sentence as 1T-unit, but count each clause separately.

例：First we want to our school and then went out with our friends.

1 T-unit.

1clause/1clause.

1 compound sentence.

f. Count so and but as coordinating conjunctions, and so that as a subordinating conjunction unless so is obviously meant.

例: We go to school so that we can learn. (so that = so that)

1T-unit

1clause/1clause.

1Dependent clause

Example we need to learn so that we go to school (so that = so)

1T-unit/1T-unit

1clause/1clause.

0 dependent clause.

g. Do not count tag-questions as separate T-units or separate clauses.

例: We go to school in Saudi Arabia, don't we?

1 T-unit

1Clause

1Simple sentence.

h. Count S-nodes with a deleted complementizer as a subordinate clause.

例: I believe that she works hard and (that) gets good grades.

She will give me power when I am sad or in need of her help.

1T-unit

1 clause/1clause/1clause

2Dependent clauses

i. Count direct quotes as T-units (and, of course as separate clause)

例: John said, "I am hungry."

1T-unit/1T-unit.

*** But if there are more than one sentence in the direct quotes, count them as separate T-units and a separate clause.

例: John said, "I'm here. I will help you. If you need my help, please feel free to let me know."

1 T-unit/1 T-unit/1 T-unit/1T-unit = 4T

1clause/clause/clause/1clause/clause = 5C

3Dependent clauses.

**** Count clause in parentheses as individual T-units.

I believe that she works hard (she gets good grades).

1T-unit/1T-unit.

1clause/1clause/1clause

3 Dependent clauses.

J. Assess the following type of structures on case-by-case.

If A, then B and C.

As a result, A or B.

Sentences: a sentence is a group of words punctuated with a sentence-final punctuation mark, usually a period, exclamation mark or question mark, and in some cases elliptical marks or closing quotation marks.

AI. Error 编码方案

本编码方案改编自 Bardovi-Harlig & Bofman (1989) 以及 Polio (1997)。

1. 语法语素形态错误:

(1) 名词的形态错误: 复数、格、所属、人称以及混杂的错误

(2) 动词的形态错误: 主谓一致 (缺少 s 或者 s generalized)、时态错误 (ill-formed 和 misuse)、被动

(3) 冠词错误: 不正确的冠词、没有冠词、冗余的冠词

(4) 限定词的错误: 不正确的限定词, 没有限定词, 不必要的限定词

(5) 介词错误: 不正确的介词, 没有介词, 不必要的介词

(6) 派生形态错误: 例如, 缺少名词前缀或者后缀

(7) 乱七八糟的错误

2. 句法错误:

(1) 词序错误

(2) 主要成分缺失

(3) 次要成分缺失

(4) 嵌入错误

（5）补足语错误

（6）关系从句错误

（7）并列错误

（8）句子片段和缺失成分

（9）重复错误

（10）杂七杂八的错误

3. 词汇习语错误：

（1）选词：eg. Many countries still out of [lack] responsibility.

Especially in developing countries, such as my hometown [home] -China.

介词错误也被界定为词汇选择错误：prepositions were coded as word choice if the choice was incorrect.

e. g. The glaciers of in [at] the two poles of the earth.

（2）固定搭配错

Erroneous expressions and phrasal verbs were counted as one error.

e. g. the key of the [to] success.

e. g. I am interested to conduct [in conducting]

If meaning was so obscure that reformation was impossible, a phrase or clause was counted as one collocation error.

e. g. The definition should "with which" or "follow which" conclude the rights, the duties—was one error.

大写以及停顿错误（if meaning was affected).

A repeated error was counted each time it occurred. Errors were counted according to the minimal number of corrections required to make a phrase or clause error-free, while maintaining the apparent meaning indicated by the context.

Syntactic errors consisted of errors of word order, errors resulting from the absence of major and minor constituents, and errors in combining sentences. Word-order errors included errors in the order of major constituents (such as pragmatically unacceptable deviations from SVO) and minor constituents (such as adverb placement). Deletion of a major constituent (subject, verb, or object) also fell into this category. Thus, the sentence fragments mentioned earlier which typically lacked finite verbs were recorded here. The last type of syntactic error was errors in sentence combining, that is, errors in complementation, relativization, or coordination.

Morphological errors included inflectional morphology as well as grammatical functors (such as articles and prepositions) under the heading of grammatical morphemes. Thus, errors in nominal morphology (plural, number agreement, and possessive), errors in verbal morphology (tense, subject-verb agreement, and passive formation), errors in determiners and articles, and errors in prepositions falls into this category. We also separately recorded errors in derivational morphology.

Lexical errors consisted of five types of errors: determiners, articles, prepositions (missing or redundant), word choice, collocation.

BI. Sentence Composition 编码方案。本编码方案改编自 Verspoor & Sauter (2000)。

A sentence is a group of words that in writing starts with a capital letter and ends with a full stop, question mark or exclamation mark. A grammatically complete sentence expresses at least one complete whole event or situation with a subject and predicate. Some sentences consist of only one clause.

A clause also expresses a whole event or situation with a subject and a predicate. However, a sentence may also consist of two or more clauses. There are two general types of clauses, those that form a meaningful unit by themselves, called independent or main clauses, and those that cannot stand on their own because they function as a constituent of another clause. Theses are called subordinate or dependent clauses.

Sentences may have different degrees of complexity. they may consist of one or more main clauses or they may consist of one or more main clauses with one or more dependent clauses. They are called simple, compound, complex or compound-complex sentences, depending on the types of clauses they contain.

1. Simple sentences;

A simple sentence consists of one main clause only. However, this does not mean that the sentence has to be very short.

e. g. The waitress are basking in the sun like a herd of skinned seals, their pinky-brown bodies shinning with oil.

2. Compound sentences;

A compound sentence consists of two or more main clauses. The sentence

e. g. whales cannot breathe under water for they have lungs instead of gills.

Is an example of compound sentence because both clauses are independent and may stand on their own. The connecting word ‘for’, which expresses reason, connects these two clauses and expresses what these two situations have to do with each other.

One of the compound sentence is that the clauses have a fixed order, so they cannot be moved without changing their meaning. Coordinate conjunctions may be used to form a compound sentence. — ‘and, but, or, nor, for, so, yet, both and, not only but also, either or, neither nor’.

Another way to connect two main clauses and form a compound sentence is to put a semi-colon between the main clauses.

e. g. Whales have lungs instead of gills; they cannot breathe under water. The semi-colon is often followed by a word like therefore, besides, or similarly called a conjunctive adverb.

e. g. whales have lungs instead of gills; therefore, they cannot breathe under water. Unlike a coordinate conjunction, a conjunctive adverb can be moved within the second clause.

3. complex sentences.

A complex sentence is a sentence that contains at least one full dependent clause with its own subject and predicate. A dependent clause is a clause that starts with a subordinator, a word like because, although, if, who, where, when, that and so on.

The difference between a compound and complex sentence is that in a compound, both parts are really just simple, independent sentences. In a complex sentence, the dependent clause cannot stand on its own and functions as a constituent of the main clause or in some cases it is only a part of another sentence constituent.

4. compound-complex sentences;

It is also possible to have a compound sentence with complex parts, or a complex sentence with compound parts. A compound-complex sentence has two complete main clause connected by the coordinate conjunction and. Each of these has a dependent clause. There is only one clause. The main word in the subject in this main clause is modified by two relative clauses which are connected to each other by and.

附件9
口语数据分析编码方案

Ⅰ．口语编码方案示例样本：来自叙事任务的转写文本

One day, there were two boys are playing basketball near there are one one some of other's house. Uh first eh they played happily, and uh uh accidently, one boy just kicked the ball very high, and another boy couldn't catch it. So the ball eh flew into the c-the yard of uh the house. Uh first of all they didn't know how to do. Uh that boy who kicked the ball just uh knock the door of the house. Uh uh uh uh housetress eh just open the door, and uh the boy said that: "Eh we want our football back, eh could you let me in and find it?" the eh houstress eh just welcome them eh to her house. Uh and uh in the house there was a party uh eh there was a party, and eh there are many children playing and uh dancing together. So the eh houstress just uh invited the two boy played with them together, the two boys just uh accept, uh and so those children just uh uh run towards the boy who kicked the ball. Eh they run towards the yard of the house. Uh and they eh played the football together and they had a very happy day. Uh after that, uh the two boys just uh get back, and uh all the children love them very much. Eh uh after today's uh experience, the two boy uh the two boy have a deep uh uh discussion. Eh and they thought eh play football is very uh interesting and uh useful. And it may uh and it may uh it may it may uh cause some small trouble, but uh you may got a new friendship. And the children in the house and houstress uh had a deep thought also, uh they saw that uh it is very rude for the two boys eh kicking football outside their house. But uh it is really interesting of them to play football together in their yard. So when when next time we must uh be kind to the stranger.

Ⅱ. 编码方案示例：基于 PRAAT 人工计算的 pauses and length

8.08 One day there were two boys are playing//（0.39）//basketball near//（0.63）//there are one//（0.67）//one some of other's house.//（0.61）//Uh（0.39）//（1.03）//first eh they played happily,//（0.79）//and uh（0.51）//（1.33）//uh（0.35）//（0.53）//accidently,//（0.63）//one boy just kicked the ball very high,//（0.41）//and another boy couldn't catch it.//（0.52）//So the ball eh flew into//（0.44）//the//（0.86）//c-the yard of uh（0.47）the house.//（0.53）//Uh（0.46）//（0.49）//first of all they didn't know how to//（0.32）//do … So when//（0.39）//when next time//（0.48）//we//（0.73）//must uh（0.69）//（0.37）//be//（0.71）//kind//（0.31）//to//（1.10）//the stranger. 262.333190

* *The second marked with heavy shade means the long pause（>1.0 s）, and the second marked both with light shadow means the non-syntactic long pause（>1.0 s）, which occurs in the middle of the phrases.*

Ⅲ. 编码方案示例：自我修正的人工编码

One day there were two boys are playing basketball, near there are 错误启动 one one 重复 some 替代 of other's house. Uh first eh they played happily, and uh uh accidently one boy just kicked the ball very high, and another boy couldn't catch it…So the ball eh flew into the c－犹豫 the yard 改述 of uh the house. Uh first of all they didn't know how to do. So when when 重复＋错误启动 next time we must uh be kind to the stranger.

* *The syllables marked with red color are the pruned syllables.*

Ⅳ. 编码方案示例：T-unit, errors, clauses 的人工编码

One day, there were two boys areS playing basketball near some of L other's house. /First L they played happily, /and accidently one boy just kicked the ball very L high, /and another boy couldn't catch it. /So the ball flew into the yard of the house. /First of all, they didn't know how to do S. /That boy who kicked the ball just knock M＋L the door of the house. /…So next time L we must L be kind to the stranger M. /

* *The alphabet marked red means the type of the errors, and the yellow shadow part means the dependent clause.*

V. T-units, Clauses, and Errors 的编码方案来自 Polio（1997）以及 Bardovi-Harlig & Bofman（1989）

T-units

A T-unit is defined as an independent clause and all its attached or embedded dependent clauses.

Clauses

Independent clause: A grammatical structure which contains a subject and a verb and can stand on its own.

Dependent clause

Dependent clause: a clause containing a finite verb which cannot stand alone as a sentence and which may be introduced by an adverbial (e. g. because, while, when), be a relative clause.

Errors

Errors were scored as syntactic, morphological, or lexical-idiomatic.

Syntactic errors consisted of errors of word order, errors resulting from the absence of major and minor constituents, and errors in combining sentences. Word-order errors included errors in the order of major constituents (such as pragmatically unacceptable deviations from SVO) and minor constituents (such as adverb placement). Deletion of a major constituent (subject, verb, or object) also fell into this category. Thus, the sentence fragments mentioned earlier which typically lacked finite verbs were recorded here. The last type of syntactic error was errors in sentence combining, that is, errors in complementation, relativization, or coordination.

Morphological errors included inflectional morphology as well as grammatical functors (such as articles and prepositions) under the heading of grammatical morphemes. Thus, errors in nominal morphology (plural, number agreement, and possessive), errors in verbal morphology (tense, subject-verb agreement, and passive formation), errors in determiners and articles, and errors in prepositions falls into this category. We also separately recorded errors in derivational morphology.

Lexical errors consisted of five types of errors: determiners, articles, prepositions (missing or redundant), word choice, collocation.

附件 10

被试基本信息与英语技能自我评定表

指导语：该部分为背景信息。主要包括两部分：基本信息和自我评估。请根据自己的实际情况如实作答。

I 基本信息

1. 姓名：________　性别：________
2. 出生年月：________　年龄：________
3. 专业：________　年级：________
4. 到目前为止，学习英语的时间：________年
5. 是否有过出国经历：________

如果有，哪个（些）国家：________　待了多久________（月）

II 英语技能

请按听、说、读、写四个方面进行自我评估（请按 1 – 10 分打分，1 代表对此技能掌握得**极差**，10 代表代表掌握得**极好**）

1. Speaking（　　）
2. Listening（　　）
3. Reading（　　）
4. Writing（　　）

附件 11

Rosenberg 自尊问卷

指导语：下面是一些关于自我感觉的一些描述。请结合实际，选择与自身实际情况相符的选项，答案没有错误与正确之分。其中，1 代表完全不同意，2 代表不同意，3 代表不确定，4 代表同意，5 代表完全同意。

完全不同意	不同意	不确定	同意	完全同意
1	2	3	4	5

1. I feel that I am a person of worth, at least on an equal plane（水平）with others.

1　　2　　3　　4　　5

2. I feel that I have a number of good qualities.

1　　2　　3　　4　　5

3. All in all, I am inclined to feel that I am a failure.

1　　2　　3　　4　　5

4. I am able to do things as well as most other people.

1　　2　　3　　4　　5

5. I feel I do not have much to be proud of.

1　　2　　3　　4　　5

6. I take a positive attitude to ward（保卫）myself.

1　　2　　3　　4　　5

7. On the whole I am satisfied with myself.

1　　2　　3　　4　　5

8. I wish I could have more respect for myself.

1　　2　　3　　4　　5

9. I certainly feel useless at times.

1　　2　　3　　4　　5

10. At times I think I am no good at all.

1　　2　　3　　4　　5

注：以上题目中，3，5，8，9，10 是反向计分题。在数据处理时，将所有的反向计分题进行 1 ~5 的转换。但此备注未出现在实际问卷中。

附件 12

动机调查问卷

指导语：该部分包括 27 道与学习英语动机相关的题目。请结合实际，选出与自身实际情况相符的选项，答案没有错误与正确之分。其中，1 代表完全不同意，2 代表不同意，3 代表不确定，4 代表同意，5 代表完全同意。

完全不同意	不同意	不确定	同意	完全同意
1	2	3	4	5

1. If I could speak English well, I could get to know more people from all over the world.

1　　2　　3　　4　　5

2. In the future, I would really like to communicate with foreigners.

1　　2　　3　　4　　5

3. I study English because it will facilitate a job hunt.

1　　2　　3　　4　　5

4. I study English because I would like to spend some time abroad.

1　　2　　3　　4　　5

5. I study English because I'd really like to be good at it.

1　　2　　3　　4　　5

6. I think in today's world English is a very important means to get information.

1　　2　　3　　4　　5

7. I think that English is an important school subject.

1　　　2　　　3　　　4　　　5

8. I study English as it is necessary to pass my exams.

1　　　2　　　3　　　4　　　5

9. Studying English will help me feel part of the international community of people speaking English.

1　　　2　　　3　　　4　　　5

10. I need English for my future career.

1　　　2　　　3　　　4　　　5

11. Studying English will help me understand different people from all over the world.

1　　　2　　　3　　　4　　　5

12. For me to be an educated person I should be able to speak English.

1　　　2　　　3　　　4　　　5

13. I am curious about how people communicate in English.

1　　　2　　　3　　　4　　　5

14. I study English because it will be necessary to work worldwide.

1　　　2　　　3　　　4　　　5

15. Speaking English is important to be able to work with people from other countries.

1　　　2　　　3　　　4　　　5

16. The things I want to do in the future require me to use English.

1　　　2　　　3　　　4　　　5

17. Solving a task in English makes me feel good.

1　　　2　　　3　　　4　　　5

18. You can find more information about almost every subject if you know English. Without knowing English, it is difficult to find information.

1　　　2　　　3　　　4　　　5

19. I study English as it will help me to earn good money.

1 2 3 4 5

20. I am curious to find out the meanings of new words in English.

1 2 3 4 5

21. A knowledge of English would help me get a better education.

1 2 3 4 5

22. When I learn something new in English, I feel happy and satisfied.

1 2 3 4 5

23. I would like to master English.

1 2 3 4 5

24. I like solving challenging tasks in English.

1 2 3 4 5

25. I find learning English enjoyable.

1 2 3 4 5

26. I am interested in English.

1 2 3 4 5

27. I am happy when I see that I am making progress in English.

1 2 3 4 5

附件 13

自尊与动机访谈问题

I 被采访者基本信息：

1. 请问你的姓名、专业、年级是什么？

2. 学习英语多长时间了？

3. 请问你是什么时间出国留学的，在国外待了多久？出国期间日程安排是怎样的？

II 自尊和动机相关问题：

1. 出国前，你觉得自己跟其他人的水平和能力差不多吗？还是总是觉得自己做得不够好？出国后还这样认为吗？

2. 出国前，你认为自己有哪些比较好的品质呢？能举个例子吗？出国后想法有变化吗？

3. 出国前，你更肯定自己还是否定自己呢？出国之后呢？

4. 你更满意出国前的自己，还是出国后的自己？

5. 你为什么学英语呢？是对英语学习感兴趣吗，还是为了应付考试？为了提高自身口语吗？

6. 你学习英语，还有什么其他的目的吗？比如，是为了找一份更好的工作或者继续深造？这趟出国后，你的想法有什么变化吗？

7. 此次出国，你最大的收获是什么？这对你将来的发展有什么启发？

8. 结合此次出国留学的经历，请为短期出国留学提一些建议。

注：访谈主要围绕个人信息、跨文化敏感性、跨文化交流恐惧、自尊和动机的出国前后变化情况展开。访谈时间大约 30 分钟。该纸质版的问题不会提供给被试。

附件 14

语言使用情况调查问卷的因子分析维度

Factors	Questionnaire items
F1: low-difficulty tasks (10 items)	1. initiate conversations 2. actively participate in formal conversations 3. actively participate in informal conversations 4. Apologize 6. complain about a situation 7. discuss your daily activities 8. discuss your personal information, including yourself, home, daily activities, interests, and personal preferences 9. elaborate on your ideas 17. participate in informal conversations on practical matters 18. respond to direct questions
F2: high-difficulty tasks (7 items)	11. explain something in detail 13. have predictable conversations 14. hypothesize 15. narrate (talk at the paragraph level vs. sentence-level interactions) e. g., tell stories instead of asking/answering simple questions 16. participate in formal conversations on professional, and abstract topics 20. debate topics and support your opinions 21. talk about yourself or your family
F3: language strategies (7 items)	5. code switch (switch between English and the language you are learning) 10. employ conversational strategies like rephrasing 12. use generic vocabulary 19. self-correct 22. translate literally from English to the language you are learning 23. use cohesive devices (conjunctions to connect your language) 24. use communicative strategies, such as pause fillers, stalling devices, and different rates of speech until you can think of what to say

附件 15

语言使用访谈问题

采访者：________ 被采访者：________ 性别：________

专业年级：________ 出国时长：________

开场白：同学你好，首先，非常感谢你能参与本次采访，这次采访大概需要占用你 30 分钟的时间。听说你刚留学回来，那么对留学期间的经历一定记忆犹新。今天的采访主要是关于留学期间的英语使用情况，下面请你谈谈自己的相关经历。好的，现在采访开始。

1. 请问你是哪个专业的学生？学习英语多长时间了？你对英语学习感兴趣吗？为什么？

2. 请问你是什么时间出国留学的，一共在国外待了多久，能谈谈你刚到国外时的感受吗？

3. 你留学期间在哪里居住？和寄宿家庭或者室友交流情况如何？你和当地人接触的多吗？平时都和谁在一起行动？

4. 你的主要课程是怎样安排的呢？一周有几节课？你对所学课程感兴趣吗？课程的主要特点是什么？老师的授课方式是怎样的呢？

5. 课堂气氛活跃吗？在课堂上你积极发言吗？能谈一谈你在课上的语言使用情况吗？

6. 你们课程作业多吗？你在课下会认真完成老师布置的作业吗？除了这些，你会自己主动学习吗？阅读和写作接触的多吗？

7. 能谈谈你的日常活动吗？你在课下经常用英语进行交流吗？都是在什么情景下，大概一周会有多长时间呢？

8. 经过这次出国留学，你有结交一些当地的好朋友吗？你们是怎么认识的，在一起都会做些什么？

9. 出国前都是在什么情况下用英语呢，有机会接触到外国人或者外教吗？出国后交流机会多一些吗？

10. 你认为出国后你的英语水平有提高吗，就听说读写四个方面而言，哪个最显著？

11. 你认为这次出国留学对你的语言使用情况有什么影响吗，比如语言使用量和具体的语言活动类型？

12. 你认为出国留学期间你的口语有进步吗？有学到一些新的表达方法吗？

13. 出国前有信心和外国人用英语进行正常交流吗？那出国后语言使用的舒适度有变化吗，交流时更加自信舒适吗？

14. 出国留学期间你有遇到什么困难吗？有向他人寻求过帮助吗？

15. 留学期间你经历的让你印象最深的事是什么？

16. 你认为这次出国留学经历给你最大的收获是什么？

最后，谈谈你对未来出国留学的学生以及国外接待留学生的学校的一些建议吧！

结束语：再次感谢你参与此次访谈，谢谢！

附件 16

跨文化敏感性问卷

指导语：下面是 24 道关于文化交流的相关题目。请结合实际，选择与自身实际情况相符的选项，答案没有错误与正确之分。其中，1 代表完全不同意，2 代表不同意，3 代表不确定，4 代表同意，5 代表完全同意。

完全不同意	不同意	不确定	同意	完全同意
1	2	3	4	5

1. I enjoy interacting with people from different cultures.

1　　2　　3　　4　　5

2. I think people from other cultures are narrow-minded（狭隘的，有偏见的）.

1　　2　　3　　4　　5

3. I am pretty sure of myself in interacting with people from different cultures.

1　　2　　3　　4　　5

4. I find it very hard to talk in front of people from different cultures.

1　　2　　3　　4　　5

5. I always know what to say when interacting with people from different cultures.

1　　2　　3　　4　　5

6. I can be as sociable（好交际的，友善的）as I want to be when interacting with people from different cultures.

1　　2　　3　　4　　5

7. I don't like to be with（和某人在一起）people from different cultures.

1 2 3 4 5

8. I respect the values of people from different cultures.

1 2 3 4 5

9. I get upset easily when interacting with people from different cultures.

1 2 3 4 5

10. I feel confident when interacting with people from different cultures.

1 2 3 4 5

11. I tend to wait before forming an impression of culturally-distinct counterparts（不同文化的对应物）.

1 2 3 4 5

12. I often get discouraged when I am with people from different cultures.

1 2 3 4 5

13. I am open-minded（思想开明的；无偏见的）to people from different cultures.

1 2 3 4 5

14. I am very observant（善于观察的）when interacting with people from different cultures.

1 2 3 4 5

15. I often feel useless when interacting with people from different cultures.

1 2 3 4 5

16. I respect the ways people from different cultures behave.

1 2 3 4 5

17. I try to obtain as much information as I can when interacting with people from different cultures.

1 2 3 4 5

18. I would not accept the opinions of people from different cultures.

1 2 3 4 5

19. I am sensitive to my culturally-distinct counterpart's subtle meanings during our interaction.

1　　2　　3　　4　　5

20. I think my culture is better than other cultures.

1　　2　　3　　4　　5

21. I often give positive response to my culturally different counterpart during our interaction.

1　　2　　3　　4　　5

22. I avoid those situations where I will have to deal with culturally-distinct persons.

1　　2　　3　　4　　5

23. I often show my culturally-distinct counterpart my understanding through verbal or nonverbal cues.

1　　2　　3　　4　　5

24. I have a feeling of enjoyment towards differences between my culturally-distinct counterpart and me.

1　　2　　3　　4　　5

注：以上题目中，2、4、7、9、12、15、18、20、22是反向计分题。在数据处理时，将所有的反向计分题进行1～5的转换。但此备注未出现在实际问卷中。

附件 17
跨文化交流恐惧问卷

指导语：该部分包括 14 道题目，描述了与不同文化的人们交流时，个人的自身感受。请结合实际，选择与实际情况最相符的选项，答案没有错误与正确之分。其中，1 代表完全不同意，2 代表不同意，3 代表不确定，4 代表同意，5 代表完全同意。

完全不同意	不同意	不确定	同意	完全同意
1	2	3	4	5

1. Generally, I am comfortable interacting with a group of people from different cultures.

1　　2　　3　　4　　5

2. I am tense and nervous while interacting with people from different cultures.

1　　2　　3　　4　　5

3. I like to get involved in group discussions with others who are from different cultures.

1　　2　　3　　4　　5

4. Engaging in a group discussion with people from different cultures makes me tense and nervous.

1　　2　　3　　4　　5

5. I am calm and relaxed while interacting with a group of people who are from different cultures.

1　　2　　3　　4　　5

6. While participating in a conversation with a person from a different culture, I feel very nervous.

1 2 3 4 5

7. I have no fear of speaking up in a conversation with a person from a different culture.

1 2 3 4 5

8. Ordinarily, I am very tense and nervous in conversations with a person from a different culture.

1 2 3 4 5

9. Ordinarily, I am very calm and relaxed in conversations with a person from a different culture.

1 2 3 4 5

10. While conversing with a person from a different culture, I feel very relaxed.

1 2 3 4 5

11. I am afraid to speak up in conversations with a person from a different culture.

1 2 3 4 5

12. I face the prospect（前途；预期）of interacting with people from different cultures with confidence.

1 2 3 4 5

13. My thoughts become confused（困惑的）and jumbled（乱七八糟的）when interacting with people from different cultures.

1 2 3 4 5

14. Communicating with people from different cultures makes me feel uncomfortable.

1 2 3 4 5

注：以上题目中，1、3、5、7、9、10、12 是反向计分题。在数据处理时，将所有的反向计分题进行 1 ~5 的转换。但此备注未出现在实际问卷中。

附件 18

跨文化敏感性和跨文化交流恐惧访谈问题

I 被采访者基本信息：

1. 请问你的姓名、专业、年级是什么？

2. 学习英语多长时间了？

3. 请问你是什么时间出国留学的，在国外待了多久？出国期间日程安排是怎样的？

II 跨文化敏感性和跨文化交流恐惧相关问题：

1. 作为英语专业/非英语专业学生，之前学习过西方文化的课程吗？分别有哪些呢？

2. 出国前，你喜欢跟来自不同文化圈的人进行交流吗？你接触的外国人多吗？用中文还是英文交流？

3. 你们一般讨论什么话题呢？你觉得交流起来有难度吗？出国前后有什么变化吗？

4. 你喜欢外国的文化吗？当你跟其他国家人进行交流时，由于文化背景不同，有遇到过文化差异引起的问题吗？能举个例子吗？

5. 当跟外国人进行交流时，你会试图去获得更多的信息吗？比如，你能领会他们话语间的细微意义吗？你会尊重他们的行为和表达方式吗？

6. 出国前，当你跟其他国家人进行交流时，你是比较自信还是有点胆怯呢？你会给出积极的反应吗？例如，你会通过语言或者肢体动作等方式来表达你的见解吗？出国后呢？

7. 出国前，你在来自不同文化圈的人或者集体面前，有感觉到紧张吗？出国后有变化吗？能举个例子吗？

8. 出国期间，你会积极主动和当地人进行交流吗？交流过程中出现过哪些困难呢？

9. 出国后，是否对西方文化有更深的了解？表现在哪些方面？

注：访谈主要围绕个人信息、跨文化敏感性、跨文化交流恐惧、自尊和动机的出国前、后变化情况展开。访谈时间大约 30 分钟。该纸质版的问题不会提供给被试。

附件 19

情景民族身份认同问卷

Please represent your IDENTITY as being subject to the following situations WHILE you are studying abroad and respond to each item by showing whether it is "NOT AT ALL LIKE" or "VERY MUCH LIKE" in both scales, ranging from 1 to 7.

A: Not at all like a person that from your own country-Very much like a person that from your own country

1 2 3 4 5 6 7

B: Not at all like **an Anglophone**-Very much like **an Anglophone**

1 2 3 4 5 6 7

(Note: Anglophone refers to the person whose mother tongue is English)

1. When I have contacts with other students…A. ________; B. ________;

2. When I read newspaper…A. ________; B. ________;

3. When I choose this University …A. ________; B. ________;

4. When I listen to music…A. ________; B. ________;

5. When dealing with university personnel…A. ________; B. ________;

6. When dealing with merchants…A. ________; B. ________;

7. When thinking about relations between your country and America…A. ________; B. ________;

8. When I think about where I would want to settle down…A. ________; B. ________;

9. When I am with my friends... A. ________ ; B. ________ ;

10. When I write for myself (not counting school work) ... A. ________ ; B. ________ ;

11. When I read for pleasure... A. ________ ; B. ________ ;

12. When I think about my life's goals... A. ________ ; B. ________ ;

13. When I participate in cultural activities... A. ________ ; B. ________ ;

14. When I listen to the radio... A. ________ ; B. ________ ;

15. When I prepare food... A. ________ ; B. ________ ;

16. When I think about my future or present spouse... A. ________ ; B. ________ ;

17. When I write my assignments... A. ________ ; B. ________ ;

18. When I think about politics... A. ________ ; B. ________ ;

19. When I watch the news on television... A. ________ ; B. ________ ;

20. In my social contacts... A. ________ ; B. ________ ;

21. When I am at home... A. ________ ; B. ________ ;

22. When I travel... A. ________ ; B. ________ ;

图书在版编目(CIP)数据

出国留学语境下的二语习得研究 / 吴建设等著. -- 北京 : 社会科学文献出版社, 2021.4
ISBN 978 - 7 - 5201 - 8174 - 7

Ⅰ. ①出… Ⅱ. ①吴… Ⅲ. ①第二语言 - 外语教学 - 教学研究 Ⅳ. ①H09

中国版本图书馆 CIP 数据核字 (2021) 第 055046 号

出国留学语境下的二语习得研究

著　　者 / 吴建设 等

出 版 人 / 王利民
责任编辑 / 张　萍
文稿编辑 / 张金木

出　　版 / 社会科学文献出版社
地址: 北京市北三环中路甲 29 号院华龙大厦　邮编: 100029
网址: www. ssap. com. cn
发　　行 / 市场营销中心 (010) 59367081　59367083
印　　装 / 三河市尚艺印装有限公司

规　　格 / 开 本: 787mm × 1092mm　1/16
印 张: 25　字 数: 396 千字
版　　次 / 2021 年 4 月第 1 版　2021 年 4 月第 1 次印刷
书　　号 / ISBN 978 - 7 - 5201 - 8174 - 7
定　　价 / 128.00 元

本书如有印装质量问题, 请与读者服务中心 (010 - 59367028) 联系

版权所有 翻印必究